Lars A. Fischinger & Roland M. Horn
UFO-Sekten

Lars A. Fischinger & Roland M. Horn

UFO-
SEKTEN

MOEWIG

In tiefer Zuneigung für **Marion Bayer** (L.A.F.)
Für **Bettina Horn,** die beste Ehefrau der Welt (R.M.H.)

Bildnachweis:
S. 27, 39, 86, 87, 91: Fortean Picture Library
S. 33, 66, 72, 139, 142, 180, 250: NASA/JPL/RPIF/DLTR
S. 25, 30, 35, 108, 188, 204, 211, 215, 240, 272, 288: Archiv U. Magin
S. 159, 162, 167: Silke Fischinger nach Fotos von E. Meier
S. 137, 237: Roland M. Horn
S. 264: Perry Rhodan, VPM KG

Inhalt

Inhalt

Inhalt

von Werner Walter, CENAP:

UFOs – der X-treme Kult

UFO steht für unidentifiziertes Flugobjekt, nicht für »unbekanntes Flugobjekt« und »unerklärliches Flugobjekt« oder gar »fliegende Untertasse«, wie häufig zu lesen ist. UFOs sind einfach vom Beobachter nicht erkannte Erscheinungen im Luftraum. Zumeist handelt es sich um ungewöhnliche Lichter am Nachthimmel, die sich die Betrachter nicht erklären können, die ihnen geheimnisvoll erscheinen – doch wer kennt schon alles, was sich in der Nacht in unserem Luftraum bewegt?

Sie merken es schon, mit den typischen fliegenden Untertassen der populären ufologischen Bücher und Zeitschriftenartikel haben die tatsächlichen UFO-Sichtungen nichts zu tun. Der Alltag des UFO-Phänomens schaut ein bißchen anders aus, als es sich die Leser der UFO-Literatur vorstellen, und er hat nichts mit den UFO-Konzepten zu tun, die uns die Filmschmiede Hollywood anzubieten hat. Dennoch: Die unheimlich erscheinenden Lichter sind der Kern des UFO-Phänomens, des UFO-Problems. UFO-Forscher beschäftigen sich nicht mit aluminiumblitzenden fliegenden Untertassen, wie sie von Fototrickkünstlern verewigt werden, sondern mit schlichten Lichterscheinungen am dunklen Abendhimmel. Doch nicht um diese geheimnisvollen Lichter, sondern um das Kunstprodukt »fliegende Untertasse« und ihre beliebte Interpretation als Raumschiff fremder Kosmonauten hat sich ein religiöser Kult gebildet.

Roland M. Horn bat mich um ein Vorwort zu diesem Band über extreme UFO-Kulte. Warum? Nun, seit 1973 beschäftige ich mich mit UFOs. Begonnen habe ich als naiver Anhänger des Glaubens an fliegende Untertassen. Ich habe seitdem sehr viel Geld, eine Menge Zeit, unendlich viel Energie und Mittel aufgewendet, um den einzelnen Meldungen über außergewöhnliche Himmelserscheinungen nachzugehen und die Gesamtproblematik zu studieren. Im Zuge der Zeit wurde ich vom glühenden UFO-Anhänger zum gereiften UFO-Skeptiker und Kritiker der UFOlogie. Und zu einem Experten in dem soziologisch bedeutsamen Thema »UFO-Kulte«. Spricht man von dem UFO-Phänomen, dann denkt man sofort an außerirdische Besucher in ihren ko(s)mischen Fluggeräten, die von der Kino-Großleinwand her bestens bekannt sind. Das zeigt die emotionale Seite der ganzen Auseinandersetzung und belegt, wie stark das Thema von populären Bildern besetzt ist. Im Kino, auf Video und im Fernsehen sind die außerirdischen Flieger bereits zum »Kult« geworden.

Der Begriff »fliegende Untertasse« wurde von einem Pressemann nach der berühmten Arnold-Sichtung vom 24. Juni 1947 erfunden, verselbständigte sich und hat als Archetyp die ganze UFO-Auseinandersetzung beherrscht. Arnold sah zwar seltsame »sichelförmige Objekte«, die ihn an »Flugzeuge« erinnerten, doch der Begriff blieb und wurde von den Medien mit allen Kräften gefördert. Die Medien, Hollywood und all jene, die mit UFOs ihr Geld verdienen, verkaufen Träume; fliegende Untertassen sind zum »Opium für das Volk« geworden.

Der Traum von den fliegenden Untertassen ist ein faszinierendes und utopisches Konzept, das uns im Herzen und in der Seele berührt. Die fliegenden Untertassen waren zuerst die Raumschiffe von interplanetarischen und später dann von interstellaren oder gar extragalaktischen Besuchern. Je weiter wir uns in den Weltraum hinausbewegten, desto weiter rückten die Ufologen die Herkunftswelten der Außerirdischen in den weiten Kosmos. Das UFO-Phänomen begann zum richtigen Zeitpunkt, nämlich zum Anbruch des Zeitalters der Weltraumfahrt. Wen würde es interessieren, wenn die UFO-Debatte sich nur um Erdbebenlichter und Kugelblitze drehte? Ein paar Fachleute vielleicht, aber wohl kaum die Masse. Der Kult-Status der UFOs ist der Ausdruck des Wunsches des Menschen nach den Außerirdischen. Wir erforschen den Weltraum und begeistern uns für außerirdische Besucher, weil wir als Kollektiv einfach nicht »allein im Kosmos« sein wollen, genausowenig wie als Individuen. Daher dreht sich die UFO-Diskussion im Kern nicht um die Einzelfallauseinandersetzung, also um die UFO-Sichtungen, sondern um die leidliche Frage, ob es Außerirdische gibt oder nicht. Dies ist seltsam genug. Seit die UFOs aufgetaucht sind, gibt es Menschen, die sich der »UFOlogie« verschrieben haben. Sie geben vor, sich für die Erforschung des UFO-Phänomens einzusetzen, nennen sich »UFO-Forscher« – doch sind dies meist nur Worthülsen. Um es auf den Punkt zu bringen: Die allerwenigsten »UFOlogen« sind tatsächlich daran interessiert, einzelfallbezogene Erhebungen, Ermittlungen, Recherchen und Untersuchungen durchzuführen, das Thema detektivisch oder gar wissenschaftlich kritisch anzugehen. Die UFO-Frage wurde von Esoterikern, Sinnsuchern und Vertretern des New Age besetzt, von Menschen, die eine neue kosmische Religion wollten. Schauen Sie sich nur eine x-beliebige Talkshow über UFOs an: Hier geht es nur um »persönliche Erfahrungen« und um Botschaften. Mit Forschung, Auseinandersetzung und wissenschaftlicher Debatte hat das alles nichts zu tun. Statt dessen finden wir Philosophie, Weltanschauung und kosmische Ideologie, wenn nicht gar Religion. Ich war selbst oft genug Teilnehmer solcher Sendungen, um als Alibiskeptiker den Anschein zu wahren oder als einsamer Außenposten der Vernunft zu dienen. In meinen Jahrzehnten als Untersucher des UFO-Phänomens habe ich nur selten Menschen getroffen, die die UFO-Frage als intellektuelle und wissenschaftliche Herausforderung betrachteten und bereit waren, entsprechende Falluntersuchungen durchzuführen. Also das zu tun, was ich unter Erforschung des UFO-Phänomens verstehe.

Überhaupt fällt mir auf, daß die ufologische Gemeinschaft an der Praxis kaum Interesse hat, sondern viel lieber einfach glaubt, was sie in den abenteuerlichen UFO-Werken sogenannter UFO-Experten gelesen hat. Natürlich gibt es viele Bücher, die diesen Markt bedienen.

Von Unwissenheit und Wunschdenken nährt sich der weltweite UFO-Kult. Betrieben wird er von Anhängern des Okkultismus, des Spiritismus, der Esoterik und des New Age. Die UFOlogie ist hier keine Wissenschaft, sie ist Ausdruck einer Gesinnung mit religiösen Elementen. Ihr Grundprogramm ist schnell zusammengefaßt und erkannt: Hochentwickelte und uns überlegene Aliens kommen fast engelsgleich daher und sind von Gott geschickt, um uns zu beraten und zu führen. Oftmals sogar mit dem angeblichen Vorsatz, uns arme und irregeführte Menschen aus der selbst verursachten Misere zu befreien, wenn die Zeit reif dafür ist. Erstaunlich ist dabei folgender Umstand: Obwohl weder die fliegenden Untertassen noch ihre kosmischen Steuermänner wissenschaftlich bewiesen sind, glauben unzählige Menschen bereits intensiv und von ganzem Herzen an sie. Und zwar in einem religiösen Sinne: Errettung wird erwartet, Seelenheil und Erlösung von irdischem Ungemach. Wie bei jeder religiösen Bewegung gibt es »UFO-Päpste« und obskure Gurus. Das sind entweder Kontaktler, Präsidenten von UFO-Studiengemeinschaften, Herausgeber von UFO-Zeitschriften oder »Entführungsopfer«, die wie die klassischen Kontaktler auftreten. Die traditionellen biblischen Wunder werden durch UFO-Magie in technischer Form ersetzt, die gottgesandten Engel durch die großen, blonden und blauäugigen Außerirdischen wie Orthon, Seth oder Ashtar Sheran. An diesen imaginären Emissären richten sich unzählige Menschen individuell oder in kleinen und größeren Gruppen aus, der Gottesglaube wird durch den Glauben an die wunderbaren Außerirdischen ersetzt. In beiden Fällen gibt es eine große Gemeinsamkeit: Nicht die wissenschaftlichen Beweise zählen, sondern nur der Glaube.

Im Zuge von mehr als zwei Jahrzehnten angewandter UFO-Forschung begegnete ich zahllosen Menschen, die dem UFO-Kult anhingen. Dabei war eine Geschichte verrückter als die andere, natürlich immer ohne physikalische Beweise. Und wenn dann doch »Devotionalien« (»UFO«-Fotos oder schriftliche Durchgaben der Alien-Geistführer zum Beispiel) angeboten wurden, dann hatten sie eher rein persönlichen Überzeugungscharakter, als daß sie wissenschaftlich akzeptabel und diskussionsfähig waren. Zuviel Subjektivität, zuviel kollektives Unwohlsein in diesen Zeiten und auch so manche Frustration über unsere Zivilisation spiegeln sich in der UFOlogie und in den UFO-Kulten, machen vielleicht sogar erst den Kult möglich. Der UFO-Mythos ergreift das kollektive Unbewußte und wird von den UFO-Gläubigen selbst wieder beeinflußt, bis sich die Realität soweit verändert, daß plötzlich ein neues Bewußtsein in der Öffentlichkeit entsteht. Und auf einmal werden überall Phänomene der ganz besonderen Art beobachtet.

Zwar sind UFOlogen weitgehend ehrlich, sie haben aber einen deutlich ausgeprägten »Willen-zum-Glauben«. Nicht die wissenschaftliche Angehensweise, sondern die Bereitschaft, auch das Unwahrscheinliche zu glauben, ist die Triebfeder und der Wunsch, sich als eine Art Auserwählter zu sehen, dem sich neue Weisheiten eröffnen. Dies ist meine Erfahrung nach mehr als 20 Jahren intensiver Auseinandersetzung mit UFO-Fällen, der UFO-Glaubensgemeinschaft und dem ganzen UFO-Kult. Der Mythos existiert zweifellos und ist weitaus realer als mancher sogenannte UFO-Beweis. Natürlich ist mir bewußt, daß dieses Buch nur die Oberfläche des esoterischen UFO-Glaubens beleuchten kann, wenn es besondere Kulte im pseudo-religiösen Lager aufgreift. Es wird sicherlich nicht imstande sein, auch wenn es Ansätze dazu geben mag, die gesamte Palette des UFO-Aberglaubens aufzuzeigen. Dies ist keineswegs negativ gemeint, sondern folgt einfach aus der Erkenntnis, daß die ganze Sparte weitaus komplexer und komplizierter ist, als es zunächst den Anschein hat.

Es ist wenig hilfreich, den Finger auf bestimmte Symptome zu legen, wenn bereits der ganze Körper der UFO-Bewegung infiziert ist. Das ist leider die bittere Realität. Die UFO-Gemeinschaft trifft sich zu »Konferenzen« und Seminaren, Workshops und regionalen Meetings, in denen Yoga, Channeling und Vegetarismus genauso wichtig sind wie Aura-Fotografie und Vorträge von all jenen, die persönliche Erfahrungen dieser oder jener Art mit den Himmlischen gemacht haben. Eigentlich fehlt nur noch Weihrauch in den Gängen.

Der UFO-Kult wurde nach dem Zweiten Weltkrieg mit Verzögerung aus Amerika nach Deutschland importiert. Erst Mitte und Ende der fünfziger Jahre entstand die ufologische Bewegung rund um die in Wiesbaden gegründete »Deutsche UFO/IFO-Studiengemeinschaft« (DUIST) des Ehepaars Karl und Anny Veit (er ein ehemaliger Kunstmaler, sie das ehemalige Schreibmedium eines spiritistischen Zirkels; beide Anhänger des österreichischen Visionärs Jakob Lorber und Begründer der »Urgemeinde«). Mit ihren *UFO-Nachrichten* und jeder Menge spezialisierter Druckerzeugnisse aus dem Ventla-Verlag wurde der UFO-Aberglaube in Deutschland auf- und ausgebaut.

An Gläubigen gibt es weltweit keinen Mangel: Mindestens 50000 Schaulustige und UFO-gläubige Brasilianer fühlten sich am Morgen des 8. März 1980 bei strahlendem Sonnenschein schwer enttäuscht. Die angekündigte Landung eines 60 Meter großen Raumschiffes vom Planeten Jupiter in der kleinen Gemeinde Casimiro de Abreu, rund 140 Kilometer von Rio de Janeiro entfernt, hatte nicht stattgefunden.

Bereits am Tag zuvor hatten etwa einhundert Journalisten sich um die 21 Hotelbetten des Ortes geschlagen. Neben der UFO-Landung hatte der Kontaktler Edilcio Barbosa in zahlreichen TV-Interviews auch die Rückkehr von vier entführten Menschen angekündet. Die ganze Nacht über fanden sich Neugierige ein, die hauptsächlich aus der Metropole Rio de Janeiro herbeigekommen waren. Der 9000 Einwohner zählende Ort Casimiro de Abreu hatte eine zuvor noch nie gekannte Menscheninvasion erlebt. 280 Mann Polizei versuchten, die Autokolonnen zu dirigieren. Am Straßenrand hatten sich zahlreiche Händler und Würstchenverkäufer eingefunden. Alkohol durfte nicht ausgeschenkt werden, um Exzesse zu vermeiden. An vielen Lagerfeuern erscholl Gesang und lustiges Geplauder.

Kurz vor der angeblich geplanten Landung um 5:20 Uhr stand das Empfangskomitee von UFOlogen bereit. Ein Transparent wurde entrollt: »Willkommen, Freunde aus dem Unbekannten«. Zur angekündigten Landungszeit verfärbte sich der Horizont. Doch es waren lediglich die Strahlen der aufgehenden Sonne. Die Menge geduldete sich noch eine Weile, dann hörte man die ersten Stimmen des Mißfallens, und obwohl vorher schon die meisten Barbosa als Opportunisten oder als Spinner bezeichnet hatten, waren sie doch neugierig. Nach Stunden des Wartens richteten die Enttäuschten bei der Abfahrt ein neues Verkehrschaos an. Der 44-jährige Edilcio Barbosa, der seit 1955 Kontakt zu Außerirdischen gehabt haben und von ihnen Ort und Zeitpunkt des Besuchs erfahren haben will, konnte den Journalisten das Ausbleiben der Leute vom Jupiter erklären: Just auf dem angegebenen Landeplatz hätten 40 Menschen gelagert und somit die Jupiterianer vertrieben. Obwohl niemand Eintrittsgelder bezahlen mußte, forderten viele das Geld für ihre Anreise von dem Kontaktler. Barbosa suchte schließlich sein Heil in der Flucht. Mit einem Jeep der Militärpolizei entkam er nur knapp der wütenden Menge. Die 5000 bereits unter uns lebenden Jupiterwesen konnten ihm nicht helfen, obwohl er sie so gut kannte, daß er bereits vier Raumflüge mit ihnen unternommen hatte, von dem einer allein drei Tage gedauert hatte. Die Außerirdischen dankten dem Direktor der UFOlogen-Gruppe »Interplanetarische Gesellschaft Brasiliens« auch nicht, daß er bereits lange Zeit auf dieses Ereignis hingearbeitet hatte.

Zufrieden waren eigentlich nur der Bürgermeister Celso Sarzedas (»Ich glaubte keinen Moment an eine fliegende Untertasse«) und die Geschäftsleute, die in wenigen Tagen einen größeren Umsatz machten als sonst in einem Jahr. Dumm stand die Polizei da, denn der örtliche Polizeichef Heralmir Ramirez hatte bei der Militärpolizei Hubschrauber in Bereitschaft setzen lassen, um die Außerirdischen und die menschlichen Rückkehrer zur nächstliegenden Kaserne zu fliegen. Die Vizepräsidentin des nationalen Verbandes für UFOlogie, Irene Granchi: »Die angekündigte Landung war sehr unwahrscheinlich. Wenn wirklich ein außerirdisches Raumschiff kommen sollte, so wird es nicht von unserem Sonnensystem, sondern von einer anderen Galaxie kommen.« Diese Aussage hört sich zwar nett an, ist aber keine wirkliche Antwort auf einen solchen Wahnsinn.

Wohin diese Glaubensbereitschaft führen kann, ist uns allen seit Ostern 1997 bekannt, als sich fast 40 Mitglieder der amerikanischen Heaven's-Gate-Sekte umbrachten, um sich an Bord eines UFOs zu beamen.

Werner Walter, CENAP

Die Geburt einer neuen Religion

Am Ende des letzten Jahrhunderts nannte man sie Luftschiffe, im zweiten Weltkrieg Foo-Fighters oder Phantom-Raketen und seit 1947 „fliegende Untertassen" – UFOs, unidentifizierte fliegende Objekte. Seit es seit den 50er Jahren dieses Jahrhunderts als nicht mehr ungewöhnlich galt, UFOs am Himmel zu sehen und diese Beobachtungen an die Öffentlichkeit zu tragen, sind die bisher veröffentlichten Meldungen über derartige Sichtungen nicht mehr zu zählen. Sie gehen in die Hunderttausende.

Am Anfang der UFO-Forschung – wenn es die denn schon gab – wurden Berichte gesammelt, statistische Auswertungen dieser Berichte durchgeführt und über Herkunft und Ursache des Phänomens UFO spekuliert. Irgendwann drehte sich dann die öffentliche Diskussion nicht mehr allein um diese Objekte, sondern um Entführungen, Verschwörungen von Regierungen, später um Kornkreise und dann schließlich auch um Tierverstümmelungen. Das Thema UFO ist somit heute, im ausgehenden zweiten Jahrtausend, ein sehr komplexes Gebilde von Thesen, Tatsachen und Indizien.

Kein einzelner Mensch kann heute noch als der Experte in Sachen UFOs alleine angesehen werden. Die Komplexität des Phänomens erfordert interessierte Wissenschaftler aus zahlreichen Sparten der Forschung, die gemeinsam dem Phänomen auf den Grund gehen müssen. Dies ist heute oftmals der Fall, denn die UFO-Forschung ist interdisziplinär. Eines ist aber auch heute noch so wie in den fünfziger Jahren: Wir wissen immer noch nicht sicher, was UFOs sind. Ursache – weitestgehend unbekannt.

Doch seit Beginn der UFO-Forschung haben sich nicht nur verschiedene Personen bemüht, ernsthaft und frei von wilden, vollkommen absurden Spekulationen dem Thema näher zu kommen, sondern auch Menschen gefunden, für die der Fall „UFO" ein religiöses „Zeichen" ist. Es handelt sich um Menschen, die in UFO-Piloten hilfreiche Aliens sehen, die uns Menschen geheimes Wissen zu offenbaren haben. Diese Personen, Kontaktler genannt, sind auch heute sehr aktiv.

Kaum boomten nach dem Zweiten Weltkrieg die UFO-Sichtungsberichte, fanden sich auch Menschen, die angaben, sie ständen in „geistigem" (medialem) und/oder körperlichem Kontakt mit den Piloten der Scheiben. Diese Kontaktler gaben an, sie erhielten mahnende Botschaften der Aliens, wurden hin und wieder von ihnen in UFOs herumgeflogen und dann und wann daheim von den netten Fremden besucht.

Die Liste der Menschen, die von sich behaupteten, sie ständen mit nichtmenschlichen Wesen in Verbindung, ist lang. Etwa ab dem Jahr 1950 verbreiteten immer mehr Menschen diese Idee. Namen wie George Adamski, George van Tassel, George Hunt Williamson, Truman Bethurum, Daniel Fry, Carl Anderson, Buck Nelson, Cedric Allingham, Orfeo Angelucci, Franklin Thomas, Gloria Lee, John McCoy und viele weitere machten Schlagzeilen in den USA und anderen Ländern. Und es stellte sich schnell heraus, daß hier ein wachsender Markt entstanden war.

Bücher und andere Publikationen schossen wie Pilze aus dem Boden. Die Öffentlichkeit bekam derart haarsträubende Geschichten zu lesen, daß die Erfinder dieser Storys alsbald eine Schar hartnäckiger Fans um sich versammeln konnten. Auch heute gibt es diese Personen, zahlreicher und vielfältiger als jemals zuvor. Zumal auch die „Kontaktler der ersten Stunde" mit ihren Geschichten bis auf den heutigen Tag überzeugte Anhänger finden.

Da behaupten Menschen, sie träfen sich hin und wieder mit Aliens von der Venus oder sie stammten gar selber von der Venus, andere schildern Zeitreisen und phantastische Abenteuer auf unserer Erde in Gesellschaft der Aliens; und wieder andere Gruppen warnen die gesamte Menschheit vor dem Untergang – aber die Fremden werden uns retten!

Exakt diese Zirkel, Gruppierungen nach Art einer Sekte, sind es, die das Bild der UFO-Forschung in der Öffentlichkeit zu einem großen Teil prägen. Eine Pein für jeden ernsthaften Forscher, der um Anerkennung ringt.

In diesem Buch werden Sie, liebe Leser, mit diesen Kontaktlern und ihren irrwitzigen Geschichten, die von zahllosen Menschen für Tatsachen und reale Ereignisse gehalten werden, konfrontiert. Die in dieser Arbeit diskutierten Thematiken und Aussagen haben wir nicht erfunden, sondern sie werden tatsächlich, auch wenn sie noch so unglaublich und fern jeder Vernunft anmuten, von einer Fülle von Menschen für wahr und unwiderlegbar angesehen. Sie halten keinen Science-fiction-Roman in den Händen, sondern die in diesem Sachbuch besprochenen Sichtungen und Aussagen sind für viele Menschen Fakten ... so irrational sie auch erscheinen mögen.

Seit dem Zweiten Weltkrieg haben sich eine Vielzahl von Kulten, Gruppen und esoterischen Gemeinschaften gebildet, die in diesem Buch genauer diskutiert werden sollen. Die hier analysierten Bereiche sind jedoch nur eine Auswahl aus der unüberblickbaren Schwemme an sehr ähnlichen UFO-Ideologien, die in der heutigen Welt kursieren.

Sie werden nun etwas lesen, das Ihre Einstellung zum UFO-Phänomen ändern wird. Sie werden in eine irrationale Welt sinken, die die Autoren in einer peniblen und gewissenhaften Detailarbeit durchgearbeitet haben und angesichts derer sie so manches Mal am Verstand der Menschheit zweifelten. Sie werden sich nach dieser Lektüre zurücklehnen und nicht nur wissen, daß hier doch wohl etwas nicht stimmen kann – Sie werden eine profunde Erkenntnis erlangen: „Esoterische UFO-Philosophie kann zur Gefahr werden!"

Lars A. Fischinger und Roland M. Horn
Sommer 1998

KAPITEL 1

George Adamski – der Freund der UFOnauten

20. November 1952, Kalifornische Wüste: Der Amateurastronom George Adamski befindet sich mit sechs Begleitern auf einer Expedition. Er wartet auf die Landung eines UFOs. Tatsächlich nimmt er einige Fotos von einem »Erkundungsschiff« auf, das etwa einen Kilometer entfernt in der Luft schwebt. Als es verschwunden ist und er seine Ausrüstung zusammenpackt, bemerkt er, daß sich in einiger Entfernung eine Gestalt befindet, die ihm zuwinkt. George Adamski geht ohne Zögern auf die schöne Gestalt zu, betrachtet den Fremden und stellt fest, daß es sich um einen stattlichen Mann aus dem Weltraum handelt. Der Fremde trägt ein locker sitzendes einteiliges Gewand aus einem braunen und glänzenden Metall, das am Hals sowie an den Handgelenken und an den Knöcheln eng anliegt. Langes lockiges, sandfarbenes Haar fällt ihm auf die Schultern, sein gebräuntes Gesicht aber ist haarlos und glatt. George Adamskis erster Gedanke beim Anblick dieses fremden Wesens ist: »Der hat's gut, der muß sich wohl nie rasieren.« Der Fremde betrachtet George Adamski ganz ruhig mit seinen graugrünen und leicht schräg stehenden Augen. Als Geste der Freundschaft streckt ihm Adamski eine Hand entgegen, doch der Fremde schüttelt lachend den Kopf. Er zeigt ihm, daß eine Begrüßung lediglich durch ein leichtes Aneinanderhalten der Handflächen erfolgen darf. Adamski fühlt unendliche Freundlichkeit und unendliches Verständnis und spürt eine höhere Form von Demut. Beides geht von dem Besucher aus. George Adamski will wissen, wo der Fremde herkommt, und benutzt dazu Zeichensprache und Telepathie. Er erfährt, daß das Zuhause des Besuchers die Venus ist. Der Fremde informiert George Adamski, daß die Venusier besorgt seien wegen der Atombombenversuche auf der Erde. Dies sei auch der Grund, warum so viele Außerirdische von verschiedenen Planeten die Erde besuchten. Der Venusier weiß aber noch mehr zu berichten: »Wir glauben an einen obersten Schöpfer, und unser Verständnis von ihm ist viel tiefer als das eure, und wir glauben an ein Leben nach dem Tod.« Auch auf konkrete Fragen gibt der Venusier bereitwillig Antwort. Es seien schon Raumschiffe auf der Erde zerschellt. Die Außerirdischen können nicht offen landen, weil sie mit einer solchen Aktion Angst und Panik hervorrufen würden. Selbstverständlich darf George Adamski kein Foto des Besuchers machen, denn sonst könnten Angehörige seiner Rasse, die bereits auf der Erde lebten, erkannt werden. Nach fast einer Stunde Small talk in der Wüste kündigt der Venusier an, daß er nun gehen müsse, jedoch bittet er seinen Gesprächspartner um eine seiner fotografischen Platten. Er weist ihn darauf hin, daß er ihm diese bald zurückgeben werde. Danach steigt der Mann von der Venus in sein Erkundungs-Schiff, das während der Unterhaltung in ihrer Nähe in geringer Höhe geschwebt hat, und fliegt davon gen Heimat.[1]

So verlief die erste Unterhaltung zwischen George Adamski und seinem außerirdischen Freund. Adamski konnte sogar die genaue Uhrzeit seines Erstkontaktes nennen: Es war 12.30 Uhr mittags.[2] Aber es sollte nicht Adamskis letzter Kontakt bleiben, und der Imbißbudenbesitzer konnte die fremden Raumschiffe sogar fotografieren und filmen.

Bereits am 1. Mai 1952 will George Adamski ein zigarrenförmiges Raumschiff wie das vom 20. November 1952 um 7.58 Uhr morgens aufgenommen haben. Eine weitere vorliegende Aufnahme eines »zigarrenförmigen Mutterschiffes« soll vom 5. März 1951 stammen. Auf diesem Bild sind zusätzlich noch sechs Untertassen zu sehen.

Mehrere Bilder zeigen die in UFO-Kreisen wohlbekannten untertassenförmigen »Scoutships«. Adamski, der diese Schiffe ebenfalls Erkundungsschiffe nannte, will ein solches UFO am 13. Dezember 1952 vormittags in Palomar Garden, Kalifornien, fotografiert haben. George Adamski und seine Anhänger erkennen auf diesem Foto »Düsen«, eine »kugelförmige Landevorrichtung«, die »Linse auf der Spitze der Kabine« sowie eine »Antriebswelle«. Den Autoren dieses Buchs fällt in erster Linie eine Art Aufhängevorrichtung – eine »Öse« an der Spitze des »Raumschiffes« – auf.

Eine zweite Aufnahme der »Venus-Untertasse«, von Adamski am 13. Dezember 1952 aufgenommen, zeigt das »Venus-Raumschiff« von unten. Und an diesem Tag gelingt es ihm sogar, eine der »Landekugeln« des Scoutschiffes detailliert zu erfassen. Die Landekugeln sollen laut George Adamski die Manövrierfähigkeit auf dem Erdboden oder auf dem Deck größerer Raumschiffe erleichtern.[3]

Roland M. Horn konnte sich auf einer Tagung der deutschen UFO-Forscher davon überzeugen, daß ein von George Adamski stammender Film deutlich zeigt, wie das Scoutship ruckartige Bewegungen unterhalb eines Astes ausführt, an dem es offensichtlich durch einen Faden befestigt ist.

Erste Zweifel an der Echtheit der Adamski-Bilder kamen schon sehr früh. In ihrem Buch *Das Geheimnis der unbekannten Flugobjekte*[4] wiesen Adolf Schneider und Hubert Malthaner bereits 1976 darauf hin. Der amerikanische Journalist Charles Eckhardt glaubt, das Adamski-Scoutschiff wiedergefunden zu haben. Er verweist darauf, daß in der Zeit seit den 20er Jahren bis weit nach dem Zweiten Weltkrieg in Kleinstädten und abgelegenen Ortschaften Billardtische von Lampen angeleuchtet wurden, die rund waren, eine dunkelgrünmetallische Farbe hatten und über den Spieltischen hingen. Das Oberteil dieser Lampen war mit weißem Licht versehen, das die rauchverhangenen Räume beleuchtete, und innerhalb des Lampenkörpers gab es bis zu vier Fassungen für jeweils 100-Watt-Glühbirnen, wobei meist jedoch nur 40- oder 60-Watt-Birnen verwendet wurden. Die Innenflächen dieser Lampen waren weißlich-emailliert. Die Stahllampen, so Charles Eckhardt, hingen auch über den Tischen von Buchmachern und über Bürotischen. Die Oberseite war tatsächlich kuppelartig, und in der Mitte führte ein grünes Doppelkabel in das Metall hinein. Darunter verbarg sich ein halbkonischer Reflektor, der am Rand nach unten hin abgebogen war.

Charles Eckhardts Onkel erinnerte sich an diese Lampen, und er bestätigte die Ähnlichkeit zum »Adamski-Scoutschiff«.

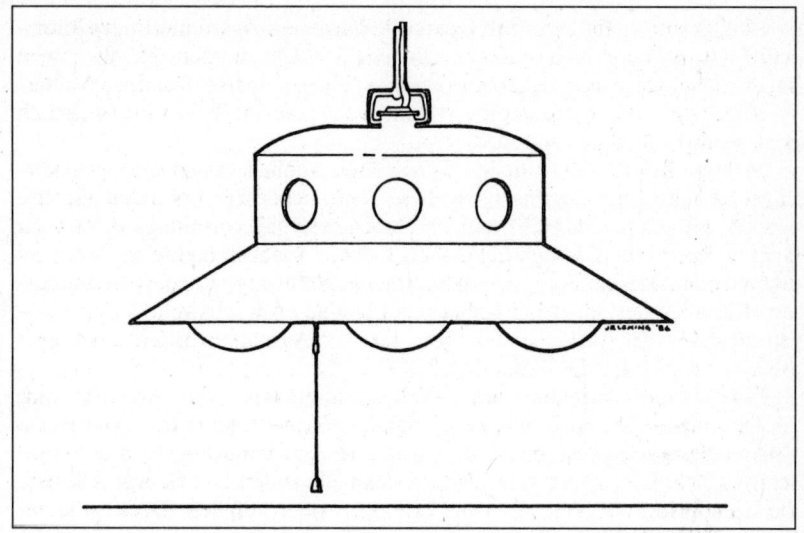

Raumschiff von der Venus – oder Billardlampe

Charles Eckhardt gelang es leider nicht, eine derartige Lampe aufzutreiben, aber der Verdacht, daß sie als Modell für das Adamski-Scoutship diente, ist durchaus naheliegend.[5]

George Adamski ist der Ur-Kontaktler, der erste, der mit seinen UFO-Geschichten breites Interesse erregte. Oder, um es mit den Worten des berühmten Astronomen und mehrfach ausgezeichneten Weltraumforschers und Wissenschaftlers Professor Carl Sagan zu sagen: George Adamski war ›die erste kommerziell erfolgreiche ›UFO-Kontaktperson‹.[6] Er gilt vielen Fans noch heute als seriöser Ehrenmann, wird aber von seinen Kritikern als hinterlistiger Betrüger abgestempelt. Im »Fall Adamski« ist es aber auch interessant, daß der Kontaktler Billy Meier, ein Mann, der in diesen Tagen mehr denn je diskutiert und angezweifelt wird (s. Kapitel 8) und dem ebenfalls Fälschungen nachgewiesen werden konnten, seinen Vorgänger George Adamski als Betrüger bezeichnete. Billy Meier, selbst esoterischer Übermittler allerlei sonderbarer Philosophien, sieht in George Adamski einen Gauner, der durch suggestive Kräfte die Menschen von seinen Lügen überzeugen konnte.

Der Meier-Anhänger Hans Georg Lanzendorfer verfaßte den erstaunlichen Artikel *George Adamski ›Vater der UFOs‹ ... oder eher ›Pionier der UFO-Schwindelerei‹?*, den er auf der Internetseite der Meierschen F.I.G.U.-Gruppe verbreitete. Diese Publikation macht deutlich, wie Kontaktler über ihresgleichen denken.

»George Adamski«, so Hans Georg Lanzendorfer, »war ein Schwindler ohnegleichen, der mit einer besonderen Marketingidee, mit der nötigen Unverfrorenheit, großer Hinterlist und der Nutzung seiner besonderen Fähigkeiten, zur richtigen Zeit am richtigen Ort in die Marktlücke Ufologie sprang. Eine Zeit, in der die Ufologie erst langsam aufzukommen begann und in der die Menschen in ihrer diesbezüglichen Leichtgläubigkeit anscheinend noch betrogen werden wollten. Adamski war bereit, ihnen den Stoff für ihre Dummheit ganz nach ihren Wünschen zu liefern. Dies tat er mit Photoaufnahmen angeblicher UFOs, deren Lächerlichkeit und Stümperhaftigkeit mit Worten nicht zu beschreiben ist.«[7]

Daß George Adamski ein hinterlistiger Betrüger sei, der nie ein UFO sah, weiß Billy Meier aus Gesprächen mit »seinen« – natürlich realen – Aliens. So soll beispielsweise die Alienfrau Semjase am 6. April 1976 zu Billy Meier gesagt haben, daß George Adamski »niemals ein Strahlenschiff gesehen« hat. »Das wurde von uns äußerst genau kontrolliert und überprüft«, so der Alien von den Plejaden weiter.

George Adamski habe, so Hans Georg Lanzendorfer weiter, über suggestive Fähigkeiten verfügt, die er niemandem offenbarte, um so die Menschen mit dieser außergewöhnlichen Begabung für seine Sache zu gewinnen.

Doch ist der Kontaktler Billy Meier besser als George Adamski? Für die F.I.G.U.-Sekte schon, denn Billy Meier ist »der wahrliche Kontaktmann dieser Erde Terra, zu den Menschen der plejadischen Föderation«.[8] Doch Billy Meier diskreditiert seinen Vorläufer George Adamski nur, um die eigene Sekte herauszustellen. Auch den UFO-Guru Claude Vorilhon von der Rael-Bewegung bezeichnet Billy Meier als »Betrüger« (s. Kapitel 6).

George Adamski gilt als der erste und bekannteste Kontaktler, obwohl Orfeo Angelucci schon einige Monate – im Mai 1952 – vor ihm Kontakte mit Außerirdischen gehabt haben will, die er allerdings erst nach George Adamskis Erstkontakt, nämlich im Jahr 1955, veröffentlichte. So sagt er es zumindest in seinem Buch *Geheimnis der Untertassen*. Orfeo Angelucci will übrigens in einem früheren Leben selbst ein Außerirdischer gewesen sein.

Die meisten Kontaktler behaupteten, die Außerirdischen kämen von Venus, Mars und Saturn, also von Planeten unseres Sonnensystems. Die Kontaktierten wurden auch schon mal zu kosmischen Rundflügen mitgenommen.

George Adamski folgte der Kontaktler Daniel Fry, der von dem Außerirdischen Alan vor der Atombombe gewarnt wurde; im Jahr 1954 veröffentlichte Truman Bethurum dann seine Abenteuer mit Außerirdischen vom Planeten »Clarion«, und im selben Jahr trat der Londoner Taxifahrer George King auf, der sich zur Stimme des Kosmischen Parlaments berufen fühlte[9] und um den es im vierten Kapitel gehen wird. Doch bis heute konnte keiner von ihnen die Berühmtheit Adamskis erlangen.

Einer der glühendsten Anhänger Adamskis war Karl Ludwig Veit, der mittlerweile verstorbene ehemalige Vorsitzende der »Deutschen UFO/IFO-Studiengesellschaft« mit Sitz in Wiesbaden-Schlierstein. In seinem Nachwort zu einem Buch von Gray Barker schildert er George Adamski als den »bekanntesten Vorkämpfer für die UFO-Bewegung«. Er beruft sich darauf, daß bei George Adamskis erster Begegnung sechs Zeugen anwesend waren, und er verweist auf ein weiteres Buch mit dem Titel *Im Inneren der Raumschiffe*[10], in dem George Adamski seine Erlebnisse mit »Meistern von Mars und Venus« schilderte. In dem 1961 erschienenen Buch *Flying Saucers Farewell* habe George Adamski der Welt noch einmal Gelegenheit gegeben, »ihn nicht als Apostel, sondern als verantwortungsvollen Berichterstatter und Parlamentär im Auftrag seiner Planetenfreunde einzuschätzen«. Veit verweist darauf, daß Adamski zahlreiche Vorträge gehalten habe und daß seine Bücher in vielen Sprachen erschienen seien. Weiter sprach er von George Adamski als einem »Pionier für die wahrhaft umwälzenden Ereignisse des Neuen Kosmischen Zeitalters«[11], womit unseres Erachtens schon der Grundstein für die New-Age-UFO-Lehre gelegt wurde, die von vielen (aber nicht von allen) ETH[12]-Promotern noch heute vertreten wird.

Wer war dieser George Adamski, der »Urvater der Kontaktler«?

George Adamski, der erste Mensch, der auf engelgleiche Venusbewohner traf.

George Adamski wurde 1881 in Polen geboren. Als er zwei Jahre alt war, wanderte seine Familie nach den USA aus. Er diente einige Jahre lang in der amerikanischen Armee. Später wurde er Lehrer für östliche Spiritualität und eignete sich zu Unrecht den Titel »Professor« an. Im Jahr 1944 lebte er mit einigen Anhängern an den Hängen des Mount Palomar in Kalifornien, wo er ein Touristencafé betrieb. George Adamski war ein ehrgeiziger Amateurastronom. Bei der Beobachtung eines Meteorstromes bemerkten er und seine Anhänger 1946 ein großes, dunkles, sich am Himmel bewegendes Objekt. Als die Nachrichten immer wieder von UFO-Sichtungen berichteten, war Adamski überzeugt, selbst eine fliegende Untertasse von einem anderen Stern gesehen zu haben. Adamski beobachtete den Himmel von nun an gezielt mit seinem Sechs-Zoll-Teleskop, um UFOs zu entdecken. Und im Jahre 1952 war es dann soweit: Es kam zu den ersten Fotos und zum ersten Kontakt.[13]

Den UFO-Forschern John und Anne Spencer fällt auf, daß das Gewand, das der Außerirdische bei George Adamskis Erstkontakt anhatte, dem glich, das der Außerirdische »Klatoo« im Science-fiction-Streifen *Der Tag, an dem die Erde stillstand* trug. Die Forscher weisen auch darauf hin, daß George Adamskis Kontakt drei Wochen nach der Zündung der ersten Wasserstoffbombe am 1. November 1952 stattfand.[14]

Und tatsächlich scheint das Thema »Atomwaffen« bei dieser ersten Begegnung eine große Rolle zu spielen. Wir möchten hierzu George Adamski selbst zitieren:

> »Ich fragte ihn [den Außerirdischen], ob dieses Interesse etwa mit unseren Bombenexplosionen und ihren Auswirkungen, den radioaktiven Wolken, zusammenhinge.
> Er verstand das sofort und bejahte mit einer Kopfbewegung. Dann fragte ich, ob diese Dinge für sie gefährlich seien; bei dieser Frage habe ich mich auf eine Zerstörungsszene eingestellt. Auch jetzt machte er eine bejahende Kopfbewegung, auf seinen Gesichtszügen war keine Spur einer ablehnenden oder vorwurfsvollen Haltung zu bemerken. Vielmehr hatte seine Miene einen Ausdruck von Verstehen und tiefem Mitleid, wie sie etwa ein Vater seinem vielgeliebten Kinde zeigt, das aus Unwissenheit und aus Mangel an Einsicht falsche Wege beschritten hat. Diese Einstellung behielt mein Gesprächspartner während der ganzen Unterhaltung über dieses Thema mir gegenüber bei.
> Ich wollte nun wissen, ob all dies den Weltenraum in Mitleidenschaft ziehe.
> Wieder ein Kopfnicken als Bestätigung.
> In diesem Zusammenhang darf ich auf folgendes hinweisen: Es ist unter den Gelehrten der Erde seit langem bekannt, daß sogenannte kosmische Strahlen im Außenraum viel wirkungsvoller sind als innerhalb der Atmosphäre unseres Planeten. Wenn dem so ist, wäre es dann

eigentlich nicht ebenso logisch anzunehmen, daß die radioaktiven Kräfte, die durch unsere Versuche verursacht werden, sich im Raum draußen viel kräftiger auswirken, nachdem sie die irdische Atmosphäre verlassen haben? Ein logischer Schluß bestärkt die Aussage dieses Menschen aus dem Weltenraum.

Ich ließ nicht locker mit meinen Fragen und wollte weiter wissen, ob Gefahr bestehe für uns Erdbewohner und ob der Weltenraum draußen in Mitleidenschaft gezogen würde.

Mit Handbewegungen, die Wolkenbildungen als Folge von Explosionen veranschaulichen sollten, gab er mir zu verstehen, daß diese Frage wohl zu bejahen sei, wenn zu viele Explosionen stattfänden. Ja!

Es sprach in diesem Zusammenhang sogar das Wort ›Yes‹ aus. Es war für ihn nicht schwer, die Wolkenbildung mit Händen und Armen anzudeuten; um aber die Diskussion selbst zu veranschaulichen, sagte er: ›Bum, bum!‹ Um sich weiter verständlich zu machen, berührte er erst mich, dann ein Unkrautpflänzchen, das neben uns wuchs. Schließlich zeigte er auf die Erde selbst, und mit einer weitausholenden Handbewegung deutete er an, daß dies alles durch zu viele ›Bum! Bum!‹ vernichtet werden würde. Dies schien einigermaßen klar [...]«[15]

»Bum, bum!« ... Nun gut.

Spielte hier die Angst vor dem Atomkrieg eine Rolle? Baute George Adamski seine Geschichte – wie spätere Kontaktler auch – um diese Angst herum auf oder nutzte er einfach die aktuelle Angst, um sein Buch publik zu machen? Jedenfalls ist die Warnung vor dem Atomkrieg ein wichtiger Bestandteil der damaligen wie heutigen Kontaktler, wie es im Verlauf dieses Buches noch sehr deutlich werden wird. Ihnen scheinen die Ideen auszugehen.

Auch der 1954 an die Öffentlichkeit tretende Kontaktler Dr. h.c. Daniel Fry warnte – selbstverständlich auf Aufforderung seines außerirdischen Freundes Alan hin – vor dem drohenden Atomkrieg. Leider mußten die Außerirdischen auf Daniel Fry als einzige Kontaktperson zurückgreifen, und zwar aus folgenden Gründen: Erstens bestünde für den Fall, daß sie sich »offiziell« meldeten, die Gefahr, die Außerirdischen könnten zu Objekten der Anbetung werden, zweitens könnte man mit einer Landung vor dem Weißen Haus in Washington eine Panik auslösen, drittens würde der Flugkörper der Außerirdischen damit verbotenen Flugraum verletzen, und viertens habe ihr Sender keine Erdlizenz![16]

Kommen wir nach Frys Geschichte, die merkwürdigerweise von nicht wenigen Leuten geglaubt wurde, zurück zu George Adamski.

In den Monaten nach seiner vorgeblichen Begegnung mit dem Außerirdischen will er in Los Angeles junge Menschen in Anzügen getroffen haben – ganz unauffällige Erscheinungen also. Von ihnen wurde er zu einem Besuch in ein Mutterschiff eingeladen, das weit entfernt um die Erde kreiste. George

*Der Venusianer
Orthon*

Adamski will durch das phantastische Innere geführt worden sein, und dabei sei er auf auffälligere Personen getroffen. Da waren gleich mehrere Frauen und Männer von der Venus, vom Mars und vom Saturn. Auch seinen ersten Kontakt – Orthon, wie George Adamski ihn nannte – traf er wieder. Natürlich hatten die Leute aus dem All keine Namen – denn aufgrund der Tatsache, daß die Außerirdischen Bilder und Erfahrungen geistig übertragen konnten, brauchten sie gar keine Namen. Der UFO-Prophet gab ihnen dennoch welche. So nannte er andere Aliens »Firkon« und »Ramu«.[17]

George Adamski behauptet, daß der Mond eine Atmosphäre habe. Zwar sei das eine leichte Atmosphäre, jedoch nicht zu dünn, als daß sich Menschen von der Erde und anderen Planeten nicht daran gewöhnen könnten.[18]

Gray Barker, ein Anhänger Adamskis, beruft sich auch auf Aussagen von Astronomen, die von menschlichen Wesen geschaffene Brücken, Tunnels und Raumschiffstationen auf dem Mond beobachtet haben wollen.

Diese Beobachtungen stammen jedoch in Wirklichkeit nicht von Astronomen, sondern von Amateurastronomen, die zum Teil sehr enthusiastisch und mit Hilfe von Geräten niederer Auflösung an die Mondbeobachtung herangingen, oder von Personen, die der George-Adamski-Foundation angehören und NASA-Fotos aus diesem Blickwinkel betrachten.[19]

Roland Roth, der Chefredakteur der seriösen grenzwissenschaftlichen Zeitung *OMICRON*, hat viele dieser strittigen Fotos digital analysiert. Er konnte bis auf eine zu erwartende Restunsicherheit für alle zur Debatte stehenden potentiell künstlichen Mondformationen natürliche Erklärungen finden.[20]

Wir wissen heute, daß der Mond tatsächlich eine Atmosphäre hat – allerdings nur eine dünne Natrium-Rest-Atmosphäre. Menschliches Leben auf dem Mond ist definitiv unmöglich, und ohne Grund marschieren unsere Astronauten bestimmt nicht mit Sauerstoffanzügen und -helmen auf dem Mond herum.

Gray Barkers Argumentation ist grotesk: »Würden unsere Wissenschaftler und Regierungen riesige Summen ausgeben und keine Mühe scheuen, Reisen auf unseren natürlichen Satelliten vorzubereiten, wenn sie nicht sicher wären, daß er eine Atmosphäre hat? Sie wissen, wie auch wir alle wissen, daß es unmöglich sein würde, in Raumfahrzeugen genügend Sauerstoff heraufzubringen, um das Leben für jene, die dort landen, bequem zu machen.« George Adamski betonte ergänzend, daß auf dem Mond »Menschen in Glück und Frieden leben.«[21]

Über den Asteroidengürtel (eine Unzahl von kleinen unförmigen Planeten, die sich größtenteils zwischen der Umlaufbahn des Mars und der des Jupiter bewegen) sagt George Adamski, er sei nicht der Rest eines explodierten Planeten, wie dies heute noch von vielen Vertretern der These von dem außerirdischen Ursprung der UFOs (ETH) behauptet wird, und er sei auch nicht der Rest eines durch »teuflische Mächte« zerstörten Planeten. Nein, der Asteroidengürtel ist nach George Adamski vielmehr ein natürlicher Brutkasten, in dem Planeten geboren werden, die als Ersatz für Welten, die sich allmählich auflösten, dienen sollen. Auch andere für die Stabilisierung des Systems notwendige Himmelskörper würden im Planetoidengürtel erschaffen. Der Gürtel erfüllt den Zweck eines Vibrators, der durch eine ruhende Kraft erregt würde, die er in eine aktive Kraft umwandele. Der Asteroidengürtel ist nach George Adamski magnetisch geladen, und jedes Teilstück soll individuell mit natürlicher Energie gefüllt sein, die in seinem Umgebungsgebiet enthalten sein soll. Diese wachse oder löse sich in einer ewig wechselnden Beziehung auf. Ohne diese Energie könnte sich unser Sonnensystem nicht erhalten. Die Partikel des Asteroiden-Gürtels kollidieren ständig miteinander, und dabei könne es manchmal zu einer Vereinigung der Teilchen zu einem größeren Körper kommen, die von einer Explosion begleitet werde. Ähnliche Energiegürtel durchzögen den gesamten Kosmos.[22]

Wir glauben, diesen wissenschaftlichen Nonsens braucht man nicht zu kommentieren. Interessant ist jedoch, daß der Asteroidengürtel die Phantasie vieler UFO-Sektierer anzuregen scheint, wie wir in den folgenden Kapiteln dieses Buches und bei Omnec Onec noch sehen werden.

Der Richtigkeit halber müssen wir jedoch erwähnen, daß der in Spanien lebende und 1994 verstorbene deutsche Autor Andreas Faber-Kaiser 1974 in seinem Buch *Sacerdotes o Cosmonautas?*[23] berichtete, Adamski habe 1954 von einem radioaktiven Gürtel gesprochen, der die Erde in 900 Kilometern Höhe umspanne. Dieser sogenannte Van-Allen-Gürtel wurde durch die am 31. Januar 1958 gestartete US-Sonde »Explorer 1« von James Alfred van Allen tatsächlich nachgewiesen.

Barker zitiert aus dem Astronomiebuch *Die Pracht des Himmels* von Dr. Arthur M. Harding eine Passage, die seine These stützen soll:

> »[...] man dachte eine Zeitlang, daß die Planetoiden vielleicht von der Explosion eines Planeten stammten, der einstmals die Sonne zwischen den Umlaufbahnen von Mars und Jupiter umkreiste. Aus dem Studium ihrer Umlaufbahnen aber geht hervor, daß sie nicht aus einer einzigen Explosion stammen können.«[24]

Es ist wohl eher so, daß George Adamski diese Passage zur Grundlage für seine phantasievolle Geschichte genommen hat.

George Adamski äußerte sich auch zu dem »Kippen der Erdachse«, das zu seiner Zeit offenbar viel diskutiert wurde. Nach Adamski würde jedoch nur ein kleiner Teil der Erde davon betroffen sein, denn dank unseres jetzigen blitzschnellen Nachrichten-Übermittlungs-Systems könne jede Katastrophe auf ein Minimum beschränkt werden. George Adamski erläutert auch die Gründe für das Kippen der Erdachse: Dieses sei weder auf das Zünden unserer »riesigen Bomben« zurückzuführen, noch sei es eine Bestrafung für die Sünden der Welt. Vielmehr handele es sich bei diesem Vorgang um eine natürliche Veränderung, die alle Planeten durchmachen müßten. Beim Kippen der Erdachse würde »ausgeruhter, fruchtbarer Meeresboden im Austausch gegen verbrauchten unfruchtbar gewordenen [Boden] auftauchen«. Dies alles geschähe im Rahmen eines kosmischen Planes. Ein solcher Vorgang habe in der Vergangenheit der Erde mehrmals stattgefunden und habe somit nichts mit einem Weltuntergang zu tun. Die »Brüder im Weltraum« wachen nach Adamski mit Hilfe ihrer höher entwickelten Technologie über uns und werden uns ihre Ergebnisse, sobald ihre Beobachtungen abgeschlossen sind, mitteilen. Ihre Warnungen dürfen dann nicht ignoriert werden, sonst wird eine große Zahl von Menschen das Leben verlieren. Die Außerirdischen werden uns vor dem Eintreten des Kippens der Erdachse sichere Orte nennen, in die die Menschen dann evakuiert werden könnten.[25]

Nach George Adamski können sich die Außerirdischen weder materialisieren noch dematerialisieren, denn könnten sie es, dann brauchten sie keine Metallschiffe. Die Raumbrüder müssen Erz gewinnen, es schmelzen, veredeln und daraus Raumschiffe bauen, die dann bemannt werden. Die Außerirdischen sind, so George Adamski, normale menschliche Wesen aus Fleisch und Blut genau wie auf der Erde.[26] Allerdings können sie die Gedanken von Erdenmenschen empfangen. Dadurch erkennen sie die Aufrichtigkeit einzelner Personen und können sich so ihre Kontaktler aussuchen. Es sei jedoch möglich, Gedanken zu einem Raumschiff hinaufzuschicken, und meistens reagierten die Außerirdischen dann auch. Viele Menschen jedoch hätten ihre Sinne durch das dauernde Aussenden von Kontaktgedanken blockiert, so daß man sie nicht als Empfangsstationen verwenden könne.[27]

Auf den Planeten der Außerirdischen wird kein Schlachtvieh gezüchtet, und sie essen Fisch so wie wir Fleisch, ihr Geflügelverbrauch entspricht unserem durchschnittlichen Fischkonsum.

Geld gibt es auf den Heimatplaneten der Außerirdischen nicht, denn sie haben ein Waren- und Dienstleistungssystem, in dem Geld als Zahlungsmittel nicht verwendet wird.[28]

Im Jahr 1955 sah George Adamski die Mondrückseite:

> »Es gibt da einen Streifen oder eine wunderbare Sektion um das Mondzentrum, wo es Vegetation gibt, wo Bäume und Tiere existieren und wo die Leute mit allem Komfort leben. Der Kapitän eines Saturnschiffes erzählte Adamski, daß ein gewaltiges Laboratorium hinter der sichtbaren Mondseite existiere, welches leider außer Sicht der Erdbewohner sei.«

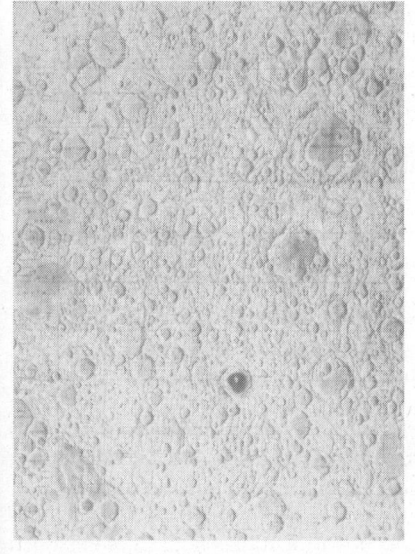

Karte der Mondrückseite

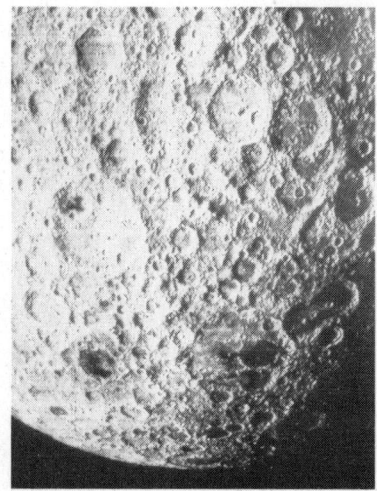

Ein Photo der Mondrückseite – hier will Adamski blühende Gärten gesehen haben.

Auch von der Venusoberfläche zeichnet Adamski ein romantisches Bild. Seen, Berge, wunderschöne Landschaften fände man dort, ebenso menschliche Wesen, freundlich und langmütig. Sie hätten ein perfektes Gesellschaftsystem, bei dem auch die Freizeit nicht zu kurz käme.[29]

Im Jahre 1958 umrundete die russische Raumsonde *Luna 3* den Mond zum ersten Mal und sendete Fernsehbilder von der Mondrückseite. Sie ist heute erforscht, vermessen und kartographiert. Kein Labor, keine Tiere, keine Menschen, nichts... nur strukturlose Gegenden.

Wenig später erkundeten die sowjetischen *Venera-Sonden* die Venus. Sie übermittelten ein ganz anderes Bild als die Kontaktler: Kohlendioxid-Atmosphäre, fast 500 Grad Hitze, unwirkliche Gegend, Geröll etc. – also kein Paradies, eher so, wie man sich die Hölle vorstellt.[30]

Die Forschungsergebnisse der Raumfahrt widerlegen George Adamski also in jeder Hinsicht. Um so unverständlicher ist es, daß Gray Barker behauptet, die Mondsonden hätten die Behauptungen George Adamskis bestätigt.[31]

Nicht alle Anhänger Adamskis schienen Gray Barker zuzustimmen, denn sie wandten eine ganz einfache Taktik an, die zuvor auch schon von christlichen Sekten wie den Sieben-Tag-Adventisten und den Zeugen Jehovas in ähnlicher Form erfolgreich eingesetzt worden war. Waren ursprünglich die Außerirdischen Bewohner der realen Planeten (Venus, Saturn, etc.), verlegte man ihren Ursprungsort im nachhinein auf eine »höhere Schwingungsebene«, und so kamen George Adamskis Freunde nun von einer Venus, die sich auf einer höheren geistigen Ebene befindet als die, die unsere Raumsonden erreichen. So einfach ist das.[32]

George Adamski konnte neben den Aufnahmen des Scoutschiffes noch mit ganz anderen »Beweisen« aufwarten. So hatte er nach dem ersten Kontakt Abdrücke der Fußspuren des Venusiers in der Wüste genommen, wobei auf der einen Schuhsohle eine Swastika – ein in Deutschland seit der Hitlerzeit als »Hakenkreuz« bekanntes Symbol – die Fersenregion der Sohle zierte.[33]

Es ist erstaunlich, was in diese »Fußspuren« alles hineingelesen wurde. Da will man beispielsweise im Absatz des linken Fußabdruckes in einem ovalen Etwas die Untertasse erkannt haben, während drei Punkte die Planeten Merkur, Venus und Erde darstellen sollen.

Nach der Ansicht des Ufologen George Hunt Williamson sollen verschiedene Linien auf dem Fußabdruck »unzweifelhaft das Geheimnis der kosmischen Energie« darstellen, die auf Elektromagnetismus basiere, und weiter das Geschenk des Geistes und die drei verschiedenen Typen von Menschen, die die Weltraumleute auf der Erde gefunden hätten – Materialisten, Spiritualisten und Gläubige. Von vielen in diesem linken Fußabdruck versteckten esoterischen Botschaften ist die Rede. Der linke Fußabdruck erinnert George Hunt Williamson an das Auge eines Fisches, und er sieht Parallelen zu frühchristlichen Symbolen und zu den Gottheiten Vishnu und Isis. Diese beiden Götter wurden auf Abbildungen oft als Fischmensch dargestellt, während der Fisch

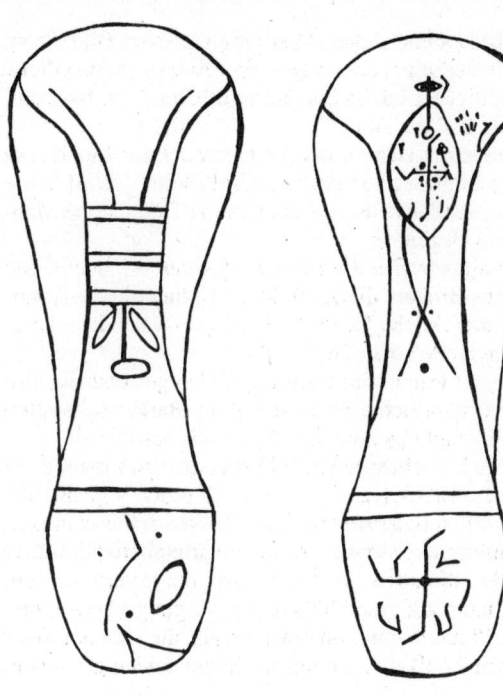

Diese Fußabdrücke hinterließ der Venus-mann in der kalifor-nischen Wüste.

als ein Symbol des Christentums schlechthin gilt. Hierzu werden Bibelstellen angeführt, die das Fischsymbol erläutern sollen. Der Zusammenhang erscheint jedoch sehr abstrakt. Von einem »spirituellen Fisch« ist in George Hunt Williamsons Ausführungen oft die Rede.

Der rechte Fußabdruck stellt nach Williamson eine vollkommene Repräsentation von Material und Effekt dar. Hier erkennt man angeblich die Uhr des Universums. Ein Kreis in der Mitte des Abdruckes soll den Schöpfer darstellen. Die Swastika ist auf diesem Fußabdruck zweimal abgebildet. Das Zentrum eines dieser Swastika-Symbole, das sich in der Mitte des Abdrucks befindet, stellt zugleich den Polarstern dar – er soll der Mittelpunkt dieser kosmischen Uhr sein. Die Haken der Swastika symbolisieren die Zeiten, in denen der Große Bär in einem besonderen Bezug zum Polarstern steht: im Mai (oberer Haken) direkt über dem Pol, westlich vom Pol im August (linker Haken), direkt über dem Pol im Dezember (unterer Haken) und östlich des Pols im späten Februar (rechter Haken).

Die Swastika auf dem rechten Absatz wird anders erklärt. Da soll die Sonne der Mittelpunkt sein, und vier Symbole außerhalb der Swastika sollen die Sternbilder Wassermann, Skorpion, Stier und Löwe darstellen. In diesem Zusammenhang wird von vier Zeitaltern der Menschheit gesprochen, die allesamt in einer Katastrophe endeten. Wir leben nun im fünften Zeitalter. Die vergangenen Zeitalter sollen durch die Arme der Swastika dargestellt sein.

Drei Punkte auf dem Absatz würden »weil« bedeuten, und dies könne auch für zukünftige Katastrophen stehen, wie auch immer das gemeint sein mag. Drei Sterne oder Punkte, so Williamson, repräsentieren immer einen Tribun-Gott der alten Zeiten, und weiter spricht er davon, daß drei kleine Punkte Körper, Seele und Geist darstellten.

Die Swastika innerhalb einer ovalen Figur repräsentiere das heilige Feuer. Auch den Mars möchte George Hunt Williamson auf dem Fußabdruck erkennen, ebenso wie das Erde-Mond-System mitsamt einem »dunklen Mond«, ebenso Saturn und Jupiter. Noch viele weitere astronomische Gesetzmäßigkeiten kann Williamson aus diesem Fußabdruck herauslesen, die hier jedoch nur angeschnitten werden können.

Auch auf dem rechten Fußabdruck liegt eine besondere Betonung auf dem Fisch-Symbol. In diesem Fußabdruck sehen wir nach Williamson den Keim des menschlichen Lebens einschließlich der Dunkelheit des Inneren des Großen Fisches. Eine andere Deutung der Fußabdrücke, die George Hunt Williamson wiedergibt, stammt von Florence Sternfels, einer »Seelenforscherin« aus New Jersey. Sie meditierte über die Fußspuren und erkannte:

»Es scheint, daß Personen wie jene, zu der die Füße gehören, nur vereinzelt vorkommen, und aufgrund der langen Haare könnte es sich um eine Frau handeln. Diese Person scheint in einer anderen Welt oder auf einem anderen Planeten zu sein und spricht in einer unbekannt klingenden Sprache. Was auch immer das Mysterium ist, jedermann wird es in kurzer Zeit wissen. Leute wie die, zu denen die Fußspuren gehören, scheinen von einem anderen Planeten zu kommen.«

Von Mrs. Florence Sternfels stammt die »lemurische Interpretation«: Die linke Fußspur steht für den alten Kontinent Mu. Mu war das Reich der Sonne und das Mutterland der menschlichen Rasse auf dem Planeten Erde, und es liegt in der Nähe der Wasser. Mu wird auch Kui, Pan oder Lemuria genannt.

Der geschlossene Lotus bedeutet, daß Mu nicht mehr existiert, und der Fisch repräsentiert den versunkenen Kontinent. Mu wird während des Zeitalters der Fische vollständig in untergegangener Form verbleiben, bis die Einflüsse des Fische-Zeitalters verschwunden sind, und während der Übergangszeit vom Fische- zum Wassermann-Zeitalter wird es wieder auftauchen.

Kleinere im Absatz liegende Zeichen sagen folgendes aus: Mu liegt in der Nähe von Wellen (ein Wellensymbol), und die unsichtbare Dreieinigkeit von Vater, Sohn und Heiligem Geist durchdringt alles, auch das Wasser (drei Punkte). Das geschlossene Auge (ein Oval) bedeutet, daß Mu schläft. Das dritte – oder auch spirituelle – Auge des Fisches ist geschlossen, was ebenfalls das kosmische Auge repräsentiert. Die arabische Numerierung (ein Zeichen, das entfernt einer »1« ähnelt), spielt auf den unendlichen Schöpfer an. Wenn dieses Symbol den Fisch formt, dann bedeutet das, daß Mu verschluckt und alles Leben zum Schöpfer zurückgekehrt ist. Mu liegt jetzt in großer Tiefe, wie die Form des Absatzes aussagt.

Die Lotusblume, die in der Mitte des Abdrucks erscheint, ist das floristische Symbol von Mu. Die Lotusblume war die erste Blume, die auf der Erde erschien.

Nach dieser Interpretation repräsentieren diverse kleine Symbole verschiedene Tatsachen, die den versunkenen Kontinent Mu betreffen. Ein Zeichen repräsentiert die Ansiedler, die aus Mu auswanderten und in verschiedene Richtungen emigrierten. Drei Stäbe repräsentieren das in drei Schritten wiederauftauchende Mu.

Mrs. Florence Sternfeld will nach Williamson aus diversen Symbolen herauslesen, daß Mu eine Ebene war, daß es in drei Teile geteilt war und daß Mu in der Region des Südlichen Kreuzes wiedererweckt werden wird.

Die rechte Fußspur steht nach dieser Interpretation für den Neuen Kontinent Mu. Die Neuen Himmel und die Neue Erde, das neue goldene Zeitalter, das bekannte Wassermann-Zeitalter, das Neue Mu werden im Pazifischen Ozean erstehen.

Die vier Großen Urkräfte des unendlichen Geistes sind kontinuierlich aktiv im Weltall. Diese vier Kräfte bewegen sich um die zentrale Sonne oder den Schöpfer, wie aus der Swastika herausgelesen wird. Die vier Zeichen um die Swastika herum sind die Symbole von verschiedener Aktivität einer jeden Kraft. Die vier großen Urkräfte sind: statisches magnetisches Feld, elektromagnetisches Feld, elektromagnetische Wellen und schwingendes elektromagnetisches Feld.

Leben nähme durch die Aktivität dieser vier Kräfte Formen an. Das Gesicht (wenn man die Swastika wegläßt, entsteht um die vier Figuren – wenn man diese etwas verdreht – ein entfernt gesichtsähnlicher Eindruck) sagt uns, daß die menschlichliche Form eine universelle ist. Weil wir nach dem Bilde Gottes geschaffen sind, dessen Angesicht als Sonne voll von Schönheit und zu rein ist, um ungerecht zu werden, sollten wir auch diese Liebeslinien mit einem lächelnden Gesicht widerspiegeln.

Ebenfalls aus dem rechten Fußabdruck geht hervor, daß der Kontinent von Mu durch katastrophale Veränderungen im Pazifik auftauchen wird. Ein dicker Klecks auf der Fußsohle besagt, daß alles von dem Großen Einen, von Gott, komme. Ein Kreuz auf der gleichen Fußsohle weise darauf hin, daß die Ansiedler aus Ost und West in reinkarnierter Form zurückkehren und in einer neue Rasse aufgehen werden. Das wird zwischen dem Kommen der positiven (männlichen) und der negativen (weiblichen) Kraftlinien geschehen. Dann werden wieder die drei Punkte angesprochen, die diesmal den einen Geist darstellen sollen: das Symbol der Sonne, das männliche Prinzip des Einen – und das Symbol des

Mondes, das weibliche Prinzip des Einen. Männlich und Weiblich entsprängen aus einem androgynen Prinzip. Ein Oval wird als »kosmisches Ei« bezeichnet, das aus den Wassern auftauche und neues Leben hervorbringe. Die Swastika soll hier bedeuten, daß Leben durch die Tätigkeit der vier Großen Urkräfte innerhalb des Einen stattfinde. Sieben Kleckse stehen für die Deuterin dafür, daß die sieben Planeten der Alten Weisheit wieder im Herzen der neuen Rasse sein werden, und sie werden durch die planetarischen Kräfte geführt werden. Ein an ein Kleeblatt erinnerndes Zeichen soll das Auftauchen des Neuen Mu symbolisieren. Es wird als eine Einheit erscheinen, und drei Länder werden eines sein. Ein recht diffuses Zeichen soll die vier Kräfte darstellen, die vom Einen ausgehen. Alle Kräfte werden verstanden und zugunsten eines guten Neuen Zeitalters genutzt werden. Durch Reinheit des Lebens und des Denkens, durch auf den Einen ausgerichtetes Meditieren, durch die Zentrale Sonne und durch Beter wird das geistige dritte Auge durchdrungen und in der Neuen Rasse geöffnet. Alle werden Telepathie, Prophetie und derartiges erleben. Die aktivierte Kraft wird die vierte Urkraft bzw. das Resonating Electromagnetic Field (RMF, »Harmonisiertes Elektromagnetisches Feld«) sein. Auch das wird aus einem recht diffusen Zeichen herausgelesen, das einen Pfeil nach unten aufweist, der dafür steht, daß die Kraft aktiv ist. Es gäbe hier eine Verbindung mit Klang, und das könnte die Wiederentdeckung der verlorenen geistigen Welt bedeuten. Drei weitere Kleckse werden als »geometrisch« angesehen, und ein Zeichen, das an einen Haken erinnert, wird als Musiknote erkannt – ein Symbol für Sphärenmusik. Diese Musik oder Vibration in der vierten Dimension der Bewegung ist zusammen mit geometrischen Mustern in der fünften Dimension der Bewegungslosigkeit der kosmische Klebstoff, der das Universum zusammenhält.

George Hunt Williamson kommt zu dem Schluß, daß die Spuren im Sand, die der Außerirdische hinterließ, voll von alter Prophetie sind und durch fremde Zungen zu uns gebracht wurden.[34]

Wir vermuten, wenn wir diese Fußspuren noch zehn medial veranlagten oder phantasiebegabten Personen vorlegen würden, erhielten wir – gegen entsprechende Bezahlung – zehn weitere Interpretationen.

Wir erinnern uns daran, daß George Adamski bei seinem Erstkontakt in der kalifornischen Wüste Orthon eine fotografische Platte übergeben hatte. Er erhielt sie am 13. Dezember 1952 bei einem weiteren Kontakt zurück.

Adamski wurde durch ein Geräusch aufgeschreckt, das sich wie das Heulen von Düsenflugzeugen in der Luft anhörte, und sah einen Lichtstrahl.

Um 9 Uhr bemerkte er erneut einen Strahl. Der Himmel war frei, und George Adamski versuchte, sein Fernrohr zu fokussieren, und tatsächlich erblickte er die erwartete fliegende Untertasse. Und das irisierende glasähnliche Gebilde kam näher. George Adamski freute sich auf seinen Freund, und er begann zu fotografieren. Einige Bilder gelangen.

Nach der Annäherung der Untertasse bis auf etwa dreißig Meter öffnete sich eine Luke, und eine Hand kam hervor, die die Kassette abwarf. Die Hand

Der Adamski-Jünger George Hunt Williamson, der später selbst zum Kontaktler wurde.

winkte George Adamski noch leicht zu, und dann entfernte sich das Fahrzeug wieder. Die Kassette schlug auf einem Felsen auf und fiel zu Boden.[35]

Auf diese Weise will George Adamski seine Kassette zurückerhalten haben. Er sei sehr sorgfältig mit ihr umgegangen und habe sie zum Entwickeln gegeben. Nebenbei betont er, daß es für seine Sichtung etliche Zeugen gab, dazu weitere Personen, die ebenfalls das Scoutschiff fotografiert hätten.

Auf der Platte befand sich kein Bild, sondern eine merkwürdige Schrift. George Adamskis Anhänger nahmen an – aus welchen Gründen auch immer –, daß sie von dem Raumschiff und seiner Antriebskraft berichtete. Die Zeichen ähnelten, wie man später feststellte, jenen primitiven Zeichen, die der Archäologe Professor Marcel F. Homet bereits im Jahr 1949 auf einer brasilianischen Felszeichnung entdeckt hatte. Einige dieser Bilder waren zu Beginn der fünfziger Jahre in europäischen Zeitschriften veröffentlicht worden, und so liegt der Verdacht nahe, daß sich »Professor« George Adamski dort bedient hat.[36]

Zufälligerweise befand sich auch auf dieser Skizze ein Symbol, das stark an die Swastika, genauer gesagt an ein seitenverkehrtes Hakenkreuz erinnerte, und so kam es wohl, daß sich auch Vertreter ganz anderer Ideologien die George-Adamski-Stories zu eigen machten.

Bei der »Herbst-Tagung der UFO-Forscher« am 23./24. September 1989, die Roland M. Horn in Michelstadt/Weiten-Gesäß (Odenwald) veranstaltete, wurde ein entsetzlicher Film vorgestellt. Darin wurden zunächst ein paar gängige »fliegende-Untertassen«-Fotos gezeigt, die als ungelöst bezeichnet wurden. Dann wurden Vergleiche mit sogenannten »Elektro-Gravitations-Flugkreiseln« angestellt, die angeblich während des Zweiten Weltkrieges als »Wunderwaffen des III. Reiches« produziert worden waren. Minutenlang sah man (unscharfe) Fotos von fliegenden Untertassen, die angeblich das Zeichen der Deutschen Wehrmacht tragen sollten (erkennbar war dies freilich kaum). Urkunden, deren Inhalt nicht lesbar war, wurden minutenlang gezeigt, und untermalt war das Ganze von dramatischer Musik. Die Überlebenden des »Großdeutschen Reiches« hätten eine Geheimbasis in der Antarktis, von der aus sie den Luftraum der ganzen Welt kontrollierten, so wurde behauptet. Der Film erwähnte alte Prophezeiungen, nach denen »der Geschlagene sich wieder erhebt«. »Großadmiral Dönitz hat die Kapitulationsurkunde unterzeichnet, aber Großdeutschland hat nie kapituliert«, war eine der Grundaussagen des Films.[37] Das Schlimme an diesem Film ist, daß er bei labilen Menschen durchaus Wirkung zeigen könnte.

Die Produzenten des Films behaupten, George Adamski sei bewußt gewesen, daß er nicht mit einem Venusier, sondern mit einem »Deutschen« zusammengetroffen war, dessen Stützpunkt sich in der Antarktis befand. Er hätte die venusische Herkunft nur erfunden, weil er beim Verkünden der Wahrheit sicherlich ins Gefängnis gewandert wäre.

Der Kontaktler der Aliens selbst erklärte das Hakenkreuz in den Zeichnungen des Schuhabdruckes allerdings als ein »natürliches Phänomen am Himmel, das durch die Konstellation gebildet würde, die uns als der ›Große Bär‹ bekannt sei«.[38]

Für George Adamski stand außer Zweifel, daß die Fremden aus dem Weltraum stammten. Sie hätten ihm gesagt, daß Kontakte in allen Nationen und mit den Führern aller Nationen aufgenommen werden sollten. Die Staatsmänner wüßten über das Kommen und Gehen der Außerirdischen Bescheid.[39]

Damit legte Adamski nach unserer Meinung den Grundstein für viele Verschwörungstheorien, die heute in der UFO-Szene kursieren und die im Laufe der vergangenen Jahrzehnte immer abstrusere Formen angenommen haben. Heute gibt es praktisch um alle grenzwissenschaftlichen Phänomene Verschwörungsthesen.

Nach George Adamski ist es für die Außerirdischen in den meisten Fällen gefährlich, sich zu erkennen zu geben. Die Außerirdischen kämen auch nicht, um unsere Neugier zu befriedigen. Vielmehr wollten sie uns bei unserem Fortschritt behilflich sein und arbeiteten deshalb mit verschiedenen Erdenwissenschaftlern zusammen.[40]

Adamski will von den Außerirdischen erfahren haben, daß es einen »von gewissen Regierungen formulierten« Plan gegeben habe, nach dem ihre Völker desinformiert werden sollten, indem man ihnen die UFOs als amerikanische oder sowjetische Satelliten und Naturphänomene wegerklärte. Daher hätten die Außerirdischen beschlossen, hin und wieder jeweils für zwei bis drei Tage sichtbare Demonstrationen abzuhalten, um die Menschheit auf ihr Kommen vorzubereiten. Damit erklärt George Adamski das Auftreten von Sichtungswellen. Der Bürger soll erkennen, daß es fliegende Untertassen aus dem Weltraum gibt.[41]

Wenn George Adamski recht hätte, dann müßten sich allerdings unzählige Rassen von Außerirdischen und Raumschiffen in unserem Orbit aufhalten, von denen die wenigsten einander ähneln. Das ist ebenso merkwürdig wie die Behauptung, Außerirdische hielten sich verdeckt auf der Erde auf, nähmen nur mit einzelnen Kontakt auf und wiesen andererseits durch Demonstrationen ständig auf sich hin.

Das Auftreten von UFO-Sichtungswellen läßt sich psychologisch weitaus besser erklären: Zu einer günstigen Zeit, beispielsweise der berühmten »Sauregurken-Zeit«, wird eine UFO-Sichtung gemeldet, die mangels anderer Themen von der Presse begierig aufgenommen wird. Die Leute schauen nun genauer zum Himmel und erklären alles, was sie dort sehen und sich nicht erklären können, zu einem UFO: Planeten, Fixsterne, Ballone, Flugzeuge und Hubschrauber unter bestimmten Bedingungen, besonders helle Sternschnuppen (Boliden) oder künstliche Satelliten. Und sie melden diese Sichtungen sofort der Presse, die diese wiederum begierig aufnimmt. Jeder stürzt sich nun auf das UFO-Rätsel, und zwar so lange, bis andere Themen wieder in den Vordergrund rücken. Dann ebbt das Interesse und somit auch die Sichtungswelle langsam wieder ab, bis die nächste Sichtung zu einem günstigen Zeitpunkt gemeldet wird.

Unser »Professor« sah das freilich anders. Adamski war sich sicher: Die Außerirdischen kommen nicht, um uns zu retten, auch nicht einige Auserwählte. Er war der Ansicht, die Menschheit müsse sich selbst aus Situationen retten, in die sie sich hineinmanövriert habe. (Hier können wir ausnahmsweise einmal zustimmen.) Dann wird es aber wieder philosophisch: »Jeder Planet und jeder einzelne Mensch muß durch Lösen seiner eigenen Probleme auch sein eigenes Schicksal erfüllen«, sagt George Adamski.

Die Außerirdischen hätten jedoch der Menschheit schon in mancherlei Situationen geholfen. So sei es den Außerirdischen zu verdanken, daß der kalte Krieg nicht zu einem heißen geworden sei. Außerdem hätten sie vieles getan, »um die durch unsere Bombentests in der Atmosphäre verursachte gefährliche Radioaktivität zu neutralisieren. Ohne ihre Hilfe würde die radioaktive Strahlung noch stärker sein, als sie es gegenwärtig ist.«[42]

Was George Adamskis Philosophie angeht, so schreibt Barker, daß das »positive Denken« ebenso wie dessen negatives Pendant Extreme seien. Beide Richtungen seien schlecht. Der Katalysator, der richtiges Denken bewirke, heiße »Motiv«. Richtiges Denken bedeute ausgeglichenes – und nicht zwangsläufig gutes – Denken. An diesem Denken seien positive und negative Kräfte beteiligt, und zusammen bildeten diese den »Motiv-Effekt«. Solche Motive könnten dem Menschen schaden oder ihm helfen. Das bestimmte gesetzbedingte Motiv wirke durch jeden Kanal menschlichen Ausdrucks und Verhaltens.[43]

Neben diesen etwas eigenwilligen philosophischen Aspekten fällt auf, daß Adamski ständig Bibelsprüche verwendete, von »kosmischen Brüdern« und »kosmischen Gesetzen« sprach, auch vom »kosmischen Plan«. Selbstverständlich gibt es für ihn auch ein Leben nach dem Tod, dieses kann unter Umständen auf einem anderen Planeten oder in einer anderen Galaxie stattfinden.

George Adamskis Philosophie wurde auch nach seinem Tod im Jahre 1965 weitergelehrt und -entwickelt. In vielen Ländern der Welt wurde er noch immer verehrt.

In Deutschland hatte der Herausgeber der *UFO-Nachrichten* und Vorsitzende der »*Deutschen IFO/UFO-Studiengesellschaft*« (DUIST) Karl L. Veit maßgeblichen Anteil an dieser Entwicklung. Die DUIST ging ursprünglich aus einer Bewegung hervor, die sich »*Christliche Urgemeinde*« nannte und die u. a. an die Offenbarungen des Jakob Lorber, der im 19. Jahrhundert aktiv war, glaubte.

Jakob Lorber will seine Offenbarungen direkt von Jesus Christus erhalten haben, und sie sollen eine Neufassung der neutestamentarischen Apokalypse sein. Wir finden jedoch auch zurechtgebogene Elemente aus anderen Bibeltexten darin. So führt Jakob Lorber ein Jesuswort weiter:

> »Ich habe gar noch viele Herden, die nicht im Schafstall der Erde wohnen, sondern die da leben nach ihrer Art auf zahllos vielen anderen Erd- und Weltkörpern. Diese müssen alle in den Schafstall des ewigen Lebens geführt werden [...] Und nun kommt auch die Zeit, wo ich den

Bewohnern der größeren Planeten den Blick auf die Erde öffnen und ihnen klarmachen werde den Standpunkt derer, die ausgegangen sind, mich zu suchen, und auf die Erde kamen. Da werden wohl jene mächtig erregt werden, und diese Erregung wird sich erstrecken von der Venus bis zur Urca. [Ein Himmelskörper namens Urca ist uns nicht bekannt, d. Autoren.] Da kommt es dann, daß die Kräfte des Himmels erschüttert werden, und es wird dann ein mächtiger Ruf von allen Seiten an die Bewohner der Erde ergehen [...]«[44]

Offensichtlich sah Karl L. Veit George Adamskis Erlebnisse als Erfüllung dieser Prophezeiung an. Aber auch nach Karl L. Veits Tod und in anderen Ländern blüht der Adamski-Kult weiter. Unter ständiger neuer Beimischung esoterischer Aspekte wird der Brei immer wieder mundgerecht neu zubereitet. Adamskis Aussagen werden ergänzt und manipuliert, so daß sich aus einer primitiven Lügengeschichte und einfachen Fotofälschungen eine neue religiöse Bewegung entwickelt hat. Der Begriff »Sekte« ist also in diesem Zusammenhang sicher zutreffend. Die »George-Adamski-Foundation« ist heute noch mehrsprachig im Internet vertreten, und viele glauben das, was durch sie gelehrt wird. Kaum ein Land scheint es zu geben, in dem nicht Adamski-Fans sitzen.

Welche Verehrung George Adamski auch in Mexiko widerfuhr, schildern die Autoren Bryant und Helen Reeve ausführlich. Zwei kleine Zitate sollen die Begeisterung verdeutlichen:

»[...] Die Mexikaner sind große Leute [...] und ich hörte die Worte, ›Señor Adamski. Mein Sohn. Dies ist Ihr Zuhause!‹ Es klang inbrünstiger als das erste Mal. Überhaupt war die Ausübung perfekt! Was für ein Mensch!«[45]

»Alle Augen drehten sich in Richtung George Adamski, der hinter einem kleinen Tisch saß. Er erhob sich ruhig und erwiderte entspannt: Meine Freunde, ich bin nicht hier, um Sie oder irgend jemanden zu überzeugen. Sogar Christus mit SEINER Botschaft überzeugte niemanden. Ich kam nur aufgrund Ihres Wunsches, um von meinen Erlebnissen zu erzählen.

Touche! – für Señor Adamski«[46]

Interessant ist auch die folgende Passage, die sich während einer anderen Gelegenheit zutrug:

»[...] Sie alle wollten eine Gelegenheit, ihren Saucer-Pioneer persönlich zu sehen. Schließlich begann er zu sprechen, aber er sprach nicht über Untertassen, sondern von – wollen Sie bitte raten, wovon? Die Antwort ist Religion!«[47]

KAPITEL 2

Der Innere Zirkel des Mark Probert

Mark Probert wird von den Autoren Bryant und Helen Reeve als »der berühmte und geachtete Sensitive von San Diego« bezeichnet. Er gab zusammen mit Dr. Meade Layne das Buch *The Coming of the Guardians (Das Kommen der Wächter)* heraus.

Seine außersinnlichen Fähigkeiten will Mark Probert im Jahr 1943 kurz nach der Heirat mit seiner Frau Irene bemerkt haben. Mark Probert begann im Schlaf zu sprechen, wobei auch das Phänomen der sogenannten Glossolalie auftrat. Das heißt, er beherrschte plötzlich Sprachen, die er nie zuvor gelernt hatte. An die Dinge, die er im Schlaf sprach, konnte er sich jedoch im Wachbewußtsein nicht erinnern. Manche Sprachen konnten angeblich identifiziert werden, andere nicht.

Die Reeves zweifeln nicht daran, daß Probert Botschaften aus anderen Welten entgegennahm. Seine Lehrer in den fremden Welten sollen das kosmische Wissen für ihn entschleiert und ihn zu seinem eigenen größten Erstaunen zum Mittler für vorgeschulte Menschen gemacht haben.

Sechzehn »fortgeschrittene Wesen« bilden den »Inneren Zirkel« (manchmal wurde der Name dieser Bewegung auch mit »Innerer Kreis« übersetzt). Diese Wesen hätten allesamt einmal auf der Erde gelebt, einige erst kürzlich und einige bereits vor Tausenden von Jahren. Ohne jede Vorankündigung erschienen sie vor Probert in zeitgenössischen Kostümen. Beim ersten Auftauchen dieser Wesen soll Probert zu Tode erschrocken gewesen sein, während er später mit ihnen wie mit einer vertrauten Familie zusammenlebte, nur mit dem einen Unterschied, daß sie – im Gegensatz zu seinen reellen Familienmitgliedern – auf einer anderen Seinsebene zu Hause waren. Selbstverständlich beschützten diese höheren Wesen Proberts irdische Familie, und natürlich durfte von einzelnen Beispielen des Beistands nichts berichtet werden, dies wurde lediglich engen Vertrauten Proberts zugestanden.

Chef des »Inneren Kreises« ist ein fortgeschrittenes Wesen namens Yada Di Shi-Ite, das auch durch seine außerordentliche Weisheit und Freundlichkeit besticht. »Yada« bedeutet Hoher Priester, und dieser Yada hätte einst vor 500 000 Jahren in einer sehr alten Zivilisation gelebt, die »Yu« oder »Yuga« genannt wurde und sich in den höheren Regionen des Himalaja befand. Ein weiteres Mitglied des Inneren Zirkels ist Ramon Natalli, der im 17. Jahrhundert als Astronom gelebt haben und ein Freund Galileo Galileis gewesen sein soll. Ein anderes Gruppenmitglied ist der chinesische Philosoph Laotse. Weiter sollen ein Maharadscha, mehrere Physiker, Lehrer, »hohe Meister« und »interessante Frauen« zum Inneren Zirkel gehören.

Die Reeves beschreiben Probert als einen ansprechenden und sehr liebenswürdigen Menschen. Er sei mittelgroß, schlank und habe ein ausdrucksvolles Gesicht. Angeblich habe man ihm deswegen bereits eine Hollywood-Karriere nahegelegt. Probert benutze sein künstlerisches Talent, um Porträts der verschiedenen Mitglieder des »Inneren Zirkel« anzufertigen. Er sei witzig und lache gern. Mark Probert sei über die Behauptung einiger Menschen, er sei ein

Betrüger und selbst der Innere Zirkel, in höchstem Maße belustigt. Für ihn sei der Gedanke absurd, daß er selbst die Summe aller kosmischen Weisheit, die er durch seine Lehrer erführe, besäße.[48]

Auf die Frage, wie es um diese »kosmische Weisheit« bestellt ist, werden wir gleich zurückkommen. Auf jeden Fall ist es auch bei heutigen Kultführern keine ungewöhnliche Reaktion, daß sie – darauf angesprochen, ob sie eventuell Schwindler seien – mit Gelächter antworten.

Zunächst einmal wollen wir noch auf die Aufgabe des »Inneren Zirkels« eingehen, der uns nämlich aus unserem »dreidimensionalen Gefängnis« befreien will. Die Meister sind jedoch in all ihrem Tun niemals diktatorisch. Sie reden auch nicht davon, die absolute Wahrheit gepachtet zu haben, sondern sie sagen:»Das ist unser Standpunkt; wenn du ihn nicht annehmen kannst, bist du zu deinem eigenen Standpunkt berechtigt!«[49]

Reeve durfte bei seinem Besuch bei Probert dem Inneren Zirkel einige Fragen stellen. Als Ingenieur war er besonders an den Kälteschutzversuchen der kalifornischen Regierung interessiert, und so fragte er die unsichtbaren Präsenzen, ob sie etwas darüber wüßten. Die Antwort war erstaunlich:»Nein, aber warte einen Augenblick!« Innerhalb von wenigen Minuten holte sich die Intelligenz die notwendigen Informationen ein und konnte so mit Reeve über dieses hochbrisante Thema diskutieren. Auf Reeves erstaunte Frage, wie die Intelligenz, die da mit ihm sprach, innerhalb von zwei Minuten Erdenzeit Details über 150 Kilometer entfernte Einrichtungen in so kurzer Zeit erfahren konnte, antwortete das Wesen, daß es kein Hier und kein Dort gäbe; es gäbe keinen Platz, von dem man komme und an den man gehe, denn alles sei geistig.[50]

Auf die Idee, daß Mark Probert möglicherweise über die Kälteversuche Bescheid wußte und Theater spielte, kam Reeve gar nicht. Schließlich konnte er erahnen, daß ein Ingenieur sich für dieses Thema interessieren würde. Möglicherweise hat er den leichtgläubigen Reeve auch absichtlich auf diese Fährte geführt.

Reeve war jedoch nun von der Lauterkeit des Inneren Zirkels überzeugt, und nun kam er auf sein Lieblingsthema – die fliegenden Untertassen – zu sprechen. Er – der einfache Ingenieur von der Erde – durfte den Lehrern auf einer höheren Ebene Fragen über die UFOs stellen.

Und tatsächlich bestätigten die höherdimensionalen Meister, daß fliegende Untertassen auf die Erde kämen. Jedoch hätte es keinen Sinn, einen Skeptiker überzeugen zu wollen, wie die Meister betonten. Niemand sollte sich darum sorgen, ob ihm ein anderer auf dem gewählten Pfad folge oder nicht.

Auf Reeves Frage, ob es bereits vor Jahrtausenden Raumschiffe gegeben habe und ob unsere Vorfahren sie gekannt hätten, antwortete die »Intelligenz«, daß in früheren Perioden der Erdentwicklung, nämlich in jener Zeit, als die Menschen erste Anzeichen des Denkens erkennen ließen, Raumwesen zur Erde gekommen seien, um unsere Vorfahren zu unterrichten. Bei diesem Unterricht ging es vor allem um die »geheimen Dinge«, sie gaben nicht nur

Informationen weiter, die das Planetensystem betrafen, sondern unterrichteten die Urmenschen auch in »inneren Dingen«. Diese Außerirdischen hätten durch lange Zeiträume hindurch ihre Besuche auf der Erde wiederholt und alle Menschenrassen gesehen. Vor 500 000 Jahren waren sie den Bewohnern von Yu im Himalaja bekannt, und sie kamen damals, »um ein gewisses Werk zu vollbringen«, wobei sie beobachteten, welchen Erfolg ihre Arbeiten hatten. Sie kamen auch zu den amerikanischen Indianern, die sie belehrten und in ihren Schiffen mitnahmen.

Unsere Vorfahren, so die »Meister des Inneren Zirkels«, besaßen in alten Zeiten selbst Raumschiffe, mit denen sie um die Erde flogen. Allerdings waren diese Schiffe noch nicht interplanetarisch – sie konnten den Schwerkraftbereich der Erde nicht verlassen.

Selbstverständlich fragte Reeve auch nach, ob unsere Regierungen im Besitz ausführlicher Informationen über fliegende Untertassen seien und ob sie der Erdbevölkerung ihr Wissen vorenthielten. Diese Frage wurde – wie könnte es auch anders sein? – in allen Teilen bejaht, wobei der höherdimensionale Allwissende hinzufügte, daß die Regierungen der Erde Angst hätten. »Zuwenig Bildung macht einen abergläubisch, aber zuviel Bildung macht einen doppelt abergläubisch, und so haben sie eben Furcht«, meinte der Meister am anderen Ende der ätherischen Verbindung.

Der Innere Zirkel bestätigt, daß Erdenmenschen in ihrer physischen Form Kontakte zu außerirdischen Besuchern gehabt und mit physischen Raummenschen gesprochen hätten. Dies sei sogar sehr oft der Fall gewesen. Erdenmenschen hätten die Raumschiffe betreten und wären in ihnen geflogen. Dies sei allerdings nur in beschränktem Maße geschehen.

Reeve fragte, ob es eine interplanetarische Regierung unseres Sonnensystems gäbe. Ja – wen wundert's? –, so sei es. Es gäbe eine Hierarchie des gesamten Sonnensystems, aber darüber hinaus auch für die gesamten Milchstraßen und Sterneninseln. Bestimmten Gruppen seien Sonnensysteme zugeteilt, und ganz hohe Wesen dürften sogar komplette Milchstraßen überwachen.

Die Raumschiffe, die sich zur Zeit in unserer Atmosphäre befänden, stünden selbstverständlich unter dem Kommando einer interplanetarischen Regierung, wobei der Einflug in die Erdatmosphäre oder gar die Landung auf irdischem Boden der Zustimmung der planetarischen Wächter bedürfe.

Eine interessante Frage war die, ob die Raumschiffe und die Raumwesen tatsächlich von Planeten unseres Sonnensystems, wie etwa von der Venus, kämen. Reeve wollte wissen, ob die Raumschiffe möglicherweise auch aus weiter entfernten Sonnensystemen oder aus den »ätherischen Regionen des Raumes« kämen. Die Antwort lautete:

»Die Insassen der Raumschiffe sind – genau ausgedrückt – Raumwesen, und man kann auch wirklich sagen, sie kommen von dem einen oder anderen Himmelskörper im Raum, also von Planeten wie Venus, Mars,

Uranus oder den übrigen. Wir können auch sagen, diese kommen von Milchstraßen und Sterneninseln, die nach unserer Zeit gemessen viele Billionen von Lichtjahren von unserer Erde entfernt sind. Aber solchen Raumwesen sind diese gigantischen Lichtjahr-Entfernungen nicht bewußt. Milliarden von Kilometern bedeuten für sie nichts. Sie kennen zwar unsere Denkweise in dieser Hinsicht; sie wissen von unserem Konzept von Zeit und Raum, aber für sie existiert das nicht. Diese Raumwesen können sich überall hinbegeben, wenn sie es für notwendig halten. Um eines besseren Verständnisses willen, das unserer begrenzten Denkweise angemessen ist, können wir sagen, sie kommen von einem Planeten.«[51]

Dieses Zitat läßt natürlich sehr viel Spielraum übrig. Tatsächlich war es für seinen Urheber – und wir halten es für sehr wahrscheinlich, daß es tatsächlich Probert war und nicht irgendwelche Raumwesen – sehr schwer, die Kontaktler-Botschaften und die astronomischen Realitäten miteinander in Einklang zu bringen. Auf der einen Seite wollte man die Kompatibilität zu George Adamski wahren, folglich mußten die Wesen auch von der Venus kommen; und andererseits war es im Jahre 1957 nur noch eine Frage der Zeit, wann die erste Venus-Sonde gestartet würde, und es war nicht sicher, daß sich die Aussagen der Kontaktler dann bestätigen würden. Das Gegenteil schien realistischer zu sein, denn zu jener Zeit herrschte unter den Astronomen bereits die Meinung vor, daß es auf der Venus sehr heiß sein müsse. Sicherheitshalber verwies die Botschaft daher auf die »begrenzte Denkweise des Menschen« und versuchte den Leser durch sinnlose Satzgebilde zu verwirren.

Kommen die Raumwesen nun von einem Planten oder nicht? Heute wissen wir natürlich, daß die Venus glühendheiß ist und daß der Merkur keine Atmosphäre besitzt und auf der sonnenzugewandten Seite bis zu 400 Grad heiß und auf der abgewandten Seite eiskalt ist. Aber das macht ja alles nichts, denn wie wir gehört haben, können sich die »Raumwesen« überallhin bewegen, und auf irgendeine Weise, die sich leider unserer beschränkten Denkweise entzieht, kommen sie wohl auch von der Venus.

Bei der Beantwortung der nächsten Frage wird Probert eine Spur konkreter und behauptet, die »Wächterschiffe« kämen nicht aus unserem Sonnensystem, auch nicht von einem bestimmten Planeten. Sie seien »echte Raumwesen« und ätherisch, und sie lebten in anderen Schwingungen und Dichten. Sie gehorchten anderen Gesetzen einer Materie, die in Schwingung sei.[52]

Hier leitet sich wohl auch die bei Anhängern von Kontaktlergeschichten weitverbreitete These ab, die Außerirdischen kämen nicht von der realen Venus, sondern von einer Venus, die auf einer höheren Schwingungsebene liege. Diese sei freilich bewohnbar, und so habe George Adamski recht. Leider vergißt man hier George Adamskis ausdrückliche Auskunft, daß die Venusier von der buchstäblichen Venus und nicht von einem Pendant auf einer höheren Schwingungsebene kämen.

Hören wir aber weiter, was der »Innere Zirkel« Reeve noch mitteilte: Auf die Frage, ob denn Planeten außerhalb unseres Sonnensystems auch bewohnt seien, antwortete Mark Probert, bzw. der Innere Zirkel, mit der Aussage, daß es sowohl Besucher von Planeten als auch aus dem Raum gäbe. Der Raum sei nicht leer, vielmehr wimmele das Universum von verschiedenartigsten Lebensformen. Es existierten Planeten, auf denen es Leben gäbe, das dem unseren ähnlich sei, während bei Lebewesen auf anderen Planeten Unterschiede in Größe, Gewicht und Dichte festzustellen seien.

Eine sehr interessante Frage war die, wie es für Wesen unserer Art möglich sei, auf anderen Planeten des Sonnensystems zu leben, nachdem doch ganz verschiedene Bedingungen der Schwerkraft, des Luftdrucks und der Sauerstoffverhältnisse herrschen. Hierauf wurde eine typische Antwort gegeben:

»Eure astronomischen wissenschaftlichen Instrumente sind noch sehr beschränkt und geben durchaus nicht immer zuverlässige Informationen. Manche der Planeten unseres Systems haben nicht die erforderlichen Sauerstoffverhältnisse und die notwendige schützende Ionosphäre, so daß das Leben auf solchen Planeten für Erdenmenschen aus den verschiedensten Gründen schwierig wäre. Trotzdem werden viele von ihnen von Wesen mit Körpern bewohnt, die den unseren ähnlich sind. Sie werden in der Umgebung geboren und sind ihr daher angepaßt. Aus diesen Gründen würden diese Wesen auch Schwierigkeiten haben, auf der Erde zu leben. Die Venus z. B. ist nicht so heiß, wie manche Menschen sich denken. Sie hat eine Schicht von feinstofflicher Materie um sich, die sie vor übermäßiger Sonneneinstrahlung schützt. Auch der Mars ist kein schlechter Ort, um dort zu leben. Außer menschlichem Leben gibt es dort pflanzliche und tierische Lebensformen. Große Teile des Mondes sind unbewohnbar, aus den gleichen Gründen wie eure Wüsten auf Erden. Die Seite, die ihr seht, ist Wüste. Aber auch auf der abgewandten Seite gibt es Menschen, die ihn als Landebasis für ihr Kommen und Gehen aus dem Raum und von und zur Erde gebrauchen.«[53]

Dieses Zitat entlarvt Probert nun endgültig. Diese George Adamski nachgeplapperten Aussagen haben sich als vollkommen unhaltbar erwiesen. Venus ist eine Gluthölle, der Mond ist gänzlich ohne Sauerstoff und Leben, und auf dem Mars ist der Sauerstoff nur in einer so geringen Menge vorhanden, daß es zum Atmen nicht ausreichen würde. Abgesehen davon, daß es dort kein flüssiges Wasser gibt, könnten die Temperaturen höchstens im Marssommer zur Mittagszeit in Äquatornähe erträglich sein. Ansonsten herrscht definitiv bittere Kälte vor.

Reeve war jedoch offensichtlich von der Echtheit dieser Aussage überzeugt. Er wollte etwas über die Raummenschen als solche erfahren und fragte, ob sie zu irgendeiner Zeit auf der Erde gelebt hätten und ob sie weiter entwickelt seien als wir. Die Antwort war, daß viele der »Raumwesen« nie auf der Erde gewesen seien. Vielmehr seien sie in anderen eigenen Zeitdimensionen geboren worden, wo sie auch lebten. Die Raumwesen seien technisch fortgeschrittener als wir und uns auch philosophisch voraus, denn Kriege und Verbrechen seien ihnen fremd.

Die Erde selbst wird als ein sehr schöner Ort im Raum – als eine liebliche Oaseninsel im weiten Raummeer – bezeichnet.

Der »Innere Zirkel« bestätigte auch, daß sich Raummenschen auf der Erde aufhielten, die sich unter die Menschen mischten. Auch die Erdenmenschen seien in Wirklichkeit Raummenschen. Auch wir stammen nach den »Meistern des Inneren Zirkels« aus einer höheren Schwingungsebene und sind gerade dabei, zu erwachen und wieder dorthin zurückzukehren. Wenn wir es wieder gelernt haben, die Materie zu beherrschen, werden wir auch in der Lage sein, uns innerhalb der verschiedenen Schwingungsebenen und Zeitepochen zu bewegen. Natürlich ist es für den Inneren Kreis schwierig, uns das zu erklären – wir müßten uns dem ganz langsam nähern.

»Energie« ist das Zauberwort für die Beantwortung der Frage nach der Art und Weise des Reisens im Raum. Zwischen den Raumschiffen und der jeweiligen Sonne eines Systems befänden sich große Energiefelder. Beim Start in die Raum-Zeit-Dimension bedienten sich die Raumschiffe ganz einfach dieser Sonnenenergie, indem sie sich auf die Wellenlängen gewisser Energiebänder einstellten. Nun entstünde eine »feine Substanz«, die bei großen Geschwindigkeiten vibriere. Wenn Raumschiffe in die Erdatmosphäre eintauchen, müssen sie sich unserer Frequenz anpassen. Tun sie das nicht, können wir sie nicht sehen.

Die Raumwesen sollen auch die Teleportation beherrschen, und der menschliche Körper könnte einen solchen Wechsel in eine andere Schwingungsebene sogar aushalten, wenn er chemisch so verändert würde, daß er in eine andere Frequenz eingehen könne. Hierbei müsse eine »Polarisation der atomischen Substanz einer jeden einzelnen Zelle« stattfinden. Einstein soll übrigens der Tatsache der Teleportation sehr nahegekommen sein, wie wir vom Inneren Zirkel erfahren. Bedauerlicherweise kann der Erdenmensch zum jetzigen Zeitpunkt den Dimensionswechsel allerdings noch nicht bewältigen, aber das können ja die Raummenschen für ihn bewerkstelligen. Das Blut des Erdenmenschen würde während eines solchen Vorganges gerinnen, und dies könne nur durch die Umpolarisierung des Körpers verhindert werden. Überhaupt ist alles in diesen höheren Frequenzen ganz, ganz anders als bei uns. Die Formen sind reiner, und so ist eine weitere Voraussetzung für den Eintritt in diese Frequenzen, daß sämtliche Schlacken und Gifte des Körpers ausgeschieden werden.

In der oberen Atmosphäre würden sich fünf bis zehn Millionen Raumschiffe unterschiedlicher Größe und von unterschiedlichem Aussehen bewegen. Es gäbe sowohl kleine Scheiben als auch große Mutterschiffe sowie andere Größen dazwischen. Größere Schiffe sollen Ausmaße von acht Kilometern und mehr im Durchmesser aufweisen; ja, manche seien sogar so groß wie Planeten. Manche Riesenschiffe dienten als Basen und könnten natürlich auch kleinere Schiffe aussenden. Physische Basen würden von den Raumwesen jedoch nicht benötigt.

Reeve stellte auch die unvermeidliche Frage: »Welches ist die größte Gefahr, die dem Erdenvolk augenblicklich droht?« Die Antwort lautete:

> »Die größte Gefahr, die der Welt droht, ist die Atomkraft und das Experimentieren damit in dieser Zeit. Das ist die größte Sorge der Welt, mehr als ihr dies heute [1957] schon erkennt. Ganz gleich, wo auch immer der Mensch sich auf der Erde befinden mag, er wird davon betroffen. Wenn diese Experimente nicht augenblicklich eingestellt werden, wird die Menschheit unter einer bedeutenden und lange andauernden bösen Wirkung zu leiden haben. Tiefgreifende genetische Veränderungen werden das Resultat sein. Die menschliche Gestalt wird ganz drastische Veränderungen erfahren, und das nicht zum Besseren. Auch das Pflanzenleben und das sonstige Leben auf der Erde wird davon in Mitleidenschaft gezogen werden. Die Unterwasserexperimente sind dabei noch schlimmer als alle anderen zusammen. Der Mensch wird seine Nahrung nicht mehr aus den Meeren beziehen können [...]«

Der Meister des Inneren Zirkels meint sogar, unsere Wissenschaftler seien »nicht mehr gesund«, wenn sie so weitermachten.[54]

Auch bei Probert finden wir also wieder die eindringliche Warnung vor den Atombombenversuchen, die uns alle Kontaktler überbracht haben.

Reeve erfährt, daß die Raumschiffe eigentlich nicht gekommen seien, um mit uns unsere unglücklichen Lebensverhältnisse zu besprechen, sie sehen sich aber dazu gezwungen, dies zu tun. Sie kämen u. a., um uns zu warnen, aber die Zeit für Warnungen sei nur noch kurz, denn wenn wir so weitermachten, könnten wir nicht mehr lange auf der Erde leben. Schließlich seien wir (1957) drauf und dran, unsere Wohnstätte in eine Wüste zu verwandeln. Die Raumwesen halten es sogar für möglich, daß wir uns selbst ausrotten. Dem Menschen, so wird Reeve mitgeteilt, sei es unbelassen, sich für eine gewisse Zeitspanne von der Erde zu tilgen, allerdings wird er durch Reinkarnation wieder zurückkehren müssen, um es immer wieder aufs neue zu versuchen, und zwar so lange, bis der Mensch gelernt habe, daß Zerstörung sich nicht bezahlt mache.

Die ganze Erde zu zerstören ist den Menschen allerdings nicht gestattet, so »die Wächter« zu Reeve. Die Raummenschen werden nämlich jene chemischen Veränderungen unterbinden, die die Erde aufgrund der Atombombenstrahlen zerstören könnten. Durch die Atombombenstrahlung würde der Strahlungsschutz der Ionosphäre verändert, der die Sonnenstrahlen so fein verteilt, daß nur ein erträglicher Teil durchkomme. Bei einer Atombombenexplosion gelange jedoch unverdünnte Energie in die Atmosphäre, die durch nichts mehr in harmlosere Substanzen verteilt werden könne. Die Erde sei eine notwendige Schule, die nicht zerstört werden dürfe.

In einem Katastrophenfall würden Menschen – jedoch nur Freiwillige – von der Erde evakuiert, wie die »Weisen« mitteilen. Diese »Weisen« geben uns auch Ratschläge, wie wir uns richtig zu verhalten haben. Wir sollen das tun, was uns unsere Lehrer in den vergangenen Jahrhunderten gelehrt haben, die uns den Weg gezeigt hätten. Wir sollen konzentriert leben und unsere Rolle nach bestem Wissen und Gewissen spielen. Wir sollen unsere Arbeit tun und nicht auf die anderen schauen, und wir sollen – das wird betont – beten lernen. Auch Gedanken- und Gefühlskontrolle sollen wie die Loslösung erlernt werden. Unser Leben soll von hilfsbereiter Liebe zu allen Geschöpfen erfüllt sein.[55]

Für die Reeves war es eine wunderbare Sache, mit Menschen aus anderen Dimensionen zu sprechen. Das wäre es sicher – wenn man es tatsächlich könnte. Wir müssen jedoch feststellen, daß – vom wissenschaftlichen Unsinn, der in den Antworten steckt, einmal ganz abgesehen – hier ganz eindeutig sektiererische Phrasen gedroschen werden. Worte wie »Sünde«, »Angst«, »Umkehr« und »Hoffnung« beherrschen die Botschaften des Inneren Zirkels, für deren Authentizität es nicht die Spur eines Beweises gibt. Sicher spricht heute kaum noch jemand von Mark Probert, aber das »Channelling«, das Empfangen angeblicher Botschaften von Jenseitigen oder Außerirdischen, ist heute so aktuell wie nie zuvor. Und im Hinblick auf die nahe Jahrtausendwende wird sich dieser Trend sicherlich nicht abschwächen. Eher ist damit zu rechnen, daß verantwortungslose Medien auf diese Weise im Zusammenhang mit anderem sektiererischem Gedankengut Botschaften vom Weltuntergang verbreiten und so unter dafür empfänglichen Menschen eine Panik verursachen, die wiederum den Boden für neue, abstruse Heilsbotschaften bereiten würde. Wir können auch vor sektiererischen Bewegungen dieser Art nur eindringlich warnen.

KAPITEL 3

Dick Miller: vom Radiokontakt zur persönlichen Alien-Begegnung

Karl L. Veit, der verstorbene ehemalige Präsident der »Deutschen UFO/IFO-Studiengesellschaft«, bezeichnete das Buch *Dick Miller's Kontakte mit Sternenmenschen* im November 1963 als »eine Bereicherung der deutschsprachigen Kontaktlerliteratur«. Veit war der Meinung, das Buch enthalte »die stille Aufforderung zu einem friedlichen Wettbewerb an irdische Astronautiker, um zu einer allgemeinen Kommunikation mit extraterrestrischen Menschen zu kommen«.[56]

Dick Miller war ein Kontaktler, der bereits vor seinen eigentlichen Kontakten mit den Aliens über die Möglichkeit einer Radioverbindung mit Außerirdischen nachgedacht hatte.[57] Er wollte der erste sein, der außerirdische Funksignale empfängt, und hatte dafür eigens Geräte erworben.

Tatsächlich behaupteten in den fünfziger und sechziger Jahren einige Kontaktler, daß sie via Radio oder Fernsehen Kontakt mit den Sternenmenschen aufnehmen könnten. Adolf Geigenthaler nennt in seinem Buch *UFOs – außerirdische Weltraumschiffe existieren wirklich*[58] mehrere angebliche Kontaktler: den Amerikaner Bob Renaud im Juli 1961 (seine Bücher heißen: *Meine Fernseh-, Radio- und Direktkontakte mit Außerirdischen (Bd. I & II))*, den Niederländer Stefan Denaerde Ende der sechziger Jahre, der sein als Roman getarntes Buch *Menschen vom Planeten Jara* nannte, oder auch den Amerikaner Orfeo Angelucci im Mai 1952 *(Geheimnisse der Untertassen)*. Solche Bücher kamen, eben wie das von Dick Miller, nicht selten in Veits Verlag heraus.

An einem Herbstabend im September 1954 empfing Miller mit seinen Helfern in der Gegend von Ann Arbor, Michigan, auf einem ehemaligen Friedhof zum ersten Mal über Kurzwelle eine Nachricht von den Sternen:

> »Sehr geehrte Herren. [...] Wir schätzen Ihre Anwesenheit. Viele Schwierigkeiten mußten überbrückt werden, damit es möglich wurde, mit Ihnen zu sprechen. Wir kennen Ihre Gruppe und haben einen Vertreter unter Ihnen. Unsere Absichten Ihnen gegenüber sind freundliche. Wenn Sie weiter auf dieser Welle hören, haben wir weitere Nachrichten für Sie.«[59]

Die Gruppe wartete nun gespannt auf weitere Nachrichten, und am 15. September – also einige Tage später – sollte es soweit sein:

> »Es freut mich, daß Ihr gekommen seid. Aus den Gesichtsausdrücken Deiner Freunde kann ich entnehmen, daß sie zweifeln, und so werden sie schwer zu überzeugen sein. Wir glaubten nicht, daß es notwendig ist, zur Sensation zu greifen, um intelligente Menschen von der Existenz anderer Lebewesen außerhalb ihrer Reichweite zu überzeugen. Welche dummen Finessen Ihr gebraucht, um Eure Gedanken vor uns zu verbergen. Wißt Ihr nicht, daß Eure Gemüter ganz offen vor uns liegen?

Wir müssen uns verabschieden; wir werden uns aber bald wieder melden. Verzeiht, diese Art von Senden ist sehr ermüdend. Beobachtet uns weiter, wir werden wieder zu Euch sprechen.«[60]

Miller erfuhr, daß die Außerirdischen die englische Sprache durch das Abhören von Radiosendern erlernt hatten.

Einige Tage später fand Miller in seinem Briefkasten Pläne für einen seltsamen Elektroapparat, die er überprüfen ließ. An dem Wörtchen »Masar« an der unteren Ecke erkannte Dick Miller, daß die Zeichnungen von den Raummenschen stammten, denn er erinnerte sich daran, wie der Adamski-Jünger Dr. Hunt Williamson in einem Vortrag erklärt hatte, daß der Begriff »Masar« in der »Solex Mal« (der Sonnensprache der amerikanischen Urvölker) »Mars« bedeutet. Wo dieser Außerirdische den technischen Plan bei der Post aufgab, ist nicht erwähnt, ebensowenig die Stelle, die ihn »untersucht« hat.

Dick Miller erkannte, daß der Apparat auf anderen Prinzipien der Elektrotechnik als den unseren beruhte. Der von ihm angefertigte Apparat würde wohl ein Lichtstrahlensender und -empfänger sein, mutmaßte er.[61]

Den Abend des 28. September 1954 verbrachte Dick Miller bei Freunden, die er auf einer Veranstaltung des »Untertassen-Clubs« in Detroit getroffen hatte. Er versuchte gegen Morgen eine neue Nachricht der Außerirdischen aufzufangen. Sie erreichte ihn um 5.45 Uhr und begann mit beeindruckenden Worten:

»Hochwichtig! Wir planen Kontakte. Eure Gegend ist Landeplatz. Masar. Masar. Masar.«

Gespannt wartete er auf die nächste Nachricht. Er arbeitete weiter an seinem Lichtstrahlensender. Schon am 3. Oktober 1954 traf sich die Gruppe wieder und empfing um 4.40 Uhr auf einer neuen Wellenlänge die folgende Nachricht im internationalen Morsecode:

»Lazarus K 5. Mission auf Erra erledigt. Handle wie angeordnet. Werde mit Dir sprechen. Wir sind Nähe Saras. Halte Zeitpunkt ein. Leslie braucht nicht unbedingt interessiert zu werden. Einziger Kontakt in Detroit. Setze Gespräch mit ihm fort. Weitere Ratschläge nach Gespräch mit K 5 ... (Starke Störungen) ... Es ist gut, weiterzumachen. Wird Hilfe brauchen. Fahre fort, neues Empfangsgerät zu bauen. Die Geräte müssen bald für Menschen fertig sein. Landung auf dem Mars. Andere warten dort. Warte weiteren Plan ab. Williamson kommt bald. Wird neuen Bericht geben. Seid auf jeden Fall dort. Er braucht Deinen Rat. Werde fortfahren, diese Botschaft zu senden, bis alle sie erhalten. Du wirst bald Deine Mitbrüder treffen.«[62]

An dieser Stelle fällt die Erwähnung des Begriffes »Erra« auf. War das ein »Terra«, bei dem das »T« in der Aufregung nicht erkannt wurde? »Erra« ist übrigens auch der Name des Heimatplaneten der Außerirdischen, mit denen der UFO-Kontaktler Eduard »Billy« Meier zusammengetroffen sein will (s. Kapitel 8). Zufall?

Dick Miller hörte aus der Nachricht heraus, daß sie für jemand anderen bestimmt sei. Mit »Lazarus« war, so dachte er, einer der Weltraummenschen gemeint. »Saras« soll in der Solex-Mal-Sprache »Erde« bedeuten. »Leslie« war selbstverständlich der Ufologe Desmond Leslie, und Williamson konnte natürlich niemand anderes als Dr. George Hunt Williamson sein, der gerade auf einer ufologischen Vortragsreise in Detroit weilte.

Zwei Tage später, am 5. Oktober 1954, wiederholte sich das Spiel. Dick Miller und seine Freunde warteten in der Nähe des alten Friedhofs bei Ann Arbor auf neue Mitteilungen der Raummenschen. Die Nachricht kam erst, als die Wartenden gerade abfahren wollten. Es war 1.15 Uhr, und die Botschaft lautete:

> »Wir grüßen Euch. Wir leben auf einer höheren Ebene. Wenn ihr Menschen eine höhere Entwicklungsstufe erreicht habt, werden Wunder des Weltalls sich vor Euch eröffnen. Wir besitzen eine umfassende Kenntnis der Planeten in Eurem Sonnensystem. Wir kennen die Pläne eurer Regierung in bezug auf die Atombombentests und hoffen auf weitere Kontakte mit diesem Manne, damit die Wahrheit siegen kann. Wir werden Euch über den nächsten Kontakt berichten. Eure Mitmenschen sind auf unser Kommen noch nicht vorbereitet. Hört auf Eure Vortragsredner, sie werden Euch viel über uns mitzuteilen haben. Arbeitet gemeinsam weiter! Macht weiter mit dem Lichtstrahlgerät. Verzweifelt nicht. Bis jetzt ist uns noch kein persönlicher Kontakt mit Eurer Gruppe gestattet. Wir kennen Eure Einstellung. Vielleicht kann es in der Zukunft arrangiert werden. Um Deine telepathische Frage, Dick, zu beantworten: Jawohl, wir sind auf dem roten Planeten. Wir werden wieder mit Dir sprechen, Adonai.«[63]

Obwohl die Zuhörer gespannt der Mitteilung folgten, blieb ihnen nicht verborgen, daß sich am Himmel zwölf in Dreiergruppen fliegende Untertassen zeigten, ein Zeichen der Besucher.

Bei der Überprüfung des Textes will Dick Miller herausgefunden haben, daß der Satz, der auf einen Plan anspielte, sich auf einen Atomtest zu beziehen schien, den die Regierung in Kürze durchführen wolle. Der Begriff »Adonai« soll ebenfalls aus der Solex-Mal-Sprache stammen und eine Art Abschiedswort wie »Goodbye« sein.[64]

Interessant ist, daß das Wort »Adonai« nicht aus der ominösen »Solex-Mal-Sprache«, sondern aus dem Althebräischen stammt. Die im Buch Genesis

(15:2) wiedergegebene Stelle einer Zwiesprache Abrahams mit Jahwe (»Herr Herr, was willst Du mir geben?«) heißt im Original »Adonai Jehova« (bzw. Jahwe). »Adonai« ist im Alten Testament ein Name Gottes. Der Bibelherausgeber C. I. Scofield, D. D., ist der Meinung, mit dem Begriff »Adonai« solle der Charakter der Gottheit betont werden.[65]

Wurde hier einfach ein Begriff aus dem Alten Testament übernommen? Weiter fällt die kontaktlertypische Warnung vor Atombombentests sowie die sektentypische Wendung »...damit die Wahrheit siegen kann« auf. Ebenso typisch ist die eindringliche Aufforderung, auf die Vortragsredner zu hören.

Im knappen Telegrammstil erhielt Dick Miller in Anwesenheit Williamsons am 17. Oktober 1954 um 23.45 Uhr die folgende Nachricht:

> »George (Williamson), sei wachsam! Diät halten höchst wichtig! In allen künftigen Gesprächen muß universaler Sinn der Brüder betont werden! Übrigens Inhalt sonst zufriedenstellend. Achtet auf den St. Andreas-Graben! Innerhalb der nächsten sieben Tage wird Palomar (Mount Palomar) beben. Kosmische Strahlenstärke wird in dortiger Gegend dann etwa zehn Megatrons betragen. Absorption nahe Kapazitätsgrenze. Henry (Mayday), Du wirst uns bald im Lichte der Wahrheit sehen! Deine Bemühungen, unseren Brüdern Dick und Don zu helfen, sind rühmenswert. Wir loben Deine Anstrengungen und möchten Fortdauer derselben!
> Dick, wir anerkennen Deine erfolgreiche Vervollständigung des Lichtstrahlen-Apparates! Unsere technischen Pläne mit Lichtstrahlen haben sich als brauchbar erwiesen! George wird mithelfen, Deine Erfahrungen zu verbreiten. Bald wirst Du den Mitbrüdern begegnen!
> Adonai.«[66]

Hier haben wir wieder einige klassische sektiererische Elemente: die eindringliche Aufforderung, die Ankündigung von Katastrophen, das Lob und die Verheißung.

Die nächste Mitteilung erreichte Dick Miller am 24. Oktober 1954 um ein Uhr mittags über das 16-Meter-Band:

> »Bruder, wir müssen Dich dringend sprechen. Triff uns allein an dem Platz, an dem Du schon oft Kontakt mit uns erlebtest. Benachrichtige andere Deiner Gruppe, daß sie um zwei Uhr nachts an demselben Ort sein sollen, um eine Mitteilung über Radio zu empfangen. Persönlicher Kontakt und Verständnis sind jetzt wichtig!«[67]

Diese Botschaft empfing Miller allein. Er hinterließ seinen Freunden jedoch eine Nachricht und fuhr zum angegebenen Ort, einer einsamen Gegend bei Ann Arbor in Michigan. Er parkte auf einer wenig befahrenen Straße, damit der Wagen nicht auffiel. Zu Fuß ging Dick Miller zu der angekündigten Stelle, einer Schlucht, die einsam zwischen zwei Hügeln lag. Dort wartete er geduldig, denn er wollte von der Landstraße aus auf keinen Fall gesehen werden.

Miller harrte bei herrlichem Wetter etwa fünfzehn Minuten lang dort aus. Dann traf ihn ein Lichtstrahl von oben am Auge, und er sah ein rundes silberfarbenes Objekt am Himmel. Es kam langsam herunter und schwebte über dem Hügel neben ihm. Es war tatsächlich das erwartete UFO der Aliens. Es schien aus einem hellen farbigen Metall, ähnlich Aluminium, zu bestehen, hätte aber auch aus Magnesium sein können. Das Schiff hatte einen Durchmesser von etwa 45 Metern. Ungefähr in halber Höhe befanden sich an der Seite des Fluggerätes drei rechteckige Öffnungen, die offensichtlich Fenster waren. Das Schiff schwebte etwa vier Meter über dem Boden, aber Geräusche waren nicht zu hören.

Während Miller sich dem Raumschiff vorsichtig näherte, spürte er ein seltsames Prickeln, das – wie er später erfuhr – von dem Kraftfeld des Raumschiffs verursacht wurde. Durch das Öffnen zweier Schiebetüren entstand am Boden des Schiffes eine rechteckige Öffnung, aus der sich eine Einstiegstreppe herabsenkte. Etwa 30 Zentimeter über dem Boden endete sie. Dick Miller trat heran und blickte nach oben. Aus dem Schiff strahlte ein sanftes weißes Licht.

Am oberen Ende der Treppe stand ein junger Mann, der mit einem Overall bekleidet war und Dick Miller herbeiwinkte. Er hatte eine beruhigende Ausstrahlung. Miller stieg die Treppe hinauf und ging einen großen, runden Gang entlang, der aus dem gleichen Material wie das Äußere des Schiffes zu bestehen schien. Die Treppe wurde eingezogen, und die Luke schloß sich wieder. Durch einen weiteren Gang ging er nun zum Herzen des Schiffes. Dabei mußte man durch eine Tür gehen, die sich von selbst öffnete.

Nun stand Dick Miller in einem Raum von etwa 25 Metern Durchmesser. In der Mitte befand sich ein ungefähr zwei Meter breites Pult, an dem ein mit einem weißen Overall bekleideter Mann stand, der offensichtlich das Schiff steuerte. In diesem Raum gab es mehrere Rundbänke mit schwer zu beschreibenden Einrichtungen, die etwa 2,5 Meter hoch und sechs bis sieben Meter lang waren. Sie waren in einem Abstand von etwa 2,5 Metern von der Wand aufgestellt. Der Kreis wurde durch Gänge in Sektionen aufgeteilt, und zwei dieser Sektionen schienen Nachrichteninstrumente zu enthalten. Dick Miller sah auch Bildschirme, die unseren Fernsehschirmen ähnelten. Ungepolsterte Drehstühle standen vor den Monitoren.

Das Schiff war mittlerweile weit von der Erde entfernt, und doch bemerkte Dick Miller nichts von einer Bewegung oder einer Schwerkraftveränderung. Woher der Kontaktler also wußte, daß er sich von der Erde entfernte, steht in den Sternen.

Nun fand der Mann am Pult endlich Zeit für Miller. Er ging auf ihn zu und legte seine rechte Handfläche leicht auf Dick Millers Schulter. Der Mann stellte sich vor: »Mein Name ist Sol-Tec, und ich bin Kommandant dieses Schiffes.« Der Fremde war freundlich und zuvorkommend. Er wies Miller einen Stuhl zu. Die beiden unterhielten sich. Sol-Tec erzählte Dick Miller, daß er ein außerirdischer Philosoph sei, was man an seinem weißen Overall erkennen könne. Elektroingenieure seien purpurfarben gekleidet, Astrophysiker trügen Orange, der Naturüberwacher helles Pulverblau, und der geo-planetarische Ingenieur Braun. Militärische Rangabzeichen gab es nicht. Dick Miller fiel auf, daß Sol-Tec starke Ähnlichkeit mit Clark Gable hatte. Sol-Tec erklärte weiter, daß seine Rasse die Erde schon oft besucht habe. Zum ersten Mal seien sie vor etwa 14 000 Jahren hier gelandet. Danach seien sie in regelmäßigen Abständen immer wieder gekommen. Die zu dieser Zeit dominierenden Rassen waren die lemurische (Kontinent Lemuria) und die atlantische (Atlantis).

Die Außerirdischen beschlossen damals, mit beiden großen Rassen Kontakt aufzunehmen, um mit ihnen Handel zu treiben. Der Hauptpartner war die Venus, denn die dortige Zivilisation stand etwa auf der gleichen Stufe wie die lemurische und die atlantische. Im Gegensatz zu den Erdbewohnern konnten die Venusier allerdings damals schon in den Weltraum reisen. Die Wissenschaftler der Erde hatten zwar auch die Gesetze der Anti-Schwerkraft entdeckt, konnten jedoch noch nicht den Luftraum der Erde verlassen. Sol-Tecs Volk tauschte Informationen mit ihnen aus, mußte jedoch feststellen, daß die Atlanter immer arroganter und anmaßender wurden, als sie – wissenschaftlich gesehen – immer weiter vorankamen.

Die Lemurer allerdings waren trotz ihrer Fortschritte bescheiden geblieben. Das Hauptinteresse dieses Volkes bestand darin, sein Wissen zum Nutzen aller Völker anzuwenden, um den Lebensstandard auf dem gesamten Planeten zu erhöhen. Die Atlanter – die Beherrscher des Meeres – wurden neidisch auf die Beherrscher des Landes, die Lemurer, und die Folge war ein gespanntes Verhältnis zwischen beiden Völkern.

Auf eine Zwischenfrage Millers ging Sol-Tec noch einmal auf die Magnetfeldenergien ein. Er erklärte, daß beide Mächte gelernt hätten, die in den irdischen Magnetfeldern enthaltenen Energien anzuwenden und als neue Kraft zu gewinnen. Dies geschah dadurch, daß man »die Felder dazu zwang, von ihrem natürlichen 90°-Winkel zueinander abzuweichen«. Der nun erhaltene Zustand war der normalen Polarisation der Erde genau entgegengesetzt. Nach dem Gesetz von Ursache und Wirkung konnte ein Gerät, das diesen Beugungsmechanismus erhielt, nur eine Bewegung ausführen, und zwar von der Erdoberfläche weg in den Raum hinaus. Und wer dazu fähig war, diese Kräfte zu regulieren, der hatte eine Antriebsenergie von beinahe unbegrenzter Leistungsfähigkeit.

Unter den Atlantern, so Sol-Tec, gab es eine kleine ehrgeizige und machthungrige Gruppe. Sie überzeugte die Regierung davon, daß man den Lemurern das Land wegnehmen müsse, um einen Zuwachs an Macht und Reichtum zu erlangen. Und so provozierten die Atlanter einen Krieg zwischen den Rassen, bei dem die Atlanter sogar nukleare Waffen einsetzten.

Die Atlanter nutzten bei der Atomenergie nicht die Kernspaltung, sondern sie verstanden es, diese strahlungsfrei anzuwenden. Atomexplosionen ohne Strahlung können auch die Außerirdischen des Eduard Albert Meier erzeugen (s. Kapitel 8).

Sol-Tec hielt einen langen Vortrag über Atomkraft und die Zerstörung, dessen Kern die folgende Aussage war:

>>Zugleich aber werden die anfallenden Strahlungsabfälle solcher Einrichtungen dazu beitragen, daß die Kinder künftiger Generationen in der auf solche Weise verseuchten Atmosphäre als Monstren und Abnormitäten, als unmenschliche Ungeheuer aufzuwachsen! So wirkt sich die Art, wie Ihr das Atom benützt, auf die Erbanlage-Faktoren Eurer Rasse aus!<<[68]

Sol-Tec und seine Rasse hatten Angst um die Menschheit:

>>Wir vermögen den Gedanken an die weltweiten Auswirkungen nicht zu ertragen, die eine Auflösung Eures Planeten auf das Sonnensystem und deren Bewohner haben müßte.<<[69]

Die Außerirdischen wollten verhindern, daß die Erde das Schicksal des einstigen Planeten Maldek ereile, sie liebten die Menschen trotz ihres frevelhaften Tuns, teilte Sol-Tec Dick Miller mit.

Hier kommen wieder sehr deutlich die religiösen Aspekte zum Tragen. Da sind Wesen, die uns lieben, uns trotz aller Schlechtheit verzeihen und beschützen. Und diese Aspekte stehen – wie in den meisten anderen Kontaklerstories auch – vor dem Hintergrund der Angst vor dem Atomkrieg und dem Mißbrauch der Atomenergie.

Interessant ist auch, daß Dick Miller einen engen Kontakt zu George H. Williamson beschreibt, der in seinem Buch *Other Tongues – Other Flesh* (s. Kapitel 1) die lemurische Version der Fußabdrücke des venusischen Adamski-Freundes vorstellt. Nun taucht die Idee von Lemuria in Millers Schilderungen erneut auf. Zufall? Oder wurden hier die Gedanken des anderen einfach weitergesponnen?

Mit dem Planeten Maldek ist ein angeblicher ehemaliger Planet unseres Sonnensystems gemeint, der einst zwischen Mars und Jupiter die Sonne umkreiste. Ab Seite 101 finden wir in Dick Millers Buch noch eine komplette Tonbandbotschaft, in der es um diesen Planeten Maldek (Feuerzunge) ging. Er wird dort – nach dem gefallenen Engel der Bibel – auch Luzifer genannt. Sollte die australische Sekte M.A.A. (s. Kapitel 11) hier eine Anleihe gemacht haben? Nach Dick Miller wurde der Planet durch einen Nuklearkrieg vernichtet.

Heute hält man es für kaum mehr wahrscheinlich, daß der Asteroidengürtel, die Kleinplaneten, die zwischen Jupiter und Mars um die Sonne kreisen, die Überreste eines ehemaligen Planeten sind. Vielmehr geht man davon aus, daß die Anziehungskraft des nahen Jupiters die Bildung eines Planeten in der Region von vornherein verhindert hat. Die Asteroiden stammen, so die moderne Wissenschaft, aus der Zeit der Geburt des Sonnensystems.

Im weiteren Verlauf erklärte Sol-Tec Dick Miller, daß seine Rasse aus den verschiedensten Gründen auf der Erde weilte. So seien sie unter anderem auch an der Entwicklung unserer Weltraumfahrt interessiert. Sol-Tec sagte voraus, daß wir einmal den Mond erreichen würden, von dem aus wir weiter zur Venus und zum Mars fliegen könnten, jedoch wäre eine Rückkehr von dort unmöglich, denn würden wir den Mond verlassen, um weiter nach draußen vorzudringen, müßten wir das Magnetfeld unseres eigenen Planeten durchqueren, um in ein fremdes zu gelangen. Sobald unser Raumfahrzeug zwischen diese beiden Kraftfelder geriete, würde es sich aufgrund der gewaltigen molekularen Erschütterung auflösen. Nur durch die Anwendung eines »variablen Polaritäts-resonanz-Kraftfeldes«, das das ganze Schiff umgeben müsse, könne man die Gefahrenzone unfallfrei passieren. Das ist seit Jahrzehnten durch Raumsonden, die die verschiedenen Planeten besuchten, klar widerlegt.

Sol-Tec berichtete Dick Miller weiter, daß unsere Regierung im Besitz gleich mehrerer außerirdischer Raumschiffe sei, von denen einige freiwillig von den Kosmischen zurückgelassen wurden, eben damit man sie finde. Andere wiederum seien aber in die Nähe der »gefährlichen magnetischen Wirbel« geraten, die nahe der Erdoberfläche vorhanden seien. Diese magnetischen Wirbel könne man mit einem »Kurzschluß« vergleichen. Aus diesem Grunde überflögen die Außerirdischen auch regelmäßig magnetische Störzonen und sonstige Anomalien, mit dem Ziel, die Störfelder zu kartieren.

Ein weiterer Grund für das Kommen der Außerirdischen sei die Ausdehnung des Weltalls, denn dort, wo unser Sonnensystem liege, befände sich eine Wolke intensiver kosmischer Strahlung. Und für eine so wenig fortgeschrittene Zivilisation wie die irdische ist dies eine große Gefahr, denn sie kann noch keine Kraftfelder schaffen, die den Planeten gegen die Strahlungen abschirmen könnten. Es ist die größte Gefahr dieser Art, der unser Sonnensystem je gegenüberstand, doch alle anderen Planeten unseres Sonnensystems sind nach Sol-Tec bzw. Dick Miller ausreichend technologisch entwickelt, um die Gefahr abzuwenden. Glücklicherweise haben die Außerirdischen einen Ring, der aus Millionen ihrer Fahrzeuge besteht, rund um die Erde postiert. Der beschützt uns.

Die kombinierten Kraftfelder dieser Raumschiffe lenken die Hauptmasse der kosmischen Energie ab, aber geringe Teile könnten dennoch die Erde erreichen und ihre gefährliche Wirkung entfalten. Eine Gefahr sei die Möglichkeit einer einschneidenden Störung des Gleichgewichts des irdischen Magnetfeldes an beiden Polen. Sie könnte zu einer Umkehrung des magnetischen Feldes führen, so daß Nord- und Südpol ihre jeweilige Lage vertauschten. Eine solche Polumkehr bzw. ein solcher Polsprung würde die totale Zerstörung allen Lebens zur Folge haben. Aber Sol-Tec gab sich zuversichtlich, daß seine Rasse dies verhindern könnte. Der Kommandant hatte jedoch noch eine weitere Hiobsbotschaft auf Lager: Erreichten die Strahlungspartikel tatsächlich die Erde, dann würden die Geisteskrankheiten – die hier schlichtweg als »Irrsinn« bezeichnet werden – zunehmen, ebenso zum Tode führende Herzbeschwerden.

Nach den Berechnungen der Marsianer wird die Erde bald nach 1954 das Zentrum der Wolke passieren. (Wir haben gar nicht gewußt, daß der Weltraum so schnell expandiert und daß eine solche Wolke nicht mit expandiert.) Nur sechs Monate soll diese Durchquerung der Wolke dauern, die Auswirkungen werden jedoch noch weitere 70 Jahre anhalten. Erdbeben, Flutwellen und andere Naturkatastrophen werden die Erde heimsuchen.[70]

Hier haben wir einmal mehr zwei Punkte, die bei den Kontaktlerstorys immer wieder vorkommen: einmal die Verbreitung wissenschaftlichen Unsinns – und zwar in allerhöchster Potenz – und zum zweiten das unabdingbare quasi-religiöse Konzept des Vorhersagens von Katastrophen.

Sol-Tec berichtete auch über die Geschwindigkeit, mit der sich sein Raumschiff bewegt, wenn auch mit der Einschränkung, daß der Mensch die fremden Grundbegriffe nicht fassen könne.

Die angeblichen Außerirdischen haben verschiedene Geschwindkeitsstufen zur Verfügung, wobei die vierfache Lichtgeschwindigkeit die höchstmögliche darstellt. Damit könne man bequem in vier Stunden von unserem Sonnensystem zu Alpha Centauri fliegen. Diese Angabe ist korrekt. Das Grundprinzip der Erzeugung dieser ungeheuren Kraft sei ein mitschwingendes magnetisches Feld. Dabei werden die Energien angezapft, die die Erde um die Sonne treiben, und jene unbegrenzten Energien, die das gesamte Universum durchströmen, werden den Maschinen angepaßt.

Die rechtwinkligen Wendungen, die oft bei UFOs beobachtet werden, würden dadurch möglich, daß sich bei der Umformung der ursprünglichen Lichtenergien gleichzeitig ein Kraftfeld rings um das Schiff entwickele. Kurz vor einem abrupten Wendemanöver durchdringe diese Wirkung alle materiellen Teile des Schiffs in dem Kraftfeld, und jede durch Beharrungsvermögen hervorgerufene Spannung entfalle.

Sieben Planeten unseres Systems sind laut Sol-Tec bewohnt: Jupiter, Saturn, Venus, Erde, Mars, Neptun und Uranus. Leben soll es auch auf dem Merkur geben, auf unserem Mond, auf den beiden Marsmonden (Phobos und Deimos) und auf vielen Monden der übrigen Planeten, dort allerdings nur vorübergehend und in Gestalt von Stützpunkten oder sonstigen Einrichtungen der kosmischen Konföderation. Unsere irdische Planetenerforschung habe falsche Ergebnisse gebracht, da die Ergebnisse von Spektralanalysen durch Eigenschaften der jeweiligen Atmosphäre verfälscht würden. Außerdem müßten die Tests falsch sein, weil das Sonnenlicht zumeist von der Atmosphäre reflektiert würde.[71]

An dieser Stelle erfährt der wissenschaftliche Unsinn eine kaum noch für möglich gehaltene Steigerung. Der Mensch war mittlerweile auf dem Mond, die Venera-Sonden durchdrangen die Venus-Atmosphäre und haben am Boden Temperaturen von über 400 Grad gemessen, die Mars-Pathfinder-Sonde hat vom Marsboden aus sensationelle Bilder aufgenommen, die die der Viking-Mission noch übertrafen. An diesen Erkenntnissen ist nicht zu rütteln. Es gibt – außer auf der Erde – kein höherentwickeltes Leben in unserem Sonnensystem, und selbst die Indizien, die es für gering entwickeltes Leben (Mikroorganismen, Schwebealgen etc.) auf anderen Planeten gibt, sind nicht unumstritten. Die Lebensspuren auf dem Marsmeteoriten ALH 84001 werden von der Wissenschaft zum Teil angezweifelt, über Leben auf dem Jupitermond Europa gibt es bisher nur Spekulationen.

Die Marsoberfläche ist eine Wüste.

Sol-Tec kommt dann auf die bereits angedeutete kosmische Konföderation – eine Gruppe von über 680 Planeten – zu sprechen, die alle aufgrund ihrer fortschrittlichen Aufwärtsentwicklung das Recht zur Mitgliedschaft erworben hätten. Die Planeten dieser Föderation befänden sich weit voneinander entfernt in verschiedenen Entwicklungsstufen, aber einer sei für den anderen da. Auch die Erde gehörte einst zu dieser Föderation, aber seit der Atlantis-Periode heißt es erst einmal abwarten. Nun sei der Zeitpunkt der Wiederaufnahme von Beziehungen nahe, aber zuvor »muß von seiten Eurer verschiedenen Völker und Nationen der gemeinsame Versuch unternommen werden, als Brüder zusammenzuleben«.

Wenn dieses Zeitalter dann endlich angebrochen sei, würden die Söhne des Lichts – die bei uns als »Heerscharen« und »Engel« bezeichnet werden – in Erscheinung treten, und das Reich Gottes breche auf Erden an. Millers Gespräch mit dem Außerirdischen wurde nun zusehends philosophischer. Man diskutierte darüber, ob ein solches Zeitalter tatsächlich einmal Wirklichkeit werden könne.

Dick Miller erfuhr dann, daß es einen Planeten in unserem Sonnensystem gäbe, der eine richterliche Autorität besäße, nämlich der Saturn. Dort befände sich auch die gesetzgebende Körperschaft – das Solartribunal mit dem Zuständigkeitsbereich Sonnensystem.

Die Marsianer sollen auch – ohne Erfolg – versucht haben, unseren Regierungen gute Ratschläge zu geben. Aufgrund der mangelnden Mitarbeit der Regierungen habe man sich aber entschlossen, statt dessen mit willigen Einzelpersonen oder UFO-Studiengruppen zusammenzuarbeiten.

Dick Millers Erzählung endet nicht mit einer Beschreibung des entschwebenden Raumschiffs, sondern mit philosophischen Beratungen.[72] Sie waren wohl auch das, woran Dick Miller am meisten lag. Er verbreitete eine religiöse Botschaft, die mit wissenschaftlichem Unsinn durchsetzt war, die aber in der angespannten Weltlage jener Jahre durchaus Gehör fand.

KAPITEL 4

George King – der Sprecher des »Interplanetarischen Parlaments«

Die ersten Kontaktler begannen ihre zweifelhafte Laufbahn ähnlich wie George Adamski. Zahlreiche große und kleine selbsternannte Propheten der UFOnauten sahen angeblich ein UFO und wurden von den Piloten freundlich eingeladen, an einem kleinen Trip zur Venus, zum Mars oder einem anderen Planeten teilzunehmen. So auch Georg van Tassel und seine Frau, die am 24. August 1953 »wegen der Hitze« in der Wüste schliefen, und bei denen diese Entscheidung zu dem wichtigsten Tag in ihrem Leben führen sollte.

Denn plötzlich, so berichtete van Tassel, wurde er wach und sah sich einem Alien gegenüber, der sich ihm als »Sol-danda« vorstellte. Van Tassel besichtigte mit dem Alien das Raumschiff, sah seltsame Gegenstände der Fremden und wurde wieder zu seiner Frau, die »unter irgendeinem Zauber zu stehen schien«, zurückgebracht.

Nun war auch er ein Kontaktler der Sternenmenschen. Er nannte sich »der Weise von Giant Rock«. Schnell fand sich eine Gruppe von hartnäckigen Gläubigen, die sich jedes Jahr in seinem Haus im schönen Kalifornien versammelte, um neue »Botschaften« der Aliens zu empfangen und sich auszutauschen. Bei der ersten »Giant Rock Space Convention« 1954 konnte van Tassel schon mehr als 5000 Teilnehmer verbuchen. Auch George Adamski nahm an diesen Treffen teil. Der Giant Rock wurde zur ersten Pilgerstätte der UFO-Fans der Geschichte. Und er ist es noch heute.

Bei einem dieser Meetings im Jahr 1966 war eine ehemalige Stewardeß namens Gloria Lee anwesend, die angab, regelmäßig mediale Botschaften von Jupiterbewohnern zu erhalten. Kerninhalt der Nachrichten unserer Nachbarn vom Jupiter war das Sexualverhalten der Menschen auf der Erde, das selbstverständlich nicht im Sinne der Jupitermenschen war. Auf dem Jupiter, so Miß Lee, gibt es keine Ehen, und die Jupiterbewohner leben sich dort mehr oder weniger hemmungslos aus. Das sei der richtige Weg.

Ein anderes Mitglied dieser Treffen war beispielsweise auch Gabriel Green. Er war nicht nur Gründer des »Vereinigten Fliegende Untertassen-Clubs Amerika AG«, er kandidierte in den Jahren 1960 und 1972 sogar für das Amt des Präsidenten der USA; selbstverständlich mit der Unterstützung der Aliens. Vergebens. Im Jahr 1962 versuchte er, in Kalifornien einen Sitz im US-Senat zu bekommen. Tatsächlich erhielt er sage und schreibe 171 000 Stimmen.

Van Tassel will sogar von den Außerirdischen eine Konstruktionsanleitung für eine Maschine erhalten haben, die nach seinen Worten »Alte verjüngen und das Altern der Jungen verhindern« konnte. Diese 17 Meter hohe Maschine baute er in der Mojave-Wüste, nördlich des Yucca Valley. Nach seinem Tode wurde die Arbeit an dem »Integraton« eingestellt (s. auch Kapitel 5).

Georg van Tassel ist aber noch in anderer Hinsicht von Bedeutung, denn bei ihm soll sich erstmals »Ashtar, Kommandant des Quadro-Sektors« gemeldet haben.[73] Wir werden ihn noch gut kennenlernen (s. Kapitel 9).

Doch die Epoche der Kontaktler, die von George Adamski eingeleitet wurde, war kein ausschließlich amerikanisches Phänomen. In England gab es

Der Riesenplanet Jupiter. Gloria Lee will Kontakt mit seinen Bewohnern gehabt haben.

eine Glaubensgruppe mit dem Namen »Aetherius Society«, die mit spekta-kulären Aktionen von sich reden machte. Ihr Guru war George King.

An einem Samstag im Jahr 1954 ging King, ein Taxifahrer, in seinem Heim im Norden Londons gerade den gewohnten Haushaltstätigkeiten nach, als ihn eine Stimme aus dem Nichts zu Höherem als Teller waschen berief. »Mach dich bereit. Du bist ausersehen, die Stimme des Interplanetarischen Parlaments zu sein«. Erschrocken ließ er einen Teller fallen.[74]

Das klingt sehr nach der Gruppe um Ashtar Sheran, dem »Ashtar-Com-mand«, einer Vereinigung, die überzeugt ist, der schöne Außerirdische Ashtar sei der Kommandant von Millionen UFOs. Ashtar sei Sprecher einer »Interpla-netarischen Bruderschaft«. Auch seien Ashtar bzw. Mitglieder seiner außerir-dischen Rasse einst Jesus Christus und Buddha gewesen, und hier auf der Erde lebten noch heute unzählige reinkarnierte (hier als Mensch geborene) Aliens mitten unter uns. Viele wissen jedoch nicht, daß sie außerirdischen Ursprungs sind[75] (s. Kapitel 9).

Die Gläubigen um George King sind überzeugt, daß Jesus Christus nicht am Kreuz hingerichtet wurde, sondern auf der Venus glücklich und zufrieden in der Gesellschaft weiterer Heiliger auch heute noch lebt. Die in die Tausende gehenden Mitglieder der Aetherius Society in fast allen englischsprachigen Ländern der Welt glauben an verwirrende Rituale, tiefe Gebete, Pilgerfahrten, philosophische Konstrukte, UFOs und okkulte Theorien. Nach unserer Mei-nung ist diese Vorstellung dem »Sprecher der Interplanetarischen Bruder-schaft« schon in die Wiege gelegt worden, denn seine Mutter unterhielt eine Pilgerstätte mit einer »Heiligen Quelle«. George King beschäftigte sich außer-dem in seiner Freizeit mit dem Studium der Mystik und des Yoga.

Wie fast alle Kontaktler begann auch der damals fünfunddreißigjährige George King mit der Verbreitung warnender Nachrichten an die gesamte Menschheit. Diese Warnungen vor der Atomenergie, vor Umweltproblemen und der Gentechnologie sind auch heute noch fester Bestandteil der Kontakt-ler-Szene. Beispielsweise will das Medium Mirabelle Coudris 1995 Channel-Kontakt mit den Außerirdischen gehabt haben, die auf dem weltberühmten Santilli-Film vom UFO-Absturz in Roswell zu sehen sind.[76] Diese warnten immer wieder vor der Gentechnologie und anderen technischen Projekten der modernen Menschheit. Außerdem plauderte das Medium mit C. G. Jung, John F. Kennedy sowie Marilyn Monroe – so nannten sich zumindest die Außerirdi-schen in den »Para-Kontakten« des »Mediums«.[77]

Warnhinweise der »Aliens« erhielt George King bereits acht Tage nach sei-nem Berufungserlebnis. Ein Mann in einem strahlendweißen Gewand kam in sein Zimmer, und George King erkannte diesen Fremden ohne Schwierigkei-ten als einen Heiligen aus dem Fernen Osten. Der Fremde sagte King, daß die Menschheit bis in ihre tiefsten Abgründe in einem schrecklichen Zustand sei. Es bedürfe einer schnellen Erneuerung des menschlichen Geistes. Daher sei George King zum Botschafter des wahren Glaubens berufen worden. Er solle sich durch intensive Übungen in Yoga darauf vorbereiten. Dann verschwand die erhabene, göttliche Gestalt durch die Tür.

Nun war George King der felsenfesten Überzeugung, der Venusianer »Meister Aetherius« beherrsche und lenke ihn; seine Mission konnte beginnen. Aetherius war aber nicht irgendeiner der zahlreichen Bewohner des Planeten Venus, sondern er war der außerirdische Sprecher des »Interplanetarischen Parlaments«. Dieses Parlament, dem George King nun als »erster irdischer Kanal« angehörte, hatte seinen Sitz auf dem Planeten Saturn. Dort tagte die politische Gruppe über Fragen von kosmischen Belangen.

Der erste irdische Kanal der Saturn-Politiker müsse die Menschen, aber nur jene, für die das geistig überhaupt faßbar sei, darüber aufklären, daß nicht nur die Erde intelligente Wesen beherberge. Die Menschheit sei nun reif, die Wahrheit und die physische Verantwortung zu übernehmen, die sie und ihr Körper hier auf Erden hätten. Um diese Mission von kosmischer Notwendigkeit ausführen zu können, entschloß sich George King, Veranstaltungen zu organisieren, auf denen er seine irrealen »Botschaften« verkünden konnte. Heute sind diese sektiererischen Meetings fester Bestandteil der Gruppe und finden in großen Sälen von Sydney bis Kalifornien statt.

Der erste Kongreß der Aetherius Society fand Ende 1954 in recht kleinem Kreis in der Caxton Hall in Westminster statt, und seitdem ist dieser Ort eine Art Zentrum der Bewegung.[78] Denn dort meldete sich erstmals der Außerirdische Aetherius via Channelling durch King. Seit diesem denkwürdigen Tag laufen die Veranstaltungen immer nach einem ähnlichen Schema ab: Auf einem hohen Podium setzt sich der Star George King, atmet tief durch und baut so den medialen Kontakt mit seinen Freunden von der Venus – oder wo sie sich gerade aufhalten – auf. Dann wird es dunkel, und durch George King sprechen die Aliens zu dem gläubigen und gespannt auf den Stühlen kauernden Publikum. Fast immer meldet sich dabei ein Alien vom Mars, der sich mit den Worten »Mars, Sektor 6« ankündigt. Wo dieser Sektor liegt, ist ungewiß.

»Mars, Sektor 6« hat die Funktion einer Vermittlung, die für die sichere Verbindung mit den Aliens zu sorgen hat. Nun erfahren die erstaunten Zuhörer von dem Außerirdischen George King Geschichten über Flugbewegungen von UFOs, von nahen Erdbeben und anderen Katastrophen. Außerdem liefert der »Alien« landwirtschaftliche Hinweise für die Bauern. Beispielsweise Aussagen wie:

> »Bestimmte Ernten werden als unmittelbare Folge schon des niedrigen Absorptionsgrades im nächsten Sommer sehr gut sein. Die Saison für Wolle dürfte hervorragend werden.«[79]

Dann erfährt das Publikum auch Dinge, die einen wissenschaftlichen Anstrich vermitteln sollen. Etwa:

»Bei einer Absorptionseinheit von 3 muß der größte Teil der magnetischen Kraft noch aus einem magnetischen Fluß, der durch ein wieder-
holtes Reverberieren in Ihrer Atmosphäre verursacht wird, gewonnen
werden.«

Doch das erstaunte Publikum kann sogar durch geistige Kräfte gegen Wirbel-
stürme ankämpfen. Dazu rät der »Alien« folgendes:

»Bedienen Sie sich der M-Ionen, die in Ihnen sind, und Ihre Gehirnzel-
len werden eine entgegengesetzte weibliche Magnetenergie erzeugen.
Sie wird der Hurrikan-Kraft entgegenwirken.«

Was die Zuhörer nun mit diesem neu erworbenen »Wissen« anfangen sollen,
ist fraglich.

Die erste Veranstaltung Kings schlug ein wie eine Bombe, so daß man bald
größere Räume benötigte. Im Juni 1955 sah King sich veranlaßt, seine Chan-
nel-Durchgaben, um die steigende Nachfrage zu befriedigen, in Form eines
Magazins zu verbreiten. So wurde das Blatt *Aetherius Speaks to Earth (Aethe-
rius spricht zur Erde)* geboren. Später taufte die Organisation das erfolgreiche
Magazin in *Cosmic Voice (Kosmische Stimme)* um. Noch heute sind die ersten
Ausgaben begehrte Sammlerstücke, aus diesem Grund legt die Organisation
ihre ersten Broschüren neu auf. Sie enthalten Botschaften von Aetherius,
»Mars, Sektor 6«, »Mars, Sektor 8« (der dann und wann mal channelte) sowie
Botschaften von Jesus Christus (»Meister Jesus«) persönlich, der ja nach dem
Glauben der Anhänger George Kings auf der Venus lebte. Ebenso fanden sich
dort Botschaften von Buddha und Rama-Krishna.

Diese Wesen teilen uns über das »Medium« King mit, daß die »unbefleckte
Empfängnis«, die wir alle zumindest aus der Bibel von der Jungfrau Maria her
kennen, eine lapidare Routine sei, mit der alle Heiligen der Venus das Licht der
Welt erblicken. Außerdem, so die Juliausgabe von 1955 der *Cosmic Voice*
unter der Rubrik *Antworten auf Ihre Fragen* weiter, war der bekannte Stern
von Bethlehem des Neuen Testaments nichts weiter als ein Raumschiff der
Venusianer, das den Botschafter Jesus Christus auf die Erde brachte. Ähnliches
lehrt auch das Ashtar-Command.

Diese und vergleichbare Durchgaben, die unter anderem auf Jesus Christus
zurückgehen sollen, brachten der Aetherius-Gemeinschaft Anklagen wegen
Gotteslästerung ein. Die Zeitung *Empire News* warf der Gemeinschaft vor, sie,
und vor allem der Chef George King, sei dem Kommunismus verfallen.

Und doch verbuchte die Aetherius-Sekte eben wegen dieser »Nachrichten«
von Jesus Christus einen wahren Ansturm auf ihre Zusammenkünfte. Immer
mehr Menschen wollten den angeblichen Jesus von der Venus selbst hören. Zu
verdanken war dies nicht unerheblich auch den Redakteuren des Fachblattes
für Parapsychologie, *Psychic News,* die wöchentlich gegen die Machen-

schaften Kings und seine fragwürdigen Channelnachrichten Sturm liefen. Das war kostenlose Werbung für die abergläubische Gemeinschaft der Aetherius-Mitglieder. Dank der modernen Technik konnte die Sekte sogar die Stimme von »Jesus Christus« auf Band verkaufen. Jeder Interessierte konnte gegen eine geringe Gebühr nun auch den heiligen Jesus mit nach Hause nehmen und bei Bedarf abspielen. Die schrecklich klingende Stimme auf diesen Bändern faselt von Liebe und herzlichem Glück. Sogar ein neues Vaterunser wurde erfunden. Dieser Jesus Christus, das wird betont, war aber nicht Gottes Sohn, sondern lediglich ein »Meister« der Venus.

Die Venusianer, die durch George King zu den Gläubigen sprachen, gaben sich immer wieder als Heilige aus, die an allerlei Orten in unserem Sonnensystem weilten. »Mars, Sektor 6«, der Steuermann eines zwanzig Meilen großen UFOs, ist zwar der bekannteste, aber auf dem gigantischen Planeten Jupiter, in »Sektor 92«, halten sich Jesus Christus und seine heiligen Genossen gerne auf.

Ein zentraler Punkt, der sicher aus der christlichen Gnosis stammt und dem beginnenden Raketenzeitalter entsprechend umgedichtet wurde, ist die Überzeugung eines »göttlichen« Kampfes zwischen Gut und Böse. Auch die christliche Philosophie lehrt einen Kampf der Engel gegen die »gefallenen Engel«. Doch die Aetherius-Gemeinschaft ist der Überzeugung, daß dieser Kampf einst mit realen Mitteln, mit physikalischen Wirkungen, im Universum tobte und noch tobt. Auch auf der Erde findet dieser Krieg selbstverständlich statt.

Die schrecklichen Schlachten der UFOnauten werden durch Teleportation, das bekannte »Beamen«, nicht nur in unserem Sonnensystem ausgefochten, sondern auch in zahlreichen Galaxien des Universums. Aber, so die Sekte weiter, unser System ist auch reich bevölkert. Fast alle Planeten, Venus, Erde, Mars, Jupiter, Saturn, Uranus, Neptun und Pluto – der Merkur seltsamerweise nicht – sind belebte Planeten. Überall tummeln sich Aliens. Der Saturn ist dabei ein »geistig fortgeschrittener« Himmelskörper; unsere Erde hingegen ist »dumm«. Doch darüber sollten wir uns nicht beklagen, denn eben aus diesem einfachen Grunde ist es bisher zu keinem Überfall der bösen Aliens auf die Erde gekommen. Es lohnte sich einfach nicht, so die Aetherius-Anhänger.

Detaillierte Informationen über diese Schlacht der UFOs, von der nur einige Auserwählte wissen (die meisten dieser Menschen sind natürlich in der Aetherius-Gemeinschaft organisiert) und an der auch George King nach eigenen Worten »intensiv beteiligt« ist, waren 1956[80] zu erfahren und wurden von »Mars, Sektor 6« übermittelt. Diese Geschichte ist »in allen Einzelheiten wahr«, so King. Wir erfahren dort Schreckliches: Vor unbekannten Zeiten einmal sahen außerirdische, hochintelligente und technisch fortgeschrittene Fische von dem Wasserplaneten Garouche »jenseits der Milchstraße« aus die Erde und beobachteten von ihrem Wasserplaneten aus das hiesige Treiben.

Offenbar kamen sie nach ihren Analysen des menschlichen Lebens zu dem Resultat, daß wir ein Schandfleck im Universum seien, denn sie wollten die

Erde überfallen, mit dem Ziel, »alles menschliche Leben auf Terra zu vernichten«. Sie planten, hierher zu fliegen und der Erde »den atmosphärischen Mantel« zu entziehen. Dies würde, so der merkwürdig ungebildete Alien von »Mars, Sektor 6«, den Fisch-Aliens auf der Erde nichts ausmachen, da sie ihren lebenswichtigen Sauerstoff wie Fische aus dem Wasser beziehen. Nun, jeder Schüler weiß, daß, würde die Erde ihre Atmosphäre verlieren (in diesem Fall durch die Außerirdischen), auch die Meere und Ozeane ihren Sauerstoff nicht halten könnten. Hier also irrt der Außerirdische.

Daß wir nicht von den schuppigen Außerirdischen von Garouche überfallen wurden, ist nur und ausschließlich den Marsbewohnern zu verdanken, die selbstlos ihr Leben für die Erde aufs Spiel setzten. Es sei Tatsache, daß »viele vom Mars sich für die Rettung von Terra opferten«. Als die Schlacht von den Marsianern gewonnen wurde, zogen sich die Fisch-Aliens zurück und brachten einen radioaktiven Himmelskörper nur einige hunderttausend Kilometer vom Mars entfernt in Kampfstellung. Dieser wurde aber von den Marsbewohnern ausgeschaltet (»deaktiviert«).

Um der medialen Nachricht die Krone aufzusetzen, erfahren die gläubigen Menschen nun auch noch, daß King selbstlos die Erde verteidigt habe. »Mars, Sektor 6« gibt zu bedenken, daß »der Erd-Empfänger, den ich gerade jetzt benutzte, im Verlauf der Auseinandersetzung dreimal fast den Tod fand«. Damit ist natürlich George King gemeint, der ja die Channel-Botschaften spricht.

Auch im Rahmen einer schrecklichen Schlacht mit dem Decknamen Operation Karmalight zeichnete sich George King erneut als Held des Alls aus. Das Blatt *Cosmic Voice* informierte laufend über den Stand der Dinge. Der ärgste Feind in diesem Alien-Krieg war Lubek. Dieser Bösewicht hatte es geschafft, »über Hunderte von Jahren hinweg [...] all seine Energien in die Anhäufung okkulter Daten« zu stecken. Doch Lubek war nur ein Handlanger, der Berater eines noch größeren Schlimmlings – nämlich Satans. Der Handlanger Lubek vertrieb sich die Zeit damit, einen zehn Quadratmeilen großen gigantischen Computer zu bauen (Egog genannt), der laufend mit allen okkulten und bösen Informationen des Universums gefüttert wurde. Eine Datenbank des Bösen schlechthin, die sich auf einer astralen Ebene des Seins befinde, so daß man sie nicht sehen könne. Gesteuert werde der Mega-Pentium von einer ebenso bösen wie okkulten Software.

Wenn die Zeit gekommen sei, so heißt es, werden Lubek und seine irdischen Handlanger diesen Super-PC dem Satan übergeben. Er hätte eine schreckliche Waffe im Kampf gegen das Gute im Universum sein können, doch es kam anders. Das Unternehmen scheiterte an banalen Schwierigkeiten: Der Handlanger Satans und seine Sympathisanten kamen mit der Programmierung nicht mehr zurecht. Dieses Softwareproblem lenkte Lubek so weit von seiner eigentlichen Mission ab, daß »sein ganzes Denken [...] auf die Verbesserung seines Computer-Systems« gerichtet wurde.

Das war die Gelegenheit für den Aetherius-Kult, den Kampf mit dem Bösen aufzunehmen. Zumal Lubek durch Nebenbuhler von seiner eigentlichen Aufgabe immer weiter abgelenkt wurde. Am 24. Mai 1969 gab George King an seine Jünger die Anweisung, ihre Gedanken auf »Erwiderung« auszurichten, um dem Bösen entgegenzuwirken. Denn Lubek begann mit einem Angriff auf die Zentralen der Sekten, in denen sich, vor allem in London, rotierende Elektromaschinen befanden, die angeblich Lebensenergie aussandten.

Lubek, selber Wissenschaftler des Okkulten im Zeichen des Satans, fand Interesse an diesen Maschinen und begann sie näher zu untersuchen. Das war sein Fehler, denn zwei irdische Adepten – gute »Aliens« in Menschengestalt – schnappten sich die rechte Hand des Teufels und sperrten ihn in einen Gefängnissatelliten in der Erdumlaufbahn, der eigens für diese Aufgabe angefertigt worden war. Dann machten sich die guten Retter daran, den Supercomputer des Bösen, der »über Jahre hinweg mit so großer Sorgfalt gebaut und mit Wissen bedacht worden war«, zu vernichten. Übrig blieb nur ein »Haufen verschlungener Drähte und zersprungenen Kristalls«. Lubek war besiegt, dank des Aetherius-Kultes und seiner Helfershelfer; er sollte seine gerechte Strafe erhalten.

Die Aetherius-Gruppe machte aber nicht nur Schlagzeilen wegen ihrer Jesusnachrichten in der Caxton Hall und ihres engstirnigen Glaubens an den wirren Unsinn, den ihr Guru verkündete, sondern auch mit spektakulären Aktionen. Diese bezeugen einmal mehr, daß die Worte des Gurus George King bei den Anhängern als absolute Wahrheit gelten.

Im Juni 1959 begann die Operation Starlight (»Operation Sternenlicht«), die bis zum August 1961 dauerte. Ziel dieser Operation war es, verschiedene Berge um den gesamten Erdball zu besteigen, um sie mit kosmischer Energie aufzutanken. George King und einige seiner leichtgläubigen Mannen waren vom Erfolg der Missionen überzeugt, und so begannen sie Gipfel in Schottland zu erklimmen. Berge wie der Holstone Down und der Ben Hope waren keine großen Aktionen, sie wurden schnell »aufgeladen«. Bei diesen kultischen UFO-Sonntagsausflügen mit lustigem Kaffeeklatsch am Gipfel reckte George King seine Arme zum Himmel, tankte den Berg auf und pinselte dann ein Kultzeichen auf den Fels. (Noch heute sind diese Symbole Pilgerziele.)

Als nächstes wurde der Mount Balda, der sich mehr als dreitausend Meter in den Himmel streckt, bestiegen und von King mit »kosmischer Energie« versorgt. Darauf folgte ein anderer Dreitausender in der Sierra-Kette. Diesmal wurden die Sektenmitglieder beim Abstieg von der Dunkelheit überrascht.

Die göttlichen Missionen wurden nun immer gefährlicher. Der zweitausend Meter hohe Mount Adams bescherte den Pilgern beim Abstieg einen Schneesturm, und sie kamen halberfroren wieder zurück. Fast tödlich endete die Besteigung des über viertausend Meter hohen Castle Peak in Colorado, USA. Schneestürme und Unwetter machten die okkulte Pilgerfahrt zur Qual. Auch in Australien, Neuseeland und der Schweiz wurden Berge erklommen und »aufgeladen«. Alles in allem waren es ein Dutzend. Dies veranlaßte den Oberguru dann wohl, die Besteigung des Kilimandscharos, des höchsten Berges des afrikanischen Kontinents, abzusagen. George King erledigte die Aufgabe von oben. Damit war die Operation Starlight beendet und ging in die Geschichte ein.

Nach der Operation Starlight war Kings Tatendrang nicht am Ende, sondern er rief nun die Operation Bluewater (»Operation Blauwasser«) ins Leben. Der Aetherius-Kult kaufte Motorboote und beförderte mit diesen verschiedene »Batterien« zwischen der kalifornischen Küste und verschiedenen Punkten im Meer hin und her. Ein lustiger Törn, an dem auch zahlreiche Schulkinder teilnahmen.

Die okkult-philosophische Gemeinschaft der Aetherianer gilt oder galt als die esoterische UFO-Gemeinschaft schlechthin. Weltweite Niederlassungen sprechen hier für sich. Jedoch ist die Gruppe im deutschen Sprachraum kaum oder gar nicht vertreten, sind sie und ihre Taten kaum bekannt. Die Sekte konzentriert sich auf die Britischen Inseln, Australien und die USA. Wie wir oben gesehen haben, sind die Anhänger von George King tatsächlich der unerschütterlichen Überzeugung, seine absurden Geschichten entsprächen der Wahrheit.

Die Gründe dafür werden deutlich, wenn wir uns in die Zeit der Entstehung des Kultes zurückversetzen. In den fünfziger und sechziger Jahren waren unsere irdischen Astronomen noch nicht in der Lage, die Planeten unseres Sonnensystems im Detail zu beschreiben. Zum Teil natürlich schon, aber Spekulationen über allerlei »Bewohner« des Mars zum Beispiel konnten erst durch die überaus erfolgreiche Viking-Mission der NASA Mitte der siebziger Jahre widerlegt werden.[81] Die übermittelten Marsbilder der Lander, die wir heute überall sehen können, und die Bilder, die von der noch erfolgreicheren Mission Pathfinder vom Mars unsere Erde erreichen[82], Bilder, die wir von der Venus oder auch vom Jupiter haben, und ebenso Bilder und Erkenntnisse von anderen Himmelskörpern zeigen eindeutig, daß hier keine intelligenten Wesen leben.

Doch diese gewichtigen Gegenargumente sind für die Anhänger der Medien ohne Belang. Notfalls weichen sie aus, sie behaupten, daß die Aliens in einer anderen Dimension oder in einem anderen »Bewußtseinsstadium«, auf Astralebenen, auf diesen Planeten lebten. Also können wir sie nicht sehen. Auch der Schönling Ashtar Sheran, ein »Außerirdischer« der Rasse der »Santiner«, die vom System Alpha Centauri kommen, erfreut sich in Deutschland großer Beliebtheit bei der leichtgläubigen UFO-Gemeinde, denn auch er wartet mit seinen 17 Millionen UFOs im Erdorbit in einem anderen »Schwingungsbereich«, so daß wir sie nicht sehen können – noch nicht sehen (s. Kapitel 9). Und Omnec Onec, die Frau von der Venus, will ebenfalls aus einer anderen Dimension auf ihrem »Heimatplaneten« stammen (s. Kapitel 7). Esoterisch veranlagte Menschen glauben diesen Irrsinn, ohne Fragen zu stellen.

Andere Kontaktler haben diese Probleme nicht. Sie verlegen – so zum Beispiel der Schweizer Guru Eduard »Billy« Meier – die Heimat der Aliens einfach auf ferne Sterne. Und wird der Nachweis erbracht, daß dort kein bewohnbarer Planet existieren kann, wird die Heimat der Außerirdischen einfach durch »verständliche« Umformulierungen vorausgegangener Behauptungen (s. Kapitel 8) verlegt. Das ist eine geschickte Möglichkeit, da wir es schlicht und einfach nicht nachprüfen können und diese These somit nicht zu widerlegen ist.

Andere, wie die esoterische Rael-Bewegung des Claude Vorilhon (eines französischen Journalisten), geben auf die Frage nach der Herkunft ihrer geheiligten Außerirdischen einfach keine Antwort.[83] Das wollten die Aliens schließlich so, weil sonst »uneinsichtige Menschen der Erde unsere Ruhe stören könnten«, wie der Außerirdische bei der »Berufung« von Vorilhon im Dezember 1973 zugab. Doch gleich im nächsten Augenblick meinte der Alien dann, daß die Menschen mit den »heutigen technischen und wissenschaftlichen Kenntnissen nie [zu uns] gelangen könnten«. Ein Kosmischer, der nicht weiß, was er will. Doch diese in Italien, Frankreich und Deutschland verbreitete Rael-Bewegung soll später noch ausführlich diskutiert werden.

Es ist auch falsch anzunehmen, heute, Jahrzehnte nach George King, würden die Medien »vernünftiger« arbeiten: Im Dezember 1996 erschien das Buch *E.T. 101 – Die kosmische Bedienungsanleitung zur planetaren Evolution / vereinfachte Notausgabe Erde*[84], das 1990 in den USA veröffentlicht wurde und in Deutschland mehrere Auflagen erreichte. Als Herausgeber gaben sich die »Mission Control« und »Zoec Jho« aus. Das »Buch« soll eine Bedienungsanleitung darstellen, wie Menschen, Außerirdische und Walk-Ins hier auf der Erde zu leben haben. Verantwortlich dafür ist der »Intergalaktische Rat«, und das Vorwort wurde gar von der »Einsatzleitung« selber verfaßt.

Die unfaßbar kitschige und alberne Schrift hat einen Anhang mit »dem offiziellen Erhebungsbogen zur amtlichen extraterrestrischen Volkszählung«. Schon allein das Falten des ausgefüllten Fragebogens dient zum Testen der »Konzentrationsfähigkeit« und das Abschicken des Blattes für die Überwachung des »Interesses«. Man soll dort Fragen beantworten, wie etwa, wer man selber ist: »außerirdischer Meister«, »Mitglied der himmlischen Heerscharen«, »interdimensionaler Meister oder Lord«, »Gruppenseele« etc. Die Frage, welcher Rasse man angehöre, kann man nicht nur mit »Mensch«, sondern auch mit »Sonstige« beantworten, und außerdem soll man angeben, ob noch mehr Aliens im Haushalt wohnen. Eine Frage, die klären soll, wie man innerlich zum Alieneinsatz auf der Erde steht, kann man unter anderem sogar so beantworten: »Ihr könnt mich ruhig wieder raufbeamen. Hier unten gibt es bei bestem Willen kein intelligentes Leben.« Und wer gar einen »Antrag auf Schöpfungszulassung« haben möchte, soll »eine einmalige Gebühr von DM 20,– in irdischer Währung« beilegen.

Wir wissen nicht, ob dieses Buch nicht ein Witz der Herausgeber ist – auch wenn in der Danksagung das »Kommando Ashtar« zu finden ist –, doch wenn nicht, belegt es, daß auch heute noch die Bereitschaft besteht, alles zu glauben. Wie in den Tagen des George King.

KAPITEL 5

Bethurum, van Tassel und Ruth Norman: weitere Kultfiguren der 50er Jahre

Truman Bethurum war ein großer, breiter und stämmiger Mann. Seine Schulbildung hielt sich in Grenzen. Er konnte gut mit Straßenbaumaschinen umgehen und war bei seinen Arbeitskollegen wegen seiner einfachen und aufrichtige Natur sehr beliebt.[85]

Wir schreiben den 27. Juli 1952: Truman Bethurum arbeitet in Mormon Mesa, Nevada, USA, an einem Projekt, bei dem er zusammen mit Kollegen in Nachtschichten Reparaturarbeiten durchführt. Während einer Pause fährt er in die Wüste, um abseits des Arbeitsdrucks ein Schläfchen zu machen. Irgendwann wacht Truman Bethurum auf und sieht zehn kleine Männer, die um seinen Truck herumstehen und ihn offenbar beobachten. Bethurum steigt aus und erblickt eine fliegende Untertasse, die einen Durchmesser von 90 Metern und eine Höhe von über fünf Metern aufweist. Offensichtlich besteht sie aus rostfreiem Stahl und schwebt lautlos nur sehr knapp über dem Wüstenboden. Die Wesen sind nur etwa 1,20 bis 1,50 Meter groß und haben eine dunkle, olivenfarbene Haut sowie dunkles Haar. Bethurum hat keine Hemmungen, sie direkt zu fragen, wo sie herkämen. Die Besucher erwidern ihm, daß sie aus einem Schloß in einem weit entfernten Land zu ihm gekommen seien. Sie bieten ihm sogar an, mit dem Kapitän ihres außerirdischen Schiffes zu sprechen.

Der Kommandant ist eine Frau, noch kleiner als die Männer. Sie ist attraktiv und mustert Truman mit ihren braunen Augen, während sie ihn anlächelt. Die Haut der Frau ist olivenfarben und ihr Haar schwarz und kurz, an den Spitzen jedoch gelockt. Sie trägt ein schwarzsamtenes Oberteil, einen roten Faltenrock und ein schwarz-rotes Barett. Erneut fragt Bethurum nach der Herkunft der seltsamen Mannschaft, diesmal jedoch gerät er ins Stammeln. Der Kommandant gibt eine konkretere Antwort als die anderen Wesen und erklärt, daß sie interplanetar reisen und erst vor kurzem auf der Erde gelandet seien. »Zeit und Entfernung spielen für uns keine Rolle«, sagt die Dame geheimnisvoll, »diese Dinge haben in unserem Leben keine Auswirkung.«[86]

Diesem Besuch der außerirdischen Dame, die sich als »Aura Rhanes« vorstellt, folgen noch zehn weitere. Nach Bryant und Helen Reeve war der Ort der ersten Begegnungen Glensdale in der Wüste von Nevada. Bethurum durfte ihr Raumschiff betreten, aber ein Mitflug war ihm nicht vergönnt.

Truman erzählte den Reeves, wie beeindruckt er gewesen sei, als Aura Rhanes eine Taschenlampe verschwinden und wiedererscheinen ließ. Ebenso durfte er einmal das Verschwinden der Raummenschen beim Verlassen eines irdischen Restaurants beobachten, obwohl ein Kamerad von ihm am Eingang stand.[87]

Über die Herkunft der Besucher erfuhr Bethurum, daß sie von einem Planeten namens Clarion kämen, der sich innerhalb unseres Sonnensystems befände. Allerdings könne man ihn von der Erde aus nie sehen, da seine Umlaufbahn hinter der des Mondes läge. Irgendwann merkte Bethurum wohl selbst, daß er hier astronomischen Unsinn geredet hatte, denn er erklärte später, daß sich Clarion im selben Orbit wie die Erde befände, aber immer hinter der Sonne stände. Dies sei der Grund, warum er nie gesehen werden könne.[88]

Truman Bethurum

In diesem Raumschiff landete Aura Rhanes vom Planeten Clarion.

Die Reeves hatten nach »eindringlicher Befragung« des Kontaktlers den Eindruck, daß Aura Rhanes es »durchaus offengelassen hätte, ob die Untertasse von einem Planeten unseres Sonnensystems gekommen sei«.[89]

Wie dem auch sei, Clarion wurde als »anders als die Erde« geschildert, denn dort herrschten wieder einmal Wohlstand, Frieden und Liebe. Der hohe technologische Stand der Wissenschaft war lediglich darauf ausgerichtet, einen natürlichen und einfachen Lebensstil beizubehalten.

Auch der Mars wurde als »schön« beschrieben. Es gäbe dort Menschen wie uns, und alle Planeten hätten eine erdähnliche Atmosphäre, obwohl viele bisher unbewohnt seien. Zwar wurde Bethurum versprochen, er dürfe mit nach Carion fliegen, aber diese Reise kam nie zustande.[90]

Abgesehen davon, daß Bethurums Angaben astronomisch unsinnig sind, fällt auf, daß er bei seiner ersten Begegnung keinerlei Angst hatte und die Wesen sofort in seiner Muttersprache ansprach, so als erwarte er, daß diese Englisch sprächen, was sich dann ja auch bestätigte.

Im Jahr 1955 veröffentlichte Orfeo Angelucci sein Buch *The Secret of the Saucers*. Er will seine Erlebnisse, die er – wohlgemerkt – erst später veröffentlichte, noch vor George Adamski gehabt haben.

Orfeo Angelucci hatte italienische Vorfahren und kam aus der amerikanischen Mittelklasse. Seit er denken konnte, war er an wissenschaftlichen Themen – besonders an Atomphysik – interessiert. Seine Gesundheit war labil, und seine Nerven waren sehr empfindlich. Orfeo war sehr gewitterfühlig. Er behauptet, daß sich seine (insgesamt fünf) Kontakte mit außerirdischen Raumschiffen schon im voraus durch ein Prickeln angekündigt hätten, das sich sowohl in den Händen, den Füßen und den Rücken hinunter bis zu den Füßen manifestiert habe.[91]

Wir schreiben den 4. August 1946. Ort des Geschehens ist Trenton, New Jersey. Orfeo Angelucci will den Einfluß der oberen Luftschichten auf Pilze erforschen und besorgt sich achtzehn Heeresballone, befestigt die Körbe mit den Pilzen an den Ballonen und schickt sie in vorher berechnete Höhen hinauf, um sie dann für weitere Studien wieder einzuholen. Doch dazu wird es nicht kommen, denn die Ballone mit den daran befestigten Körben reißen sich los. Sowohl Orfeo als auch seine anwesende Familie verfolgen einen davonziehenden Ballon mit sorgenvollen Blicken. Plötzlich sehen sie ein seltsames Flugzeug direkt über sich. Es ist rund und hat keine Flügel. Nachdem die Angeluccis es eine Zeitlang beobachtet haben, entschwindet es wieder in die Ferne.[92]

Sechs Jahre später: Am frühen Morgen des 24. Mai 1952 fährt Angelucci um 0.30 Uhr von der Nachtschicht – er ist in der Lockheed-Flugzeugfabrik in Burbank nördlich von Los Angeles als Spritzgießer beschäftigt – nach Hause.

Plötzlich erscheint ein diffuses, seltsames rotes Licht am dunklen Nachthimmel. Er folgt der Erscheinung und wird in ein abgelegenes Gebiet geleitet. Dort parkt er und verläßt seinen Wagen, doch das rote Objekt schießt unvermittelt in den Himmel hoch und gerät außer Sichtweite. Dabei gibt es zwei fluoreszierende grüne Kugeln von etwa einem Meter Durchmesser frei. Sie fliegen um Orfeo herum und beziehen einige Meter vom Wagen entfernt Stellung. Nun hört Orfeo eine Stimme, die perfekt Englisch zu ihm spricht: »Steig aus dem Wagen aus.« (Dabei war er doch schon ausgestiegen!) Wie Bethurum hat Angelucci keine Bedenken, der Anweisung nachzukommen. Nun steht er an der vorderen Stoßstange seines Wagens. Der freie Raum zwischen den beiden fliegenden Kugeln entwickelt sich zu einem Leuchtbildschirm. Auf dem Schirm erscheinen der Kopf und die Schultern eines Mannes und einer Frau. Angelucci beeindruckt diese Erscheinung sehr. Dann verständigen sich diese Wesen telepathisch mit ihm.[93]

Angelucci erfährt von den Raumwesen, daß sie die Insassen jenes Raumschiffes seien, das 1946 seine losgerissenen Ballone verfolgt habe. Seit dieser Zeit habe er unter ständiger Beobachtung gestanden. Jetzt erhält Orfeo ein Glas mit einer leuchtenden Flüssigkeit – und alle seine Beschwerden, die sich im Vorfeld der UFO-Sichtung eingestellt hatten, verschwinden.

Angelucci wird von dem Gefühl durchdrungen, daß die Außerirdischen alles über ihn wissen. Sie erklären ihm die grünen Kugeln als Empfangs- und Sendesignale, die einem Mutterschiff visuelle, akustische und telepathische Eindrücke zum Zwecke der Datenspeicherung übermitteln.[94]

Die Fremden aus dem All erklären Orfeo auch, daß sie eigentlich gar keine Raumschiffe für den Transport benötigen, denn sie manifestieren sich lediglich zum Wohle der Menschen auf diese Weise. Sie seien ätherische Wesen, und die Geschwindigkeit des Lichts sei die Geschwindigkeit der Wahrheit. Natürlich dürfen sich die Wesen nicht in die Angelegenheiten eines fremden Planeten einmischen, daher kommt es nicht zu einer Massenlandung ihrer UFOs auf der Erde. Die Außerirdischen verabschieden sich mit den vielversprechenden Worten: »Wir kommen wieder.«

Und im Juli 1952 kamen sie wieder: Angelucci verließ eine Snackbar und machte sich auf den Rückweg zu seiner Wohnung. In einer freien Parkbucht unterhalb einer Unterführung sah er ein ferngesteuertes Raumschiff. Ohne Bedenken stieg er ein und befand sich plötzlich 1600 Kilometer über der Erde. (Woher diese genaue Höhenangabe?) Dabei spielte eine außerirdische Musikanlage, und er hörte sein Lieblingslied mit dem treffenden Titel *Fools rush in* (Die Dummköpfe eilen herein). Die Erde hatte von oben betrachtet eine »dämmerungsblaue Intensität«, und ein schillernder Regenbogen umgab sie, der sie wie eine Traumvision erscheinen ließ. Orfeo mußte sich nun einer Predigt über kosmische Philosophie unterziehen, die ihm das Gefühl gab, er sei völlig unwürdig, in diesem Universum zu sein, unwürdig auch, die Liebe und Zuneigung, die er erfahre, zu empfangen. Er weinte ... und fühlte sich wie ein Sünder. Nun hörte er das Vaterunser wie auf tausend Violinen, wobei er von einem weißen Lichtstrahl getroffen wurde, der von der Decke niederkam. Von nun an kannte er das Geheimnis des Lebens und wußte, daß er in der »Ewigkeit« des Universums gefangen war. Ihm sei durch diese Begegnung bewußt geworden, meint er in seinem Buch, daß jedem Menschen im Leben nur ein kleiner Einblick in die wahre Realität gewährt wird. Bald darauf wurde Angelucci von seinen Freunden zur Erde zurückgebracht, und er entdeckte ein rundes Brandzeichen an jener Stelle seiner Haut, an der der weiße Lichtstrahl ihn getroffen hatte.[95] Auch im Vorfeld dieser Sichtung will Angelucci ein Kribbeln in Armen und Beinen verspürt haben.[96]

Seine vierte Begegnung, die er am 2. August 1952 gehabt haben will, begann damit, daß er am späten Abend, während er zu Fuß nach Hause ging, Schritte hörte und von einer Stimme angesprochen wurde, die er schon von seinen vorherigen Begegnungen her kannte. Der Außerirdische war größer als er, sah gut aus und trug enganliegende Kleidung ohne erkennbare Nähte. Die Konturen und die Farben schienen jedoch zu zittern. Daraus schloß Angelucci, daß sein Raumfreund nicht vollständig materialisiert war.

Ein Thema der vorigen Zusammentreffen – nämlich der kritische Zustand der Erde – wurde nun weiter ausgeführt. Der Außerirdische erklärte Orfeo, daß die Menschen einer Krise entgegenliefen, »die in der Geschichte ›Das große Unheil‹ genannt werden wird«. Die Kernbotschaft der Aliens war hier wie in anderen Kontaktler-Nachrichten auch, daß die »Raumfreunde« uns zwar gerne helfen, jedoch sei dies nur innerhalb jener Grenzen möglich, die die kosmischen Gesetze erlaubten. Es sei sehr schwer, »die Menschen aus ihrem dreidimensionalen Traum aufzuwecken«.

Im Oktober 1952 traf Angelucci zum fünften Mal auf die Außerirdischen, nun an einer Omnibus-Endhaltestelle. Diesmal war der kosmische Gesandte mit einem schicken Anzug und einem Filzhut bekleidet, in der Hand trug er eine Aktentasche. Angelucci sah den Zweck dieses Zusammentreffens darin, daß er erkennen sollte, daß Raumwesen auch als körperliche Wesen auftreten könnten; eben wie unauffällige Menschen.[97]

Während er in der Folgezeit den Spott seiner Mitmenschen aushalten mußte, den er aufgrund seiner Berichte auf sich zog, sprach er mit örtlichen UFO-Gruppen, und einige Monate später veröffentlichte er seine Erlebnisse in einer Zeitung namens *»The Twentieth Century Times«* (Die Zeitung für das 20. Jahrhundert) und hielt auch einige Vorträge.[98]

Angeluccis Erzählungen erinnern sehr an ein Muster, das wir auch im fundamentalen Christentum finden: Ein Mann hat eine Begegnung mit »Gott« oder – in diesem Fall – mit außerirdischen Wesen. Er wird sich durch diese Begegnung seiner Sündhaftigkeit bewußt und erfährt dann eine geistige Erneuerung. Er erlebt eine Art »Spontanheilung« und muß in den kommenden Zeiten auch jenen Spott erfahren, den Jesus für seine Jünger vorhergesagt hat. So wie Jesus seinen Jüngern versprach, wiederzukommen, taten dies auch die Außerirdischen nach der zweiten Begegnung.

Hier handelt es sich einmal mehr um eine Botschaft mit quasireligiösem Inhalt. Die Aussage, daß die Erde von den Außerirdischen als der »Planet der Trübsal« bezeichnet werde, wie die UFO-Autoren Reeve schreiben, erinnert ebenso wie die häufige Verwendung des Begriffes »Wahrheit« an biblisches Gedankengut.

Ein weiterer Kontaktler, der von den Reeves als ein »wichtiger Mann« und als »kosmischer Pionier des neuen Zeitalters« bezeichnet wird, ist George van Tassel. Nach seiner Begegnung mit den Fremden zog er sich in die Wildnis zurück, wo er »wie Johannes der Täufer« leben wollte.[99] Mit »Wildnis« war in diesem Fall der Giant Rock in der Mojave-Wüste gemeint, auf dessen Bedeutung wir später zu sprechen kommen werden.

George van Tassel, der auf Solganda aus dem All traf.

Van Tassel will zuvor bereits Radiobotschaften aus den Tiefen des Alls empfangen haben, die er prompt an das Pentagon in Washington weitergab. Bei einer dieser Botschaften handelte es sich – raten Sie mal – um Warnungen vor der Nutzung der Atomenergie. Wie die Außerirdischen van Tassel ankündigten, kam es einige Tage später tatsächlich zu einer lokalen UFO-Sichtungswelle über Washington.[100]

Zur Zeit seiner Begegnung leitete van Tassel den Giant-Rock-Flughafen in der Nähe von Yucca-Valley, Kalifornien. Zuvor war er 26 Jahre lang als Testpilot und Sicherheitsinspektor in der Flugindustrie tätig gewesen. Den Flughafen selber könnte man besser als abgelegenen Landstreifen in der einsamen

Wüste bezeichnen. Er bot van Tassel und seiner Familie die Umgebung, die sie mochten und für ihre späteren Lehren brauchten.

Beginnen wir jedoch am Anfang, mit dem Tag, an dem George van Tassel einen Mann aus dem All traf: Um zwei Uhr morgens am 24. August 1953 war es in der kalifornischen Mojave-Wüste immer noch sehr heiß. Wie Bethurum hielt van Tassel in der Wüste ein Nickerchen. Beim Erwachen sah er plötzlich einen Mann, der an seinem Fußende stand. »Was wollen Sie?« fragte van Tassel. »Mein Name ist Solganda, und es würde mich freuen, wenn ich Ihnen unser Raumschiff zeigen dürfte«, erwiderte der Fremde. Der Besucher beherrschte die englische Sprache perfekt, doch von nun an verlief die Unterhaltung nur noch telepathisch. Nicht weit vom Ort des Geschehens entfernt erblickte van Tassel tatsächlich ein glockenförmiges Raumschiff, das einen Durchmesser von zehn Metern und eine Höhe von sechs Metern aufwies. Van Tassel und Solganda (auch »Sol-danda«) traten nun in einen von der Unterseite des Objektes ausgehenden Lichtstrahl hinein und wurden von diesem nach oben ins Innere des Raumschiffes gezogen. Dort bekam van Tassel die Innenräume des UFOs und dessen Wäscherei gezeigt, wo die Uniformen der Außerirdischen durch einen »lichtintensiven Prozeß« gereinigt wurden. Mit der unvermeidlichen Ankündigung »Ich komme zurück« brachte Solganda van Tassel zurück in die Wüste. Der Außerirdische bestieg wieder sein Raumschiff, und innerhalb von nur wenigen Sekunden war er außer Sichtweite des Kontaktlers.[101]

Durch diese Begegnung sah sich van Tassel veranlaßt, die Gruppe *»Das Priestertum des universellen Wissens«* (im Original: *»The Ministry of Universal Wisdom«*) zu gründen. Er begann, die Raumbrüder durch außersinnliche Wahrnehmung medial zu kontakten. Diese außersinnliche Wahrnehmung erweiterte sich mit der Zeit mehr und mehr. Später benutzte er einen sogenannten Omni-Strahl, mit dessen Hilfe die Raumbrüder den Menschen ein hörbares Signal direkt ins Gehirn schicken konnten.[102]

Van Tassels Arbeitsplatz, der Giant-Rock-Flughafen, wurde nach einem massiven Granitblock in der Wüste benannt, der etwa 18 Meter hoch und rund 100 000 Tonnen schwer ist. Und genau unter diesem Felsen ließ van Tassel nach seinen Kontakten mit den Aliens eine Kammer bauen, in der er sich mit Gleichgesinnten versammelte, um Hymnen und Weltraumlieder zu singen. Außerdem bereitete man sich dort geistig auf den Kontakt mit den Raumbrüdern vor. Van Tassel erhielt im Laufe der Zeit eine Reihe von Weltraumbotschaften, die kosmische Philosophie, Ratschläge und technische Informationen beinhalteten. Ebenso ging es um den Bau des »Integratons«, eines kuppelförmigen und vier Stockwerke hohen Gebäudes, das den Alten Verjüngung bieten und die Jungen vor dem Altwerden bewahren sollte.

Einmal im Jahr fand der Giant-Rock-Konvent der fliegenden Untertassen, der Giant Rock Flying Saucer Convention, statt, der für viele Jahre ein beliebter Treffpunkt der Kontaktler-Szene war. Beispielsweise pilgerten im Jahr

1954 bereits 5000 UFO-Gläubige zum Giant Rock. Van Tassel arbeitete 25 Jahre lang daran, das Integraton auszubauen. Dabei kam es häufig zu finanziellen Engpässen. Dies veranlaßte ihn schließlich, auf den Seiten seiner Zeitschrift *Proceedings* um Geldspenden zu bitten; oder er kündigte die Einstellung des Baus an. Aber letztendlich schaffte er es immer wieder, an seiner Vision weiterzuarbeiten. Als van Tassel 1978 im Alter von 67 Jahren starb, war das Integraton immer noch nicht vollendet.[103]

Auch bei der van Tassel-Story sehen wir wieder fast religiöse Aspekte. George van Tassel war der Leiter einer Gruppe, und er war der Mittler zwischen höheren Mächten, die versprochen hatten, wiederzukommen, und seinen Anhängern. Das Erstaunliche dabei ist, daß die ganze Bewegung auf einer vollkommen unglaubwürdigen Geschichte fußte. Der »Weise von Giant Rock«, wie sich van Tassel selbst gerne nannte (s. auch Kapitel 4), scheint eher ein Guru gewesen zu sein als ein Mensch, der realen Kontakt zu Fremden hatte.

Ein anderer, sehr extremer UFO-Kult, der sich nur wenige Jahre später – 1956 – in Kalifornien bildete, war die *Unarius Academy of Science* (Unarius Wissenschaftsakademie), die von Ruth Norman und ihrem Ehemann Ernest aus der Taufe gehoben wurde, und der 1975 das durch Ruth Norman gegründete *Center for the New World Teaching* (Zentrum für Neue-Welt-Lehren) in El Cajón, Kalifornien, folgte.

Ruth Norman läßt sich von ihren Anhängern »Universelle Herrin«, »Erzengel Uriel« oder »Ioshanna« nennen. Wenn sie mit ihrem kitschigen »kosmischen Wagen« – einem mit UFO-Gemälden verzierten großen Auto, auf dessen Dach ein großes Modell einer fliegenden Untertasse mit blitzenden Lichtern angebracht ist – den kalifornischen Freeway hinunterfährt, wird sie mit Begeisterungsstürmen empfangen. Ruth Norman erscheint grundsätzlich mit einer auffallenden Frisur und in fast durchsichtigen Flanellanzügen in leuchtenden Farben. Norman behauptet, Kontakt zu den anderen 32 Planeten einer interplanetarischen Konföderation zu unterhalten, von denen die Erde der 33. Planet sei. Diese Konföderation war vor 800 000 Jahren eine erfolgreiche Organisation, doch dann kam es zu einem interplanetarischen Krieg, und der Kontakt kam zunächst zum Erliegen und konnte nur mühselig wiederaufgebaut werden.

Einer der 32 konföderierten Planeten heißt »Yessu« und wird von einem Mann mit Namen »Mang« regiert. Die Bewohner dieses Planeten haben braune Haut und leben in einer feudalen Gesellschaft. Viele Jahre herrschte dort Krieg, doch nachdem Mang Kontakt mit dem »Erzengel Uriel« – also Ruth Norman – aufgenommen hatte, kam es auf ihr Zuraten hin zu einem Waffenstillstand. Die Bewohner des Planeten »Valneza« sind hingegen friedlich. Sie werden von einer Frau namens »Dera« regiert und huldigen den Naturgeistern. Wissenschaft gibt es nicht, die Bewohner leben ein einfaches Leben auf dem Land. Von geistiger Entwicklung haben sie nur eine eingeschränkte Vorstellung.[104]

Zu Ruth Norman und ihrer Bewegung erübrigt sich wohl jeglicher Kommentar. Sie hat einst in den USA den Status einer Kultfigur erlangt, weil sie mit ihrem »UFO-Auto« in allen Bundesstaaten auffiel.

Der Kontaktler Howard Menger, der 1959 mit seinem Buch *From Outer Space to you (Aus dem Weltraum zu dir)* an die Öffentlichkeit trat, will bereits 1932 im Alter von zehn Jahren einen ersten außerirdischen Kontakt gehabt haben. Er war damals auf dem Weg zu seiner Lieblingswaldlichtung, wo er auf eine außergewöhnlich schöne Frau traf, die dort auf ihn wartete. Sie trug ein schimmerndes, farbintensives und einteiliges Gewand; blickte ihn mit hinreißenden goldenen Augen an. Lächelnd sagte die Fremde: »Howard, ich bin von weit her gekommen, um dich zu sehen und mit dir zu sprechen.« Dann sprach sie über Howards Zukunft und davon, warum er überhaupt auf der Erde lebte. Sie erzählte ihm von weiteren Besuchen, die Angehörige ihres Volkes ihm zukünftig abstatten würden. Die Fremde und ihre späteren Abgesandten kamen – wie Howard Menger jedoch erst später erfuhr – von der Venus.

Inzwischen erwachsen geworden, nahm Menger am Zweiten Weltkrieg als GI an der Pazifikoffensive gegen Japan teil. In dieser Zeit erhielt er öfter telepathische Mitteilungen von seinen Freunden aus dem Weltraum und traf sich mit ihnen sogar an abgelegenen Orten. Nach dem Ende seiner Armeezeit 1945 war Howard Menger als selbständiger Schildermaler tätig. Es gelang ihm mit Mühe und Not, seine Frau und seinen Sohn zu ernähren, doch es mußte noch eine weitere Aufgabe finanzieller Art bewältigt werden: Er sollte Kleidung für neu auf der Erde angekommene Venusier besorgen, die sich hier unbemerkt bewegen wollten. Und auch als Barbier wurde Menger tätig: Einmal schnitt er einem Venusier die langen Locken ab und verpaßte ihm eine Kurzhaarfrisur, so daß er sich kaum von den Erdenmännern unterschied.

Im Jahr 1956 gelang es Menger angeblich, Fotos von außerirdischen Flugobjekten aufzunehmen, wobei die Qualität der Fotos »aufgrund der Strahlung« extrem enttäuschend ausfiel. Diese Ausreden sind bei vielen Kontaktlern beliebt.

Menger erhielt von den himmlischen Besuchern den Auftrag, der Menschheit mitzuteilen, daß uns die Venusier nicht feindlich gesinnt sind, und er sollte seine Fotos überall herumzeigen. Die Außerirdischen teilten ihm außerdem mit, daß sie mit ihren UFOs eine Testreihe mit Demonstrationsflügen über mehreren Bundesstaaten der USA planten, um zu sehen, wie die Leute reagierten. Menger traf sich in der Folge auch mit Marsianern und Saturnianern, die sich alle frei auf der Erde aufhielten und trotzdem nicht auffielen.

Schließlich durfte auch Menger in einem Raumschiff mitfliegen. Im September 1956 will er von seinen außerirdischen Freunden zu einem Flug zur Alien-Mondbasis mitgenommen worden sein, wo er mit anderen Erdbewohnern zusammentraf, die man aus verschiedenen Ländern zusammengesucht hatte. Die Außerirdischen zeigten Menger Beispiele der Kultur und Kunst von verschiedenen planetarischen Zivilisationen. Die Nahrung der Außerirdischen, die der Kontaktler auch kennengelernt haben will, soll einen höheren Nährwert besitzen als unsere Lebensmittel. Außerirdische Kartoffeln zum Beispiel sollen fünfmal soviel Protein erhalten wie irdische.[105]

Wir wissen heute natürlich, daß es auf Venus, Mars und Saturn weder Kartoffeln noch Menschen geben kann. Mengers Geschichte aber schließt sich nahtlos an die von George Adamski vorgetragenen Märchen an.

Besuch von Saturnbewohnern will auch der Handelsreisende und Maisverkäufer Reinhold O. Schmidt erhalten haben, der 1957 im Mittleren Westen der USA unterwegs war. Als er in Nebraska in ein ausgetrocknetes Flußbett schaute, sah er dort ein großes silbernes Raumschiff stehen. Er wurde neugierig und schlich sich vorsichtig heran. Dabei traf ihn ein dünner Lichtstrahl aus dem Raumschiff auf der Brust und machte ihn unbeweglich.

Zwei Männer kamen aus dem Schiff und durchsuchten Schmidt nach Waffen. Danach baten sie ihn an Bord, damit er sich umsehen konnte. Sofort wollte Schmidt wissen, woher die Fremden kämen, was für eine Art Raumschiff sie hätten und was sie überhaupt hier auf der Erde täten. Er erhielt jedoch keine Antwort.

Die Mannschaft bestand nach Reinhold O. Schmidt aus drei Männern und zwei Frauen, die alle unauffällig aussahen: Sie hatten dunkle Haare, gebräunte Haut und waren etwa 1,70 Meter groß. Ihre Kleidung war recht irdisch, denn die Wesen trugen Hemden bzw. Blusen und Röcke und Hosen. Die Männer der UFO-Crew waren gerade dabei, eine Instrumententafel zu verdrahten. Sie unterhielten sich auf deutsch. Der Anführer sprach mit Schmidt zuvor in Englisch, der deutsche Akzent war allerdings nicht zu überhören.

Das Schiff kam vom Saturn, wie der Anführer später erklärte. Das war wohl auch der Grund dafür, daß es anders aussah als die scheibenförmigen »Erkundungsschiffe« oder die fliegenden Untertassen. Jene seien »Made on Venus«. Das Saturnschiff, in dem er sich befand, hatte eine Länge von etwa 30 Metern, eine Breite von neun Metern und die Höhe von 4,20 Metern. Das Raumschiff war abgeflacht, oval, die Außenkanten waren abgerundet. Die Wände schienen glasig und durchscheinend, man konnte ohne Sichtbehinderung nach außen sehen. Nach einer halben Stunde mußte Schmidt das Raumschiff verlassen, denn die Reparaturarbeiten waren beendet. Offensichtlich wollte man weiterfliegen. Kaum hatte Schmidt das Raumschiff verlassen, da verschwand es schon, wobei es in etwa 45 Metern Höhe einen strahlenden Lichtblitz erzeugte.

Reinhold Schmidt überlegte nun, ob er die ganze Sache den Behörden melden oder besser für sich behalten sollte. Schmidt entschied sich dafür, die Begegnung zu melden, schließlich sei dies seine Bürgerpflicht, und so berichtete er dem Sheriff von dem unglaublichen Erlebnis. Der Ordnungshüter fuhr mit ihm zu dem angeblichen Landeplatz, und tatsächlich fand man vier Abdrücke im Sand. »Hier haben die Landebeine des Raumschiffes gestanden«, erklärte Schmidt. An diesen Stellen entdeckte man dann auch einen dunkelgrünen Ölfleck.

Der Sheriff holte später Verstärkung: Er fuhr mit dem Polizeichef, dem Staatsanwalt und einem Reporter erneut zum Landeplatz. Alle waren der Meinung, daß hier etwas Großes und Schweres gestanden haben müsse. Nach Bekanntwerden der Geschichte gab es einen enormen Medienrummel. Gleich von mehreren gelandeten Raumschiffen wurde nun berichtet, obwohl Schmidt das nie behauptet hatte. Aus allen Richtungen strömten Schaulustige und Presseleute herbei, und Schmidt verbrachte die folgende Nacht damit, zahllose Telefonanrufe geduldig zu beantworten.

Am nächsten Morgen wollte die Polizei nichts mehr von einem gelandeten UFO wissen. Schmidt sollte sich einem Lügendetektortest unterziehen, den er jedoch ablehnte, da er die letzten 24 Stunden nicht geschlafen hätte.[106] Die Beamten machten jedoch kurzen Prozeß und stellten Schmidt ohne Anklage unter Arrest. Im Staatsgefängnis konnte er nun endlich schlafen. Im weiteren Verlauf wurde Schmidt sogar von Air-Force-Offizieren verhört, die nur aus diesem Grund aus Colorado gekommen waren. Zwei Wochen mußte Reinhold Schmidt in einer psychiatrischen Klinik verbringen.[107]

Bisher klingt diese Beobachtung nicht wie eine Kontaktlergeschichte mit quasireligiösem Hintergrund, sondern wie eine UFO-Begnung der dritten Art, für die es sogar indirekte Beweise in Form von Landespuren gab. Allerdings wollte der Sheriff, der diese Spuren entdeckt hatte, am nächsten Morgen nichts mehr davon wissen. Hat er sie wirklich gesehen? Andererseits schien man die Geschichte ernst zu nehmen. Wahrscheinlich gab es die Spuren wirklich. Völlig abwegig ist allerdings der Gedanke, daß diese Wesen vom Saturn gekommen seien.

Nun hat die Geschichte aber noch eine Fortsetzung: Reinhold O. Schmidt wurde in den nächsten drei Jahren noch häufiger von Saturnianern besucht und reiste gar in deren Raumschiff mit, wobei er teilweise als Passagier der schwarzen Limousinen der Saturnianer mitsamt Fahrzeug zum Saturnschiff hochgehievt wurde. Bei anderen Begegnungen wurde er in seinem eigenen Wagen mit einem Lichtstrahl ins Raumschiff emporgehoben. Er besuchte große Mutterschiffe und sah dort eine Ausstellung, in der die Entstehung und die geologische Geschichte der Erde dargestellt wurde. Danach wurde die gesamte Geschichte unseres Planeten demonstriert. Die letzten Szenen zeigten eine Zivilisation auf einer idyllischen Erde: Schmidt konnte sehen, wie es auf der Erde in Zukunft aussehen würde, wenn es der Menschheit gelänge, ihre drohende Selbstzerstörung zu verhindern. Ein anderes Mal reiste Schmidt mit seinen Freunden unter das arktische Meer, denn auch unter Wasser konnte sich das Raumschiff problemlos fortbewegen. Bei einer weiteren Reise im Raumschiff flogen die Außerirdischen mit Schmidt nach Ägypten, wo ihn der Anführer durch eine versteckte Tür in die unterirdische Kammer einer Pyramide führte. Dort wurde ihm ein 18 Meter großes, kreisrundes Raumschiff gezeigt, in dem sich allerlei Gegenstände befanden: das Orginalkreuz von der Kreuzigung Jesu Christi, seine Sandalen, sein Gewand und die Dornenkrone.

Man erzählte Schmidt, daß Jesus Christus nach seinem irdischen Tod in diesem Raumschiff zurück zur Venus gereist sei.[108]

Einmal abgesehen von der Frage, wie das Raumschiff mit den Utensilien des Jesus Christus in die Geheimkammer einer ägyptischen Pyramide kommt, nachdem Christus mit eben diesem Schiff zur Venus geflogen ist, fällt auf, daß die gesamte Geschichte, die sich anfangs deutlich von anderen Kontaktlerstories zu unterscheiden schien, erst nach einigen Jahren zu einer vollkommen unglaubwürdigen quasireligiösen Erzählung wurde. Eine Geschichte, in der wieder vor der Selbstzerstörung der Menschen gewarnt wird und in der Jesus Christus höchstpersönlich eine tragende Rolle spielt. Es gilt also, auch bei UFO-Begegnungen, die zunächst nicht unbedingt unglaubwürdig erscheinen, die weitere Entwicklung zu beobachten, und zwar über Jahre hinweg, bevor wir uns ein Urteil bilden.

Die Geschichte des Kontaktlers Schmidt ist offensichtlich auch verwandt mit anderen Kontaktberichten. George King (s. Kapitel 4) etwa verbreitete ebenfalls den Glauben, Jesus lebe auf der Venus und erfreue sich dort bester Gesundheit. Und der Schweizer Kontaktler Eduard Albert »Billy« Meier (s. Kapitel 8) schilderte, daß er unter den Gizeh-Pyramiden in einer geheimen Halle außerirdische Technik (UFOs) sah.

KAPITEL 6

Die Rael-Bewegung –
»Es gibt keinen Gott«

»Wir haben die Menschheit erschaffen, Eure Vorfahren haben uns für die Götter gehalten. Wir stehen am Ursprung aller Religionen. Jetzt, wo die Menschen der Erde dies verstehen können, wünschen wir, daß Ihr uns ein Botschaftsgebäude errichtet, damit wir offiziell mit Euch in Kontakt treten können.«[109]

Mit diesem Statement werden wir auf der deutschsprachigen Homepage der Rael-Bewegung begrüßt. Der französische Journalist »Rael« – mit bürgerlichem Namen Claude Vorilhon – will diese Botschaft im Dezember 1973 von einem Außerirdischen empfangen haben. Er gründete daraufhin seine Gruppe, die offizielle kirchliche Beratungsstellen als Sekte bezeichnen.

Im Rückentext der »Bibel«[110] dieser Gemeinschaft, die den bereits sektenverdächtigen Titel *Das Buch, das die Wahrheit sagt* trägt, werden die Standpunkte und Lehren der Bewegung kurz zusammengefaßt:

- Es gibt keinen Gott, und es gibt keine Seele, die nach dem Tod sanft entschwebt.
- Der Mensch wurde vor langer Zeit von Wissenschaftlern in einem Labor erschaffen – von Menschen, die von einem anderen Planeten kamen: den Elohim.
- Das erste Buch der Bibel, die Genesis, berichtet vom Werk der Elohim. In den ursprünglichen hebräischen Schriften heißt es: »Am ersten Tag schuf Elohim dies, am zweiten Tag schuf Elohim das« usw. Der Begriff »Elohim« wurde fälschlicherweise mit »Gott« übersetzt, obwohl er im Hebräischen »Die vom Himmel gekommen« bedeutet und im Plural steht.[111]
- Jesus Christus entstammte der Vereinigung eines der Außerirdischen mit einer irdischen Frau, und er hatte den Auftrag, eine Bewegung zu gründen, die die biblische Botschaft für unsere Epoche, das Zeitalter der Apokalypse, vorbereiten sollte – die Epoche, in der die Welt die Wahrheit über ihre Erschaffung wird verstehen können: Apokalypsis (griechisch) bedeutet Offenbarung.
- Moses, Buddah, Mohammed und alle großen Propheten wurden von diesen Außerirdischen gesandt.
- Seit 1945 befinden wir uns im Zeitalter der Apokalypse, dem Zeitalter der Offenbarung, jener herbeigesehnten Epoche, in der, wie in der Bibel vorausgesagt, das Volk Davids sein Land wiederfindet (Gründung des Staates Israel), in der Blinde wieder sehen können (elektronische Prothesen), der Mensch seine Stimme über die Ozeane schickt (Fernmeldesatelliten) und sich mit »Gott« gleichstellt (Erschaffung synthetischer tierischer Gene durch die Gentechnik).

Zunächst erinnert der Buchtitel an den Bestseller *Die Wahrheit, die zu ewigem Leben führt,* der von den Zeugen Jehovas verbreitet wird. Die Anspielung an die Gründung des Staates Israel als Beginn der Endzeit erinnert – abgesehen davon, daß dieses Faktum tatsächlich in der Bibel vorausgesagt ist – an die

Denkweise der Bibelfundamentalisten, bei denen die UFOs allerdings nur ein Randthema darstellen. Wir werden in Kapitel 15 darauf zurückkommen.

Rael jedenfalls hat eine Bewegung gegründet, die es sich zur Aufgabe gemacht hat, die Menschheit über die Botschaften der Außerirdischen zu informieren. Nach eigenen Angaben hat die Gruppe in 85 Ländern bereits rund 35 000 treue Anhänger. Auf der in zahllosen Sprachen abrufbaren Homepage der Sekte ist beispielsweise auch die Liste *Die Raelistische Religion in der Welt* mit Kontaktadressen in über 50 Ländern zu finden:[112] Kontaktadressen hat die Rael-Sekte in Argentinien, Bolivien, Kanada, Kongo, Ecuador, Indien, Israel, Korea, Paraguay, auf den Philippinen, in Simbabwe, Taiwan, Thailand oder auch Uruguay.

Die Botschaften der Elohim-Kosmonauten sollen auch die »Sinnliche Meditation« – angeblich eine Technik zur Persönlichkeitsentfaltung – enthalten. Sie wird auf teuren Seminaren gelehrt. Die Raelisten tragen sogar ein Symbol – das »Symbol der Unendlichkeit«, an dem sie sich gegenseitig erkennen können.[113]

In einem Artikel, den der kritische UFO-Forscher Werner Walter für das *Journal für UFO-Forschung* der G.E.P. e.V. (Nr. 1/1993) schrieb, berichtet er, daß Rael seine Botschaften just zu jener Zeit erhalten haben will, als in Frankreich eine UFO-Sichtungswelle stattfand.

Der erste Kontakt ereignete sich, als Vorilhon am 13. Dezember 1973 im französischen Vulkangebirge bei Clermont-Ferrand joggte. Wie andere Kontaktler empfand Vorilhon keine Angst, als eine fliegende Untertasse in seiner Nähe landete, sondern er zeigte sich darüber hocherfreut, denn er hatte bereits vor seiner Begegnung fest an Außerirdische geglaubt. Als sich eine Treppe aus der Untertassse in Richtung Boden schob, kam ein Wesen heraus, das etwa 1,20 Meter groß war. Der Außerirdische hatte leicht mandelförmige Augen, langes dunkles Haar und einen kleinen schwarzen Bart. Er trug einen Raumanzug, einen grünen Einteiler, sein Kopf war von einem Lichthof – einem Heiligenschein – umgeben. Dank der Tatsache, daß der Kopf davon frei war, konnte Vorilhon die ins Grünliche gehende Hautfarbe beobachten. Es war also in der Tat ein kleines grünes Männchen. Eine weitere Parallele zu anderen Kontaktlergeschichten ist die, daß dieses Wesen Vorilhons Heimatsprache – wie selbstverständlich alle irdischen Sprachen – perfekt beherrschte.

Vorilhon wurde seit 1946, seinem Geburtsjahr, telepathisch überwacht und an diesen Ort geleitet, um als Auserwählter zu dienen. Wie andere Kontaktler durfte Vorilhon die fliegende Untertasse betreten.[114]

Ein kurzer Auszug aus dem Dialog dieser Begegnung gibt uns nähere Auskunft:

> »Außerirdischer: ...Warum sind Sie an diesem kalten Wintermorgen hierhergekommen?

RAEL: Ich weiß nicht... Lust, ein wenig an der frischen Luft zu spazieren...
AI: Kommen Sie oft hierher?
RAEL: Im Sommer schon, aber zu dieser Jahreszeit praktisch nie.
AI: Und warum gerade heute? Hatten Sie diesen Spaziergang schon seit längerem geplant?
RAEL: Nein. Ich weiß nicht. Heute morgen beim Aufwachen hatte ich plötzlich das Verlangen, hierherzukommen.
AI: Sie sind gekommen, weil ich Sie sehen wollte. Glauben Sie an Telepathie?
RAEL: Ja, natürlich. Dieses Thema hat mich immer interessiert, und auch alles, was mit ›fliegenden Untertassen‹ zusammenhängt. Ich hätte nie gedacht, je selbst eine sehen zu dürfen.
AI: Nun, ich habe Sie mit Hilfe der Telepathie hierhergeführt. Ich habe Ihnen viel zu erzählen. Haben Sie die Bibel gelesen?
RAEL: Ja, warum fragen Sie mich das?
AI: Ist es lange her, daß Sie sie gelesen haben?
RAEL: Nein, ich habe sie erst vor ein paar Tagen gekauft.
AI: Warum?
RAEL: Ich weiß nicht, ich hatte plötzlich Lust, sie zu lesen...
AI: Auch zu diesem Kauf habe ich Sie telepathisch veranlaßt...«[115]

Vermutlich haben die Außerirdischen Monsieur Vorilhon auch beim Studium der Bibel geholfen, denn es ist eine wirklich erstaunliche Leistung, dieses Werk innerhalb von ein paar Tagen zu lesen und zu verstehen.

Vorilhon sollte all das, was die Außerirdischen ihm mitteilten, den Erdenmenschen in Buchform weitergeben. Vorilhon war erwählt worden, weil er aus einem Land stammte, in dem neue Ideen gut aufgenommen würden und in dem man diese auch frei ausdrücken dürfe. Vorilhon war ein Freidenker und trotzdem kein Gegner der Religion, und als Sohn eines jüdischen Vaters und einer katholischen Mutter war er natürlich das ideale Bindeglied zwischen zwei wichtigen Konfessionen.

Der Name des Heimatplaneten der Außerirdischen wird nie genannt. Hier fällt ein erstaunlicher Widerspruch auf: Einmal wird er aus Angst, Menschen könnten den Planeten angreifen, nicht genannt, und an anderer Stelle wird erwähnt, daß jener Planet viel zu weit entfernt sei, als daß Menschen dort hingelangen könnten.

Ein weiterer Widerspruch ist der, daß Vorilhon nicht mit seinen außerirdischen Freunden auf deren Planeten mitfliegen durfte, da sich unsere Atmosphäre stark von der ihren unterscheide und wir sie nicht vertragen würden. Dem Außerirdischen scheint im Gegenzug jedoch die irdische Atmosphäre überhaupt nichts ausgemacht zu haben.[116]

Interessant ist in diesem Zusammenhang auch ein weiteres Rael-Buch, das den Titel *Die Außerirdischen haben mich auf ihren Planeten mitgenommen* trägt. Hat sich die Atmosphäre des Heimatplaneten der Außerirdischen zwischenzeitlich verändert? Wie soll Vorilhon bei den Aliens überlebt haben? Diesen Widerspruch »erklärt« der Guru Vorilhon am Ende seines Buches. Wir kommen gleich darauf zurück.

Vorilhon erscheint auf dem Cover, wie auf der uns vorliegenden zweiten Auflage des »Wahrheits-Buches«, ordentlich gekämmt, während er auf dem Buchcover der ersten Auflage von 1985 ungekämmt ist, mit langen Haaren und Bart. Außerdem wird das Buch durch ein merkwürdiges Symbol (ein in einen Davidstern eingearbeitetes Hakenkreuz) verziert. Dieses fehlt wiederum bei der zweiten Auflage. Offensichtlich hielt man innerhalb der Bewegung einen Imagewechsel für notwendig.

Jedenfalls war nach den widersprüchlichen Aussagen über die Atmosphären der beiden Himmelskörper der erste Kontakt beendet, die Untertasse flog davon, und am nächsten Tag ging es an gleicher Stelle weiter.[117]

Im zweiten Kapitel der Rael-Bibel geht es um die »Wahrheit« an sich. Es behandelt die Schöpfung, die Sintflut und den Turmbau zu Babel. Diese Botschaften wurden Rael am Tag nach seinem Erstkontakt offenbart. Vorilhon erfuhr, daß die Menschen auf dem fernen Planeten vor langer Zeit einen hohen technischen und wissenschaftlichen Stand erreicht hätten, unter anderem die Schaffung von Leben aus der Retorte. Diese Versuche wurden jedoch verboten, weil die Gefahr zu groß wurde – ein gezeugtes Monster hatte nämlich in der Vergangenheit nach einem Ausbruch mehrere Menschen (also Bewohner des Planeten der Außerirdischen) getötet. Die Wissenschaftler beschlossen aber, ihre Forschungen auf der Erde fortzusetzen.

Das alles sei in der Bibel zu finden, doch nur die Teile, die der Außerirdische Vorilhon diktierte, seien wichtig. Beim Rest handele es sich lediglich um dichterische Ausschmückungen. Hier legt also der Außerirdische die Bibel für uns Menschen aus.

So bedeutet beispielsweise die Stelle »Elohim sah, daß das Licht gut war [...]« im ersten Buch Mose (1: 4) nichts anderes, als daß die Aliens sichergehen mußten, daß die Sonne keine schädlichen Strahlen auf die Erdoberfläche warf. Nur insofern also was das Licht »gut«. In diesem Stil wird dann munter weiter interpretiert. Die Außerirdischen erkundeten den Grund des Wassers, und sie schufen auf diesem »wunderbaren und riesigen Versuchsgelände« Pflanzenzellen aus rein chemischen Substanzen. Die Tiere wurden ebenfalls von den Außerirdischen erzeugt.

Nun geschah es aber, daß einige der außerirdischen Wissenschaftler künstlich einen Menschen formen wollten. Damit waren die Bewohner des Heimatplaneten allerdings nicht einverstanden. Man schloß also einen Kompromiß und verpflichtete sich, den Erdenmenschen in einem primitiven Stadium zu belassen.

Einige Wissenschaftler aber wollten ihren Geschöpfen eine vollkommene Ausbildung zuteil werden lassen und verrieten ihnen mehr, als sie durften. Nun war der Erdenmensch zu einem gefährlichen Versuchstier geworden; er wurde deshalb aus dem Versuchslabor vertrieben, an dessen Pforte Wächter mit atomaren Desintegrations-Waffen aufgestellt wurden. Sie sollten den Menschen daran hindern, weitere wissenschaftliche Erkenntnisse der Kosmischen zu entwenden.

Im weiteren Verlauf nahmen sich die nun verbannten Wissenschaftler Menschenfrauen, und natürlich gab es Kinder. Als Strafe erfolgte die Sintflut, die nur Auserwählte überleben sollten. Noah wurde von den Außerirdischen beauftragt, eine Rakete zu bauen, die während der Katastrophe um die Erde kreisen und von jeder zu rettenden Art ein Paar erhalten sollte.[118]

Rael spricht bereits im Zusammenhang mit dem Turmbau zu Babel von den »Israeliten« und »Juden«. Doch die Bibel und sämtliche Bibelinterpreten (mit Ausnahme von Raels außerirdischem Freund) gehen davon aus, daß das Volk der Juden erst später entstand. Nach der Bibel ist Jakob, der Israel genannt wurde, Stammvater des Volkes.

Interessanterweise ist der Name »Rael« ein Bestandteil des Namens Israel (= »Gotteskämpfer«). Es könnte sich, meint Werner Walter, auch um die Verdrehung des Begriffes »Real« handeln. Vermutlich spielt aber beides eine Rolle. Vielleicht wurde er aber auch 1974, dem Erscheinungsjahr seines ersten Buches, von der Genesis-Oper *The Lamb lies down on Broadway* inspiriert, deren Held Rael hieß. Und Rael war selber als Musiker tätig.

Da der Turm von Babel eine von den Juden erbaute Rakete gewesen sein soll, mußte diese Freveltat natürlich in der in der Bibel beschriebenen Art (Sprachverwirrung) geahndet werden. Die verbannten Wissenschaftler durften jedoch im Rahmen eines Amnestieprogrammes irgendwann wieder auf ihren Heimatplaneten zurückkehren.

Einige der nach dem Turmbau zu Babel verstreuten Menschen schworen Rache. Sie hatten wissenschaftliche Geheimnisse gerettet und bereiteten eine Vergeltungsmaßnahme vor. So fiel letztlich eine Bombe auf Sodom und Gomorrha.

Später wollten sich die Schöpfer davon überzeugen, daß das Volk Israel ihnen immer noch gut gesonnen war, als Probe sollte Abraham seinen Sohn opfern. Nachdem man gesehen hatte, daß die Bereitschaft vorhanden war, hielt man Abraham davon ab.[119]

Vorilhon beweist mit seinen Ausführungen, daß er wenig davon weiß, was in der Bibel steht. Wenn die Bibel seinen Ausführungen widerspricht, sagt er einfach: »Im Urtext heißt es so und so«. Das kennen wir auch von den Zeugen Jehovas. Zu diesen Interpretationen kommt bei Vorilhon noch präastronautisches Gedankengut.

Der UFO-Forscher Werner Walter sieht es als einen weiteren Widerspruch an, daß der mit Rael kommunizierende Außerirdische – also quasi unser aller

Urvater – uns in seiner Erscheinungsform doch so verschieden ist. Schließlich ist er nur 1,20 Meter groß[120], während sogar Roland M. Horn, der mit 1,70 Metern eher zu den kleineren Exemplaren der Erdenmänner zählt, seinen Urvater um einen ganzen halben Meter überragt. Außerdem war der Außerirdische grün. Wenn wir, wie Rael, die Bibel zitieren, lesen wir dort, daß wir Menschen nach dem Bild Gottes geschaffen wurden.

In einem Kapitel in Raels Buch wird unter anderem die bekannte Erscheinung Gottes im Dornbusch erklärt. Das sei in Wirklichkeit eine Raketenlandung gewesen:

> »[...] und die Beschreibung, die er davon gibt, entspricht der eines Ureinwohners Brasiliens, wenn wir dort mit diesem Gerät, dessen weißes Licht die Bäume erhellt, ohne sie deswegen zu verbrennen, landeten. [...] Das Volk, das als das intelligenteste auserwählt worden war, wurde seiner brillantesten Denker beraubt und war zum Sklaven umliegender primitiver Völker geworden, die viel zahlreicher waren, da sie keine großen Vernichtungen erlitten hatten. Diesem Volke mußte also seine Würde wiederhergestellt werden, indem ihm sein Land wiedergegeben wurde.«[121]

Wer diese Stelle (vor allem den ersten Teil) versteht und uns deren Sinn erklären kann, kann sich glücklich schätzen, denn verständlich ist allenfalls der zweite Teil, nach dem dem Volk Israel sein Land wiedergegeben werden mußte, damit es seine Intelligenz voll ausschöpfen konnte, während andererseits aber der Mensch ja gerade wegen seiner Intelligenz aus dem Paradies bzw. Versuchslabor ausgeschlossen worden war. Widersprüche über Widersprüche.

Es folgen also der Auszug aus Ägypten und die damit verbundenen, in der Bibel beschriebenen Wunder, die natürlich von den Außerirdischen verursacht wurden. Infolge seines primitiven Zustandes brauchte das Volk Regeln, die am Berg Sinai ausgegeben wurden und die wir als die Zehn Gebote und andere im vierten und fünften Buch Mose beschriebene Gesetze kennen. Wenn von der »Herrlichkeit Jahwes« gesprochen wurde, war selbstverständlich ein Fluggerät gemeint. Interessant ist auch die Interpretation der Stelle aus dem zweiten Buch Mose (33:20), in der es heißt: »Du kannst mein Angesicht nicht schauen, denn kein Mensch kann mein Angesicht schauen und leben.« Für Vorilhon ist dies eine ganz klare Anspielung auf den Unterschied zwischen den Atmosphären der beiden Planeten. Ein Mensch kann eben seine Schöpfer nicht ohne Schutzanzug sehen, da für ihn deren Atmosphäre nicht geeignet ist; er müßte sterben, wenn er auf den Planeten der Außerirdischen käme, weil er die Atmosphäre nicht verträgt.[122] Wie die Außerirdischen dann aber hier Kinder gezeugt haben sollen – auch das steht in den Sternen.

Besser verdrehen kann man eine Bibelstelle nicht. Rael weiß auch alles über die Speise Manna, die Bundeslade und vieles mehr. Zur Einnahme der Stadt Jericho wurden beispielsweise nicht etwa Posaunen verwendet, wie es in unserer Bibel steht, nein, die Einwohner dieser Stadt wurden mittels eines Ultraschallgerätes in den Wahnsinn getrieben.

Samson der Nasiräer, der aufgrund eines Gebotes Gottes seine Haare nicht schneiden durfte,[123] war nach Vorilhon ein Telepath. Das menschliche Gehirn käme einem mächtigen Sender gleich, der Wellen und Gedanken in großer Anzahl abstrahlen könne. Als Antennen dienen laut Rael hierfür die Kopf- und die Barthaare.[124] Klar, daß Samson als Kontaktler sich seiner Haarpracht nicht entledigen durfte.

Der salomonische Tempel in Jerusalem diente als Residenz der Außerirdischen, wenn sie zu Besuch kamen, ansonsten wohnten sie in einer Wolke, das heißt in einem Raumfahrzeug.

Der Prophet Elias war nach diesen Lehren in Wirklichkeit ein Bote der Außerirdischen, der später wieder abgeholt wurde, und eines seiner Wunder – die Brotvermehrung – wird dadurch erklärt, daß künstliche Trockennahrung mit Wasser vermengt wurde und so das fünffache Volumen annahm.[125]

Vorilhon widmet sich auch intensiv der Vision des Hesekiel, die im ersten Kapitel des Buches dieses Propheten beschrieben, seit Jahrzehnten in den verschiedensten präastronautischen Werken besprochen und dort in der Regel als außerirdisches Fluggerät gedeutet wird.[126] Beinahe unnötig zu erwähnen, daß Vorilhon sich dieser Deutung gerne anschließt. Die Rael-Bewegung ist nur und ausschließlich eine auf der Paläo-SETI-Idee basierende Sekte. Beispielsweise zeigt sich dies auch bei der Präsentation der Gruppe im Internet. Dort wird etwa der Gott »Bep-Kororoti« der Kajapó-Indianer, Brasilien, erwähnt, der in vielen Büchern der Paläo-SETI zu finden ist und dessen Name – laut Rael – »Ich bin aus dem Universum gekommen«[127] bedeuten soll.[128]

Sehr auffallend ist, daß Josef F. Blumrichs Buch über die Vision Ezechiels, die er als Raumfahrzeug deutet, just im Jahre 1974 populär wurde. So wird verständlich, warum Vorilhon dieser Geschichte so breiten Raum in seiner Publikation einräumt.[129]

Der »Walfisch«, der einst Jonas verschlungen haben soll, als er im Sturm ins Wasser fiel, war natürlich ein U-Boot, und Satan war einer der Elohim – einer von den »vom Himmel heruntergekommenen«, wie Vorilhon den Begriff Elohim gerne (falsch) definiert. Satan war jemand, der schon immer die Erschaffung von anderen intelligenten Wesen verurteilt hatte, denn er sah darin eine Bedrohung.[130]

Man muß sich vor Augen halten, daß all die Aussagen, die in den letzten Absätzen niedergeschrieben sind, auf Bibelversen beruhen, die so lange verdreht wurden, bis sie in Vorilhons Konzept paßten. Seine ganze Methode und deren Ergebnisse können hier nur in Form einer Zusammenfassung dargestellt werden. Am Beispiel der Geschichten über Jonas oder auch die Brotvermeh-

Nach Claude Vorilhon war der biblische Prophet Elias ein Bote der Außerirdischen.

rung des Elias ist jedoch deutlich ersichtlich, daß die biblischen Verse für die Interpretationen der Rael-Sekte keinerlei Anhaltspunkte geben.

Wir wollen hier nur ein einziges Beispiel geben, aus dem ersichtlich wird, wie dieses Konzept der Verdrehung funktioniert:

Das Bibelzitat lautet nach Vorilhon: »Diese sind die Augen Jahwes, die auf der ganzen Welt umherschweifen.« (Sach. 4)

Diese ungenaue Stellenangabe und Übersetzung[131] wird folgendermaßen interpretiert:

»Die Stützpunkte der Schöpfer waren sieben an der Zahl.«

Zur Bestätigung dieser Interpretation wird der Prophet Amos herangezogen, der gesagt hat: »[...] er, der einherschreitet auf den Höhen der Erde«, wobei als Quelle auch nur das Kapitel – Amos 4 – angegeben wird. Für Vorilhon ist klar, daß hier von Stützpunkten der Außerirdischen auf hohen Bergen gesprochen wird.[132]

Auf dieser Basis funktioniert eigentlich die gesamte Botschaft, die Vorilhon erhalten haben will. Eben eine Pseudobotschaft.

Besonders interessant wird es aber im Kapitel vier von Vorilhons Werk, wo es um Jesus Christus geht. Dieser hatte den Auftrag, die Wahrheit der biblischen Schriften in der ganzen Welt zu verbreiten. Das bereits im Alten Testament angekündigte Kind soll eine irdische Mutter und einen außerirdischen Vater haben, damit es durch Vererbung gewisse telepathische Kräfte erlangen könne. Jesus soll die Wahrheit über die Schöpfer »angedeutet« haben, als er sagte:

> »Ein jeder also, der sich zu mir bekennt vor den Menschen, zu dem werde auch ich mich bekennen vor meinem Vater, der in den Himmeln ist.« (Wieder wird lediglich Matth. 10 als Stelle angegeben; es handelt sich konkret um Matth. 10:32.)

Vorilhon erklärt, daß es sich hierbei natürlich keineswegs um einen unangreifbaren oder immateriellen Gott, sondern um die Außerirdischen handelte, die eben »in den Himmeln« – nach Vorilhons Interpretation also im Weltraum – zu Hause waren. Die Wunder, die Jesus tat, basierten einzig und allein auf wissenschaftlichen Leistungen bzw. Erkenntnissen. Der Tod Jesus Christi war notwendig, damit sich die Wahrheit verbreiten konnte und man die Schöpfer nicht später, wenn sie auf die Erde zurückkommen würden, als Eindringlinge betrachtete. Ja, die Götter werden nach Rael sogar einstmals zurückkehren, damit die Spur ihres Werkes und ihrer Anwesenheit bewahrt bliebe. Natürlich ist Jesus dank der Schöpfer auferstanden und mit ihnen in einer fliegenden Untertasse von dannen geflogen.[133] Recht ähnliche Botschaften verbreitet auch der Santiner-Kreis, eine Gruppe, die sich als Ashtar-Command bezeichnet (s. Kapitel 9).

Die Wiederkehr der kosmischen Schöpfer hätte sich bereits durch die diversen Wellen von UFO-Sichtungen und durch das Wiedererstehen des Staates Israel angekündigt.

Hierzu erfuhr Claude Vorilhon bei einem späteren Kontakt Näheres. Vorilhon wurde darüber »aufgeklärt«, daß die Zeit des Endes der Welt gekommen war. Darunter sei aber nicht etwa eine die Erde zerstörende Katastrophe, sondern das Ende der Kirche gemeint. Immerhin habe diese ihr Werk zwar nur »mehr oder weniger gut« getan, aber sie habe es getan und nun ihren Auftrag erfüllt. Der größte Fehler der Kirche war allerdings der, daß sie die Schöpfer (= Aliens) vergöttlichen wollte.

Nun sei die Erde in das bekannte Zeichen des Wassermannes eingetreten.[134] Dieser New-Age-Begriff bedeutet, daß die Tag- und Nachtgleichen aus dem Sternbild »Fische« heraus in das Sternzeichen »Wassermann« rücken werden. Erst nach etwa 2160 Jahren wird die Tag- und Nachtgleiche ins nächste Zeichen weiterrücken, und ein vollständiger Kreislauf durch alle Sternbilder dauert 25 290 Jahre.

Nun nimmt aber nicht jedes der zwölf Tierkreiszeichen genau dreißig Winkelgrade ein, und so gibt es Meinungsunterschiede über den genauen Zeitpunkt des Übergangs.

Viele Astrologen, Esoteriker und Mystiker sind der Meinung, daß ein besonderes Zeichen dieses Zeitalter ankündigen müsse, und aufgrund einer astrologischen Konstellation wird von vielen Astrologen das Jahr 1962 als Beginn des Wassermannzeitalters betrachtet.

Andererseits sind viele Seher dieses Jahrhunderts der Meinung, man müsse das Jahr 2000 als Beginn des Wassermannzeitalters ansehen, während andere Autoren das Jahr 2001 als Schlüsseljahr betrachten, weil es das erste Jahr des neuen Jahrtausends ist. Peter Lemesurier behauptet unter Berufung auf das französische Institut Géographique National, das Jahr 2010 sei das richtige Jahr, während José Argüelles, der sich bei seinen Schlußfolgerungen auf die Zyklen im alten Kalender der Maya stützt, auf 2012 kommt. Jupiter und Saturn werden im Jahr 2020 erstmals seit 1404 wieder im Zeichen Wassermann stehen, also ist nach Adrian Duncan der 21. Dezember jenes Jahres der richtige Zeitpunkt. Als religiöser Übergangstermin bietet sich auch 2160 – eben 2160 Jahre nach Christus – als richtiger Zeitpunkt an.[135]

Es existieren aber noch weitere Daten: 1898 (basierend auf der Weltchronik der Hindus), 1904 (der Magier Aleister Crowley nach einer Eingebung durch eine nicht inkarnierte ägyptische Entität), 1905 (Gerald Massey mit einer willkürlichen Berechnung), 1911 (Madame Blavatsky nach einer Channelling-Durchsage durch Lord Meitreya) sowie 1921. Da der in den dreißiger und vierziger Jahren agierende Heiler und Seher Edgar Cayce sagte, im Jahre 1936 habe sich die Erdachse zu verlagern begonnen, liegt auch diese Zahl ganz gut im Rennen. Alice A. Bailey legte sich unter Berufung auf esoterische Hintergründe auf 1945 fest. Diverse Seher sprachen von 1975, und auch 1987 und 1997 werden genannt. Terence und Dennis McKenna entwickelten eine These, nach der das Universum durch die holographische Interaktion zweier Hyperuniversen entstanden sei, das All sei zyklisch und wiederkehrend. Computerberechnungen führen sie ins Jahr 2012. Diverse Seher wiederum nennen die Jahreszahlen 2025, 2059 und 2060. Andere kursierende Daten sind 2160, 2874, 2915 sowie 2813.[136]

Ungeachtet dieser gewaltigen Flut von angebotenen Daten steht für Claude Vorilhon unzweifelhaft fest: 1946 war das Jahr eins des neuen Zeitalters. Dazu meint sein außerirdischer Gesprächspartner:

> »Ihr habt das Goldene Zeitalter erreicht. Ihr Menschen der Erde fliegt in den Himmel, laßt Eure Stimmen über Radiowellen in alle Ecken und Enden der Erde tragen, die Zeiten sind gekommen, damit die Wahrheit Euch offenbart wird. Wie es geschrieben stand, geschieht alles jetzt, wo die Erde in das Zeichen des Wassermanns eingetreten ist. Bestimmte Menschen haben schon darüber geschrieben, aber man hat ihnen nicht geglaubt. Seit die Schöpfer vor 22 000 Jahren beschlossen, ihr Werk auf der Erde zu vollbringen, ist alles vorgesehen, denn die Bewegung dieser Galaxie setzt diese Kenntnis voraus. Die Fische waren Christus und seine Fischer, und der Wassermann, der folgt, ist seit 1946 da: Epoche, in der das Volk Israels sein Land wiederfindet: An jenem Tag wird vom Fischtore her ein lautes Geschrei ertönen [...] (Zephania 1)«[137]

Die von Vorilhon zitierte Bibelstelle ist einmal mehr vollkommen aus dem Zusammenhang gerissen, aber für ihn ist dennoch klar: »Das Fischtor ist der Übergang in das Neue Zeitalter des Wassermanns.«

Und warum 1946? »Und wenn Sie 1946 geboren wurden, so keineswegs durch Zufall«, sagte der Außerirdische.[138] Nach der Vielzahl der angebotenen Datierungen sehen wir nicht den geringsten Grund, ausgerechnet die Angabe von Vorilhon ernst zu nehmen. Sie ist eine von vielen und auf keinen Fall die einzig wahre.

Werner Walter stellt aber auch mit Fug und Recht fest, daß wissenschaftlich nachgewiesene Funde menschlicher Existenz weit über die von dem Außerirdischen propagierten 22 000 Jahre hinausgehen.[139] Offenbar ist nur in den Augen des Sektengurus die Menschheit so jung.

Während ein paar Seiten zuvor in Vorilhons Buch noch einigermaßen neutral über die Kirchen der Welt gesprochen wurde, so ist in einem speziellen Unterabschnitt von den »Lügen der Kirche« und vom »Aussterben der Kirche und ihren Lügen« die Rede.

Die tatsächlich in der Bibel vorhergesagte Rückkehr des jüdischen Volkes nach Eretz Israel – also das Land Israel – wird von Claude Vorilhon als ein Zeichen des Goldenen Zeitalters angesehen. Allerdings scheint die Erfüllung dieser Prophezeiung im Jahre 1948 nicht so wichtig wie die Geburt seiner eigenen Person zu sein. Denn schließlich soll ja nach Vorilhon 1946 und nicht 1948 das Jahr eins des neues Zeitalters sein.

Vorilhon philosophiert im weiteren Verlauf seines Buches über den Ursprung der Weltreligionen und stellt dabei fest, daß die jüdische Kabbala das Buch sei, das der Wahrheit am nächsten komme, obwohl eigentlich fast alle religiösen Bücher Anspielungen auf die außerirdischen Schöpfer enthielten. Der Mensch wird als eine »Krankheit des Universums« bezeichnet und die natürliche Evolution des Lebens selbstverständlich als – Mythos.[140]

Werner Walter ist bei seinen Analysen der Rael-Bewegung in einem Beitrag für das *Journal für UFO-Forschung* ein weiterer Widerspruch aufgefallen: Während die Überbrückung vom Schöpferplaneten zur Erde zunächst in Gedankenschnelle stattfinden konnte, brauchte man hierzu plötzlich knapp zwei Monate. Der Antrieb bestünde aus Strahlen, die siebenmal schneller als das Licht seien.

Verständlicherweise wird der Herkunftsplanet der Außerirdischen nur nebenbei erwähnt, denn die Angaben über ihn sind an den Haaren herbeigezogen. Es heißt, man sei fast ein Jahr mit Lichtgeschwindigkeit zu ihm unterwegs. In dieser Entfernung befindet sich nur leider kein Sonnensystem mit einem sehr großen Stern, der in 70 800 000 Kilometer Entfernung vom Heimatplaneten der Fremden umkreist wird.

Das ist aber offensichtlich alles nicht so wichtig – wichtig ist, daß Vorilhon sich – nachdem er den symbolischen Bruderkuß erhalten hat – von nun an »Rael« nennen darf, was für »Licht Gottes« bzw. »Botschafter der Elohim« steht.[141]

Damit endete der vermeintliche zweite Kontakt, und es ward Morgen, und es ward Tag, bis Vorilhon wieder mit dem Außerirdischen zusammentraf.

Diesmal ging es um die Zukunft der Erde und um Raels himmlischen Auftrag, über den wir ja bereits anfangs gesprochen haben. Ein Stichwort ist »Geniokratie«. Die Welt soll durch die Genies wieder aufgewertet werden. Zudem plädiert der Außerirdische für eine Art Humatarismus, das heißt, Eigentum soll abgeschafft werden, aber ohne Einführung des Kommunismus. Schließlich sei der Mensch ja nur ein Pächter der Erde, und dementsprechend sollen alle Güter für neunundvierzig Jahre verpachtet werden. Das wichtigste aber ist die Weltregierung:

> »Wird das Genie an die Macht gelassen, so wird es die Nützlichkeit dieser Reformen einsehen. Ihr müßt auch dafür sorgen, daß sich alle Nationen der Erde verbünden, um nur mehr eine einzige Regierung zu haben.«[142]

Natürlich ist damit auch die Schaffung einer neuen Weltwährung und einer gemeinsamen Sprache verbunden, auch die Abschaffung der Wehrpflicht ist nach Rael unabdingbare Voraussetzung.[143]

Bevor Vorilhon und der Außerirdische sich zum letzten Mal trennen, darf der neue Botschafter noch Fragen an die Außerirdischen richten. So will er unter anderem wissen, ob die Atombomben eine große Gefahr für die Menschheit seien. Der Außerirdische bejahte natürlich und plädiert für ein Kernwaffenverbot.

Wie auch für den Kontaktler Billy Meier (s. Kapitel 8) ist für Vorilhon die Überbevölkerung ein ganz wichtiges Thema. Die Erdenmenschen müßten die Verhütungsmittel weiterentwickeln und sehr strenge Gesetze einführen, die den Frauen nur noch zwei Kinder erlauben.

Die einzige Religion der Außerirdischen ist der menschliche Genius, und die Fremden leben durchschnittlich zehnmal länger als die Erdenmenschen. Der Geist kann jedoch unsterblich werden. Die Sprache der Außerirdischen ähnelt dem Althebräischen, und gearbeitet wird nur noch auf intellektuelle Weise. Eheschließungen sind tabu, und Gefängnisse sind nicht mehr notwendig. Auf diesem fremden Planeten gibt es keinen Krieg, weil die weit entwickelten sportlichen Aktivitäten die kriegerischen Triebe beseitigen. Insgesamt gibt es sieben Völker in jener Welt.

Auf Vorilhons Anfrage hin wird bei dem zweiten Kontakt angedeutet, daß es dem Menschen unter Umständen doch möglich ist, den Planeten der Fremden zu besuchen, denn es gibt dort eine Residenz, in der die Erdatmosphäre reproduziert wird. Dort können Menschen ohne Schutzanzug leben. Tatsächlich seien bereits Moses, Elias, Jesus Christus und viele andere dort, und irgendwann werden sie auch auf die Erde zurückkommen – allerdings nicht in die jetzige, ungläubige Welt.[144]

Der Hintergrund scheint klar: Wenn wir die letzten Absätze, insbesondere die Forderungen des angeblichen Außerirdischen sowie die Lebensweise der Aliens und das Erscheinungsbild des Autors auf dem Cover der ersten Ausgabe seines Buches betrachten, dann scheint es sich bei dem Guru um einen »verspäteten Endsechziger« zu handeln. Seine Phantasie hat ihn jedoch zu noch weit abenteuerlicheren Ideen geführt, die mit denen der Studentenbewegung nichts mehr gemein haben. So werden dem Gedankengut religiöse Aspekte hinzugefügt, dabei wird die Bibel so verdreht, daß sie zu Vorilhons Vorstellungen von einer idealen Welt paßt. Dazu kommt präastronautisches Gedankengut, um auch die Vergangenheit der Erde erklären zu können.

Also: Man nehme Bibelstellen, zerpflücke sie, werfe die einzelnen Wörter in einen Topf, gebe einige Teile Esoterik hinzu, menge einige »außerirdische Thematiken« bei, gebe UFOs hinein, würze das Ganze mit der These der Paläo-SETI und rühre alles kräftig ineinander. Heraus kommt: die Rael-Bewegung.

Vorilhons zweites Buch trägt den verwirrenden Titel *Die Außerirdischen haben mich auf ihren Planeten mitgenommen* und erschien 1990. (Zur Erinnerung: Das erste Buch erschien erstmals 1974 in Französisch, 1985 in Deutsch, und die uns vorliegende, zweite deutschsprachige Ausgabe erschien erst 1992, also ein Jahr nach dem Erscheinen des zweiten Buches. Anscheinend hat man mit dem zweiten Buch dem ersten wieder zu mehr Popularität verholfen – auch eine Methode.)

Mittlerweile hatte Rael – wie es zu erwarten war – schon etliche Anhänger gewonnen. Und wir erfahren einiges über Rael selbst: Die Identität seines Vaters ist nicht bekannt, und Claude war das Produkt eines »natürlichen Unfalles«. Er wurde am 25. Dezember 1945 gezeugt (25. Dezember – wurde da nicht eine wichtige Person geboren?) und am 30. September 1946 in Vichy geboren. Nur schade, daß es am Geburtsdatum nichts zu deuteln gibt; so mußte man also das Zeugungsdatum – wie früher die Bibelstellen – entsprechend zurechtbiegen. Da Vorilhons Vater ein jüdischer Flüchtling war, wurde Claude von Großmutter und Tante erzogen. In Ambert lernte er einen Mann kennen, der wegen seiner Auftrittsweise am Ort als Schreckgespenst bezeichnet wurde und der zusätzlich den Kosenamen »Jesus Christus« trug. Aber die Güte dieses Mannes – es war der letzte noch lebende Druidenpapst, »Vater Dissard« – beeindruckte Rael.

Später interessierte sich der 9-jährige Claude für Motorrennsport und das Verfassen von Gedichten. Wegen schlechter schulischer Leistungen wurde er von seiner Mutter auf ein Internat verwiesen – das Internat des Pensionats »Notre-Dame-de-France« in Puy en Velay. Aufgrund der Tatsache, daß er nicht getauft war, wurde Claude dort von den anderen Kindern gehänselt. Hier sehen wir, wie auch der Forscher Werner Walter, einen der Punkte, die unter anderem für seinen späteren Umgang mit den traditionellen Religionen verantwortlich war. Nun begannen die ersten Liebeleien. Claude mußte wegen schlechter Leistungen mehrfach das Internat wechseln, und im Internat Cunlhat bekam er das Recht des Stärkeren zu spüren – eventuell ein weiterer Wendepunkt in seinem Leben. In einem Gymnasium – Mont-Dore – agierte Claude als Bandenführer. Daraufhin begann er seine Gedichte zu vertonen und mit Hilfe der Gitarre vorzutragen. Im Alter von 15 Jahren trampte er nach Paris, wo er Frauenbekanntschaften machte und sich als Straßenmusikant über Wasser hielt. Drei Jahre später begann er sogar eine Schauspielausbildung, die er jedoch aus mangelndem Interesse wieder abbrach.

Im Alter von 18 Jahren hatte Claude Vorilhon endlich seinen Führerschein, und als Musiker war er eine Zeitlang erfolgreich. Später arbeitete er als Journalist bei einer Autozeitschrift.

Bald heiratete Vorilhon und lebte mit seiner Frau Marie-Paul in Dijon, wo er eine Familie gründete. In jener Stadt gab es jedoch offensichtlich einen geschäftlichen Mißerfolg, der auf eine Intrige zurückzuführen war. In Clermont-Ferrand brachte Vorilhon dann mit Erfolg eine Zeitschrift nach seinem Geschmack heraus.[145]

Diese Informationen sind recht aufschlußreich, da wir ihnen entnehmen können, daß Vorilhons Jugend nicht gerade sehr glücklich verlief und daß er später erfahren mußte, wie vergänglich der Erfolg ist und wie schnell sich eine unerwartete Pleite einstellen konnte. Allerdings merkte er auch rasch, daß man dieses Schicksal ganz schnell wieder wenden konnte. Offensichtlich war der Erfolg, den Vorilhon mit seiner Autozeitschrift hatte, ihm nicht genug. Allem

Anschein nach reichte das Ansehen, das er als Herausgeber gewann, nicht aus, um seine seit seiner Jugend bestehenden psychischen Defizite auszugleichen. Da war sein zwiespältiges Verhältnis zur Religion, da war das Problem mit der Disziplin und der Gewalt, die er während seiner Internatszeit erfahren hatte. Da waren nicht verarbeitete Mißerfolge, die anscheinend immer noch in ihm rumorten. Vermutlich waren all dies letztlich Gründe, warum sich Claude Vorilhon nach einer besseren Welt sehnte, nach einer Welt, in der es keine Gewalt und keine Enttäuschungen mehr gab, einer Welt, in der er als Jude mindestens genausoviel galt wie die Katholiken.

Und dann kam der 13. Dezember 1973, der Tag, an dem ein Außerirdischer Rael die »Wahrheit« offenbarte. Mit dieser »Wahrheit« konnte Vorilhon offensichtlich besser leben als mit der knallharten Wirklichkeit unserer Welt.

Wenn wir die Geschichte Raels weiterverfolgen, erfahren wir, daß er nach seiner vorgeblichen Begegnung versucht hatte, einen Verleger für sein esoterisches Buch zu finden. Ein interessierter Verlag wollte die Geschichte zu einer Art Roman ausbauen, doch das lehnte Rael strikt ab: »Ich habe eine Botschaft zu verkünden!« Jedoch erreichten Rael nach einem Fernsehauftritt, bei dem er seine Thesen verkündete, zahlreiche Zuschauerreaktionen. Claude Vorilhon kündigte daraufhin seinen Job bei der Autozeitschrift, um sich nun ganz seinem Auftrag zu widmen.

Im Herbst 1974 wurde schließlich sein Werk gedruckt, und im Juni 1975 kam es zu einem erneuten Fernsehauftritt, der zahlreiche Reaktionen auslöste. Zu einem Vortrag von Rael pilgerten 3000 Leute. Schnell hatte er 40 Vorträge gehalten, und seine Bewegung wuchs rasch an. Nun zogen sich Rael und der Kern seiner Gruppe nach Perigord in die Ruhe und Stille des Landlebens zurück.[146]

Auch hier haben wir wieder eine Parallele zum UFO-Guru Billy Meier. Denn auch er lebt mit seiner Kerngruppe auf einem ländlichen Hof in der Schweiz.

Rael aber hat zwei Jahre später wieder einen Kontakt mit den Außerirdischen. Es war der 7. Oktober 1975, nachts: Zunächst erscheint ein Feuerball hinter den Büschen. Es sieht so aus, als ob er Funken schlägt. Rael stellt fest: »Der Außerirdische ist wieder da.« Die Besucher verkünden lobend: »Rael, wir sind zufrieden mit Dir.« Rael betritt die Untertasse und findet sich Sekunden später in fremder Umgebung wieder: Er ist in einer außerirdischen Station. Es ist ein Paradies: Rael entkleidet sich und badet in lauwarmem und leicht duftendem Wasser. Nach dem Bad erhält Rael etwas zu trinken und bequeme Kleidung gereicht.

Nach diesen Annehmlichkeiten folgen erneut Botschaften, die Werner Walter als »esoterisches Kauderwelsch« bezeichnet. Es gibt aber auch konkrete Anweisungen: Wenn man den Kern des Buddhismus neu und richtig deute, könne die Erde zu einem Paradies werden. Frankreich solle eine Berufs-»Friedensarmee« aufbauen und eine nationale und europäische Friedensordnung ausrufen. Die Maschinen sollen für die Menschen arbeiten und nicht umgekehrt, läßt Vorilhon seinen außerirdischen Gesprächspartner sagen. Es geht um »Entfaltung, Freiheit und universelle Brüderlichkeit«.[147]

Hier merkt man bereits, daß sich in Vorilhons Grundeinstellung etwas geändert hat. Von der Gewaltlosigkeit, von der beim ersten Kontakt die Rede war, hin zur Berufsarmee – das ist eine gewaltige Veränderung in seinem Denken. Anscheinend sind Vorilhon mittlerweile auch die offensichtlichen, in seinem ersten Buch enthaltenen Widersprüche aufgefallen, denn er läßt den Außerirdischen Korrekturarbeit leisten.

Die Schöpfer belehren ihn, daß die »siebenfache Lichtgeschwindigkeit«, von der im ersten Buch die Rede war, sowie die Zeitspanne von zwei Monaten Reisedistanz zwischen der Erde und dem Planeten der »Schöpfer«, lediglich für die Zeit vor 22 000 Jahren, als die Schöpfung noch im vollen Gange war, Gültigkeit besaß. Dank neuer Technologie der Aliens könne man heute die Distanz tatsächlich in wenigen Augenblicken überbrücken. Trotzdem brauchten die Außerirdischen – nun mit Rael an Bord – zehn Minuten bis zu ihrem Heimatplaneten (vielleicht war Stau).

Wie zu erwarten, bestand die Welt der Schöpfer aus einer paradiesischen Landschaft mit einer vielfältigen Botanik und Fauna, wobei ein besonders interessantes Tier wie ein Eichhörnchen mit Teddybärkopf aussah. Es gab viele Bächlein, nackte Einwohner und Frauen mit vollendeten Formen. Leider waren die meisten nur biologische Roboter, was aber durchaus auch seine Vorteile hatte, waren sie doch ideale Diener und verrichteten die niedrigste Arbeit ohne Murren. Die Edlen hatten zehn Diener, und man paarte sich bei den Aliens nach Lust und Laune.[148]

Schien die erste Botschaft anzudeuten, daß Vorilhon versuchte, in seiner Phantasie eine bessere Welt zu erschaffen, an die er möglicherweise selbst auch glaubte, so schien er nun vollkommen den Bezug zur Realität verloren zu haben.

»Liebe« ist nun das Hauptthema des Botschafters des Schöpfers, und damit ist nicht nur die Nächstenliebe gemeint. Sollten die Frauen nicht ausreichend sein, können sich die Männer noch zusätzliche Bioroboter anfordern, um ihre Triebe zu befriedigen. Zwischendurch werden aber auch Meditation, wissenschaftliche Forschung und Schöpfung betrieben und künstlerische Kompositionen geschaffen.

Raels außerirdischer Freund sah auch eine Möglichkeit, die Erde in ein solches Paradies zu verwandeln:

> »Alle Dinge, die Freude hervorrufen, sind positiv. Auf Erden seid ihr gerade erst dabei, all diesen primitiven Tabus zu entwachsen, die alles, was Sex oder Nacktheit betrifft, als schlecht hinstellen wollen.«[149]

Das Propagieren der freien Liebe schien von diesem Zeitpunkt an zu Raels wichtigster Aufgabe zu werden.

Nun wurde Rael angeblich Augenzeuge von Klon-Aktionen, also dem künstlichen Erschaffen von Lebewesen – so wurde Claudes Mutter nach der Vorlage eines Bildes neu erschaffen.

Im weiteren Verlauf erhielt Rael sechs Damen (er hätte auch mehr bekommen können) zur freien Verfügung. Er stieg mit ihnen ins Bad, Sexspiele folgten. So verbrachte der Botschafter der Schöpfer die Nacht bei den Aliens.

Zum festen Botschafter wurde er jedoch erst ernannt, nachdem die Bilanz seiner irdischen Taten gezogen worden war. Er war nicht nur einfach der Botschafter der Schöpfer, nein, er war auch der Gesandte der universellen Liebe und der kosmischen Harmonie auf Erden. Schwere Aufgaben warteten auf ihn: Eine Bruderschaft von Führern der Menschheit sollte aufgezogen werden, dabei sollte Rael jedoch sehr vorsichtig vorgehen, denn das Ziel der Menschheit durfte nie verraten und die Botschaft der Schöpfer nie verfälscht werden. Meditation ist wichtig, Askese nutzlos. »Es ist wichtig, das Leben zu genießen«, so lautet das Motto. Einsamen und Enttäuschten würde auf telepathischem Wege geholfen.

Das Botschaftsgebäude der Schöpfer sollte in Israel gebaut werden, denn die Juden sind ja nach Raels Aussagen die Nachkommen der Schöpfer. Wenn Israel nicht gehorcht, dann müssen die Israelis eben eine Zeit der Züchtigung erfahren.

Rael wollte sich von nun an nur noch seinem Auftrag widmen. Wer ihm glaubt, der ist nach Raels Meinung auch verpflichtet, ihm zu helfen. Seine Anhänger sollen ihm alles geben, was er brauche. Und wer Rael verspottet, der wird für immer ein Sterblicher bleiben. Seminare werden abgehalten, und es gibt neue Gebote. Da Rael der Führer ist, steht ihm mindestens einmal im Jahr eine Spende von einem Hundertstel des Jahreseinkommens zu. Rael ist der letzte Prophet vor dem Endgericht, und er ist der legitime Führer Israels.[150]

Spätestens mit diesem Anspruch hat sich Claude Vorilhon zu einem typischen Endzeit-Guru gewandelt, der nur noch seine Person im Mittelpunkt sieht. Er machte sich selbst zur Kultfigur. Uns erinnert dies sehr an die Davidianer-Sekte, die sich vor einigen Jahren in den USA ein langes Belagerungs- und Feuergefecht mit dem FBI lieferte. Auch diese glaubten unbeirrt, ihr Guru, der sich für Jesus Christus hielt, sei der letzte Prophet vor dem Ende der Welt. Die Sache endete mit einem Chaos von Leichen in einem offensichtlich selbst erzeugten Flammenmeer.

Die Publikationen der Rael-Bewegung sollen der Schlüssel zur Öffnung von Geistern sein, die über Jahrtausende – als Verdummung herrschte – in einer Schlacke eingeschlossen waren. Die Broschüren der Sekte betonen die Liebe – nicht zuletzt die körperliche Liebe. Dem Kind sei frühzeitig die Sexualität nahezubringen, denn schließlich soll man sich früh an diese Freude gewöhnen. Die freie Liebe wird nochmals ausdrücklich betont.

Die Schwangerschaft sei eine Strafe, die man aber notfalls mittels einer Abtreibung abwenden könne. Andererseits aber sind Kinder, sofern man ihnen den Zutritt zu unserer Welt gestattet, wertvolle Bestandteile der Entwicklung der Menschheit.

Die Demokratie ist laut Rael natürlich auch nicht »ganz ideal«, denn schließlich soll ja die Intelligenz an der Macht sein. Raels Aufgabe wird es sein, die Weltregierung aufzurufen, eine humanistische Weltpartei zu gründen, die Kommunismus, Kapitalismus, Alkohol, Nikotin und Drogen ablehnt und verbietet.

Auch vor einem »Verirren in die östlichen Religionen« warnte »Rael«. Nur er ist der Prophet.

Der Guru liebt es offensichtlich, darüber zu sprechen, daß die Aliens klonen und auch die Menschen so oder so ähnlich vor 22 000 oder auch 25 000 Jahren durch die Fremden entstanden. Im April 1997 verkündete der Sprecher der Rael-Bewegung in Tokio, Japan, die Gründung der Firma »Valiant Venture Ltd.« auf den Bahamas. »Aufgabe« dieser Firma sei es, Menschen zu klonen, denn dies ist auf den Bahamas erlaubt. So will der Guru dort zuerst Paare suchen, die kein Kind bekommen können. Aus dem Erbgut dieser Paare will die Firma dann in einem Zeitraum zwischen sechs Monaten und drei Jahren Kinder klonen.

Auf der Internetseite[151] der Firma ist davon die Rede, daß der angebotene Kloning-Service »CLONAID« von jedem Interessenten für 200 000 US-Dollar einen Klon erstellt. Auch an das zukünftige Glück von Eltern und Ehepartnern wurde gedacht, denn für nur 50 000 US-Dollar legen die Rael-Wissenschaftler eine Genreserve des Lieben an. Wenn beispielsweise ein Kind bei einem Unfall getötet wird, kann man mit diesem Material einfach ein neues, aber identisches Kind herstellen. Ebenso von sündhaft teuren Rennpferden und ähnlichem.

Frau Dr. Brigitte Boisselier aus Frankreich, die Leiterin des obskuren Service, »sieht keine ethischen Probleme mit diesem Verfahren«. Außerdem zitiert die Internetseite von CLONAID ihr Argument für das Menschenkloning:

»Stellen Sie sich die Freude einer Witwe vor, die ein Kind aufzieht, das genauso wie ihr geliebter verstorbener Ehemann aussieht.«

Eine UFO-Sekte gründet eine Firma, um Menschen zu klonen. Ungeheuerlich, und das in den Tagen nach Klonschaf »Dolly«, in denen alle Welt über die Ethik dieser Technik philosophiert. Doch Bedenken haben die Rael-Anhänger nicht. Der Genexperte Prof. Burghardt Wittig von der Freien Universität Berlin wendet aber ein: »Es ist bisher ungeklärt, ob dieses Klonen funktioniert.« Und Ulrich Schneider, Forschungschef des Deutschen Institutes für Reproduktionsmedizin in Bad Münster, weist darauf hin, daß der Erfolg solcher Projekte bei verschwindenden 0,1 Prozent liegt.

Die Nachrichten schlugen in den Medien[152] in der Tat ein wie eine Bombe. Der Guru hätte allerdings Pech, sollte er wirklich klonen. Das seriöse Fachblatt

New Scientist[153] meldete, daß genetisch manipulierte Mäuse nicht nur kleinwüchsig bleiben, sondern auch die Lust am Sex verlieren. Nicht ganz im Sinne Verilhons, der ja die freie Liebe predigt.

Auch der UFO-Kontaktler Billy Meier ging nach der Bekanntgabe dieses sonderbaren Planes der Rael-Bewegung auf die Barrikaden. Auf der Homepage seiner Gruppe F.I.G.U. findet sich noch heute der Artikel *UFO-Sekte will Menschen klonen.*[154] Dort erfahren wir, was Billy Meier, der selbsternannte Kontaktler der Aliens von den Plejaden, von seinem Sektenkollegen Vorilhon hält. »Die mit gutem Gewissen als schwachsinnig zu bezeichnende UFO-Sekte ›Rael-Bewegung‹«, beginnt der Hetzartikel gegen Rael, sei nun von allen guten (UFO-)Geistern verlassen. Billy Meier sieht in Rael einen »Lügner, Schwindler und Betrüger«, dessen Gläubige einer »Irrlehre ihres Gurus« folgen würden. Billy Meier, so werden wir es in Kapitel 8 deutlich sehen, ist jedoch nicht besser.

Der Guru Rael scheint in den letzten Jahren in der Tat seine Philosophie auch den körperlichen Reizen zuzuwenden, denn Werner Walter konnte bei seinen Recherchen auch einen Blick in verschiedene Ausgaben des Sektenjournals Apokalypse werfen. Dort wird Rael verdächtig oft mit attraktiven jungen Damen gezeigt. Walter fand sogar Abbildungen, die an Pornographie erinnerten.[155]

Wir denken, daß, selbst wenn es zutrifft, daß Vorilhon anfangs vielleicht wirklich nur die Welt verbessern wollte, man nach diesen Ausführungen erkennen muß, daß er mit der Zeit zu einem nicht ganz ungefährlichen Guru wurde, vor dessen Bewegung man nur warnen kann. Die Rael-Bewegung, deren Anhänger auch des öfteren versucht haben, Lars A. Fischinger für sich zu gewinnen, hat sich von einer wirren Gruppe zu einer mächtigen Sekte entwickelt.

KAPITEL 7

Omnec Onec – die Frau von der Venus

Wußten Sie, liebe Leserinnen und Leser, daß die Erde von Venusianern besiedelt wurde? Wußten Sie, daß auf unserem Planeten Außerirdische mitten unter uns wohnen, daß der mythische Kontinent Atlantis unterging, weil seine Bewohner unachtsam Atomversuche durchführten, daß Wesen des Alls die Regierungen bereits über das falsche Verhalten der Menschheit informiert haben, daß die sogenannte arische Rasse oder besser die Weißen von der Venus, die farbigen Menschen vom Jupiter, die Indianer vom Saturn und zuvor vom Merkur (der unbewohnbar wurde) und die gelbe Menschenrasse vom Mars stammen, daß alle Planeten unseres Systems bewohnt sind oder waren und daß es zwölf Planeten gibt sowie einen zweiten Asteroidengürtel, der die Sonnenenergie für die ferneren Planeten »verstärkt«?

Nicht? Doch diese und zahlreiche weitere »Thesen« stammen von einer Frau, die es wissen muß: von Omnec Onec alias Sheila, einer Frau, die von sehr weit her zu uns gekommen ist, von der Venus.

Die Astronomie des 19. Jahrhunderts und die Spekulationen der fünfziger Jahre zeigen, daß viele Menschen, Wissenschaftler wie Laien, der Überzeugung waren, Planeten wie Mars oder Venus seien von intelligenten Wesen bewohnt. Man denke an die Berichte über die »Mars-Kanäle«, die der Mailänder Astronom Giovanni Schiaparelli auf seiner Marskarte von 1878 erstmals darstellte, an den Planeten Venus als »Mutter aller UFOs« (zum Beispiel bei George Adamski, s. Kapitel 1) oder auch an die in früheren Zeiten geäußerten Mutmaßungen über Mondbewohner. Diese Überzeugungen, die ein Resultat mangelnder Kenntnisse in der Astronomie waren, führten zu Überlegungen wie denen des Mathematikers Karl Friederich Gauß, der 1820 vorschlug, in Sibirien ein gigantisches Weizenfeld in Form eines rechtwinkligen Dreiecks anzupflanzen, an dessen Seiten durch ebenso gigantische Kiefernwälder der Satz des Pythagoras dargestellt werden sollte. Auch der Physiker Joseph von Littrow hatte eine Idee, mit der er mit vermeintlichen Marsbewohnern Kontakt aufnehmen wollte: Er schlug 1840 vor, in der Wüste Sahara ein Loch von 40 Kilometern Durchmesser zu graben, es mit Kerosin zu füllen und mit einem Streichholz zu entzünden. So sollten intelligente Signale von der Erde ins All scheinen.[156]

Heute nimmt kein Wissenschaftler mehr diese Spekulationen über Intelligenzen auf dem Mars oder sonstwo in unserem Sonnensystem ernst. Und die alten Versuche, von der Erde intelligente Signale ins All zu senden, wirken nur noch bizarr. Doch die esoterisch-ufologischen Gruppen haben diese Thematik noch lange nicht ins untere Schubfach verbannt und dort abgelegt, sondern reden eifrig weiter von Venusianern, Jupiterbewohnern und Marsmenschen sowie von allerlei anderen Wesenheiten, die nicht auf der Erde wohnen. Daten, die durch Sonden beispielsweise von der Venus zur Erde gefunkt wurden, sind nach diesen Thesen gefälscht, und die wahren Informationen werden unter Verschluß gehalten.[157]

Omnec Onec, die Frau, die von der Venus kam, vereinigt in ihrer Person zahlreiche dieser Spekulationen, pseudo-religiösen Gedanken und ufologischen Gemeinplätze. In ihrem Buch *Ich kam von der Venus*[158], einer Publikation, die als »Autobiographie« in unseren Buchläden erhältlich ist, schildert sie eine Welt voller bizarrer und verworrener Gedanken. Sie behauptet, sie sei auf der Venus geboren, in jungen Jahren mit einem UFO auf die Erde gelangt und hier von ihren irdischen Eltern erzogen worden, bis sie sich eines Tages entschloß, an die Öffentlichkeit zu gehen.

Auch wenn angebliche Kontakte zu Menschen von der Venus so alt sind wie die UFO-Geschichte und vor allem die Geschichte der »Kontaktler«, wie es die zahlenmäßig kaum mehr zu erfassenden Geschichten belegen[159], sind die Anhänger von Omnec Onec dennoch offenbar von der Wahrheit der Story überzeugt. Schon immer gab es Menschen, die von sich behaupteten, sie seien in venusianischen UFOs durch die kosmischen Gefilde geflogen, wie beispielsweise 1957 der Italiener Luciano Galli (Rom) oder auch um 1941 der Kanadier Arthur Henry Matthews (Quebec). Auch Omnec Onec schildert solche Weltraumflüge.

Wir erfahren in der seltsamen Autobiographie dieser Außerirdischen über den Tag X, den Tag ihrer Ankunft auf der Erde, folgendes:

> »Es war tief in der Nacht in den abgelegenen Bergen der Wüstenwildnis von Nevada, als das leuchtende Raumschiff aufsetzte. Das merkwürdige Summgeräusch wurde schwächer und schwächer. Dann tauchte wie aus dem Nichts eine runde Öffnung in dem kreisförmigen Schiff auf, und mehrere Gestalten stiegen hinab in das Scheinwerferlicht eines sich nähernden Autos. Einer war ein großer stattlicher Mann mit langem blondem Haar, das saüber unter einem Hut versteckt war. Neben ihm standen ein kleines Mädchen und der Pilot des Raumschiffs. Minuten später befanden sich der große Mann und seine kleine blonde Nichte auf dem Weg hinunter zur holprigen Wüstenstraße, während das mysteriöse Raumschiff in den Sternenhimmel davonschoß.«[160]

Diese wie schlechte Science-fiction anmutende Geschichte schildert die Ankunft von Omnec Onec. Sie war das kleine Mädchen, das aus dem UFO kam, und der Mann neben ihr »war Odin, mein geliebter Onkel«. Omnec Onec kam, wie viele andere ihrer Rasse seit Jahrtausenden, von der Venus auf die Erde. »Aus karmischen Gründen« hatte sie sich entschlossen, ihr Leben auf der paradiesischen Venus aufzugeben und fortan auf der Erde, auf einem bisher immer noch geistig armen Planeten im Sonnensystem, zu leben. Sie ist aber nicht allein, denn Tausende von Menschen von allerlei anderen Planeten teilen ihren Lebensweg. Die Erde ist ein Tummelplatz der Außerirdischen.

Omnec Onec wurde auf der Venus in einem Dorf geboren, das Teutonia hieß, also »von Deutschland abstammend«, da es »im Andenken an einen brillanten deutschen Wissenschaftler benannt [wurde], der zur Venus kam und zum Wachstum unseres Volkes dort beitrug«.[161] Welches brillante Genie aus Deutschland zum Planeten der unbegrenzten Möglichkeiten auswanderte, verrät sie uns nicht.

Daß kein vernünftiger Mensch heute die Überzeugung vertritt, wir Menschen der Erde hätten Nachbarn auf der Venus oder auf einem anderen Planeten in unserem bescheidenen Sonnensystem, dafür hat die Venusfrau gleich eine Erklärung parat. Schließlich sollen dem leichtgläubigen Leser keinerlei Zweifel kommen, und so lesen wir kurz und bündig:

> »Aus persönlicher Erfahrung weiß ich, daß die meisten der gängigen Vorstellungen über unsere Planeten weit von der Wahrheit entfernt sind. Es ist das größte Regierungsgeheimnis des Jahrhunderts, daß fortgeschrittene menschliche Zivilisationen auf vielen Planeten in unserem Sonnensystem entdeckt wurden. Und die Raumschiffe, die täglich am Himmel gesehen werden, stammen von einigen von ihnen. Die Regierungen der Welt wissen auch, daß Menschen wie ich zu Tausenden unerkannt unter der Erdbevölkerung leben.«[162]

Damit ist schon alles gesagt: Die Regierungen der Länder der Erde sind ein gigantisches Verschwörungsinstitut. Auch wenn die pseudo-außerirdische Frau versucht, Gründe für die Geheimhaltung in ihrer Publikation anzuführen, ist die These der Verschwörung doch ein alter Hut. Wir sind der Meinung, daß diese Spekulation eben deshalb so oft in der esoterischen UFO-Sparte vorkommt, weil sie nie zu widerlegen ist. Und Bücher zu allerlei Verschwörungstheorien sind auf dem deutschen Buchmarkt immer ein Renner. Esoterische Autoren und angebliche Freunde von Außerirdischen nutzen diese Thesen ferner auch deshalb, um ihren wirren Ideologien und Ansichten einen »wissenschaftlichen« Touch zu verleihen, der ausdrücken soll, daß der jeweilige Verkünder dieser Thesen mehr weiß als die anderen. Erfolg unter leichtgläubigen Menschen scheint vorprogrammiert zu sein.[163]

Die Venusfrau berichtet uns weiter, daß »vor Millionen von Jahren« die erste Expedition von der Venus auf die Erde (»Kal Na-ar« = »negatives Kind« genannt) kam. Weiter will sie wissen, daß die Aliens die Evolution der Erde aufmerksam beobachtet haben. Dies sei möglich, da »die Planeten eines Sonnensystems nicht alle auf einmal geschaffen werden. Sie entstehen kontinuierlich, reifen und sterben«. Das steht deutlich im Widerspruch zu den Erkenntnissen der modernen Astrophysik über die Entstehung unseres Systems. Daran ändert auch die Tatsache nichts, daß Omnec Onec behauptet, daß die Planeten, wenn sie sterben, verlassen und daraufhin andere Himmelskörper besiedelt werden. UFO-Trecks durchkreuzen also das Sonnensystem auf der Suche nach einer neuen Heimat...Grüße von *Battlestar Galactica?*

Was aber wollten die Aliens »vor Millionen von Jahren« auf unserer Erde? Nun, sie sahen sich alles an, sahen die üppige Vegetation, aber sie stellten dennoch schnell fest, daß die Erde extrem ungeeignet für eine Besiedelung war. Auch für diese absurde Behauptung hat die Venusianerin eine »Erklärung«. Da die Erde nur einen Mond hat, wirkt sich dieser sehr negativ auf den gesamten Planeten und seine Lebensformen aus. Es fehlt schlicht und einfach ein zweiter Mond zum »Ausgleich«. Deshalb haben wir hier Gezeiten, »negative Gefühle«, kurze Lebensspannen, Depressionen, zu viele Krankheiten, gröbere Schwingungen und auch Geisteskrankheiten. Ein zweiter Begleiter oder schlicht kein Mond würden all dies beseitigen. »Deshalb ist die Erde in diesem Sonnensystem einzigartig«, stellt die vermeintliche Außerirdische fest.[164] Und wieder irrt Omnec Onec in ihren rätselhaften Aussagen, denn auch der (angeblich belebte) Planet Pluto hat nur einen einzigen Mond; ein offenbar »irrtümlich« übergangener Fakt der Astronomie.

In diesen Zeiten, so heißt es weiter,[165] befand sich auch ihr Heimatplanet Venus im Umbruch. Eine »planetarische Revolution, wie sie die Erde noch nicht gesehen hat«, wurde vom »gemeinen Volk« angezettelt. Ohne einen Tropfen Blut zu vergießen, stürzte das gesamte Kapitalsystem der Venus in sich zusammen, was dazu führte, »daß die einst Reichen und Mächtigen keine andere Wahl hatten als die, sich selbst zu ändern oder den Planeten zu verlassen«. So einfach geht das auf der Venus.

Diejenigen, die sich nicht anpassen wollten, richteten ihren Blick zur Erde und versuchten dort, sich eine neue Existenz aufzubauen. Sie besaßen »Sonnen- und Atomkraft«, Elektrizität, Apparate »die der moderne Mensch noch nicht wiederentdeckt hat«, »einschließlich Raumschiffen mit Antigravitationsantrieb«. Hier angekommen, bauten sich die einstigen Bonzen der Venus eine Welt auf, die der vorherigen auf der Venus sehr ähnlich war. Doch Habgier, Naturkatastrophen, Kriege und Atombombenabwürfe, alles ausgelöst durch die negative Atmosphäre der Erde (da nur ein Mond vorhanden), richteten die »Kolonialzivilisationen« von Generation zu Generation immer weiter zugrunde.

Natürlich weiß Omnec Onec, wo einst diese Venusmenschen ihre neue Kultur erbauten: auf den versunkenen Kontinenten Atlantis (im Atlantischen Ozean), Mu (im Pazifik) und Lemuria (im Indischen Ozean). Lemuria und dessen Hauptstadt »Kharahota« sollen dabei eine der am weitesten entwickelten Zivilisationen gewesen sein. Doch auch dort, wie einst auf der Venus, herrschten Unterdrückung und böse Machenschaften. Lemuria ging unter, und die Hauptstadt liegt heute unter dem Sand der Wüste Gobi verborgen und harrt dort ihrer Entdeckung (s. auch Kapitel 10).

Auch Atlantis, das im Atlantischen Ozean gelegen haben soll, wuchs und entfaltete sich prächtig. Doch den Atlantern stieg ihre Technologie »über den

Kopf«, was ihre »spirituelle Reifung« blockierte. Den endgültigen Untergang der Superinsel schildert Omnec Onec so:

> »Aufgrund nuklearer Tests und anderen Technologiemißbrauchs zerbrach der Kontinent, und die letzten Inseln versanken an einem Tag im Meer und hinterließen sehr wenige Überlebende.«

In der Zeit, in der angeblich der von Venusianern besiedelte Kontinent Atlantis durch außerirdische Unachtsamkeit vernichtet wurde,[166] kamen Menschen von der Venus, dem Mars, dem Saturn und dem Jupiter, die sogenannte Bruderschaft der Planeten, um die Erde zu »führen«. Sollten all diese Aussagen der Venusianerin noch nicht reichen, beschreibt Omnec Onec dann noch, daß diese Außerirdischen die Erde besiedelten. Das wollen wir an dieser Stelle ausführlicher zitieren:

> »Eine weiße Rasse, die viele Leute als die Arier kennen, kam von der Venus. Wir sind die großen ›engelhaften Wesen‹, von denen so oft in euren UFO-Kontaktberichten die Rede ist. Normalerweise sind wir 2,40 bis 2,70 Meter groß und bekannt für unser langes blondes Haar und unsere blauen oder grünen Augen. Unsere Hände sind breit, mit langen, sich verjüngenden, schlanken Fingern, die sich gegen den starken Mittelfinger biegen, so daß die Hand fast wie die Flamme einer Kerze aussieht. [...]
> Eine gelbe Rasse stammt vom Planeten Mars. Dies sind schmächtige Menschen, klein von Statur, mit goldenem oder dunkelbraunem Haar und oliver bis gelber Hautfarbe. Ihre großen geschlitzten Augen sind grau bis dunkelbraun. Die Marsianer sind bekannt für ihre verschlossene Art und für ihre futuristischen, mehrgeschössig gebauten Städte, die wir in Science-fiction-Illustrationen sehen. (Die marsianische Lebensschwingung liegt natürlich auch nicht in unserem physischen Dichtegrad.) [Das dachten wir uns schon, d. Autoren] Die Marsianer sind mit der Geschichte der Orientalen und der alten Spanier verbunden.
> Eine rote Rasse kam vom Saturn zur Erde, obwohl sie sich zuerst auf dem Merkur entwickelte. Eine Veränderung in der Umlaufbahn von Merkur brachte den Planeten näher an die Sonne, und als die Lebensbedingungen sich verschlechterten, wanderten die Leute zum Saturn aus. Die Saturnier haben rotes bis braunes Haar und einen rötlichen Teint mit gelben bis grünen Augen, ein hochgewachsenes, stämmiges Volk, dessen Angehörige in unserem Sonnensystem für die athletische Figur bekannt sind. Zu ihnen gehören auch die Atlanter und die amerikanischen Indianer, die ihren Ursprung zurück bis Saturn verfolgen können. Unter anderem wurden auch die Ägypter und die Azteken sehr stark durch die Saturnier beeinflußt.

Eine schwarze Rasse entwickelte sich auf dem Jupiter. Dies ist ein hochgewachsenes, majestätisch aussehendes Volk mit breiten Gesichtern und breiten Kiefern. Die Haarfarbe der Jupiteraner ist von einem tiefen glänzenden Schwarz, und die Farbe ihrer Augen reicht von Purpur bis Violett. Dieses Volk ist auch für seine wundervollen Stimmen bekannt. [...] Seine Abkömmlinge leben in Afrika und anderen Teilen der Welt.«[167]

Diese ohne jeden Beleg angeführte Rassenlehre verbreitet Omnec Onec. Sie ist für sie ein verifizierter Fakt. Tatsache ist zwar, daß die von ihr Arier genannte »Rasse«, also die »engelhaften« Wesenheiten, auch bei UFO-Entführungen beschrieben wurden und werden, aber die in den USA so oft beobachteten »Greys« scheint Omnec Onec vergessen zu haben.[168] Doch es ist interessant zu erfahren, daß fast ausnahmslos alle Kontaktler ihre Menschen von der Venus als »Schönlinge« mit blondem oder goldenem Haar und normalem bis größerem Wuchs beschreiben. Auch in den fünfziger und sechziger Jahren wurden die Venusmenschen so von ihren irdischen »Kanälen« geschildert. So etwa von dem Kanadier Arthur Henry Matthews, der auf seiner Farm von zwei 1,80 Meter großen Venusmenschen kontaktiert wurde, die goldene Haare und blaue Augen hatten. Sie stellten sich ihm mit den Worten vor: »Wir sind von der Venus.«[169] Auch Samuel Eaton Thompson will 1950 bei Markham, Washington, USA, ein paar Venusianer getroffen haben, die schönes blondes Haar hatten und ihm selbstverständlich allerlei Weisheiten offenbarten und ihre UFO-Technik vorführten.[170]

Am Beispiel der Schilderungen von Omnec Onec über den einstmals bewohnten Merkur, den der Sonne nächsten Planeten, zeigt sich einmal mehr, wie einfach und kindlich die Vorstellungen und Thesen der »Außerirdischen« gehandhabt werden. Wird der Merkur unbewohnbar, wandern dessen Bewohner einfach zum Saturn. Wahrscheinlich ähnlich wie bei der Revolte auf der Venus, bei der die reichen und uneinsichtigen Venusmenschen der Oberschicht zur Erde flogen.

Tatsächlich kennen die Evolutionsforscher die Herkunft der einzelnen Menschenrassen noch nicht, es gibt verschiedene Thesen. Sollten wir aufgrund dieses bisher nicht zufriedenstellend geklärten Problems nun die Pseudolehren der Omnec Onec anerkennen? Und gar die immer wieder von den Kontaktlern erhobene Behauptung, auf den Planeten unseres Sonnensystems gäbe es Lebewesen? Wohl kaum!

Wild ging es in jenen Tagen auf der Erde zu: Die Außerirdischen von Saturn, Venus etc. gaben sich bei ihren ausgewanderten Brüdern auf der Erde ein lustiges Stelldichein. Sie wollten den hier siedelnden Wesen spirituelle und technologische Unterstützung zuteil werden lassen, bauten die Zivilisation von Atlantis auf (die Menschen des Saturns), es gab »enge Beziehungen zwischen Außerirdischen und den Pharaonen«, und in den Reihen der Leute, »die die

Pyramiden erbauten, waren Menschen von anderen Planeten« vertreten. Auch die Kultur der Ägypter entstand so.

In den Zeiten des Alten Testaments, so will Omnec Onec weiter wissen, kamen zahlreiche der darin vorkommenden Personen (wohl Moses etc.) von den Sternen, um hier spirituelle Botschaften zu verbreiten. Auch sind diese Aliens damals in »Gesellschaften« (welche?) eingeschleust worden, um den Menschen im verborgenen zu helfen. Selbstverständlich »wird es heute wieder gemacht«. Am Ende des letzten Weltkrieges erschienen plötzlich zahlreiche UFOs am Himmel, und einige Menschen entwickelten »Radarstrahlen, die schließlich die Venus erreichten«:

> »Beobachtungsstationen dort empfingen etwas, das Notsignale von der Erde zu sein schienen. Es wurde von Raumschiffen in der Nähe der Erde eine Antwort gesendet. Die Experten auf der Erde konnten die Signale natürlich nicht entziffern, berechneten aber richtig, daß die Signale von einem nahen Punkt kamen.«[171]

Seltsam: Haben wir nicht zuvor erfahren, daß die Venusbewohner in einer anderen Dimension leben? Sind also die Signale der Erde in diese Dimension, in diese andere Seinssphäre, gedrungen? Und wenn unsere Erdastronomen das UFO-Funkfeuer der Raumschiffe nahe der Erde »natürlich nicht entziffern« konnten, warum wurde dann angeblich überhaupt eine Antwort geschickt? Fragen über Fragen.

Unsere Nachbarn von der Venus »sandten Forschungsschiffe aus«, um sich von der Menschheit und der Erde am Ende der vierziger Jahre ein Bild zu machen. Sie fanden zu ihrem großen Entsetzen einen Planeten vor, dessen Bewohner Atombomben bauten und einsetzten. Das besorgte die »Wissenschaftler und spirituellen Führer der planetarischen Bruderschaft«, sie sahen in den irdischen Atomwaffen eine »Bedrohung für das gesamte Sonnensystem«.[172]

Erschrocken, daß die Erde von intelligenten, aber nicht sehr reifen Menschen wimmelte, nahmen die Außerirdischen Kontakt mit den Weltregierungen auf. »Ausreichend mit Belegen über ihre Identität ausgestattet«, kontaktierten die Aliens mehrere Präsidenten der USA und andere wichtige Männer auf beiden Seiten des Eisernen Vorhangs und versuchten sie zu überzeugen:

> »Unsere Wissenschaftler machten den höchsten Militärs und den Nuklearwissenschaftlern klar, es sei selbstzerstörerisch, mit den Atomtests fortzufahren. Wir erklärten ihnen, daß die Instrumente in den Labors an Bord unserer Raumschiffe Schäden entdeckt hätten, die der Erde unbekannt waren.
> Hochgezogene Augenbrauen und Einwände waren die Reaktion, als die politischen Systeme zur Sprache kamen.«[173]

All diese verworrenen Aussagen über Atomversuche, so betont die Venusfrau selber, seien »keine bloße Theorie«, andere Planeten hatten dieselben Schwierigkeiten, »bevor die Erde kolonisiert wurde«. Bei diesen angeblichen Treffen der Außerirdischen mit den Menschen soll als Ergebnis herausgekommen sein, daß die UdSSR und die USA sich darauf einigten, ihre Atomversuche nicht mehr auf der Erde durchzuführen. Aber, so bedauert die blonde Omnec Onec, die meisten der Vorschläge der intelligenten Venusmenschen wurden von den führenden Männern der Welt abgelehnt. »Zu viele Leute haben zu großes persönliches Interesse daran, die Wahrheit nicht ans Licht kommen zu lassen«, quengelt sie.

Die Menschen der Venus sind aber nicht nur über die Regierungen und andere »Organisationen« der Welt entsetzt, sondern auch über die Menschen selber:

> »Wir haben eine Menge Feinde hier. Doch obwohl die meisten Menschen uns mit offenen Armen empfangen würden, halten wir die Erde noch immer für einen ungastlichen Planeten. Militärs, Polizei und erschrockene Bürger haben unsere Raumschiffe beschossen, sobald sie ausgemacht wurden, obwohl wir keine Feindschaft gezeigt haben. Das ist ein guter Grund, bevölkerte Regionen zu meiden. Die Bruderschaft nimmt sich in acht vor der Unreife der Erde, die mit dem vergleichsweise niedrigen Alter dieses Planeten zusammenhängt.«[174]

Daß die Menschen von der Venus (oder woher sie gerade kommen mögen) nach Meinung von Omnec Onec die bevölkerten Regionen meiden, ist ein Widerspruch zur allgemeinen UFO-Forschung. Immerhin sehen zahlreiche Menschen auch über Großstädten »UFOs« und ungeklärte Objekte am Firmament herumhuschen.[175] Wahrscheinlich handelt es sich hierbei, um Omnec Onecs Thesen gerecht zu werden, schlicht und einfach um »andere« Aliens. Immerhin gesteht sie ja auch ein, »daß nicht alle UFOs von der Bruderschaft der Planeten oder überhaupt aus unserem Sonnensystem stammen«.

Nach einigen weiteren Vorwürfen gegen die Regierungen und die militärischen Organisationen und deren Politik der Desinformation und Geheimhaltung im Bereich der UFOs stellt Omnec Onec aber zur Freude der Leserschaft fest, daß »trotz der Schikanen unsere Raumschiffe mit ihren Operationen hier fortfahren«. Gott sei Dank! Mit Hilfe »erweiterter Technologie« haben die Beobachtungen der Venusianer auf der Erde angeblich »den höchsten Stand seit Jahrtausenden erreicht«. Die UFOs »patrouillieren« über der Erde, kontaktieren mehr Menschen als je zuvor (eben die Kontaktler), und noch dazu offenbaren immer mehr hier inkarnierte Venus-Leute ihre wahre, kosmische Identität.

Daß unsere Nachbarplaneten belebt sind, ist natürlich eine Selbstverständlichkeit, die mit folgenden »Argumenten« untermauert werden soll:

»Es mag interessant sein zu erwähnen, daß die Anziehungskraft auf der Oberfläche von Saturn und Jupiter nicht so groß ist, wie eure Wissenschaftler annehmen, und daß weder Uranus, Neptun, Pluto noch die anderen Planeten jenseits davon eiskalt sind. Mit Ausnahme von Merkur wird die Oberflächentemperatur nicht in jedem Fall von der Entfernung zur Sonne bestimmt. Es ist wahr, daß Pluto und die Planeten jenseits davon von einem weiteren Asteroidengürtel beeinflußt werden, der die Energie der Sonnenstrahlung verstärkt, indem er wie ein elektrisches Gitterfeld wirkt. Der Gürtel zwischen Mars und Jupiter hat denselben Einfluß auf Jupiter, Saturn, Uranus und Neptun.«[176]

Mehr als Pseudowissenschaft scheint hier nicht vorzuliegen. Auch wenn tatsächlich Kleinplaneten hinter dem Eisplaneten Pluto existieren könnten, so sind doch sämtliche anderen »Aussagen« vollkommen ohne Belang. Auch existiert kein zweiter Asteroidengürtel, der nach diesen Beschreibungen wohl zwischen Neptun und Pluto liegen soll. Aber die Menschen wollen gerne in eine schöne Scheinwelt versetzt werden, in der Tatsachen nicht erwünscht sind, solange diese ihre lieblichen Weltsichten verzerren oder gar widerlegen.

Da auch Omnec Onec weiß, daß jede Entdeckung in der Astronomie ihren Aussagen widerspricht, versucht sie ihre leichtgläubigen Leser zu beruhigen, daß eben doch sie allein korrekte Informationen gibt:

»Seit dem Aufkommen der amerikanischen und russischen Raumfahrtprogramme wurden Sonden zu den benachbarten Planeten geschickt. Hier gab es die ersten Gelegenheiten, in die Atmosphäre eines anderen Planeten einzutauchen und aus nächster Nähe Fotos aufzunehmen. Doch wenn ich an die Zensur denke, bezweifele ich, daß in nächster Zeit irgendwelche Überraschungen bekanntgemacht werden. Die meisten Daten, die zurück zur Erde geschickt wurden, sind nie veröffentlicht worden. Die sorgfältig ausgewählten Beweise für die Unmöglichkeit menschlichen Lebens auf anderen Planeten wurden von der Öffentlichkeit akzeptiert. Schließlich können Raumsonden, die direkt zur Oberfläche gesandt wurden, nicht lügen. Wohl aber die, die sie kontrollieren!«[177]

Die NASA, ein Gruppe von Schwindlern! Und daß die Venus eine Kohlendioxid-Atmosphäre hat, dort rund 500 °C herrschen und die Oberfläche eher der Hölle ähnelt,[178] ist sicher auch falsch bzw. wird der Menschheit falsch weitergegeben. Nicht mehr und auch nicht weniger wollen diese Omnec-Sätze sagen.

Die super-weisen Venusmenschen, die nach Onecs »Autobiographie« hier auf der Erde leben, haben aber keinerlei Interesse daran, den Menschen die wahren Beschaffenheiten der anderen Planeten im Sonnensystem bekanntzugeben. Sie fürchten gar um ihr Leben, wenn beispielsweise ein »angesehener

Wissenschaftler in der amerikanischen Nuklearforschung plötzlich zugeben würde, daß er ein Wissenschaftler von der Venus ist«. Da Omnec Onec offensichtlich nicht oft genug betonen kann, daß unsere Atomtechnik schrecklich ist, fragen wir uns doch sehr, warum sie nun behauptet, Menschen der Venus würden in den USA daran arbeiten.

Der Grund, warum zahlreiche Alien-Wesen irdische Organisationen und Gesellschaften infiltrieren, ist die Sorge der Venusmenschen und deren »Freunde in der Bruderschaft« um uns, da auch sie Ähnliches erlebt haben wollen. »In riesigen Raumschiffen hoch oben in der Erdatmosphäre« sitzen die Wissenschaftler der Außerirdischen und arbeiten fleißig in unserem Sinne an diversen, nicht genannten Projekten. Und die Aliens, die hier leben, brauchen die Negativität der Erde »als Teil ihres Wachstums«. Sie inkarnieren hier, um sich weiterzuentwickeln.[179]

Auch unsere schöne Venusfrau Omnec Onec zog es deshalb zum »Karma-Ausgleich« hierher, obwohl das Leben auf der Venus lieblich paradiesisch war. Die Erde ist derart verdorben, daß die Venusier auf ihrem Heimatplaneten nur und ausschließlich weinen, wenn sie an die Erde und an frühere Lebenszyklen auf ihr denken.

Als Kind hatte Omnec Onec immer Angst, ihre Identität als Alien anderen Menschen zu offenbaren, da sie nicht zu einem Psychiater wollte und außerdem mit Schrecken die menschlichen Alien-Filme sah, in denen meist nur Monster herumliefen. Ebenso beweisen schicksalhafte Schläge in ihrer Kindheit und Jugend (Vergewaltigungen, Handgreiflichkeiten etc.) deutlich, wie böse wir Menschen uns verhalten. Eine Besserung unserer Gesellschaft scheint also nur darin zu bestehen, daß wir unsere »spirituelle« Sicht der Welt ändern, indem wir Omnec Onec glauben.

Die Frau von der Venus ist aber nicht nur in der Lage, von der Lebensweise und den Aktivitäten der Venusbewohner zu faseln, sondern sie erinnert sich in ihrem Buch auch an die Tage vor ihrer Geburt. Kindlich und esoterisch klingt ihre Beschreibung:

> »Es gab im Mutterleib zunächst reichlich Platz. Ich war nur ein kleiner Keim, und Dunkelheit und Wärme erfüllte meine Welt. Als Seele war ich selbst die einzige Lichtquelle, und obwohl ich nicht wirklich sehen oder hören konnte, war ich mir der neuen Welt bewußt, die ich betreten hatte. Ich erinnere mich gut an meine ersten Tage und Wochen im Schoß meiner Mutter Shawik-Echo Lei auf der Venus.«[180]

Angebliche Autobiographien von ebenso angeblichen Außerirdischen beginnen also recht früh. Nun, die Gläubigen verwirren derartige Aussagen nicht, denn schließlich ist Omnec Onec eine Fremde von der Venus, wo so oder so alles anders ist. Ein »wunderbares, friedliches Gefühl« umgab die Venusianerin in der Gebärmutter ihrer Mutter. »Sie versorgte mich mit der nötigen Energie, die ich für den Kraftakt der Geburt brauchen würde«, berichtet die Blondine außerdem noch ihren Lesern.

Damit es der heranwachsenden Außerirdischen im Bauch ihrer Mutter nicht langweilig wurde, verbrachte sie »viel Zeit [damit], über all die Dinge, die ich wußte, nachzudenken«. Unter anderem an ihre früheren Existenzen als »Mineralien, Pflanzen und Tiere« sowie nicht mehr zu zählende Leben als Aliens »auf vielen verschiedenen Planeten«. Interessant ist vielleicht noch, daß Omnec Onec sich ihre neuen Eltern selbst aussuchte, da sie und ihre Mutter einstmals Schwestern auf der Venus gewesen waren. Omnec Onec hat in dieser Zeit ihr Leben für ihre Schwester geopfert, indem sie »das Karma ihrer Krankheit« auf sich nahm. Den neuen Vater kennt sie selbstverständlich auch schon von früher: Er war Arzt und ihr Geliebter, der sich nach dem Ableben von Omnec Onec zu Tode hungerte.[181]

Als es dann endlich soweit war, daß Omnec Onec das Licht der Venuswelt erblicken sollte, wurde sie mit zwiespältigen Gefühlen geboren. Der Schock kam im Kindbett, denn nachdem ihr ihre Mutter ihre Liebe bekundet hatte, verstarb sie, und ihre Seele verschwand.[182]

Auf den weiteren Seiten ihres Buches schildert Omnec Onec ihre Kindheit. Wie sie wohnte, wie mit wem sie was spielte, welchen Beschäftigungen die anderen Venusbälger nachgingen, was man alles auf der Venus lernen mußte und sollte usw. usf. An Kitsch und klischeehaften Aussagen über eine »heile Welt« und ein spannendes Leben übertreffen diese Seiten der Pseudoautobiographie alles, was wir je in unserem Leben gelesen haben. Diese Schilderungen spiegeln schlicht und einfach Wunschgedanken wider: die Sehnsucht nach einer heilen Welt, friedlicher Kindheit und wohlsorgenden Menschen. Diese »Berichte« über mediale Lehren, Kinderspiele auf der Venus, das Aussehen diverser Gebäude, »Ideenseminare«, was immer das sein mag, Tempel und deren Inneres und vieles andere mehr sollen hier nicht näher geschildert werden.

Nachdem sich Omnec Onec über die Art der Blumen, über die Sensibilität der Venusmenschen, über ihren Schmuck und über ihre Musik und Instrumente sowie die Sicht der Welt von einem astralen Bereich aus ausgelassen hat, beginnt der spannende Teil der »Autobiographie«: die Ankunft auf der Erde.

Anders als viele der Venusbewohner vor ihr, so berichtet sie,[183] hatte sie »die ungewöhnliche Gelegenheit«, ihren Astralkörper »auf die irdische, physische Ebene zu verdichten«. Das heißt, sie inkarniert nicht auf der Erde, sondern flog »normal« in einem UFO hierher. Zum Zwecke der Vorbereitung auf ihre irdische Mission reiste sie mit ihrem Onkel in einem kugelförmigen »Luftfahrzeug« nach »Retz«, »weil der Meister uns gerufen hatte«. Dieser Venusmeister war Kanjuri, »ein älterer Mann mit bemerkenswert weißem, fast silberweißem langem, fließendem Haar«.

Von diesem und auch anderen Meistern oder Lehrern der venusianischen »Oberschicht« wurde sie mit allem Wissen für ihr bald bevorstehendes Leben auf dem Planeten Erde bedacht. Nach einigen Fahrten durch fragwürdige Astralebenen – in einigen tummelten sich gar böse Wesenheiten – begab sich die Außerirdische in ein Venus-UFO vom Typ »Konvoi«, mit dessen Hilfe sie an einem zylindrischen Mutterschiff im All andockte.

Das UFO der Bauart »Konvoi«, das durch »Trennung von Molekülen« fliegen konnte, ist für uns sehr interessant, da Omnec Onec auch Zeichnungen dieses Objektes abbildet. Und diese entsprechen bis ins allerkleinste Detail den UFOs, die der Ur-Kontaktler George Adamski (s. Kapitel 1) am 13. Dezember 1952 durch sein Teleskop in Kalifornien fotografiert haben will. Wie bereits geschildert, hat der US-Journalist Charles Eckhardt schlüssige Beweise dafür vorgelegt, daß die »Adamski-Scoutschiffe« nur gewöhnliche Deckenlampen waren, die von dem Kontaktler entsprechend fotografiert wurden.[184] Nun aber behauptet auch Omnec Onec, deren Buch in den USA erstmalig 1991[185] (*From Venus I Came,* Verlag Wendelle C. Stevens), also grob 40 Jahre nach George Adamskis Storys, veröffentlicht wurde, sie habe die gleichen Raumschiffe benutzt. Wir wissen nicht, ob Omnec Onec 1991 wußte, was Charles Eckhardt herausgefunden hatte. In Deutschland wurde die Entdeckung bereits 1986 von dem UFO-Forscher Werner Walter von der Organisation CENAP publiziert. Ob die Venusfrau eventuell ihren UFO-Typ anders beschrieben hätte, hätte sie diese vernichtenden Analysen gekannt?

Nun, auf jeden Fall flog Omnec Onec mit dieser Lampe zu einem großen UFO-Mutterschiff in Form eines Zylinders oder auch Torpedos, an dem ihr kleines UFO, das nur für kurze Flüge konzipiert war, andockte. Im unteren Deck des Mutterschiffs war Platz für rund 50 dieser UFOs. Nun will sie diese Maschine betreten haben und wurde von einem Mann vom Saturn und einer wunderschönen Frau vom Mars empfangen. Aber auch Menschen von der Venus und vom Jupiter, mit denen ein gemeinsames Essen anstand, tummelten sich in dem multi-kulturellen UFO.[186]

Zweck und Funktion eines solchen Mutterschiffes ist nach der Venusianerin rein wissenschaftlich. Die Schiffe erforschen die Atmosphären der verschiedenen Planeten im Universum und teilen anderen Wissenschaftlern ihre Ergebnisse mit, denn auch die fortgeschrittenen Menschen des Alls wissen noch nicht alles über das Universum.

Die Zeit verging sehr schnell auf dem Flug zur Erde. Omnec Onec fand es interessant und erstaunlich, daß sie plötzlich einschlief, denn Schlaf hatte sie als »astrales« Wesen natürlich nicht gekannt. Irgendwann am Ende des zweiten Tages war es dann soweit: Sie sah aus einem der zahllosen Bullaugen die Erde.

Das Mutterschiff parkte am Rande der Erdatmosphäre, und Omnec Onec und ihre Helfershelfer stiegen erneut in ein »Konvoi-UFO« um, um bis zur Erde niederzusteigen. Der Pilot »Odin« steuerte die fliegende Untertasse sicher nach »Agam Des«, »einer spirituellen Stadt im Himalaja-Gebirge«. »Die meisten der Raumfahrer kommen zuerst in Agam Des an, um sich an die niederen Schwingungen auf dem Planeten Erde zu gewöhnen«, begründet Omnec Onec diesen Umweg.[187]

Dort gelandet, bereitete sie sich auf den letzten Teil ihrer Reise nach Nevada vor. Mit dem kleinen UFO flog sie nach ihrer spirituellen »Anpassung« dorthin. Nach zehn Minuten konnten sie das UFO verlassen, denn erst mußte sich das Energiefeld zerstreuen. Sie stiegen aus, und in dem Augenblick kam schon der Wagen, ein Cadillac Fleetwood, der sie abholen sollte. Omnec Onec kleidete sich wie Sheila, das Mädchen, das sie nach dem bald bevorstehenden Tod durch einen Busunfall »ersetzen« sollte, und genoß die Fahrt in dem Auto. Zwar mußte sie sich erklären lassen, was eine Hupe ist, warum man tanken muß, was genau Kartoffelchips sind, was ein LKW, was ein Motel ist, daß das Geld auf der Erde nur Scherereien verursacht, daß Rindfleisch schwer zu kauen ist und zwischen den Zähnen steckenbleibt sowie viele andere Probleme des neuen irdischen Lebens, aber das schreckte die Außerirdische nicht von ihrem neuen Leben auf der Erde ab.

Das Auto mit dem Onkel Omnec Onecs und dem Marsmenschen fuhr zu der Stelle, an der der Bus verunglücken sollte. Die Außerirdischen entfernten nach dem Unfall Sheilas Körper, und Omnec Onec nahm ihre Identität an. Sie wurde so in die irdische Gesellschaft integriert. Niemand hatte etwas gemerkt, denn es war ja dunkel, und nach dem schrecklichen Unfall herrschte ein Durcheinander.

Omnec Onec fuhr zu ihrer irdischen Großmutter und begann ein Leben als »Mensch« von den Sternen. Sie ging zur Schule, spielte und führte ein durchschnittliches Leben, bis sie sich der Menschheit als Alien offenbarte.

Nun, die selbsternannte Frau von der Venus will der Leserschaft natürlich nicht nur Philosophien von der Venus und kitschige Beschreibungen ihrer Heimat liefern, sondern auch »Informationen« über die Planeten des Universums und deren Bewohner. In diesem Zusammenhang spricht Omnec Onec von einer »Bruderschaft der Planeten«. Praktisch sämtliche esoterische UFO-Fanatiker behaupten immer wieder, die Planeten des Alls hätten sich zu einer Konföderation oder Bruderschaft zusammengeschlossen, der die Erde nicht angehöre, da wir Menschen primitive Irrläufer seien.

In dem Kapitel »Die Bruderschaft der Planeten« gibt auch Omnec Onec diese irrationalen Lehren weiter. Dort erfahren wir beispielsweise:

> »Einige Planeten befinden sich noch im Rückstand, so wie die Erde. Darauf reagiert jede höhere Zivilisation im Sonnensystem besorgt. Immer wenn technischer Fortschritt die spirituelle Reife überholt, stehen große Schwierigkeiten bevor [dies soll ja auf der Erde so sein, d. Autoren].
> Wie ich zuvor erwähnte, gibt es auf der Venus, auf Mars, Jupiter, Saturn, Uranus, Neptun und Pluto menschliches Leben in entsprechender Form. Ich erfuhr, daß die Planeten jenseits von Pluto unbewohnt

und noch namenlos sind. Dies kann sich verändert haben, seit ich die Venus verließ.«[188]

Da die irdische Wissenschaft nicht das kleinste Indiz für Leben auf den anderen Planeten unseres Systems hat, wollen wir diese Aussagen zunächst ignorieren. Der Richtigkeit halber müssen wir aber einräumen, daß in dem Marsmeteoriten ALH84001, der 1984 in der Antarktis gefunden wurde, möglicherweise versteinerte Überreste bakteriellen Lebens gefunden wurden, wie es im Sommer 1997 durch die Weltmedien ging. Ebenfalls müssen wir einwenden, daß es auf dem Jupitermond Europa eventuell bakterielles Leben in einer Art Ozean unter dem Eispanzer geben könnte, wie die Daten der Raumsonde Galilei nahelegen. Doch intelligente Wesen wie die Menschen sind nach unserem Verständnis im Sonnensystem nicht zu erwarten. Aber nach der Venusianerin Omnec Onec sind ja alle irdischen Meßdaten verfälscht. Wie soll man dagegen argumentieren? Zumal notfalls andere Sphären herangezogen werden, die dann eben von Leben wimmeln.

Erstaunlich ist, daß die Planeten hinter dem Pluto keinen Namen haben. Verglichen mit irdischen Astronomen und Forschern, die jeden noch so kleinen Körper im All mit einem Namen versehen, scheinen die »anderen« Wissenschaftler aus unserem System nicht auf solche Kleinigkeiten zu achten.

Omnec Onec offenbart in ihrem Buch ihre gesamte Unkenntnis der modernen Astrophysik wie der Mathematik:

>»Ursprünglich gab es nur vier Planeten – Merkur, Venus, Erde, Mars und Jupiter. Die übrigen der zwölf wurden anschließend durch einen kontinuierlichen natürlichen Prozeß von Schöpfung und Zerstörung geformt. Ständig entstehen und vergehen Planeten. Dies widerspricht dem, was viele irdische Wissenschaftler annehmen.«[189]

In der Tat. Es widerspricht der irdischen Astronomie auf das schärfste. Ebenso irrsinnig ist die Aussage, der Merkur sei durch Atomtests in eine andere Umlaufbahn geschleudert worden, so daß die Bewohner in ihren UFOs zu dem zu dieser Zeit unbewohnten Saturn übersiedeln mußten. »Die Erde hat vielleicht nicht dieses Glück«, droht Omnec Onec.

Auf all diesen Planeten ist das Leben wunderbar. Wir Menschen können einfach nicht richtig leben. Unsere materielle Wissenschaft ist weit über den Stand der spirituellen Erkenntnis hinaus gewachsen. Eigentlich, so scheint Omnec Onec in ihren seitenlangen esoterischen Ausführungen sagen zu wollen, sollten Technik und Spiritualität proportional wachsen.

Die »Bruderschaft der Planeten«, nach der Venusianerin eine Art »Interessenverband«, ist dazu gegründet worden, um einem Planeten in Not mit (beispielsweise) Pflanzen auszuhelfen, UFOs in Gefahr bergen zu können und gemeinsam zu forschen. Die Erde stehe allein in den Tiefen des Alls, und wir

Menschen seien bis in andere Sonnensysteme hinein für unsere Unfähigkeit bekannt. Durch das Wachstum der Erde ist diese schon mehrfach zu einer Bedrohung für die Planeten in unmittelbarer Nachbarschaft geworden.[190] Nach Ansicht der Mitglieder der planetarischen Bruderschaft ist es also nötig, uns und die Erde zu bewachen. Wir erfahren:

Nach Omnec Onec ist der Mond eine Basis der Venusmenschen.

»Vor vielen Zeitaltern wurde der Mond zu einer Operationsbasis für unsere Arbeit mit der Erde. Hier bauten wir ausgedehnte Kolonien und Transportnetzwerke in abgelegenen Tälern und Kratern. Mehr wird in naher Zukunft über diese Tatsache bekanntgemacht werden. Unter unseren Anlagen befinden sich riesige Hangars, in denen unsere Mutterschiffe sicher gewartet und untergebracht werden können.
Eure Öffentlichkeit wurde bezüglich des Mondes total in die Irre geführt. Monde sind keine toten Satelliten, sondern kleine Planeten, die genauso sorgfältig entworfen wurden wie die Planeten, die die Sonne umkreisen.«[191]

Bis hierher mag der Leser sicher noch darüber schmunzeln, daß Außerirdische allerlei Zweckbauten auf unserem Satelliten unterhalten. Aber die Bauten hätten nach diesen Lehren aus der Astronomie der Venusianerin auch oberhalb des Mondbodens errichtet werden können. Und zwar aus folgendem Grund:

> »Der Mond der Erde hat eine Atmosphäre, die menschliches Leben ermöglicht. Auf seiner Oberfläche finden sich Wasser, Vegetation, Bakterien, Insekten und kleine Tiere.
> Die Mondoberfläche besteht größtenteils aus Wüste, und die Temperaturen liegen sehr hoch. Noch sind unsere Leute in der Lage, ebenso wie andere Besucher, an der freien Luft ohne spezielle Umweltausrüstung zu überleben. Im Laufe der Zeit kann sich der menschliche Körper an die verdünnte Atmosphäre anpassen. [...] ich habe mich sogar selbst davon während einer außerkörperlichen Erfahrung[192] überzeugt.«[193]

Diese pseudowissenschaftlichen Lehren werden nicht nur in der esoterischen UFOlogie immer wieder angeführt, sondern auch von vielen anderen. Tatsächlich wäre es der Beweis für die Paläo-SETI-Forschung[194], wenn außerhalb der Erde technische Artefakte entdeckt würden, die nicht von Menschenhand stammen. Da dies aber bisher nicht der Fall war, sollten Omnec Onecs Aussagen, die ja nicht von einer Forschung in diesem Bereich sprechen, sondern diese Bauten als Fakt anpreisen, völlig ignoriert werden.

Das Buch der Venusianerin verweist in einer Fußnote auf das 1981 in den USA publizierte Buch *We Discovered Alien Bases on the Moon* der Adamski-Jünger Glenn und Fred Steckling, das in Deutschland unter dem Titel *Wir entdeckten außerirdische Basen auf dem Mond*[195] erschienen ist. Auch wenn dieser Band mit rund 120 NASA-Bildern zu beweisen versucht, daß es Alien-Technik auf dem Mond gibt, so bedarf es doch einer ausschweifenden Phantasie, um auf den abgedruckten Bildern Strukturen und Gebäude zu erkennen.

Auch das »Marsgesicht« und andere vermeintliche Bauten auf dem roten Planeten, wie sie beispielsweise Richard C. Hoagland in *The Monuments of Mars*[196] (in Deutschland *Die Mars Connection*[197]) beschreibt, haben sich letztlich nach in der Tat beeindruckenden Hinweisen (leider) als natürliche Formationen erwiesen. Die US-Raumsonde Mars Global Surveyor der NASA funkte ein neues Bild des Marsgesichts zu Erde, das Anfang April 1998 durch die Presse und das Internet[198] ging. Nichts Außerirdisches war mehr zu erkennen, und einige, wie Richard C. Hoagland, gehen nun selbstverständlich von einer Verschwörung der US-Regierung und der Raumfahrtbehörde NASA aus. Also wieder Fehlinformationen für die Menschheit![198]

Nach diesem Ausflug zum Mond scheint es bei Omnec Onec richtig spannend zu werden, denn sie will ihren Lesern die Technik der Venus-UFOs erklären. Gerade dies ist ja für uns nicht uninteressant.

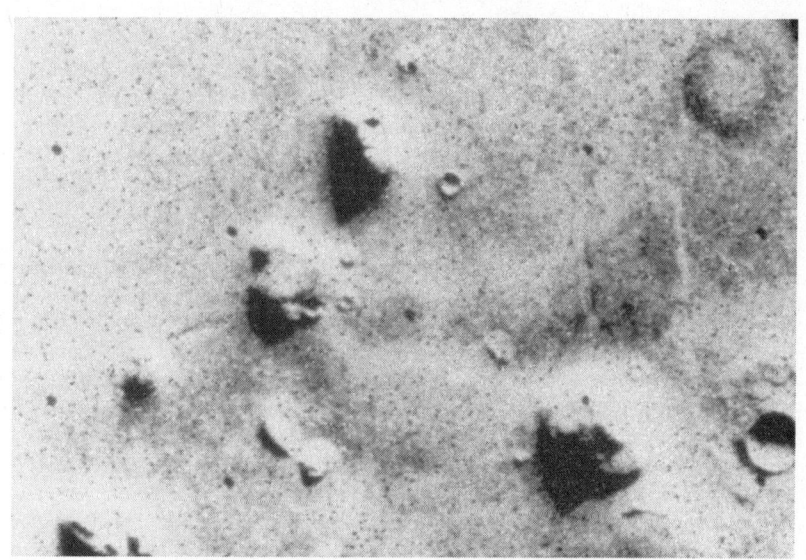

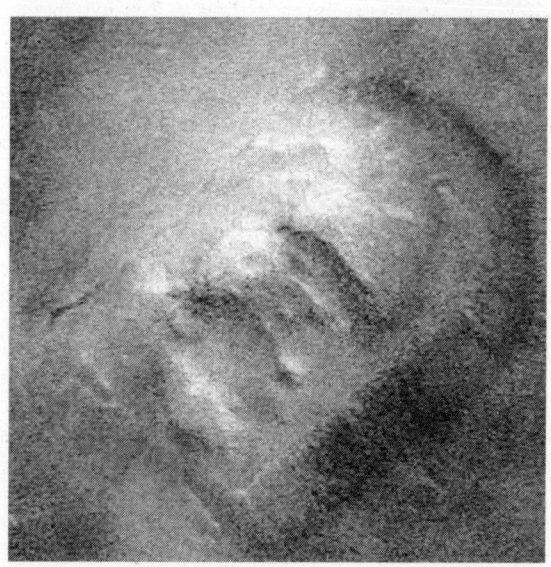

Das Marsgesicht war nur eine optische Täuschung. In Wirklichkeit handelt es sich um einen zerklüfteten Gebirgszug (unten: Aufnahme vom April 1998).

Wir lesen dort:

»Unsere Raumschiffe [...] sind fähig, Operationen auszuführen, die wie Wunder erscheinen, indem sie die natürlichen Energien des Raumes nutzen, die solare und die magnetische Energie. Unsere Schiffe sind nicht nur unbeeinflußt von Schwerkraft und Reibung, sie können auch während enormer Geschwindigkeiten manövrieren.«[200]

Diese Angaben lesen wir in jedem guten und schlechten Buch über UFOs. Aber Omnec Onec weist selber darauf hin, daß diese phantastischen Flugmanöver »und extremen Beschleunigungs- und Verzögerungswerte, die theoretisch alle Insassen an Bord zerquetschen würden«, auch auf irdischen Radarschirmen beobachtet wurden. Tatsache in der UFO-Forschung ist es, daß mehrfach UFOs, also unidentifizierte Flugobjekte, am Radar beobachtet werden konnten, die irrwitzige Manöver vollführten. Beispielsweise um 1990 im Rahmen der ausführlich dokumentierten belgischen »UFO-Welle«, deren UFO-Sichtungsberichte unter anderem vom Militär, der Polizei und von der Société Belge d'Étude des Phénomènes Spatiaux (= SOBEPS, »Belgische Gesellschaft zur Erforschung von Weltraumphänomenen«) untersucht wurden.[201]

Die Blonde von den Sternen versucht aber, die dahinter verborgene Technologie zu erläutern:

»Das Geheimnis liegt im Gebrauch von Magnetkraft, in der Nutzung von magnetischen Feldern und von Sonnenenergie. Jedes Mutterschiff und jedes kleine Raumschiff hat im Inneren so etwas wie einen zentralen Mast oder Pol. Im Mutterschiff liegt der Pol längs, während er im Konvoi in der Zentralkabine sichtbar ist und von oben nach unten verläuft. Dieser Mast dient als Magnetpol des Schiffes und hilft, ein Magnetfeld aufzubauen, wie das um und innerhalb jedes Planeten der Fall ist. So wie die Erde einen Nord- und einen Südpol hat, besitzen unsere Raumschiffe positive und negative Polaritätsladungen.
Die für den Aufbau eines magnetischen Gravitationsfeldes nötige Kraft wird direkt von der Sonne bezogen. Im Konvoi sitzt unter der glasähnlichen Kuppel oben auf dem Schiff und auf dem Magnetpol eine Spule, die mit einer seltenen Art von Kristall ummantelt ist.
Dieses Kristallmaterial wandelt sehr effizient Sonnenenergie in magnetische Energie um. [...]
Einmal sauber eingestellt, macht das Magnetfeld den Konvoi oder das Mutterschiff zu einem unabhängigen Gebilde. [...] So sind unsere Schiffe kleine Planeten in sich selbst. Diese Unabhängigkeit vom Einfluß eines Planeten wird Schwerelosigkeit genannt.«[202]

Weiter schildert sie, daß man nur diese Energie einschalten muß, und das UFO wird schwerelos. Somit, da »Hochenergiefelder« das UFO umgeben, existiert auch keine Reibung beim Eintritt in eine planetare Atmosphäre.

Ein horizontaler Flug wird dadurch erreicht, daß »drei aufgeladene, metallische Kugeln« unterhalb eines Konvoi-UFOs (die Glühbirnen der Lampe, s. Kapitel 1) eigene Magnetfelder haben, die »durch Drehen des unteren Trägers, an dem sie befestigt sind [...], auf eine andere Magnetkraftlinie geschaltet« werden. Die Insassen bemerken keinerlei Anziehungskräfte; das UFO kann innerhalb einer Sekunde stoppen. Und: Die »Kraftfelder« verhindern Kollisionen einzelner UFOs und Zusammenstöße mit umherirrenden Asteroiden. Außerdem prallen an dieser Hülle aus Energie Geschosse von der Erde ab, was irrtümlich den Eindruck auf die Menschen mache, die UFO-Piloten schössen zurück. Wir Menschen sind selbstverständlich noch nicht bereit für diese phantastische Möglichkeit der Reisen durch den Raum, da negative Kräfte »auf der Erde stark verankert sind«. Nur der bekannte Erfinder Nikola Tesla, dem übrigens immer wieder von verschiedenen Autoren bahnbrechende Erfindungen (die alle bis heute ignoriert werden) auf dem Gebiet der Magnet- und Elektrotechnik nachgesagt werden, erkannte das wahre Potential verschiedener Energien.[203]

Wissen Sie nun, liebe Leser, wie ein UFO funktioniert? Der entsprechende Teil in der »Autobiographie« ist mit *Wie unsere Raumschiffe funktionieren* überschrieben. Dem werden die vollkommen belanglosen und nichtssagenden Schilderungen der angeblichen Alien-Frau nicht gerecht. Seit Jahren versuchen seriöse UFO-Forscher das Geheimnis der Objekte zu ergründen; auch und vor allem die Art ihrer Herkunft und/oder Fortbewegung.[204] Daß hierbei »magnetische Anomalien« auftreten können und daß dies mit der UFO-Technik zusammenhängen könnte, ist so ziemlich das einzige, was man weiß. Doch Omnec Onec berichtet von »magnetischen Feldern« »Polen«, »Magnetkraft«, »Sonnenenergie«, »Polaritätsladungen«, »Kristall« und »Kristallmaterial«, »Feldern« und »Magnetkraftlinien«, die sie in wirren Schilderungen kombiniert. Wie also ein UFO der Venus fliegen soll, erwähnt sie mit keinem Wort; sie jongliert lediglich mit nichtssagenden Begriffen.

Doch offenbar ist, vermutlich aus psychologischen Gründen, Omnec Onec entweder selbst von ihrer Geschichte überzeugt, oder sie ist eine gute Schauspielerin. Das weite Feld der UFO-Entführungen, das in diesem Band nicht ausführlich dargelegt werden soll, hat einige Opfer hinterlassen, die nicht der esoterischen Sparte angehören. Diese Menschen sind schlicht und einfach betroffen, betroffen von einem Phänomen, dessen Natur bisher unbekannt ist, das ihnen aber sehr zu schaffen macht. Einige dieser Menschen sind Lars A. Fischinger bekannt, und mit einem von ihnen kam bei einer Tagung[205] das Gesprächsthema auch auf Omnec Onec. Das Gespräch machte sehr schnell deutlich, was der UFO-Betroffene Michael Rother von solchen Menschen hält.[206]

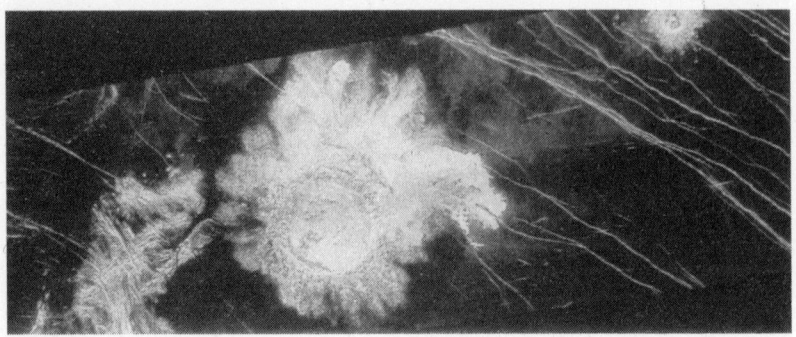

Die Venus ist ein toter Planet, Krater überziehen ihre Oberfläche.

Der Testpsychologe Gerd W. Höchsmann, der den Fall Michael Rother detailliert untersuchte, und der Betroffene waren zu der Talk-Show X[207] eingeladen, auf der sich auch Omnec Onec mit einem Begleiter tummelte. Omnec betrat den Raum in einem bereits esoterisch anmutenden, wallenden Gewand und begann ihre bekannten Schilderungen von einem Leben auf der Venus. Michael Rother kam es vor, als sei er »in der ersten Klasse«, denn da gab es »immer eine Lehrerin, die uns beim Malen Geschichten vorlas«. Omnec Omnec schilderte, wie sie in ihrem UFO zur Erde flog (»Hat da vielleicht jemand zu viele Superman-Comics gelesen?« fragt Michael treffend), was auf der Venus so los ist und was man dort so mache.

Als die in der Talk-Show anwesenden Wissenschaftler sich bei der Venusfrau informierten, wie denn Leben dort möglich sei, gab sie die bekannte Ausrede von der »anderen Dimension«. Den »Höhepunkt« des Omnecischen Fernsehauftrittes bildete dann ein venusianischer Tanz zu Esoterikklängen. Das ernsthaft interessierte Publikum wird sich, so wie die Autoren, seinen Teil über diese Darbietung gedacht haben.

Omnec Onec von der Venus hat ihrer Anhängerschaft lediglich eine Weltsicht beschert, die ein schönes Leben auf anderen Planeten erwähnt und deren einziger Wert, wenn man sich durch dieses esoterische Chaos arbeiten will, ausschließlich im Bereich der Unterhaltung liegt. Beweise und Indizien fehlen völlig.

Die Autoren können sich aber dem Resümee Omnec Onecs anschließen, in dem es unter anderem heißt:

»Ein Teil meiner Mission ist es, euch für die Wirklichkeiten, wie sie sind, die Augen öffnen zu helfen, denen, die wissen wollen. Für diese Menschen allein wurde dieses Werk verfaßt.«[208]

Wissen ist hier falsch – glauben soll man es. Und Omnec Onec scheint entweder davon überzeugt, oder sie ist eine Geschäftsfrau. Besser als der UFO-Entführungsbetroffene Michael Rother, dem es ausschließlich um die Klärung seiner Erlebnisse geht, können auch wir die Erzählungen Omnec Onecs nicht zusammenfassen. Nach der Talk-Show entschuldigte sich die Botschafterin der Venus bei Michael Rother für das, was ihre Alienfreunde ihm angetan hätten, und er schreibt zusammenfassend über seine Begegnung mit dieser Frau an einen der Autoren:[209]

> »Wenn die wirklich glaubt, was sie da erzählt, dann ist sie wirklich psychopathisch.
> Doch dies glaube ich nicht einmal. Sie scheint mir sehr gut zu wissen, was sie tut. Sie macht es mit einer eiskalten Berechnung, wie ich sie vorher noch nie erlebt hatte. Bewundernswert ist ihre Gelassenheit, wenn sie ihre Sprüche abläßt.
> Sie scheint ein friedliebendes Wesen zu haben! Aber ich glaube, genau das ist es, was so gefährlich an ihr ist. Sie versteht es wohl sehr gut, leichtgläubige Menschen in ihren Bann zu ziehen. Dies habe ich schon an dem verzückten Gesichtsausdruck der anderen Gäste erkennen können. Die haben doch tatsächlich geglaubt, ein Wesen aus einer anderen Dimension vor sich zu haben.
> Wie schon gesagt: Sie ist eiskalt berechnend und deshalb extrem gefährlich für Menschen, die Hilfe suchen.
> In mir persönlich löste ihre Nähe nur Widerwillen aus. Doch ich kann mir schon denken, daß sie, auch durch ihre schleierhafte Kleidung, eine gewisse erotische Ausstrahlung auf die Leute hat. Ich glaube, auch das geschieht mit Berechnung. [...]
> Sie versicherte mir ihre Betroffenheit über mein Schicksal so glaubwürdig, daß es schon hypnotisch wirkte. Ich könnte mir gut vorstellen, daß sie regelmäßig Seminare besucht, in denen man lernt, wie man Leute beeinflussen kann.«

Stichwort »Seminare«: Es ist ein offenes Geheimnis, daß die esoterischen UFOlogen mit viel Engagement und Freude überall auf der Welt an zahllosen Wochenenden Seminare zu spiritistischen Themen abhalten. Auch Omnec Onec gesellt sich hier fröhlich hinzu. Als ihre Pseudoautobiographie in Deutschland erschien, wurde die Venusianerin extra zu einer Promotiontour eingeflogen (allerdings mit einem Flugzeug, keinem UFO).[210]

Sie trat nicht nur im Fernsehen (RTL, VOX, WEST III, SAT1, Premiere) auf und gab den Gläubigen Autogrammstunden, sie reiste auch von April bis Juni durch den deutschsprachigen Raum, um ihre Fans zu erreichen. Dabei hielt sie zum Teil sehr kostspielige Wochenendseminare ab, bei denen die Omnec-Fans mehr vom Leben auf der Venus »aus erster Hand« erfahren konnten. Abendvorträgen konnten die Gläubigen schon ab 10/15 DM beiwohnen, um der »Außerirdischen« zu lauschen. Zum Beispiel am 12. April 1994 in Düsseldorf.

Wer jedoch mehr »Informationen« über unsere Nachbarn auf der schönen Venus wollte, konnte auch für rund 300 DM an mehreren Wochenendseminaren teilnehmen. So etwa am 14./15. Mai in Freiburg oder am 4./5. Juni in Darmstadt. Und wer vollkommen von der venusianischen Spiritualität mitgerissen wurde, der durfte Omnec Onec rund eine Woche in Griechenland bei einem Ferienseminar huldigen. Das heißt, wenn er fast 1500 DM zahlen konnte und selber die Möglichkeit hatte, nach Ouranopolis an- und abzureisen.

In unseren Augen ist Omnec Onec eine (irdische) Frau, die lediglich auf den Zug des boomenden Esoterik- und UFO-Marktes aufgesprungen ist, um ein paar Dollar zu verdienen. Eine irdische Geschäftsfrau, die mit ihrer irrsinnigen Heile-Venuswelt-Lehre die leichtgläubigen UFO-Fans zu begeistern versteht, wenn auch ursprünglich ein psychologisches Problem eine Rolle gespielt haben könnte.

KAPITEL 8

Eduard »Billy« Meier – Abenteuer im Zeichen der Plejaden

2. Juni 1942, 9 Uhr morgens, in Bülach, Schweiz: Ein fünfjähriger Junge steht mit seinem Vater hinter dem Haus und sieht in den Himmel. Er weiß nicht warum, doch nach einigen Minuten schießt ein silberner Blitz vom Himmel und führt unglaubliche Manöver durch, umkreist Berge und rast dann auf eine Kirche zu. Beim Näherkommen erkennen der Junge und sein Vater, daß dieser gigantische Blitz eine metallene Scheibe ist. Aber schon ist sie wieder verschwunden.[211]

So soll sich die erste UFO-Sichtung des bekannten und ebenso umstrittenen UFO-Kontaktlers Eduard »Billy« Meier zugetragen haben. Von diesem Zeitpunkt an begann Billy Meier den Himmel zu beobachten, und er sah auch des öfteren UFOs – unbekannte, sich am Himmel bewegende Objekte, die unglaubliche Manöver durchführten. Fanden die ersten Sichtungen lediglich während der Nacht statt, so sah Eduard später auch am Tageshimmel diese merkwürdigen Objekte. Er hörte innere Stimmen und sah innere Bilder.

Hilfe bekam der damals fünfjährige Meier von einem Pfarrer. Der riet ihm, keine Angst zu haben, denn das, was er hörte und sah, sei schließlich nur Telepathie. Und der kleine Eduard bemühte sich von nun an, seine Gedanken auf die Stimme, die so oft in ihm ertönte, auszurichten. Und eines Tages merkte Eduard, daß seine Gedanken gehört wurden: Er empfand ein leises und feines Lachen – ein wohltuendes Lachen. Doch der Kontakt versiegte.

Im November 1942 sah Eduard einen weiteren fliegenden Diskus, der sogar landete. Das war in Langenzingen auf einer großen Wiesenfläche. Dem Diskus entstieg ein alter Mann, der Eduard zu sich beorderte. Dieser folgte und hatte auch keine Bedenken, in den Diskus einzusteigen. Nach einem kurzen Rundflug verließ Eduard das Schiff wieder, das sich nun rasend schnell entfernte. Meier wurde nach diesem Erlebnis eigenbrötlerisch und erzählte niemandem etwas von dem, was er gerade erlebt hatte.[212]

Eine beachtliche Leistung für einen fünfjährigen Jungen. Da sieht er ein merkwürdiges Objekt landen, das mit nichts, was er bisher sah, vergleichbar ist – und er läuft nicht weg, versteckt sich nicht einmal. Da kommt ein fremder Mann aus dem Objekt, winkt, und der Fünfjährige geht nicht nur auf den Mann zu, sondern läßt sich auch noch zu einem Rundflug einladen. Und nach diesem wohl einzigartigen Erlebnis behält der Junge die aufwühlenden Ereignisse für sich. Das klingt nicht unbedingt glaubwürdig, aber wollen wir einmal sehen, wie es dem kleinen Eduard in der Folge erging.

Es war der 3. Februar 1944, als Eduard Meier erneut eine leise Stimme in seinem Bewußtsein hörte. Sie sagte ihm, er solle streng lernen und auf diese Weise das ihm übertragene Wissen sammeln. War Eduard Meier geisteskrank geworden, wie er zuerst dachte? Er ging wieder zu seinem Vertrauten, dem Pfarrer – und der schien über solche Dinge vollkommen informiert zu sein, meinte aber, er müsse Stillschweigen bewahren, da nicht alles mit seinem Beruf zu vereinen sei. Die Aufgabe dieses Pfarrers sei es jedoch gewesen, ihn langsam und bedächtig über die »Wahrheit der Religion« aufzuklären. Der

147

Pfarrer sagte Eduard Meier, seine innere Stimme habe nichts mit »Verrücktheit« zu tun. Die Stimme sei nichts anderes als die Gedankenstimme eines Menschen, der irgendwo im Universum lebe.

In der Folge wurde Eduard Meier durch solche außerirdischen Lebensformen in geheimes Wissen eingeweiht. Sein erster »telepathischer Gesprächspartner« war der Außerirdische Sfath. Dessen Enthüllungen waren so gewaltig, daß sich Eduard Meier immer mehr von der Umwelt abkapselte. Er beschreibt, wie er bösartige Intrigen über sich ergehen lassen mußte und wie er in seinem Heimatdorf zum Sündenbock stilisiert wurde. Oft steckte er schwere Prügel ein, und immer öfter schwänzte Billy die Schule.[213]

Hier stellt sich – wie in vielen ähnlichen Fällen – natürlich die Frage, ob die Reihenfolge der Ereignisse so stimmt. Roland M. Horn kannte einmal einen jungen Mann, der ebenfalls eine schwere Kindheit hatte. Zwar waren seine Eltern reich, doch sie hatten ihn nie richtig anerkannt, ja, wollten ihn sogar aufs Internat abschieben. Sein Vater bestärkte ihn immer mehr in der Ansicht, daß er ein Versager sei. Offensichtlich versuchte er mit seinen UFO-Erzählungen diese Defizite, die er seit seiner Kindheit mit sich herumtragen mußte, auszugleichen. Er sah öfters UFOs landen, hatte telepathischen Kontakt mit ihnen und entschuldigte sich für Fehlleistungen mit der Bemerkung »Mein Gehirn ist momentan nur auf 10 % geschaltet!«

War es bei Eduard Meier vielleicht ähnlich? Waren die Erzählungen seiner Kontakte ein Versuch, sich selbst zu beweisen, daß er nicht schlechter als die anderen, sondern – im Gegensatz zu den anderen, die ihn ständig traktierten – sogar ein Eingeweihter sei? Und weitete sich diese Kompensation schließlich zu dem aus, was Eduard »Billy« Meier heute darstellt – einen UFO-Kontaktler, der eine ganze Gefolgschaft auf einem Hof in der Schweiz um sich versammelt?

Sfath jedenfalls erklärte dem kleinen Eduard, daß er es war, der damals mit ihm Kontakt aufgenommen hätte. Er teilte Eduard auch mit, daß er auf eine große Aufgabe vorbereitet würde und er sich entscheiden solle, ob er dazu bereit sei. Sfath erzählte Eduard auch Geheimnisse, die er nicht weitererzählen durfte. Später erschien Sfath wieder in seinem Raumschiff, stieg aus und redete im ortsüblichen Dialekt mit Eduard, lediglich ein paar Silben sprach er falsch aus. Eduard folgte Sfath ins Innere des Raumschiffes und bewunderte die Geräte, während Sfath wieder zu einem Start ansetzte.[214]

Sfath erklärte Billy Meier nun, daß er geistig so weit entwickelt sei wie ein 35jähriger Erdenmensch. Das verwunderte Eduard Meier nicht weiter, denn er war der gleichen Meinung, schließlich konnten weder sein Lehrer noch sein Pfarrer seine geistreichen Fragen beantworten. Sein Lehrer soll sich sogar darum bemüht haben, bei Professoren Antworten einzuholen – aber auch sie konnten die Fragen nicht beantworten.

Hier sind wieder Parallelen zu dem Fall des jungen Mannes, und die Kompensationsthese scheint sich zu verdichten.

Während des Fluges soll Sfaht Eduard aufgefordert haben, einen mit Drähten versehenen Helm aufzusetzen, und in diesem Zustand will Eduard plötzlich ein ungeheures Wissen in sich verspürt haben, ja, er konnte plötzlich in die Zukunft sehen und wollte Menschen heilen. Aber dieser Zustand hörte bald wieder auf, und Sfath nahm ihm den Helm ab.[215]

Außerirdische verständigen sich über Lichtjahre hinweg durch Telepathie, aber sie verwenden primitive, mit Drähten versehene Helme, um Informationen zu vermitteln? Hier kommen doch Zweifel auf.

Jedenfalls will Eduard die Stimme Sfaths noch jahrelang in sich gespürt haben, bis sie sich am 3. April 1953 verabschiedete. Sie klang sehr alt und müde, doch Eduard hörte bald eine neue Stimme, frisch und jung, sanft und harmonisch. Kein Wunder – denn es war eine Frau: Asket, Eduards neue Begleiterin. Durch sie will Eduard Meier noch mehr gelernt haben.[216]

Das nächste einschneidende Erlebnis will Eduard »Billy« Meier an einem Dienstag, dem 28. Januar, um 13 Uhr gehabt haben. Leider teilt er uns das Jahr nicht mit. Eduard war gerade ohne Erfolg dabei, Tonbandstimmen, jene seltsamen Botschaften angeblich Verstorbener, aufzunehmen. Doch da war er wieder, der Drang, der Eduard nach innen lauschen ließ. Mit der Zeit merkte Eduard, daß er Worte hörte – fremde Gedanken, aber friedlich und vertraut. Eduard Meier erfuhr, daß er einen Fotoapparat holen und das Haus verlassen solle. Eduard tat, wie ihm geheißen, und er fuhr mit seinem Fahrzeug wie unter Zwang (dies ist die einzige Stelle, die darauf schließen läßt, daß Billy Meier nun über 18 Jahre alt gewesen sein muß) hin zu einem freien Feld. In dieser einsamen Gegend stand ein deutscher Lastwagen. Billy Meier hörte ein Sirren in der Luft und blickte zum bewölkten Himmel auf. Einmal mehr kam ein diskusförmiges Objekt angeflogen, und Meier konnte es fotografieren. Das Objekt vollführte kunstvolle Manöver, und Eduard Meier schoß fleißig Fotos. Nachdem das UFO verschwunden war, fuhr Meier ein Stück weiter, stieg aus und ging ein paar Schritte zu Fuß. Der LKW war mittlerweile verschwunden.

Nachdem die Tiere des Waldes die Flucht ergriffen hatten – Meier erklärte dies später mit dem bevorstehenden Erscheinen des UFOs –, erschien der Diskus erneut und landete.

Der unerschrockene Billy Meier näherte sich bedenkenlos dem UFO, wurde jedoch etwa 100 Meter vor dem Objekt durch eine Kraft gebremst. Also setzte er sich auf den Boden, beobachtete das UFO und wartete ab. Nach einer Minute trat ein Wesen hinter dem UFO hervor; es trug einen Weltraumanzug. Dank der Tatsache, daß der Kopf frei war, konnte Billy Meier erkennen, daß es sich bei diesem Wesen um eine Frau handelte – um eine wunderschöne Frau. Sie kam auf Billy Meier zu und faßte ihn am Arm, und zusammen gingen die beiden zu einem nahe gelegenen Tannenwald, wo sie sich niedersetzten. Die Frau sprach Deutsch mit einem merkwürdigen Akzent. Nach der Unterhaltung kehrte die Frau zu dem UFO zurück und flog von dannen. Nach dem Start konnte Billy Meier ein weiteres Foto schießen – es war das fünfte. Während das UFO abflog, gelang Meier sogar noch eine sechste Aufnahme. Nach einem siebenten Bild aus einer Distanz von ca. 200 Metern war der Film voll. Dann schoß das UFO mit einem Sirren davon.[217]

Von dieser Zeit an sprach Eduard Meier in der Hauptsache mit jener außerirdischen Frau, Semjase. Die Gespräche hatten teilweise ironischen Charakter, teilweise liest es sich ganz so, als ob Billy Meier mit der Dame aus dem Raumschiff flirtete, und manchmal klingen die Gespräche auf den ersten Blick nach wissenschaftlichen Diskussionen, wobei Semjase über Billy Meiers Intelligenz staunt (»Du weißt mehr, als mir lieb sein kann«). Billy Meier hatte nämlich scharfsinnig erkannt, daß Semjase über den Hyperraum zu ihm gelangt war.

Semjase verriet Billy Meier im Laufe der Zeit viel über das Leben, die Stufen der Evolution, die Vergangenheit der Erde und manches mehr. Und sie verriet ihrem irdischen Freund auch, woher sie kam: vom Planeten Erra aus dem Sternhaufen der Plejaden.[218]

Nun sind die Plejaden eine Gruppe strahlend heller und bläulich leuchtender Sterne. Und sie sind deshalb so hell, weil sie jung sind und ihre Energie hauptsächlich im ultravioletten und violetten Licht abstrahlen. Eine Energieform, die die Entwicklung jeglichen Lebens verhindern würde.[219] Sollte sich entgegen aller Logik eine Lebensform auf Planeten im Sternhaufen der Plejaden entwickelt haben?

In einem 1996 erschienenen Buch versucht Billy Meier zu retten, was zu retten ist, indem er erklärt, daß die Plejaden selbst nicht von bewohnbaren Planeten umkreist würden. Vielmehr lägen die Heimatgestirne der Plejadier achtzig Lichtjahre von den Plejadensternen, die wir von der Erde aus sehen können, entfernt. Außerdem existierten die plejadischen Heimatgestirne und Heimatwelten in einer anderen Dimension, die zu unserer Existanzebene um einen Sekundenbruchteil raum- und zeitverschoben in der Zukunft liegt. Und dort existiere tatsächlich ein Sternhaufen mit zehn verschiedenen bewohnbaren Planeten. Und die Sonnen dieser Planeten seien nach den in unserer Dimension sichtbaren Sternhaufen benannt.[220]

Hier wurde erneut die bereits bei George Adamski (siehe Kapitel 1) bewährte Methodik angewandt: Da die Behauptungen bezüglich der Heimatplaneten der Außerirdischen nicht haltbar waren, wurden diese nachträglich flugs in eine andere Dimension verlagert.

Warum die Plejadier ausgerechnet Billy Meier als Kontaktperson erwählten, wird wohl für alle außer ihm und seinen Anhängern ein Geheimnis bleiben. Denn der Lebenslauf des Eduard Meier weist einige Stationen auf, die wir nach der romantischen Schilderung seiner Erlebnisse auf der Wiese und den Gesprächen mit dem Pfarrer nicht erwartet hätten.

Es fällt auf, daß Eduard Meier schon in jungen Jahren im Gefängnis saß; er floh nach Frankreich und schloß sich der Fremdenlegion an. In Afrika desertierte er jedoch von der Legion und wurde Glücksritter, Seemann und Rennwagenfahrer in der Türkei. Bei einem Busunfall im Nahen Osten verlor er einen Arm. Irgendwann verschlug es Eduard Meier auf eine griechische Insel, dort lernte er seine spätere Frau Kalliope kennen. Zusammen kehrten sie in die Schweiz zurück, und dann begannen die Kontakte mit den Plejadiern erneut.[221]

Im Autorenporträt seines Buches *Die Wahrheit über die Plejaden* liest sich der Lebenslauf etwas freundlicher:

> »Billy Eduard Albert Meier, 1937 in der Schweiz geboren, hatte im Vorschulalter seine erste Begegnung mit Außerirdischen. Die Plejadier, mit denen er schon seit seiner Kindheit auf der irdischen Ebene im ständigen Kontakt steht, übertrugen ihm die Aufgabe, als Mittler zwischen den Plejadiern und den Menschen aufzutreten. Zu diesem Zweck gründete er 1975 die nicht gewinnorientierte »Freie Interessengemeinschaft für Grenz- und Geisteswissenschaften und UFOlogiestudien [= F.I.G.U.].«

Die Kontakte waren sehr intensiv. Billy Meier will erfahren haben, daß man mit den Raumschiffen der Plejadier Reisen durch Raum und Zeit unternehmen könne. Die Flugobjekte seien lautlos und könnten unvorstellbare Flugmanöver durchführen, und sie könnten sich durch Schutzschirme gegen jede Art der optischen und akustischen Ortung abschirmen. Sie seien sowohl manuell als auch vollautomatisch steuerbar und absolut absturzsicher. (Das Roswell-UFO[222] kann also kein plejadisches gewesen sein.) Bewaffnet sind sie selbstverständlich auch. Die Raumschiffe der Plejadier können in andere Raum-Zeit-Ebenen eindringen, und sie können Zeitmanipulationen durchführen, das heißt, sie können nach Belieben in Vergangenheit und Zukunft reisen. Natürlich bewegen sie sich mit Überlichtgeschwindigkeit, schreibt Billy Meier: »Mit der Regelmäßigkeit eines Uhrwerkes fragt man mich immer wieder, wie meine außerirdischen Freunde die große Entfernung von rund 500 Lichtjahren von den Plejaden bis zur Erde schaffen, weil doch die irdischen Wissenschaftler behaupten, daß die Lichtgeschwindigkeit grundsätzlich nicht überschritten werden könne.«[223]

Kommen sie also doch aus den Plejaden unserer Dimension? Im selben Buch, in einem anderen Kapitel, kamen sie aus einem Paralleluniversum.

Die Außerirdischen beherrschen auch die Technik der »Transmission«, das bedeutet, sie sind fähig, unter der Nutzung des »Hyperraumes« zu operieren, und sie können sich ent- und rematerialisieren. Selbstverständlich können sie beamen. (Captain Kirk läßt grüßen!)[224]

Ein faszinierendes Beispiel für eine Transmission, eine Reise durch Raum und Zeit, war Billy Meiers Flug ins 13. Jahrhundert. Billy Meier konnte die Sterne beobachten, denn die Oberseite des Raumschiffs war durchsichtig. Der arme außerirdische Jitschi allerdings wurde raumkrank und erbrach sich in einen Abkochkessel.

Dann leitete die Außerirdische Asket die Transmission ein. Während sie an Apparaturen herumhantierte, hatte Billy Meier den Eindruck, für einen Sekundenbruchteil physisch nicht mehr zu existieren und nur noch aus Bewußtsein zu bestehen. Er nahm einen hellen mehrfarbigen Blitz wahr und hörte Asket sagen: »Wir sind hier in der Gegenwart des dreizehnten Jahrhunderts. Hier, nimm nun dieses Gerät und schnalle es dir an den Gürtel.« Asket erklärte Billy Meier, es handele sich dabei um einen Sprachen-Umwandler.

Während des Anschnallens des Gurtes wurden Asket, Billy Meier und Jitschi – der wieder einmal mit der Angst zu kämpfen hatte – sowie das Schiff aus Sicherheitsgründen unsichtbar, allerdings nicht für lange (man konnte das Schiff ja nicht unsichtbar stehenlassen, es konnte jemand dagegenlaufen und sich verletzen), und Jitschi erwachte mit Askets Hilfe aus seiner Ohnmacht. Beim Aussteigen nahm er seinen Abkochkessel mit. Billy Meier beschrieb eine herrliche Vorfrühlingslandschaft mit einer bunten Fauna und Flora. Die Luft war frischer als in unserer Zeit, und der Himmel war tief azurblau. Asket belehrte Billy Meier, daß die Vergangenheit in vieler Hinsicht besser war als die Gegenwart. Da war die Luft noch sauber, und die Fasane liefen in der freien Wildbahn umher.

Asket erklärte: »Wir sind im dreizehnten Jahrhundert in Frankreich. Es ist die Gegenwart der Regierungszeit von Ludwig dem Heiligen.«

Asket führte Billy Meier und Jitschi nun in das Jagdhaus des Rabbiners Jechieli. Der Rabbiner war Wissenschaftler und galt zu Unrecht als Zauberer und Magier. Das erste, was das merkwürdige Dreigespann sah, war das Pferd des Rabbiners, dann hörte man dessen Hund, und bald erschien der Rabbiner an der Haustür. Sie unterhielten sich, und dank des Übersetzungsgerätes konnte Billy Meier die französische Konversation verstehen. Die drei blieben nahezu fünf Stunden bei Jechieli.

Selbstverständlich folgten nach dieser Reise noch weitere in die Vergangenheit sowie in die Zukunft. Man flog nach Indien zum Buddhistenmönch Rahat Sanghanan bzw. Maha Chohan, zum Mond und an viele Orte der Erde.[225]

Wichtig ist natürlich auch die Botschaft, die die Plejadier an die Erdenmenschheit haben. Sie beinhaltet zusammengefaßt die folgenden Punkte:

- Die Übermittlung einer Reihe von Fakten aus der Geschichte der Erdenmenschheit. Es geht darum, den »Irregeführten« zu zeigen, wie in der Vergangenheit alles Übel entstehen konnte und wie sich »Menschen zu Göttern über Rassen und Völker« erhoben, um diese »ideologisch-religiös in ihren Bann zu schlagen«. Dies soll der Ursprung der Religionen gewesen sein.
- Aufklärung des Menschen über die Nichtexistenz von Himmel und Hölle.
- Aufklärung der Erdenmenschen, daß es im Universum nur eine einzige Schöpfung, aber keine Schöpfergötter gibt und daß die Schöpfung selbst die kreierende Kraft sei.

- Aufklärung des Erdenmenschen über die Geisteslehre einschließlich diverser Gesetze und Gebote.
- Aufklärung darüber, daß die Reinkarnation in bestimmten Intervallen eine Tatsache ist.
- Aufklärung des Erdenmenschen darüber, daß jede menschliche Lebensform von einem kleinen Stück Schöpfungsgeist beseelt ist, das sich entwickelt und zusammen mit dem materiellen Bewußtsein die treibende Kraft des Universums ist.
- Aufklärung des Erdenmenschen hinsichtlich einer planetengerechten Bevölkerung (keine Überbevölkerung etc.).[226] Allerdings ist Eduard Meier selbst Vater mehrerer Kinder. Seine Exfrau Kalliope wies Roland M. Horn auf diesen Widerspruch hin.[227]

Die Plejadierin Semjase erklärte Billy Meier unter anderem auch die Herkunft des Mondes. Er wurde durch einen Kometen, der »der Zerstörer« genannt wird, in unser Sonnensystem gebracht. Er stamme von einem Kleinplaneten, der 4,5 Millionen Jahre älter als die Erde sei. Einst, so Billy Meier, schwebte in einem Sonnensystem nahe der Milchstraße ein einsamer Stern weitab der normalen Planetenbahnen. Es war ein »Dunkelstern« ohne Leben. Durch eine gewaltige Sonneneruption war er in eine unberechenbare Bahn geworfen worden. Dabei zerbarst seine ursprüngliche Sonne und zerstörte den größten Teil jenes Sonnensystems. Die Sonne riß – so Meier – dabei ein Loch in den Weltenraum. Sie wurde zu einer kleinen Masse komprimiert (offensichtlich spielt Billy Meier hier auf einen Neutronenstern an) und wurde – so kann man Billy Meiers Äußerungen wohl deuten – zu einem Schwarzen Loch. Der Dunkelstern aber wurde von einem benachbarten Sonnensystem eingefangen, wo er wiederum eine unberechenbare Bahn einnahm. Nach Jahrtausenden fiel er in den Bannkreis der Sonne und scherte schließlich endgültig aus seiner Bahn aus. Er drang in die Bahn des sechsten Planeten jenes Sonnensystems ein. Stürme tobten, Vulkane brachen aus, und zwei Drittel der Bevölkerung des Planeten wurden getötet.

Nun ist wieder die Rede vom Zerstörer, der das Sonnensystem durchraste. Glücklicherweise raste er so weit am fünften Planeten vorbei, daß er dort kein Unheil anrichtete – diese Welt war nämlich gerade im Begriff, Leben zu erzeugen. Der vierte – und kleinste – Trabant des Systems wurde vernichtet, da er genau die Flugbahn des Wanderers kreuzte. In der Folge ist von einem Riesen und einem Zwerg die Rede. Die beiden rasten aufeinander zu, aber bevor es zur Kollision kam, zerrissen gewaltige Explosionen den leblosen Zwergplaneten. Bruchstücke des »Zwerges« wurden in den »Zerstörer« hineingerissen.[228]

Hier fällt einmal die merkwürdige Betitelung von Planeten als »Riesen« und »Zwerge« auf; eine Benennung, die die Astronomie nur für Fixsterne verwendet. Des weiteren wurde ein Szenario, bei dem Teile eines Planeten in einen Kometen hineingerissen und ein Teil dessen werden, bislang noch nie beobachtet. Wir wissen, daß Kometen durch den Verlust von Substanz in

Sonnennähe immer kleiner werden und sich schließlich auflösen. Eine Beobachtung, daß ein Komet – möglicherweise wie von Billy Meier beschrieben – relativ zu seiner letzten Beobachtung größer erschien, wurde bislang nicht gemacht.

Eine Hälfte des Zwergplaneten wurde nach Meier durch die unendlichen Weiten des Raumes geschleudert, wobei er durch Kollisionen mit Meteoren und Sternschnuppen (beide Begriffe beschreiben eigentlich die gleiche Erscheinung und kommen nur in einer Atmosphäre vor) seine Form veränderte. Nach einigen Jahrhunderten erhielt der Körper seine rundliche Form, war jedoch tot und öde und von Kratern übersät.

Eines Tages trat der Planet einmal mehr in den Bannkreis einer Sonne ein, wo er in den »inneren Ringen« mit den Bruchstücken eines einst zerstörten Planeten zusammenstieß, was sein pockennarbiges Aussehen noch verstärkte. Der Kurs dieses Eindringlings wurde durch die neue Kollision abermals geändert. Nun wurde er auf eine parallele Bahn zum zweiten Planeten getrieben, auf dem erstes primitives Leben im Entstehen begriffen war. Diese Planeten bezeichnet die Raumfahrerin Semjase plötzlich als »Stern«, der von großen Meeren und dichten Urwäldern übersät war. Nach 34 Tagen hatte der Zwerg den Planeten eingeholt und diesen in seinen Bann geschlagen. Der Planet fing nun den »Zwerg« ein, der von nun an als unser Mond in einer sich ständig verändernden Form auf seiner elliptischen Bahn um die Erde kreist.[229]

Nun ist es tatsächlich so, daß in bezug auf die Entstehung des Mondes einiges für die Einfang-Theorie spricht. Unser natürlicher Satellit ist der Erde nicht so ähnlich, wie dies zunächst angenommen worden war.

Heute gilt es als erwiesen, daß der Mond niemals ein Stück der Erde war. Die Sonde Clementine hat die Verteilung des Eisens bestimmt – in den Hochländern macht das Element etwa drei Gewichtsprozent aus, was bestätigt, daß der Hauptteil der Mondkruste aus einem Magma-Ozean hervorging. Die Zusammensetzung des Mondes unterscheidet sich so stark von der der Erde, daß die These, der Mond habe sich irgendwann von der Erde abgespalten, aus dem Rennen ist. Außerdem besitzt der Mond einen sehr großen Eisenkern. Darin unterscheidet er sich von der Erde. Er hat kein Magnetfeld. Im Gegensatz zur Abspaltungs-These liegt also die Einfang-These durchaus im Bereich des Möglichen, obwohl eine andere These zur Zeit noch mehr Popularität genießt, nach der ein Planetesimal (protoplanetarisches Material) den Mond aus der jungen Erde herausgeschlagen habe, wobei sich die Chemie der beiden Körper vermischte.[230]

Da die Einfang-These jedoch schon sehr lange diskutiert wird, kann sie nicht als Bestätigung für die Wahrheit der Botschaften Billy Meiers gelten.

Was die Entstehung der Venus angeht, so gibt es auch hier etliche interessante Thesen. Schließlich ist sie tatsächlich von Geheimnissen umgeben. Sie rotiert als einziger Planet entgegen dem Uhrzeigersinn, und sie ist von einer dichten Wolkendecke umgeben. Der Schriftsteller Immanuel Velikovsky war der Ansicht, die Venus sei einst als Komet in unser Sonnensystem eingedrungen und habe in der Zeit zwischen dem fünfzehnten und achten Jahrhundert vor Christus für zahlreiche und beständige Katastrophen auf der Erde gesorgt.[231]

Meier übernimmt diese Thesen offenbar, gibt aber gleich zwei Versionen: Version 1: Es war einmal mehr der »Zerstörer«, der die Venus in unser Sonnensystem gebracht haben soll, nachdem er bereits die Sintflut ausgelöst und später die Vulkaninsel Santorin in der Ägäis, die auch mit Atlantis in Zusammenhang gebracht wurde,[232] zerstört haben soll. Auch von Seuchen und Flutwellen in Ägypten wird gesprochen.

$575^1/_2$ Jahre nachdem er die Ägypten-Katastrophe ausgelöst hatte und danach in den Weltraum zurückgekehrt war, soll dieser Komet wiedergekommen sein, wobei sich ein Planet von ungefährer Erdgröße in seinem Gefolge befunden habe, der vom »Zerstörer« mitgerissen worden sei. In rund 600 000 Kilometern Entfernung soll dieser Planet – die Venus – an der Erde vorbeigezogen und von der Anziehungskraft der Sonne eingefangen worden sein. Dann soll die Sonne die Venus in ihre jetzige Umlaufbahn gezwungen haben. Billy Meier bezeichnet diesen Planeten als »verpflanzt« oder zugewandert.[233]

Version 2: »Daß die Venus kein Abspringer von Mallona (einem angeblich ursprünglich zwischen dem Mars und dem Jupiter beheimateten Planeten, der nach einigen phantasiebegabten Autoren einer Katastrophe anheimgefallen sein soll), sondern ein ehemaliger Trabant des Uranus ist, geht eindeutig aus den Aussagen der Außerirdischen hervor«, schreibt die »Rechte Hand Billy Meiers«, Guido Moosbrugger.[234] Ein Riesenkomet – der bereits erwähnte »Zerstörer« – habe die Venus vor rund 10 000 Jahren aus dem Uranus-Orbit gerissen und auf Erdkurs gebracht. Hieraus resultierte eine Menge kosmischer Katastrophen. Erst vor rund 5400 Jahren habe sich der einstige Uranusmond endgültig in die heutige Umlaufbahn zwischen Merkur und Venus eingefügt. Wenn sich Semjase auch nicht so gut in Astronomie und der Geschichte der Astronomie auskannte (das ist ja auch nicht so wichtig, wenn man interstellare Raumfahrt betreibt), so wußte sie doch bestens über die Vergangenheit der Menschheit und die Entstehung von falschen irdischen Ideologien Bescheid.

Selbstverständlich stimmt die Evolutionstheorie, wie wir sie gelernt haben, nicht, und selbstverständlich ist der Mensch kein Nachkomme der Affen[235] (was eigentlich auch noch nie jemand behauptet hat): Es waren die Vorfahren der Plejadier, die sich mit den Erdenmenschen vermischten und die man dann »Evas« nannte. Aus diesen Vermischungen entstanden eine Reihe von Zwischenmutationen, unter anderem der Yeti, der Pekingmensch, der Neandertaler usw.[236]

An dieser Stelle spielt Billy Meier auf den geheimnisvollen *Talmud Jmmanuel* an. Der Name »Jmmanuel« hat seinen Ursprung in einer Bibelstelle (Jesaja 7.14), die Matthäus als Prophezeiung der Geburt Jesu Christi ansieht: »Siehe, eine Jungfrau wird schwanger sein und einen Sohn gebären, und sie werden seinen Namen Immanuel heißen.« »Das ist verdolmetscht: Gott ist mit uns.«[237]

Nun ist aber im Neuen Testament im weiteren Verlauf von Jesus als dem Kind dieser Jungfrau die Rede und nicht von Immanuel. Also muß es, so Billy Meier, eine Fälschung sein. Der von Meier veröffentlichte *Talmud Jmmanuel* klärt über die wahren Umstände auf. Aber auch diesem Jmmanuel darf nicht zu große Verehrung zukommen. Sagte doch Semjase zu Billy Meier: »Jmmanuel selbst war nur ein Mensch wie jeder andere Mensch auch, was Du besser weißt als ich.«[238]

Warum wird das hier so betont, und warum heißt es im weiteren Verlauf, daß kein Kult um Jmmanuel gebildet werden dürfe? Fühlt sich Billy Meier vernachlässigt? Denn die Art und Weise, wie Billy Meier seine Gemeinschaft führt, läßt darauf schließen, daß er sich selbst als eine Kultfigur sieht.

Billy Meier lebt mit seiner engsten Anhängerschaft auf einem Hof in der Schweiz. Seine Frau hat 1994 das Zentrum verlassen. In einem Interview mit Hans-Werner Peiniger von der »Gesellschaft zur Erforschung des UFO-Phänomens e.V.« (G.E.P. e.V.) sagte sie, daß es auf dem Hof viele Gesetze und Paragraphen gäbe, viele Dinge seien verboten, Kritik würde nicht geduldet und auch nicht geäußert. Die Mitglieder der Gemeinschaft müssen ihrem Guru huldigen. Sie folgen Billy Meier blind. Sein Wort gilt. Frau Meier bezeichnet seinen Führungsstil als »ziemlich autoritär, diktatorisch und hierarchisch«.[239] Billy Meier verhängt auch Strafen, wie Kalliope Meier Roland M. Horn bestätigte.[240]

Das klingt alles ganz anders als das romantische Bild, das uns Eduard Meier selbst von sich und seinen angeblichen Begegnungen gibt. Kalliope Meier ist auch der Meinung, daß ihr Exmann eventuell aus einem Buch der Kontaktlerin Elisabeth Klarer, *Jenseits der Lichtmauer,* abgeschrieben haben könnte, da gewisse Inhalte seiner Lehren schon dort zu finden seien.[241]

Aber die wahre Denkweise dieses Gurus läßt sich auch in seinen eigenen Worten erkennen. Sie stammen aus dem 70. Kontaktbericht vom 6. Januar 1977[242] und werden von dem Berliner Schriftsteller und Billy-Meier-Anhänger Paul Schulz zitiert. Semjase sagt dort:

> »So bleibt mir nur noch zu berichten übrig, daß Arus I. in seinen alten Tagen nach der Vernichtung von Mu und Atlantis von seinem drittgeborenen Sohn JEHAVON ermordet wurde, wonach dieser die Herrschaft über das Haßvolk übernahm, um dieses sowie drei Erdenvölker und die Hyperboräer[243] selbst zu beherrschen. Das eine Erdenvolk waren die Nachkommen des Armus-Volkes, das dort gelegen war, wo sich heute die Landstriche von Armenien befinden. Es waren diese Nachkommen des Jschwjschs ARMUS, der sich mit seiner Rasse vor 33 000 Jahren dort festsetzte, nachdem er von den Plejadsystemen emigriert war. Das zweite Erdenvolk, das der Herrschaft Jehavons verfiel, waren die Arier, die sich inzwischen mit der noch recht unterentwickelten und lethargischen Bevölkerung vermischt hatten, nachdem die Sumerer vertrieben

waren. Das dritte Erdenvolk war an und für sich eigentlich kein solches, denn bei ihm handelte es sich um ein weltweit verbreitetes Zigeuner- bündnis, das durchsetzt war mit Spionen und Saboteuren Jehavons, die in Eintracht mit seinen Zigeunern überall Unruhe stifteten, gierig alles an sich rissen und stetig auf Mord, Brand und Raub aus waren, weshalb man sie die HEBRAER nannte, in der Ursprache unserer Vorfahren HEBRAON und später dann HEBRON. Diese Benennungen sind gleichlautend mit ZIGEUNER, ABSCHAUM und AUSWURF nach dem Sinn der Ursprache, was also nicht in eure heutigen Sprachen zu übertragen ist, denn der Sinn eures heutigen Begriffes für Zigeuner bedeutet nur noch die Wandernden, die Umherziehenden und die Nicht- seßhaften. Dadurch soll klargestellt sein, daß das heutige Volk der Zigeuner nicht das mindeste gemein hat mit den damaligen Hebraons, die sich ebenso als Erstlinge und Auserwählte proklamierten, wie ihre Nachkommen, die Juden, das heute noch zu behaupten wagen. In Wahrheit waren die Hebraons der wirkliche Abschaum und Auswurf der Erdenmenschheit, denn durch sie wurde Streit und Kampf stetig in der ganzen Welt geschürt und noch mehr verbreitet, was sich bis auf den heutigen Tag so erhalten hat. Ruhe wird es erst dann geben, wenn dieser macht- und mordgierige und sich selbst zum Volke ernannte Hebraonbund völlig aufgelöst ist.«[244]

Diese Zeilen geben uns sehr zu denken. Sollte Billy Meier nicht nur ein sozial- gestörter Schwindler, sondern auch noch ein Rassist und Antisemit sein? Die Verse lassen eine derartige Einschätzung durchaus in den Bereich des Mögli- chen rücken. Wenn dem so ist, dann können wir von Glück sagen, daß dieser Mann nur über seinen Esoterik-Hof regiert.

Vermutlich verstehen wir das aber alles falsch, denn es geht ja nur darum, daß nicht nur »gute Außerirdische«, sondern auch »böse« auf der Erde sind. Auch diese stammen von den Plejaden und heißen »Gizeh-Intelligenzen«. Nach dem Billy-Meier-Anhänger Paul Schulz[245] übten sie einen fatalen Ein- fluß auf die Menschheit aus – und tun es auch heute noch.

Aber was soll man von diesem Semjase-Text halten?

Billy: »...Meine zweite Frage betrifft Hitler. Kannst du mir nähere Ein- zelheiten über seine Herkunft nennen?«

Semjase: »Darüber darf ich dir nur karge Auskünfte machen, die jedoch sehr interessant für dich sein werden: Adolf Hitler war in sehr vielen Belangen ein Genius. Sein Wissen reichte von verschiedensten Gebie- ten der Technik über vielerlei Wissenschaften bis zur Nutzung der Naturkräfte. In seiner Form war er eine inkarnierte Lebensform von sehr guten Werten. Er war kein Mensch des hochentwickelten Geistes, sondern ein Mensch von Verstandes- und Vernunftswerten, bestimmt dazu, die ganze irdische Politik und Wirtschaft in eine bestimmte Richtung zu leiten. Zu diesem Zwecke wurde er geschult und an seinen Ort inkarniert. Er war bestimmt, gewaltsam der Erde ein neues Kleid zu geben und neue Entwicklungsformen einzuleiten. Dies wurde sehr streng kontrolliert und überwacht. Doch aber war alle Mühe umsonst, und er vermochte seiner Aufgabe nicht gerecht zu werden in dem Maße, wie das vorgesehen war. Via die Thule-Gesellschaft von Deutschland gelang es den Gizeh-Intelligenzen, vom Wesen Adolf Hitlers Besitz zu ergreifen und ihn zu ihren dunklen und bösartigen Zwecken zu mißbrauchen, ohne daß er sich dagegen zur Wehr setzen konnte. Nebst diesem Unterfangen wurden noch unzählige Kräfte in Form von den Gizeh-Intelligenzen verfallenen Erdenmenschen in seinen engsten Bereich gesetzt, dessen Einfluß er sich nicht zu widersetzen vermochte. So war er bald gezwungen, wider seinen eigenen Bestimmungen zu handeln und Dinge zu tun, die nicht seinem Willen entsprachen. ... Adolf Hitler wurde bösartig von den Gizeh-Intelligenzen mißbraucht, wobei die Thule-Gesellschaft nicht unerheblichen Anteil hat. ... Durch deine Fragen hast du eine Reihe Erklärungen angeschnitten, die ich dir heute ohnehin geben wollte. Durch mühselige Nachforschungen und Überwachungen haben wir vor einigen Tagen eindeutig Klarheit darüber erlangt, daß Ashtar Sheran tatsächlich existiert und wir seiner nur darum nicht erkennbar werden konnten, weil er sich betrügerisch in diesen Namen hüllt. Sein wirklicher Name ist Arusek, und er ist ein Vetter der obersten Gizeh-Intelligenz. In ihrem Auftrag kontrolliert er die Thule-Gesellschaft, in die er zwei starke telepathische Faktoren eingeschleust hat, die aber auch auf telenotischer Basis viele Thule-Gesellschaftsmitglieder und verschiedene außenstehende Gruppen beeinflussen, so auch jene, die Pseudo-Botschaften von Asthar-Sheran empfangen haben.«[246]

Wir sehen also: Adolf Hitler war eigentlich gut und intelligent, und nur die bösen Gizeh-Intelligenzen sind schuld an dem, was er angerichtet hat! (Weiter unten sehen wir, daß die Gizeh-Intelligenzen auch Luc Bürgin, einen Schweizer UFO-Forscher, der harte Gegenfakten zu Billy Meier recherchierte, beeinflußt haben.) Die Juden hingegen sind der Abschaum der Menschheit. Gute Worte für Hitler, schlechte für das jüdische Volk. Wo haben wir das nur schon einmal gehört? Die Boshaftigkeit der Gizeh-Intelligenzen zeigte sich auch dadurch, daß diese zwischen 1976 und 1990 dreizehn Mordanschläge auf Billy Meier verübt haben sollen.[247]

Aber wenigstens wissen wir jetzt, wer Ashtar Sheran – der angeblich außerirdische Schönling, der uns retten will und um den es im nächsten Kapitel gehen wird – wirklich ist...

Selbstverständlich kann Billy Meier, den Paul Schulz ehrfurchtsvoll »Nokodemjon« nennt, mit Beweisen für seine Geschichten aufwarten. Es gibt nicht zu leugnende physische Beweise: die Eliminierung von Tannenbäumen durch die Plejadier. Die Plejadier fliegen mit ihren Strahlenschiffen gerne um Tannenbäume herum, wobei die jeweilige Tanne gewisse Strahlungen auffängt, die aber leider von unseren Wissenschaftlern nicht analysiert werden dürfen. Denn ihnen könnte es ja gelingen, neue Erkenntnisse zu erlangen, die aber der Menschheit nicht bekannt gemacht werden dürfen – sie könnte damit viel Unheil anrichten. Also eliminieren die Plejadier als logische Konsequenz die Bäume. Zeuge dieser meist nächtlichen Aktionen ist Billy Meier, der jedem Interessierten die Stellen zeigen kann, an denen zuvor noch Tannenbäume gestanden haben. Ein untrüglicher Beweis. Schade ist nur, daß sich niemand mehr an diese Tannenbäume erinnern kann, denn nicht nur die Bäume selbst, sondern auch die Erinnerung an die ehemalige Existenz der Tannen wurden eliminiert. Logisch, oder? Auf jeden Fall ist das Ganze – wie Guido Moosbrugger schreibt – eine Heidenarbeit.[248]

Aber dann gibt es noch die Fotobeweise. An diesen »unzweifelhaften Beweisen« wurde oft Kritik geübt, doch der Meier-Anhänger Guido Moosbrugger meint, sie »fachmännisch entkräften« zu können.

Billy Meiers Foto eines »Strahlschiffes« ohne Landebeine (graphische Darstellung).

So fehlt auf einem UFO-Foto der untere Teil des Raumschiffes. Dieser Teil des Fotos fehlt, so die Kritiker, damit niemand den Ameisenhaufen erkennt, auf dem das UFO-Modell ruht. Guido Moosbrugger beruft sich jedoch auf Billy Meier, nach dessen Aussage auf dem Original-Negativ unterhalb des Schiffes die drei Landebeine sichtbar gewesen seien, auf denen das Schiff auf dem Boden stand. Laut Guido Moosbrugger hat jemand (wer?) den unteren Teil mit den Landebeinen abgeschnitten und den Rest vergrößert.

Ebenso vehement wendet sich Guido Moosbrugger gegen die Behauptung, der primitiv konstruierte Aluminiumkörper des UFO-Modells sei nur aus starkem Karton gewesen. Um den Rand seien dessen Dicken und der schlechte Schnitt an jenen Stellen erkennbar, an denen die Konusse aufeinandergelegt wurden. Der obere Konus biegt sich abwärts, während sich die geklebten Kanten auf der jeweiligen linken und rechten Seite nach oben krümmen. Außerdem wellt sich die Pappe, aus der das Modell besteht.

Auch dafür weiß Guido Moosbrugger eine Erklärung: Das Foto gehört zu den ersten Aufnahmen, die Billy Meier »von einem plejadischen Raumschiff machen durfte«. Meier hatte sich jedoch dem Strahlenschiff zu stark genähert, und so wurde seine Kameraoptik beschädigt. Selbstverständlich stammt die wellenartige Kontur von diesem Mißgeschick. Die Strahlung war also schuld.

Nicht kommentiert wird von Guido Moosbrugger der Einwand, daß das ums Raumschiff verlaufende Band auf der Originalaufnahme eine frappierende Ähnlichkeit mit Gürteln besitze, wie sie in der Gegend, in der Billy Meier lebt, von Landwirten getragen werden.

Ein weiterer Kritikpunkt sind die sogenannten Abfallkübel-Fotos. In Meiers Abfalleimer hat man – teilweise verbrannte – Fotos von Modellen gefunden. Aber auch dafür hat Guido Moosbrugger eine mehr oder weniger plausible Erklärung:

Im Jahr 1975 erhielt Billy Meier von Semjase ein metallenes Modell ihres Strahlenschiffs – allerdings nur leihweise. Billy Meier durfte es fotografieren – und tat dies dann auch. Anhand dieser Fotos hätte man sich ein Modellraumschiff bauen können, dieses Vorhaben wurde jedoch nie verwirklicht. Leider geschah mit den Negativen ein Mißgeschick. Durch »irgendeine Unachtsamkeit« waren die Negative dieser Modellaufnahmen vom Schreibtisch in den Papierkorb abgerutscht, und bedauerlicherweise wurden sie erst dann entdeckt, als der gesamte Inhalt in einer Feuerstelle landete. Welch ein Pech.[249]

Was soll man dazu noch sagen?

Auch für die Behauptung, Billy Meier habe Bilder vom Fernseher abfotografiert bzw. künstlerische Illustrationen als seine eigenen Fotos ausgegeben, findet Moosbrugger eine Erklärung:

»Der Hintergrund ist wahrscheinlich der, daß die sogenannten Baawi-Intelligenzen den Auftrag hatten, ein paar ganz bestimmte Bilder, die mit Billys Weltraumaufnahmen identisch sind, an besonders sensitiv veranlagte Erdenmenschen auf inspirativem Wege zu übermitteln – zum Beispiel an Maler von Zukunfts-Illustrationen, Science-Fiction-Autoren und dergleichen.«[250]

Tatsächlich scheinen den Billy-Meier-Anhängern niemals Zweifel zu kommen. So schreibt Moosbrugger:

»Der Tatbestand ist nun der, daß Billy am 18. März 1978 mit Quezal in einem von Menara ausgeliehenen Raumschiff eine Zeitreise in die Zukunft nach San Franzisko mitmachen durfte, um dort die Ruinen der nach einem verheerenden Erdbeben zerstörten Stadt zu besichtigen und an Ort und Stelle fotografisch festzuhalten.
Unglücklicherweise sind genau dieselben Katastrophenbilder bereits in der September-Ausgabe 1977 im Geo-Magazin veröffentlicht worden. Und nachdem diese Veröffentlichung ca. ein halbes Jahr vor Billys Zeitreise erfolgt war, mußte selbstverständlich jeder Uneingeweihte annehmen, daß Billy seine San Franzisko-Bilder aus dem Geo-Magazin-Artikel abgelichtet habe, denn eine andere Erklärung konnte sich niemand zusammenreimen. Dieser Verdacht verdichtete sich schließlich noch mehr, weil Quezal auf die unberechtigte Verdächtigung sehr ärgerlich reagierte, indem er das ganze diesbezügliche Bildmaterial beschlagnahmte, so daß keine Möglichkeit mehr gegeben war und ist, irgendwelche Vergleiche mit den Geo-Bildern anzustellen.
Wenn man von den erwähnten Inspirationen der Baawi-Intelligenzen nichts weiß, dann wird man sich auch die Frage stellen müssen, auf welche Art und Weise der Kunstmaler zu den Katastrophenbildern des Geo-Magazins gekommen ist. Danach von Billy befragt, erklärte Quezal die näheren Umstände dieser peinlichen Situation. Wie nicht anders zu erwarten, hatten die Baawi-Intelligenzen dem sensitiv veranlagten Kunstmaler des Geo-Magazins die Katastrophenbilder von San Franzisko in allen Einzelheiten übermittelt. Bei dieser Arbeit ist ihnen leider eine Panne passiert, das heißt ein Fehler im Datum unterlaufen. Die Veröffentlichung im Geo-Magazin hätte nämlich erst im Herbst 1978 erfolgen sollen; aber irrtümlicherweise geschah dies ein ganzes Jahr zu früh – also einige Monate vor Billys Zeitreise.
Quezal hatte es gut gemeint, als er Billys Bildmaterial beschlagnahmte. Denn er wollte Billy mit dieser unpopulären Maßnahme lediglich vor weiteren Angriffen bewahren.
Was die Identität der Bilder betrifft, so wurde von einigen Kerngruppenmitgliedern festgestellt, daß bei sehr genauer Betrachtung doch einige, wenn auch geringfügige Unterschiede zwischen den Originalaufnahmen von Billy und den inspirativ übermittelten Inspirationsbildern in der Geo-Zeitschrift erkennbar waren. Auf die Einzelheiten ein-

zugehen, erübrigt sich aber wohl, nachdem ja die Originale für Vergleichszwecke nicht mehr zur Verfügung stehen.

Das sind die Fakten in bezug auf die umstrittenen San Franzisko-Bilder, viel mehr kann ich dazu auch nicht sagen.«[251]

Die G.E.P. e.V., die sicherlich die kompetenteste UFO-Forschungsgruppe in Deutschland ist, liefert noch mehr Indizien. So erkennt Hans-Werner Peiniger auf einem UFO-Foto, das eine durch Außerirdische zu Demonstrationszwecken vorgenommene Verbrennung statischer Elektrizität zeigen soll, eine Langzeitbelichtung einiger Wunderkerzen, die auf dem sich drehenden Plattenteller eines Schallplattenspielers Funken sprühen.

Bei vielen Fotos vermutet Hans-Werner Peiniger Modelle. Beispielsweise auf der Aufnahme, die die Außerirdische Alena zeigen sollen, die eine Laserpistole einer anderen Außerirdischen – Menara – vorführt. Leider ist das Gesicht der Plejadierin nicht besonders deutlich zu sehen, dafür aber die Laserwaffe: offensichtlich eine Spielzeugpistole.

Aufnahmen von Flugzeugen werden als »vorbeiziehende Telemeterscheiben der Plejadier« und »Semjases Strahlenschiff bei Nachtdemonstrationen« bezeichnet. Und andere Fotos sollen nach Hans-Werner Peiniger einen Modell-Heißluftballon zeigen. Manche Aufnahmen sind als Doppelbelichtungen zu erkennen, andere zeigen ganz deutlich Langzeit-Doppelbelichtungen.

Eines der vielen UFO-Fotos von Billy Meier (graphische Darstellung).

Ein Widerspruch ist Hans-Werner Peiniger bei den Aufnahmen von außerirdischen Energieschiffen über dem Parkplatz des Meierschen Centers aufgefallen. Beide Aufnahmen wurden am 22. Juni 1979 gemacht und zeigen den gleichen Geländeabschnitt bzw. sind von der gleichen Position aus aufgenommen. Hans-Werner Peiniger bemerkt:

> »Merkwürdig nur, daß auf dem Foto 31 neben anderen ›Ungereimtheiten‹ die Bäume belaubt sind, während auf der Aufnahme 32, die ja am gleichen Tag gemacht worden sein soll, die Bäume kein Laub zeigen.«[252]

Das ist in der Tat rätselhaft. Als Ausrede des UFO-Philosophen könnten wir uns vorstellen, daß dies mit irgendwelchen »Strahlungen« der Untertasse zusammenhängt.

Auf Hans-Werner Peinigers Frage an Kalliope Meier, ob ihr Mann die Fotos gefälscht habe, antwortete sie, es sei tragisch und gemein, was ihr (Ex-)Mann mache. Sie sei sich sicher, daß alle Fotos tatsächlich das seien, was viele schon lange vermuten – Fälschungen. Allerdings sei nie jemand dabei, wenn Billy Meier die Fotos anfertigte, nur einmal habe sie das Modell eines UFOs selbst gesehen. Frau Kalliope Meier habe jedoch einmal gestutzt, als ihr Mann einen bebilderten Kontaktbericht herausgegeben hatte, in dem er seine letzten Fotos – die einen ordinären Deckel zeigen – abgedruckt hatte. Kalliope Meier findet es – um es mit ihren eigenen Worten zu sagen – »gemein, daß der Guido [gemeint ist Moosbrugger, d. Autoren] auch noch mit diesen Fotos in Amerika Vorträge hält«.[253]

Hans-Werner Peiniger geht auch auf das Kapitel »Wissenschaftliche Analysen und andere Beweise«[254] in Moosbruggers Buch ein und erklärt, daß die dort vorgebrachten Analysen und Beweise nicht überzeugen. Nachdem erste Untersuchungen angeblicher Metallproben ergeben hatten, daß es sich dabei um einfaches »Kochtopfmetall« handelte, wurde in den USA lange nach Experten gesucht, die zu einem anderen Ergebnis kamen – und wer suchet, der findet. Diese Pseudobeweise finden sich auch heute noch im Internet auf entsprechenden Billy-Meier-Seiten unter dem Stichwort »Beweise«. Die Gläubigen können dort gar digitalisierte Summ-Sirr-Töne der Strahlenschiffe abspielen und sich daran erfreuen.

Billy Meier will sogar das »Auge Gottes« fotografiert haben, obwohl er ja eigentlich nicht an Gott glaubt. Die entsprechende Aufnahme konnte während Billy Meiers Raumflug ins »DAL-Universum« gewonnen werden. Guido Moosbrugger schreibt:

> »Hier kamen sie näher an den Schöpfer und erhielten die Chance, nur eines seiner Augen zu schnappen.«[255]

Die Botschaft der Plejadier besagt allerdings – wie wir in diesem Kapitel schon festgestellt haben – eindeutig, daß es keinen Schöpfergott gibt, und tatsächlich zeigt das Bild unzweifelhaft den Ringnebel im Sternbild »Lyra«.

Guido Moosbrugger bestreitet, daß Billy Meier behauptet habe, das Foto zeige das Auge Gottes. Er habe immer von dem Ringnebel gesprochen. Das von den Kritikern – insbesondere von dem Astronomen und UFOlogen Tom Gates – präsentierte Dia sei eine schlechte Kopie, denn im Zentrum sei nichts erkennbar. Aber gerade dieses (natürlich nur auf Gates' Dia) fehlende Merkmal verleihe dem ganzen den Eindruck eines riesigen Auges, und nur durch dieses Merkmal unterscheide sich die Originalaufnahme (die Meier aber leider nicht mehr hat) von Lyra-Ringnebel-Aufnahmen unserer Astronomen.

Guido Moosbrugger erklärt dann auch noch den Widerspruch in bezug auf den Begriff »Gott«. Er sagt, daß laut Semjases Angaben der Ringnebel in der Lyra auf künstlichem Wege durch die mutwillige Zerstörung eines Riesensterns geschaffen worden sei. Im Zusammenhang mit dem Erzeuger dieses Gebildes nennen die Plejadier den Nebel »Jschwjschmata« (JHWHMATA) – offensichtlich eine Anspielung auf Jahwe (JHWH), den Gott des Alten Testamentes. Dieser Jschwjschmata sei ein äußerst barbarischer Mensch gewesen, der sich diesen Namen – der eigentlich ein Titel sei – nicht auf rechtmäßige Weise zugelegt habe. Der Titel bedeute nämlich soviel wie »Weisheitskönig« oder eben »Gott«. Der Träger eines solchen Titels sei ein Mensch, der viel mehr Wissen und Weisheit besitze als seine Zeitgenossen und der diese – sofern er den Titel rechtmäßig erworben habe – wie ein Gott überrage.

Von daher ist es nach Moosbrugger natürlich absurd, den Ringnebel in der Lyra – auch wenn er von den Plejadiern »Auge Gottes« genannt werde – mit der allmächtigen Schöpfungskraft des Universums in Verbindung zu bringen.[256]

Ach so, dann ist ja alles klar!

Der Kritiker Tom Gates hat auch für andere Meier-Aufnahmen die Vorlage entdeckt: Auf zwei angeblich von Billy Meier angefertigten Bildern sieht man eine »Weltraumbarriere«. Diese jedoch ist identisch mit der Illustration einer Weltraumstation des Künstlers Dr. O'Neill. Laut Billy Meier handele es sich bei seinen Dias um eine Zeichnung eines Durchgangstunnels ins DAL-Universum. Meiers Bilder sind aber zweifellos mit denen Dr. O'Neills identisch.

Guido Moosbrugger behauptet nun, daß Billy Meiers Dia in Wirklichkeit gar keine Zeichnung, sondern ein Originalfoto sei, das er während seiner Weltraumreise angefertigt habe. Lang und breit erklärt Moosbrugger den Sinn dieses Tunnels, bis er endlich zugibt, daß das zweite der beiden Meier-Bilder eine schlechte Reproduktion einer farbigen Illustration sei – erstellt von einem Zukunftsmaler. Natürlich wurde dieser Maler von den Baawi-Intelligenzen dazu inspiriert. Der vordere untere Teil (unserer Ansicht nach eine Ausschnittsaufnahme) sei von O'Neill völlig zweckentfremdet zu einer Weltraumsiedlung umfunktioniert worden. Und, so Moosbrugger, Billys Fotos seien nachweislich einige Monate vorher entstanden. Den entsprechenden Nachweis bleibt er jedoch schuldig.

Nun kommt jedoch auch noch Semjase zu Wort: Meiers Foto der Illustration sei meisterhaft ausgeführt, während O'Neills Bild einige Mängel aufweise. Auf Billy Meiers Originalfoto ist der »Tunneleingang« der Universumsbarriere naturgemäß eiförmig, während er auf der schlechten Nachahmung kreisrund sei. Außerdem stimmten die Strahlen nicht genau überein. Moosbrugger erkennt jedoch einen ganz krassen Unterschied im Vordergrund: Während auf Billys Originalfoto eine wabriernde und schillernde Energie erkennbar sei, wäre auf der Illustration eine Landschaft daraus gemacht worden, und das Ganze wurde dann – fälschlicherweise – als Zukunftsvision einer Weltraumkolonie bezeichnet.[257]

Wenn man sich die Bilder in Moosbruggers Buch anschaut, dann entsteht jedoch der gegenteilige Eindruck. Die »schlechte Nachbildung« wirkt gestochen scharf, die »Originalaufnahme« wie eine sehr unscharfe Ausschnittvergößerung daraus. Das erklärt auch die Unterschiede.

Am 17. Juli 1975 fand ein Koppelmanöver zwischen der amerikanischen Apollo 11 und der sowjetischen Sojus-10-Sonde statt. Von dieser Begegnung gibt es ein Foto Meiers. »Das Foto wurde *offensichtlich* von Semjase und Billy mit einer Polaroidkamera geschossen«, wie Guido Moosbrugger sich hier ausdrückt (Hervorhebung durch d. Autoren). Weder die USA noch die UdSSR wußten während dieses Manövers etwas von einem UFO in der Nähe zu berichten. Aber natürlich waren die Raumschiffe aus Sicherheitsgründen getarnt. Semjases Raumschiff hat jedoch keine Fenster, wie ein anderes Bild zeigt. Wie sollen da die Fotos zustande gekommen sein? Zudem ist der »Fensterrahmen«, der auf den Fotografien zu sehen ist, identisch mit dem Rahmen eines Fernsehschirmes.

Guido Moosbrugger hingegen berichtet, daß Billy Meier niemals Fotos mit einer Polaroidkamera gemacht habe, und laut Semjase befanden sich zu diesem Zeitpunkt sogar noch weitere fünf außerirdische Raumschiffe im Erdorbit. Sie alle beobachteten das Kopplungsmanöver aus nächster Nähe – selbstverständlich so gut abgeschirmt, daß man sie nicht wahrnehmen konnte.

Auf dem Bild, das das Plejaden-Schiff ohne Fenster zeigt, war nach Guido Moosbrugger nur jenes Modell abgebildet, das Billy von Semjase leihweise bekommen hatte. Auf den Bildern vom »echten Plejadenschiff« sieht man deutlich Fenster.

Der Eindruck eines gekrümmten Fensterrahmens kommt nicht etwa dadurch zustande, daß Billy Meier seine Bilder vom Fernseher abfotografiert habe, nein: Er benutzte einen »Fotografier-Sichtschirm«, der eigens zu diesem Zweck von den Plejadiern entworfen worden war.

Ein deutsches Magazin, so Guido Moosbrugger, habe weitere Punkte aufgeführt, die beweisen sollten, daß Meiers Fotos von der Apollo-Sojus-Kopplung Fälschungen seien:

Eduard »Billy« Meier – Abenteuer im Zeichen der Plejaden

- Die Sonnenflügel der Sojus 19 waren geradlinig – in gestreckter horizontaler Stellung zur Kapsel angeordnet, während sie auf Billy Meiers Bildern gefaltet erschienen.
- Das sowjetische Raumschiff verfüge überhaupt nicht über speerförmige Antennen am äußeren Ende der Sonnenzellenflügel. Diese seien in Wirklichkeit u-förmig und deutlich kleiner.
- Die Antennen waren in Wirklichkeit nicht länger als die Breite der Solarzellenausleger, auf Billy Meiers Fotos ist dies jedoch der Fall. In Wirklichkeit jedoch entsprach ihre Breite ziemlich genau der der Sonnenpaddel.
- Die Schatten stimmten nicht mit der Struktur der beiden Raumschiffe überein.
- Auf Billy Meiers Bild fehle vollkommen die zur Verbindung der beiden Flugkörper von der Apollo-Sonde mitgeführte Kopplungseinheit.

Guido Moosbrugger kennt das Vergleichsfoto nicht, auf das im Magazin Bezug genommen wird, deutet aber an, daß man sich beim NASA-Material möglicherweise vertan habe. Das Moosbrugger vorliegende Bildmaterial weist jedenfalls diese Widersprüche nicht auf. Der tatsächlich vorhandene mittlere Abschnitt auf zwei der Billy Meier-Fotos ist dermaßen verschwommen, daß man das Kopplungsstück überhaupt nicht sehen kann. Auf einem anderen Bild ist das Kopplungsstück zwar einigermaßen sichtbar, es verschwimmt jedoch mit dem Hintergrund, aber auf einigen der Bilder sieht man das Kopplungsstück, so Guido Moosbrugger.[258]

Nach Ansicht der in Guido Moosbruggers Buch abgebildeten Fotos ist Roland M. Horn zu der Ansicht gekommen, daß Guido Moosbrugger teilweise recht haben könnte – was die Beurteilung der Kritik durch das nicht namentlich genannte deutsche Magazin betrifft. Die Bilder erscheinen so unscharf, daß eine Kritik, die sich auf das Fehlen von Details beruft bzw. auf Details, deren Erscheinungsformen nicht in korrekter Weise zu sehen sind, falsch sein könnte.

Gerade aber durch die Unschärfe werden die im ersten Kritikblock genannten Ansätze bestätigt. Es scheint unzweifelhaft so zu sein, daß das Kopplungsmanöver einfach von einem Fernsehschirm abfotografiert wurde. Allerdings nicht mit einer Polaroidkamera, denn dann müßte sich die niedrige Bildwiederholfrequenz des Fernsehgerätes störend auswirken, auf den Bildern sollten waagerechte Streifen sowie eine ungleiche Helligkeitsverteilung erkennbar sein. Hier wurde offensichtlich mit einer ruhenden Kamera und einer Belichtungszeit von unter 1/15 Sekunden gearbeitet, um diese Effekte zu vermeiden.

Uns persönlich würde brennend interessieren, inwieweit Eduard Meier und Guido Moosbrugger an ihre Behauptungen glauben.

Billy Meier ist aber nicht nur dafür bekannt, daß er gerne extrem zweifelhafte Bilder fliegender Untertassen an die Öffentlichkeit trägt, deren Echtheit auch seine Exfrau bezweifelt, sondern er hat seine Anhängerschaft offensicht-

166

lich auch mit falschen Fotos seiner außerirdischen Freundin Asket gefoppt. Von dieser Frau von den Sternen zeigt Billy Meier gerne ein Foto, das er angeblich in einem Raumschiff aufgenommen hat.

Asket von den Plejaden – oder eine Sängerin der Dean-Martin-Show? (graphische Darstellung).

Die etwas unscharfe Aufnahme ist seit Frühjahr 1998 in das Blickfeld der UFO-Kritiker und vor allem der Meier-Gegner gerückt.[259] Der amerikanische Kritiker Kal Korff hat genau zu diesem Bild eine fast unglaublich klingende Schwindelei aufgedeckt. Er fand heraus,[260] daß die angebliche Außerirdische in frappierender Weise einer Sängerin ähnelt, die in den siebziger Jahren in einer Tanzformation in der beliebten *Dean-Martin-Show* auftrat. Die Aufnahme von Billy Meier legt die Vermutung nahe, daß er einfach eine der Sängerinnen vom TV-Schirm abfotografierte und dann als Alienfrau ausgab. Das gleiche gilt für die »Alien-Frau« Nera, die ebenfalls extrem einer der Tänzerinnen ähnelt.

Auch wenn die Ähnlichkeiten erstaunlich sind, so stellt sich dennoch die Frage, wie Billy Meier in den siebziger Jahren in der Schweiz das Fernsehen der USA hätte empfangen sollen. Ebenfalls sollen auf den Originalbildern, die uns natürlich nicht vorliegen, keinerlei der typischen Bildpunkte eines Fernsehers zu erkennen sein.[261]

Kal Korff war im März 1998 zusammen mit dem Schweizer UFO-Forscher Luc Bürgin in der Schweiz, um Kalliope Meier erneut zu interviewen. Sie bestätigte den beiden Forschern die bereits zuvor gemachten Angaben über die F.I.G.U. und Billy Meier. Auf die Frage »Handelt es sich bei der F.I.G.U. Ihrer Meinung nach um eine Sekte?« antwortete Kalliope Meier unmißverständlich:

> »Nachdem, was ich alles miterlebt habe – gegen Schluß, bevor ich wegging – würde ich sagen: Ja. [...] Man muß mitmachen. Sonst wird man ausgeschlossen.«[262]

Kalliope Meier hatte den Eindruck, ihr Ex-Mann ließe sich als Idol oder Gott betrachten.

In einem Interview mit Luc Bürgin meinte sie, daß die sogenannten Mutterschiffe der Aliens »offenbar unsere Hauslaterne« zeigten. Andere Bilder zeigen einen ordinären Faßdeckel, an den allerlei zusätzliche Dinge geklebt worden sind: »Für einige seiner UFO-Modelle benutzte Billy die Oberteile handelsüblicher Plastikfässer«, so Kalliope Meier. Und: Diese Deckel konnten von Roger Eglin aus Basel gefunden werden. Eine detaillierte Betrachtung des »Corpus delicti« ergab, daß »dessen Form bis ins letzte Detail mit dem Unterteil von Billy Meiers berühmt-berüchtigtem ›Tortenschiff‹ übereinstimmt«, so Luc Bürgin.[263] Erinnern solche Fälschungsaktionen nicht an die Lampe des Kontaktlers George Adamski?

Wir müssen uneingeschränkt feststellen, daß die Anhänger Eduard Billy Meiers alles schlucken, was er ihnen serviert. Von der Tannenbaumeliminierung über die Behauptungen, er wäre öfters durch den Weltraum geflogen oder durch die Gegend gebeamt bis zur Rechtfertigung der »Papierkübelfotos« und der San-Franzisko-Aufnahmen durch Guido Moosbrugger wird Billy Meier alles abgekauft, und mag es noch so absurd klingen.

Als bekannt wurde, daß Asket eine US-Tänzerin war, fand Billy Meier im Internet neue Ausreden für diese Ähnlichkeit. Auf seinen Seiten im WWW[264] fand sich, kurz nachdem das Diskussionsforum der Ancient Astronaut Society im Internet durch den Einsatz des Forschers Luc Bürgin diesen erneuten Meier-Schwindel an die Öffentlichkeit trug, ein neuer »Kontaktbericht«

(Nummer 264), in dem Meier seine Sicht der Dinge darlegt. In der haarsträubenden Einleitung behauptet Billy Meier, daß es sich tatsächlich nicht um die beiden Alien-Frauen handelt, sondern um »böswillige Fälschungen, die mir, Billy, untergeschoben wurden im Auftrage und Zusammenarbeit der ›Men in Black‹«.

Die in der UFO-Forschung durchaus bekannten »Men in Black« (= MIB) – nicht zu verwechseln mit dem weniger realistischen Spielfilm mit diesem Titel –, die »Männer in Schwarz« sollen Billy Meier also falsche Fakten untergeschoben haben. Wir weisen darauf hin, daß einige UFO-Forscher diese MIB tatsächlich für rätselhaft halten, da einige UFO-Zeugen von ihnen besucht und bedroht worden sein sollen. Nun also auch Billy, der so versucht, jede Schuld von sich zu weisen.

Doch der eigentliche Kontaktbericht mit dem Alien »Ptaah« vom 14. Mai 1998 (00.55 Uhr) ist viel bedeutender. Denn Billy schildert dort, selbstverständlich wieder mit Anschuldigungen gegen Luc Bürgin, Kal Korff (beide nennt er »Intriganten und Verleumder«) und Kalliope Meier, eine Art »Verschwörung« und vor allem eine Intrige gegen sich. Die Antwort des »Außerirdischen« bei Billy Meiers Kontakt ist einleuchtend, denn er sagt, die beiden Tänzerinnen seien »die beiden Doppelgängerinnen in Amerika«.

Da Meier die Worte seines Gesprächspartners im All nicht versteht, erklärt Ptaah ihm, daß er und der Alien Quetzal Billy Meier am 3. Februar 1985 besuchten, Billy selber aber aufgrund seines »damaligen lebensbedrohenden Zustand[s]« sich nicht mehr darin erinnern könne. So wird die »Schuldfrage« von Meier abgewendet; er konnte es gar nicht wissen...

Dann gipfeln die angeblichen Channel-Nachrichten in einem wirren Chaos. Die Schuld an diesem Irrtum mit den Bildern und daran, daß Meier sie als »echt« verkauft hat, liegt an seinem Photographen (schlicht »S.« genannt), »der sich von einer Gruppe der ›Men in Black‹ zu falschem Handeln zwingen ließ« und Billy so betrog. Die MIB und der Photograph S. haben in kurzer Zeit die amerikanischen Doppelgängerinnen gefunden, diese photographiert, die Bilder Billy als »authentisch« übergeben, und die schon erwähnten außerirdischen »Gizeh-Intelligenzen« beeinflußten »eine gehörige Anzahl Erdenmenschen impuls-telepathisch negativ«, um Meier zu diffamieren und in der Öffentlichkeit zu schädigen. Luc Bürgin und Kal Korff sind zwei von diesen »negativen« Menschen, die unter »lange wirksam bleibenden Gizeh-Impulsen stehen«. Und: Die Men in Black, die unheimlichen Verschwörer des Bösen auf der Erde, werden auch in Zukunft alles versuchen, um Meier als Betrüger an den Pranger zu stellen. Doch das ist Meier nicht, schließlich hat er ja bereits elf Mordanschläge der MIB überlebt (von insgesamt 14, laut dieser »Botschaft«).

Die hier stark zusammengefaßte »Erklärung« Billy Meiers soll natürlich die harten Anhänger des Gurus beruhigen. Luc Bürgin bemerkte am 21. Mai 1998 im Forum der A. A. S.: »Wer ihm [Billy Meier, d. Autoren] jetzt noch immer die Stange hält, dem ist wohl nicht mehr zu helfen...« Da schließen wir uns an.

Währenddessen stilisiert sich Meier immer mehr zum Opfer. Im Juli 1998 fügte er seiner Liste mit Mordanschlägen zwei weitere hinzu, die am 8. und 10. Juli auf seinem Anwesen verübt worden sein sollen.[265] Der erste wurde mit einer Waffe des Kalibers 22 versucht, wobei die Kugel in einem Baum steckenblieb. Der zweite mit einem Wurfmesser, das Meier aber mit dem Griff traf. Billy Meier macht wieder die MIB verantwortlich, gibt seinen Fans aber zu bedenken, daß die MIB »labile Erdenmenschen« für solche »Drecksarbeit« benutzen. Mitverantwortlich für diese zwei neuen Mordversuche sind nach seinem Artikel, man glaubt es kaum, Luc Bürgin und Kal K. Korff. Und zwar deshalb, weil diese die Schwindelaktionen mit den Asket-Nera-Fotos veröffentlichten. Billy Meier behauptet, »daß sie eine gewisse Schuld daran tragen, daß neue Angriffe auf mich und mein Leben erfolgten«. Unglaublich.

Lars A. Fischinger wollte von Luc Bürgin wissen, ob nach dieser nachgewiesenen Fälschung der Billy-Meier-Mythos endgültig zu den Akten mit der Aufschrift »Fälschung« gelegt werden könne:

> »L.A.F.: Luc, seit geraumer Zeit recherchierst Du den Fall Meier. Wann kamen Dir erstmalig Zweifel an der Echtheit der ganzen Geschichte?
> L.B.: Seitdem ich erstmals von seinen Kontakten erfuhr. Die Sache erschien mir von Anfang an unglaubwürdig, um so mehr, wenn man sie im Kontext mit dem eigentlichen UFO-Phänomen betrachtet, das grundsätzlich anders geartet ist.
> L.A.F.: Denkst Du, daß Billy Meiers Anhänger Deine Ergebnisse und die anderer Forscher überhaupt ernst nehmen, oder denkst Du, daß sie auch weiterhin Billys Pseudoerklärungen glauben?
> L.B.: Die Mitglieder der sogenannten ›Kerngruppe‹ vertrauen ihrem ›Meister‹ blindlings. Da dürften wohl selbst harte Beweise kaum etwas fruchten. Anders die übrigen Interessierten: Ich denke, daß so mancher, der Billys Kontakte bis dahin zumindest für möglich hielt, seine Meinung mittlerweile revidiert haben dürfte.«[266]

Kalliope Meier äußerte sich, etwas vorsichtiger, Roland M. Horn und den UFO-Forschern Hans-Werner Peiniger und Luc Bürgin gegenüber. Billy Meier habe einen harten Kern »Gläubige« um sich geschart, und diese Gruppe weise alle Charakteristika einer Sekte auf. Billy Meier sei der Guru der F.I.G.U. Selbstverständlich wehrte sich die »Organisation« gegen diese Äußerungen, und so verfaßte der Meier-Anhänger Hans Georg Lanzendorfer – jener, der auch den »Anti-George-Adamski-Artikel« schrieb und im Internet verbreitete (s. Kapitel 1) – einen kleinen Internet-Artikel für die F.I.G.U., in dem er Billy Meier vor diesen Vorwürfen in Schutz nahm. Georg Lanzendorfer[267] meint, daß nur kritische Menschen, also Billy-Gegner, die einen Guru unbedingt brauchen, behaupten können, Billy Meier sei das Idol seiner Anhänger. Billy sei »lediglich Gründer des Vereins FIGU [...], dem er zeit seines Lebens vorsteht.« Und: Er ist »ein Lehrer, Vater, Freund, kluger Berater [...], Mittler und Künder, der all sein selbsterarbeitetes Wissen, die Geisteslehre und alle Kenntnisse, die ihm von seinen außerirdischen Freunden dargelegt wurden, an hörende, offene und lernwillige Menschen weitergibt«. Alle anderen, die Billy Meier als einen Guru oder ein Sektenidol bezeichnen, sind unwissende Menschen.

Doch auch über das Buch *Spaceships of the Pleiades*[268] *(Raumschiffe der Plejaden)* des Skeptikers Kal K. Korff hat die F.I.G.U. so einiges zu berichten. Eine »Rezension« des Buches durch die Gruppe wurde im Internet veröffentlicht.[269] Auf der Homepage der Sekte findet sich ein Bereich, der pro- und kontra-Meinungen zur F.I.G.U. darstellen will. Die Rezension von Korffs Arbeit ist jedoch mehr als Angriff auf dessen Person zu verstehen. Selbst das Äußere des Buches wird von der F.I.G.U. bemängelt; so paßt es ihnen beispielsweise nicht, daß Kal K. Korff zehn Seiten für seine Danksagung benötigte und die gesetzte Schriftgröße über »normal« liegen soll. Kal K. Korff selber wird gleich zu Beginn der »Rezension« als »dreckiger und feiger Lügner« und als Mensch mit »hinterlistigem und heimtückischem Charakter« betitelt.

Kern der »Rezension« sind Aussagen Korffs über Billy Meier und sein Anwesen, das Semjase-Silver-Star-Center in Schmidrüti, Schweiz. Da wir nicht wie Korff unter falschen Namen in diesem Esoterik-Center waren, können wir weder Korffs Behauptungen noch die der Sekte beurteilen, doch wir erkennen die klassischen Merkmale einer nicht ganz ungefährlichen Sekte: blinder Gehorsam gegenüber einem diktatorischen Führer, der immer recht hat. Widersprüche und klare Gegenbeweise werden nicht wahrgenommen oder durch vollkommen absurde Gegendarstellungen wegerklärt. Was der Führer sagt, ist richtig, und wenn er heute sagt, die Erde sei hohl, dann kann sie morgen flach sein. Kehrtwendungen werden von Anhängern von Extremsekten immer wieder ohne weiteres geschluckt; das gilt für Extremsekten aller Art, seien es nun »herkömmliche« irdische Sekten oder esoterische UFO-Kulte wie die F.I.G.U.

KAPITEL 9

Ashtar Sheran – der Schöne, der uns retten wird

Wir haben im bisherigen Verlauf des Buches mehrfach aufgezeigt (vor allem in den Kapiteln über den Guru George King und die Rael-Bewegung), daß eine wichtige Botschaft der esoterischen UFO-Gruppen die Überzeugung ist, daß die Aliens uns Menschen freundlich gesonnene »Sternenbrüder« sind, die hin und wieder auserwählten Menschen Warnbotschaften channeln.

Einige Gruppen verbreiten dabei die Meinung, die Fremden aus dem All würden uns Menschen vor dem Untergang retten. Es sind die Liebes-Aliens aus den Tiefen des Universums, die nicht tatenlos zusehen können, wie wir uns durch Umweltverschmutzung, Gentechnik und Atomnutzung zugrunde richten. Als Frankreich 1995 wieder mit Atomtests beginnen wollte, dauerte es beispielsweise nicht lange, bis ein gewisser José Antonio Magmud aus Kolumbien an die Öffentlichkeit ging, um zu berichten, daß ihm und zwei seiner Bekannten die Aliens, die in der Sierra Nevada de Santa Marta gelandet seien, mitgeteilt hätten, daß die französischen Tests unbedingt verhindert werden müßten. Angeblich hat der kolumbianische Kontaktler Beweise für die Alien-Behauptung. So erfuhren wir es zumindest in einer Meldung der Presseagentur AFP,[270] die in den Kreisen der deutschen Esoterik-Gruppen die Runde machte.

Eine weitaus komplexere Gruppierung, das *Ashtar-Command* glaubt an einen Außerirdischen aus dem Volke der Santiner mit Namen Ashtar Sheran. Diese Gruppierung ist auch im englischen Sprachraum über ein Medium mit Namen »Tuella« (dessen »Botschaften« aber auch hier in Deutschland zu bekommen sind) vertreten und verbreitet ihre Glaubensvorstellungen von den außerirdischen Rettern energisch in zahlreichen Büchern, Broschüren und über das Internet. Dort lesen wir von »Botschaften« ihres außerirdischen Gurus Ashtar Sheran, die lange Zeit nur ein Thema zum Inhalt hatten: die Evakuierung der Menschheit durch »über 17 Millionen« (derzeit nicht sichtbare) UFOs, die »in einem ätherischen Zustand, einer höheren Schwingung« bzw. einer höheren Seinsexistenz von den Rettern aus dem All um unseren Planeten in Stellung gebracht wurden. So heißt es in der mit fast 50 000 Exemplaren (Juli 1992) vertriebenen Broschüre *Aufruf an die Erdbewohner*.[271]

In den Büchern dieser Gruppe mit ansprechenden Titeln wie *in Erdenmission*[272], *Projekt: Welt-Evakuierung*[273] oder auch *Das kommende goldene Zeitalter*[274] lesen wir medial übermittelte Geschichten über »Missionare von anderen Welten«, die »zu Tausenden auf unserer Erde inkarniert« (als Menschen hier geboren), von denen aber viele noch nicht »zum vollen Bewußtsein erwacht« sind – sie wissen noch nichts von ihrer Herkunft. Derzeit leben auf der Erde 144 000 »Lichtwesen, die vor vielen tausend Jahren gewählt hatten, auf die Erde zu kommen«.[275] Diese Ankunft auf der Erde vollzieht sich dabei auch durch das sogenannte Walk-In. Das bedeutet, daß ein Außerirdischer den Körper eines sterbenden Menschen in Besitz nimmt. Die Zahl 144 000, die uns auch beim »Rat der Neun« (Kapitel 10) begegnen wird, ist übrigens eine biblische Zahl, die in der Offenbarung des Johannes (7,4) zu finden ist. Sie soll jene

Menschen ausmachen, die nach der biblischen Apokalypse – beim Ashtar-Command die neue Welt nach Ankunft der Santiner, des Sternenvolks Ashtars – die Neue Welt (das neue Israel) begründen werden. Die Theologie sieht in diesen 144 000 »Wesen« die »Gläubigen Christi«; die Auserwählten nach dem Jüngsten Gericht.[276] Folglich sieht das Ashtar-Command in ihren seinen auf Erden inkarnierten Alien-Wesen die Erwählten der Bibel.

Ashtar Sheran ist bei Channel-Botschaften der Gruppe der unzweifelhaft am häufigsten erwähnte Außerirdische der Santiner. Auch Gemälde und Postkarten, auf denen er abgebildet ist, können wir kaufen. Er selbst soll sich so beschrieben haben:[277]

> »Ich bin 2,10 m groß, habe blaue Augen und einen beinahe weißen Teint. Ich bin eine Wesenheit. Ich bin keine Maschine, kein Roboter. Ich bin ein Kind Gottes. [...] Ich bin definitiv ätherisch. Die ätherische Schwingungsfrequenz ist höher als die astrale. Ich bin aus der Kette von Wesen, die sich auf einer Planetenkette manifestiert haben, die Euch als Venus bekannt ist.« [Omnec Onec von der Venus beschreibt ihr Volk ebenso, d. Autoren]

Und dieser große Außerirdische ist es, der erwählte Menschen auf der Erde kontaktiert. Die gechannelten »Botschaften« stammen von der »Föderation der Freien Welten« im All, die uns verständlich machen will, daß »globale Katastrophen zum Karma-Ausgleich notwendig sind und deswegen zugelassen werden«;[278] natürlich von den Aliens. Dann sind die Sheran-Botschaften voller Informationen von globaler Bedeutung, die sich auf die Endzeit beziehen und von so bekannten wie verehrten Wesen wie dem Erzengel Michael, der Mutter Maria oder »Lord Jesus Sananda« stammen sollen. Der »Oberkommandierende« der Außerirdischen ist unter mehreren Namen bekannt, auch als Jesus Christus. Schließlich war er, der Sternenbruder Ashtar Sheran, einst inkarniert als der Sohn des Zimmermanns. Es war eine wichtige Mission.

Zahlreiche Anhänger dieser obskuren Esoterikgruppe sind von sich überzeugt, ein auf der Erde geborener Außerirdischer zu sein. Sie bezeichnen sich als »Lichtarbeiter«, »Lichtboten«, »Starpeople« oder schlicht als Medium. Ihr Chef und Weltraumbruder Ashtar Sheran stammt von einer kosmischen Menschheit, die sich Santiner nennt und im Sonnensystem Alpha Centauri lebt (rund 4,5 Lichtjahre von der Erde entfernt; unser nächster Nachbar im All). Ashtar Sheran hat diese Menschen, die durch geistige Arbeit ihr wahres Selbst erkannt haben, auserwählt, seine Worte der Liebe und des Friedens auf der Erde zu verbreiten. Dies geschieht durch zahlreiche Bücher, in denen wir uns über den Stand der Dinge informieren können; über den »Santiner-Kreis-Berlin«, der die zweifelhaften »Botschaften« der Außerirdischen über das Internet und andere Medien verbreitet (auf die sich die Autoren auch hier zum großen Teil stützen) und durch Seminare oder Tagungen sowie natürlich esoterische Zeitschriften.

Lars A. Fischinger hat vor geraumer Zeit eines dieser Seminare besucht, auf denen sich zahlreiche Anhänger des Ashtar-Commands tummelten, um dort einen Vortrag zur Paläo-SETI zu halten. In Gesprächen in den Pausen des zweitägigen Meetings waren die Ashtar-Anhänger redlich bemüht, Fischinger von ihren Idealen und Ansichten über UFOs und Außerirdische zu überzeugen. Neben einem hartnäckig »Außerirdisches« berichtenden »Lichtarbeiter« bildete den Höhepunkt des Treffens das Gespräch mit einer »leibhaftigen Außerirdischen«, die ihre irdische Reinkarnation erkannte und nun im Sinne Ashtars ihrer Arbeit nachging. Dabei stellte sich heraus (an den Ohren), daß auch Fischinger ein hier geborener Alien ist, von den Fremden bei seiner Arbeit »gelenkt« wird und sicher bald seine wahre Herkunft erkennen wird.

Auch wurde Fischinger dort mit einer islamisch angehauchten Esoterik-gruppe aus Istanbul, Türkei, bekannt, die offensichtlich recht ähnliche Lehren verbreitet wie die Leute vom Ashtar-Command. Die Inhalte der umfangreichen »Channelnachrichten« belegen zumindest eine geistige Verwandtschaft mit der Ashtar-Sekte. Die Botschaften sind unterschrieben mit »Das Zentrum«, »Der Rat«, »Die Feder des goldenen Zeitalters / F. G. Z. / « oder auch »Das Licht«. Alle diese »Botschaften« sollen der Menschheit den Weg in die Zukunft und in das Glück weisen. Eine medial am 19. August 1986 »empfangene« Nachricht von einem außerirdischen Absender mit Namen Merkur irrt allerdings, wenn sie angibt[279]: »Die Lichtgeschwindigkeit in der Sekunde beträgt nach unserer Rechnung 296 400 km.« Dieser Wert ist ungenauer als die 298 000 km/s, die Foucault vor über einhundert Jahren, nämlich 1862, ermittelte.[280] Heute geht man von 299 792,458 km/s aus – der außerirdische Verfasser der Nachricht, der immerhin »eine Milliarde 338 Tausend Lichtjahre entfernt« verborgen sein soll, scheint es nicht so genau zu nehmen.

Das Ashtar-Command spricht unablässig von nahen »Umwälzungen«, einer »Reinigung« der Erde und selbstverständlich einer Endzeit, die schon mehr oder minder begonnen habe. Diese globalen Katastrophen, die recht ähnlich sein werden wie die Sintflut des Helden Noah, die wir aus der Bibel kennen, werden keinen Kontinent der Erde verschonen. Auch die Schweiz nicht, die nach Angaben[281] des Kommandos »sich momentan noch in einer recht guten und stabilen Schwingung« befinde. Doch bald wird sich eine »gelbe Giftstaubwolke über die Erde« ziehen, die »das Trinkwasser sowie die Nahrung verseuchen wird«. »Diese Wolke wird auch nicht die Schweiz verschonen.« Und alles hängt mit einem Polsprung zusammen. Eben deshalb sollte man nach den Worten Ashtar Sherans auch auf ausreichend Wasservorräte, genügend Kerzen sowie Zündhölzer und dichte Fenster (»da die Außenluft sehr belastet sein wird«) achten, und sich ferner »einen Campinggas- oder Esbitkocher« zulegen.[282]

Selbstverständlich werden alle sozialen und kulturellen Systeme auf unserer heruntergekommenen Erde zusammenbrechen. Das ganze irdische »Geldsystem, das nur noch eine kurze Weile künstlich aufrechterhalten und gestützt werden kann, bricht total in sich zusammen.« Und gleich danach erfahren wir: »Tausende, ja Millionen von Menschen verlieren dadurch ihre Arbeitsstelle.« Länder wie die Niederlande oder weite Bereiche Norddeutschlands werden bei einem bevorstehenden, fest mit in dieses Untergangszenario eingearbeiteten Polsprung in den Fluten versinken.[283] Und an dem sind wir Menschen selber schuld. Auch Uriella von der Sekte Fiat Lux spricht von sehr ähnlich klingenden Ereignissen, wie wir es in Kapitel 14 sehen werden.

Allerdings sollten wir seit Jahrtausenden gewarnt gewesen sein, denn wir erfahren:

> »Die heutige Menschheit ist in einer ähnlichen Situation wie damals Noah, der auf Atlantis lebte. Das war vor 15 000 Jahren. Am Ende dieser Kultur hurte, stahl und log auch beinahe die gesamte Menschheit, genau gleich wie heute, und lebte nicht mehr nach den kosmisch/göttlichen Gesetzen. [...] Diese Parallele zur heutigen Zeit kann wohl jeder ohne Mühe nachvollziehen.«[284]

Wahrlich eine erschreckende Zukunft, wenn wir nicht die rettenden außerirdischen Santiner des Ashtar-Commands auf unserer Seite hätten. Um eben genau diesem scheußlichen Untergang der Menschheit zu entgehen, müssen wir nach den Botschaften Ashtars leben und uns »reinigen«. Nach all diesen Umwälzungen wird die Erde dank der Aliens neu besiedelt. Auch können wir, wenn diese Reinigung der Erde und ihrer Bewohner ansteht, uns nicht einfach das Leben nehmen, um in Würde unserem Ende entgegenzusehen. Denn wir erfahren auch hierzu Unangenehmes;

> »Begeht der Mensch Suizid, wird sich dessen Seele auf einer niederen Astralebene wiederfinden, auf einer Ebene, auf der wenig Licht vorhanden ist.«[285]

Sollten wir es aber dennoch wagen, uns nicht im Sinne des Ashtar-Commands auf die Rettung durch die Aliens vorzubereiten und deshalb unser Leben selbst beenden, bleiben unsere Seelen so lange auf dieser »niederen Astralebene« bzw. auch in »einer unangenehmen schwarzen, dunkelgrauen oder hellgrauen Ebene«, bis wir unseren irdischen Fehler erkannt haben und ihn »in einer erneuten Verkörperung auf einem anderen Planeten, der ihrer Evolution entspricht, korrigieren« werden. Wer will das schon?

Und eben wegen dieser »Umwälzungen« der Erde und der gesamten Menschheit müssen wir uns an die irrwitzigen Channel-Botschaften des Gurus Ashtar aus dem All halten. Schließlich wird er mit seinen »über 17 Millionen« (im Internet ist auch mal von nur zehn Millionen die Rede gewesen) im Erdorbit wartenden UFOs dafür sorgen, daß die willige Menschheit von den Aliens in den Himmel evakuiert wird. Diese UFOs »sind so gut organisiert, daß sie die ca. 5,5 Milliarden Erdenmenschen in 15 Minuten evakuieren können«, verbreitet beispielsweise Stefan Bamberg in seiner kostenlosen Broschüre *Außerirdische Wesen senden Botschaften an die Menschen der Erde!*[286]

Die Evakuierung der gläubigen Menschen erfolgt nach »Channelaussagen«[287] der Aliens, die durch eine Santiner-Gruppe in Berlin verbreitet werden, in Form von zwei Möglichkeiten: Zum einen können sie einen »Levitationsstrahl« benutzen, der die Menschen in die UFOs beamt, oder die Menschheit wird durch »kleine Raumschiffe, Miniraumschiffe für 4–6 Personen, die als Zubringer für die Mutterschiffe dienen«, in die »millionenfach bereitstehenden Mutterschiffe, die fliegenden Städten gleichen«, sechzig Kilometer groß sein sollen und unglaublich luxuriös sind, gebracht werden. Dort, in diesen »Mutterschiffen« – die noch nie gesehen wurden – der Santiner haben dann die Menschen eigene Wohnungen, »je nach Größe der Familie«. Sie werden dort oben im All von den Außerirdischen »auf die liebevollste Art und Weise betreut und versorgt«.

An diesem schon paradiesisch anmutenden Ort werden wir aber auch geistig wie körperlich verjüngt. Und wir werden von den Rettern aus dem All »behandelt und geheilt« nach »eingehender Untersuchung, auf die bei uns übliche Weise«. Doch sollte es dazu gekommen sein, daß geliebte Freunde oder Familienmitglieder in ein anderes UFO-Mutterschiff gelangt sind, könnten wir sie einfach via Computer suchen lassen, um ihren Aufenthaltsort ausfindig zu machen – wenn sie sich haben retten lassen.

Auch können wir uns ohne Zweifel in Sicherheit wiegen, wenn nun diese Evakuierung in die UFOs der Santiner stattfinden wird. Nach Aussage der Fremden sind wir nicht die erste Menschheit, die von ihrem Planeten entrückt werden soll. Als im Sommer des Jahres 1994 der Komet Shoemaker-Levy 9 auf spektakuläre Weise auf der südlichen Hemisphäre des Planeten Jupiter einschlug, haben die UFO-Retter um Ashtar Sheran auch die Bevölkerung des Jupiters vorübergehend von ihrem Planeten evakuiert. Doch »diese Brüder und Schwestern leben bereits seit langem wieder dort, jedoch an einer anderen Stelle des Planeten«, erfahren wir in der Ashtar-Durchsage.

Wer jetzt verwirrt ist, dem sei gesagt, daß nach Ansicht der Santiner unser Sonnensystem, die Planeten und auch einige Monde von Außerirdischen nur so wimmeln. Nach einer anderen Channel-Botschaft[288] der »Interplanetarischen Konföderation«, »in der zwanzig verschiedene Sonnensysteme dienen, d. h. 143 Planeten«, gibt uns Ashtar Sheran folgende »aufschlußreiche« Information:

Die Erde muß bald in eine andere Seinsebene, eine andere Dimension (von der dritten in die fünfte) wechseln, »da alle Schwesterplaneten, außer Pluto, bereits in der 4. Dimension sind und auch jetzt einen Dimensionswechsel vollziehen«. Deshalb muß die Erde, die »zu lange ein Domizil für die Negativen war und immer noch ist«, die vierte Dimension überspringen, um den Vorsprung der anderen Planeten aufzuholen. Und genau aus diesem Grund sind

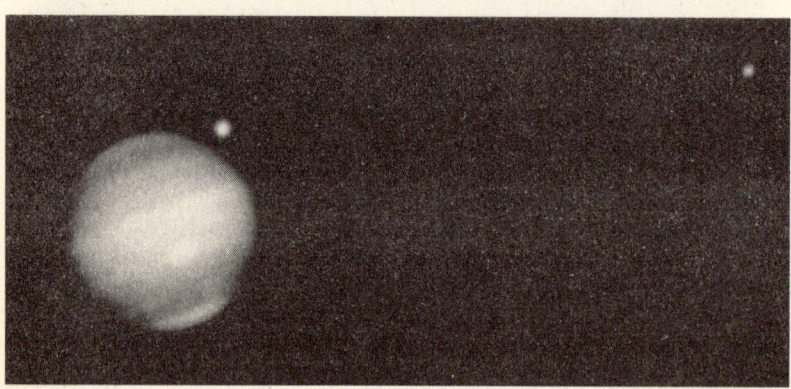

Im Sommer 1994 schlug der Komet Shoemaker-Levy 9 auf den Jupiter auf. Es war die größte je von Menschen beobachtete Katastrophe im Sonnensystem. Während des Aufpralls soll Ashtar Sheran die Jupiterbewohner evakuiert haben. Die Bilder zeigen den Kometen im All (oben) und kurz vor dem Einschlag (unten).

Umwälzungen nicht zu vermeiden, da »vorübergehend auf diesen Planeten kein physisches Leben mehr existieren« kann. Die Regierungen wissen es seit Jahrzehnten, doch sie wollen uns in die Irre führen – nur die Erwählten der Santiner haben die Gefahr erkannt. Sämtliche Weltregierungen haben sich gegen die Erdbewohner verschworen und pflegen strikte Geheimhaltung.

Nach den Aussagen der Santiner um Sheran ist es ein verzweifelter Kampf, die Regierungen und alle wichtigen Organisationen der Erde auf den Dimensionswechsel vorzubereiten. Sie wollen es einfach nicht wahrhaben. Seit den fünfziger Jahren versuchen die gottseligen Retter aus dem All die Menschheit zu warnen, und so wundern wir uns auch nicht, daß Astar Sheran gechannelt hat, daß...

> »...die Botschaften, die alle Astronauten von uns empfangen haben, die wir in unseren Mutterschiffen begrüßten und die wir liebevoll begleitet haben, an euch und eure Regierungen gerichtet [waren]. Sie wurden systematisch totgeschwiegen. Alle eure Regierungen, die NASA, die UNO und viele andere internationale Gremien [Die NASA ist eine private Organisation in den USA, d. Autoren] haben im Laufe der Jahre sehr ernsthafte Hinweise über die Situation des Planeten Erde und seiner Menschheit erhalten. Wir haben bereits in den 50er Jahren offiziellen Regierungsmitgliedern und dem Präsidenten der Vereinigten Staaten angeboten, daß wir der Erdenmenschheit bei ihrer spirituellen Entwicklung weiterhelfen. Voraussetzung dafür war der sofortige Stop aller Atomversuche.«[289]

Hier haben wir neben der Endzeit unserer Erde, die von den Außerirdischen gesehen und begleitet wird und in der wir von den Fremden gerettet werden, einen weiteren Aspekt des esoterischen UFO-Glaubens vor uns: Die Regierungen der Erde haben sich gegen die Milliarden Menschen verschworen und enthalten uns brisante Informationen vor. Neben der nicht esoterischen Diskussion über Geheimakten zum Thema UFOs in den Archiven der USA, Deutschlands oder auch in anderen Ländern, die auch durch freigegebene Dokumente bestätigt wird, gibt es also den Glauben der Sheran-Anhänger dazu, daß die Regierungen Kontakt mit Außerirdischen hatten. Aber, so heißt es in derselben Botschaft weiter, die Santiner wollten den Regierungen keine technische Unterstützung zuteil werden lassen, weshalb auch die »spirituelle« Hilfe der Aliens abgelehnt wurde. Recht Ähnliches kennen wir auch von Omnec Onec.

Aber der Glaube der Ashtar-Sekte geht noch weiter, sehr viel weiter, denn im selben Atemzug übermittelte Ashtar Sheran folgendes an seine irdischen »Kanäle«:

»Tatsache ist, daß eure Regierungen mit Schwestern und Brüdern verschiedener Sonnensysteme, von denen einzelne Planeten sich von Gott
abgewandt haben, Bündnisse eingegangen sind, in denen ihnen Hilfe,
speziell in der Raumfahrttechnologie, zugesichert wurde zum Preis von
Menschen, die im Austausch entführt werden durften und dürfen und
an denen bis heute noch medizinische und genetische Experimente
durchgeführt werden.«[290]

Starker Tobak, den diese Gruppe verbreitet. Die Autoren erinnert dies entfernt
an die immer wieder verbreitete These, Adolf Hitler hätte außerirdischen
Wesen Juden und andere Inhaftierte aus den KZ-Lagern für tödliche Experimente im All überlassen und im Gegenzug Technologie erhalten. Beispielsweise wurde auf der UFO-Konferenz »Dialog mit dem Universum« (Nr. III)
behauptet:

»1937 ist ein außerirdisches UFO in Deutschland gelandet. Die Außerirdischen haben Kontakt mit dem Führer Adolf Hitler aufgenommen
und haben ihm Waffen angeboten, mit welchen er den kommenden
Krieg gewinnen würde. Als Gegenleistung wollten sie deutsche Reichs-
bürger für biologische und energetische Experimente haben. Dies
lehnte Adolf Hitler ab, bot aber die Insassen der KZs im Gegenzug
dafür an. Dies erklärt wiederum, warum man nach dem 08. Mai 1945,
der Kapitulation der deutschen Wehrmacht, nur die Asche von 60 000
›Vernichteten‹ in den KZs fand. Die ›offizielle‹ Zahl von den sogenannten ›6 000 000 Opfern‹ würde damit um 5 400 000 abweichen. Diese
seien für die vorhin erwähnten Waffen zu energetischen und biologi-
schen Experimenten der Außerirdischen eingetauscht worden.«[291]

Recht ähnliches hat auch der Deutsche Jan Udo Holey in seinen inzwischen
verbotenen Büchern *Geheimgesellschaften* (Bd. I & II)[292] unter dem Pseud-
onym Jan van Helsing verbreitet, die von antisemitischer Hetze und ufologischen Absurditäten nur so strotzen. Er leugnete den Holocaust, verachtete das
jüdische Volk (»Weltjudentum«) und erzählt Geschichten über Nazis, die in
der Antarktis noch heute mit UFOs agieren. Allein Band eins verkaufte sich
über 100 000 mal, bis das Buch auf den Index kam und das Amtsgericht Mannheim im April 1996 gegen Jan Udo Holey Haftbefehl wegen »Gebrauchs von
Kennzeichen verfassungswidriger Organisationen« und »Volksverhetzung«
erließ.[293]

Das in der UFO-Forschung ernsthaft diskutierte Phänomen der UFO-Entführungen geschieht also nach dem Ashtar-Command mit Wissen und Geneh-
migung der Weltregierungen. Und zwar von gottlosen Außerirdischen, die uns
Menschen dafür Raumfahrttechnologie schenken bzw. schenkten. Wenn wir
unsere aktuellen Raumfahrtprogramme betrachten, stellt sich die Frage, wo

denn die Technik der interstellaren Raumfahrt geblieben ist, die von den »Brüdern verschiedener Sonnensysteme« an die Menschen übertragen worden sein soll. Oder wo überhaupt irgendeine Art von fremder Hochtechnologie ist. Wir können uns nicht vorstellen, daß diese fremden Wesen mit Schiffen nach Art der Atlantis-Fähren zu uns gekommen sind, unsere Erde mit Sonden nach der Machart von Pathfinder beobachten oder die Mutterschiffe der Santiner vom Typ Mir sind.

In Ashtar Sherans Botschaften tauchen immer wieder Vorwürfe auf, die sich auf unser sündhaftes Verhalten beziehen: Wir verpesten die Erde mit Umweltgiften, zünden leichtsinnig Atombomben zu Testzwecken – und dies, obwohl die Santiner die Regierungen bereits vor Jahrzehnten davor gewarnt haben –, und wir Menschen bewegen uns auf einer spirituellen Bewußtseinsebene, die schlechter wohl nicht sein könnte.

Unsere Auseinandersetzung mit den zahlreichen esoterischen Gruppen und Kontaktlern zeigte immer wieder, daß die »Außerirdischen« fast immer vor Atombomben warnen. Professor Carl Sagan, einer der herausragendsten Wissenschaftler, fragt sehr treffend:

> »Wie kommt es, frage ich mich, daß UFO-Insassen so sehr an modisch aktuelle oder dringende Sorgen und Probleme auf diesen Planeten gebunden sind? Warum haben sie nicht in den fünfziger Jahren ganz nebenbei vor den FCKWs und der Verringerung der Ozonschicht gewarnt, warum nicht in den siebziger Jahren vor dem HIV-Virus, als sie wirklich etwas Gutes hätten bewirken können? Warum warnt man uns heute nicht vor irgendeiner Gefahr für die öffentliche Gesundheit oder die Umwelt, von der wir noch keine Ahnung haben? Kann es sein, daß Außerirdische nur soviel wissen wie jene Menschen, die von ihrer Anwesenheit berichten?«[294]

Unsere eigene Schlechtigkeit zeigt sich nach dem Ashtar-Command beispielsweise auch dadurch, daß unseren Frauen nicht mehr ihre wahre Bedeutung als Quelle der Schöpfungskraft zuteil wird. Zu diesem Thema läßt sich Ashtar Sheran aus, wenn er seine Evakuierungsbotschaften an die Auserwählten auf der Erde sendet.[295] So erfahren wir von den Santinern, daß die Frau eigentlich eine zentrale Rolle bei der Schöpfung innehatte und als göttliche Lebensquelle schlechthin bezeichnet werden müsse. Doch schon die Schöpfungsgeschichte der Bibel im Buch Genesis wurde absichtlich von den Männern verdreht, um dem Weibe die wahre Bedeutung abzuerkennen. Spätere Priester taten ihr übriges, um die »männliche Herrschaft« aufrechtzuerhalten.

Der männliche Geist ist von einem »Negativen« befallen, der es sich erlaubt hat, »die Frau nur noch auf ihre reine Sexualität zu reduzieren und ihr dort ihren einzigen Platz zuzuweisen«. Pornofilme und die »anwachsenden Zahlen des sexuellen Mißbrauchs« sind Beweis dafür, daß wir dem weiblichen

Geschlecht seine wahre Identität aberkennen. Wohl auch deshalb heißt es in einer anderen Nachricht[296] des Gottes der Ashtar-Anhänger:

> »Wir schicken hauptsächlich unsere Frauen auf euren Planeten, damit sie Kraft ihrer Liebesfrequenz helfen sollen, den Planeten Erde zu heilen und die Menschen zu begleiten auf ihrem Weg der Transformation.«

Auch haben die Außerirdischen übersehen, so heißt es weiter, daß schon sehr viele Frauen auf der Erde leben und zum Zeitpunkt der »Übermittlung« dieser Botschaft »die Frequenz-Kontrolleure« hier weilen und »die Machthaber dieser Erde« mit der Liebesfrequenz der Frauen von den Sternen »nähren«. Das Ashtar-Command ist demnach der Ansicht, daß fremde Wesen die politischen Führungskräfte der Erde durch eine Frequenz der Liebe zum Besseren bekehren. Wirre Ansichten, wir wollen es gerne zugeben.

Ganz wichtig sei es, so Ashtar Sheran, daß wir endlich die Atomversuche einstellen. Selbst die Außerirdischen wollen nicht ständig zusehen, wie wir damit Gott reizen. Frankreich, China und angeblich bald auch Indien stellen durch atomare Versuche unentwegt die Geduld Gottes auf die Probe.[297] »Was denkt ihr eigentlich über euer Leben«, wirft uns der kosmische Retter in seinen Nachrichten vor.[298] Doch die »Interplanetarische Bruderschaft« ist uns Menschen wohlgesonnen, und wir verdanken es nur den Santinern, daß wir überhaupt noch hier leben können. Die Atombombenexplosionen haben auf die Seele des Menschen kaum zu ermessende Auswirkungen, vor denen uns die Außerirdischen seit Jahrzehnten per Channeling warnen.

Was konkret passiert denn mit unseren Seelen bei einer atomaren Explosion? Dazu haben wir einen Hinweis in einer anderen Nachricht Ashtar Sherans[299]:

> »Habt ihr darüber nachgedacht, daß die Seelen, die im Zentrum einer Atomexplosion sind, zerfetzt werden? Es bedeutet für diese Seelen unvorstellbares Leid, in ihrer Substanz derartig angegriffen zu werden. Es dauert oft Hunderte von Jahren, bis diese Seelen wieder zu ihrer Ganzheit zusammengefügt und geheilt sind. [...] Jedoch ist eine Atomexplosion der allergrößte Angriff auf die menschliche Seele und somit ein Großangriff auf den Geist Gottes.«

Da sich aber niemand von uns im Zentrum einer solchen Katastrophe aufhalten wird, kann dies nur geschehen, wenn eine Atomrakete in einer Stadt einschlägt. Für die Santiner ist der Fall klar: »China bedroht die gesamte Menschheit mit einem Atomkrieg.«

Um das zu verhindern, kämpfen viele Außerirdische in China für den Frieden. Tatsächlich weiß der schöne Ashtar Sheran auch darüber Genaueres zu berichten, denn in einer seiner zweifelhaften Botschaften der Liebe[300] schildert er, daß die Planeten Mallona und Maldek, »dessen Reste heute noch als

Asteroidengürtel zu sehen sind«, vor 50 Millionen Jahren zwischen Mars und Jupiter existierten und ihre Bewohner eine ebenso schlechte Menschheit wie wir waren:

> »Diese Menschheit trieb das gleiche Spiel wie ihr heute. Sie experimentierte mit Atomspaltungen, bis der Planet auseinanderbarst. Diese Zivilisation wurde von uns viele Male eindrücklichst gewarnt und auf diese Konsequenz hingewiesen. Jedoch fruchteten unsere Einwände nicht. Die gesamte Zivilisation ging unter. Wir haben auch damals niemanden evakuiert, wie sich vielleicht manche von euch fragen werden. Warum nicht? Weil Gott keinen Befehl dafür gegeben hat. Dies sollte als Exempel dienen, als Anschauungsunterricht. [...]«

Also gab es auch zwischen Mars und Jupiter einen Planeten, der natürlich auch bewohnt war. Doch Gott wollte nicht, daß dessen Bewohner gerettet werden. Demnach sind wir, die ja von den Santinern und ihrem Helden Sheran evakuiert werden sollen, in der ausgesprochen glücklichen Situation, eine globale Katastrophe dank der Außerirdischen zu überleben. Doch gleich der nächste Satz dieser »göttlichen« Botschaft des Ashtar ist verwirrend:

> »Viele Malloner sind heute in China reinkarniert. Die chinesische Regierung ignoriert nicht nur sämtliche Proteste, sondern sie geht weiterhin rücksichtslos [...] vor. Für Frankreich gilt das gleiche.«[301]

Also wurden die Seelen der Bewohner des zerstörten Planeten wiedergeboren. Und das in China, um die Chinesen, die uns ja mit einem Atomkrieg bedrohen sollen, zu warnen. Und in Frankreich geht es angeblich genauso zu.

Allerdings wurden auf der Erde seit dem Zweiten Weltkrieg zahllose Atombomben gezündet. Warum also gab es noch keinen Weltuntergang? Nun, die Erde und unser eigenes Ich sind nach Ansicht der Santiner bereits betroffen, aber der Grund, warum unser Planet nicht untergeht, erinnert an billige Science-fiction. Wir erfahren in dieser Pseudobotschaft nämlich Erstaunliches:

> »Ihr würdet schon lange nicht mehr auf diesem Planeten leben, wenn wir nicht immer mit speziellen Strahlungsapparaten von unseren Raumschiffen aus eure Atmosphäre gereinigt hätten.«

Und in einer anderen Sektenmitteilung[302] heißt es ergänzend:

> »Die Naturkräfte, mit denen ihr in unachtsamer Weise umgegangen seid, sind entfesselt. Durch die französischen Atomversuche ist die Erdkruste im pazifischen Raum bereits gefährlich dünn und brüchig geworden. Ein Riß würde euren Planeten, wie einst Mallona, zum Ber-

sten bringen, da riesige Wassermassen ins Innere der Erde stürzen und sie dadurch zum Zerbersten bringen würden. Wir tun bereits alles mit speziellen Stabilisierungsgeräten und Engeriekonzentrationen in unseren unterirdischen Basen auf dem Meeresgrund, um das zu verhindern. Denn Gott läßt ein zweites Mallona nicht zu. Wir arbeiten unter dem Einsatz all unserer Kräfte und unseres Wissens, um das Allerschlimmste für diesen Planeten zu vermeiden, seine Zerstörung.«

Gut, daß wir die Santiner haben, die unsere Erde bisher mit Supertechnologie der außerirdischen Art vor der Vernichtung bewahrt haben. Diese phantasievollen Geschichten sollen nach dem Willen der irdischen Santiner beweisen, daß die Erde dem Untergang geweiht ist. Und der Dimensionswechsel soll sogar schon begonnen haben:

> »Im März beginnt der Auftakt der großen Reinigung eures Planeten durch Naturkatastrophen. Eure Erde bebt bereits innerlich und will die Last loswerden, die eure Gedankenprojektionen und euer ausbeuterisches Verhalten ihr aufgeladen haben. Die Erde ist, wie ihr wißt, ein bewußtes Wesen mit einem tiefen Wissen. [...]«

Doch im März des Jahres 1996, dem Monat, aus dem diese Mitteilungen stammen, sind keine Naturkatastrophen geschehen. Aber, so die Santiner-Sekte weiter, »werden [sie] in den Katastrophengebieten präsent sein und bereits Evakuierungen vornehmen, so wie wir dies bereits in Bangladesch (1991) getan haben, was jedoch von der Öffentlichkeit unbemerkt geschah«. Folglich wurden schon Menschen von den himmlischen Rettern hinfortgehoben: in Bangladesch, bei den Überflutungen im Jahr 1991. Beweise gibt es nicht, denn die Anhänger dieses Kults glauben es auch so gerne genug; schließlich stammen diese Aussagen von dem göttlichen außerirdischen »Flottenkommandeur« der UFOs selber, Ashtar Sheran.[303]

Nicht nur die Reinigung und die Atombombenversuche sind brisant, sondern auch ein »Photonenring«, von dem diese Gruppe immer wieder spricht. So soll sich nach den Durchsagen des Ashtar-Command[304] ein solcher Lichtring der Erde nähern und seinen Höhepunkt eigentlich im Dezember 1996 erreicht haben. Der Ring hat nicht nur Auswirkungen auf das Nordlicht, das bei den Anhängern »Aurora Borealis« (der wissenschaftliche Name) genannt wird, sondern auch auf die menschliche DNS (DNA). Die »Einstrahlungen« des Photonenrings sollen unsere DNS in eine »12er-DNS-Struktur« umwandeln, und außerdem werden »die noch unverbundenen Lichtfäden [...] neu zusammengefügt und energetisch«. Einige Menschen leben bereits mit der neuen Genstruktur, die anderen werden nach der Reinigung unseres Planeten mit diesem 12er-Gen wiedergeboren.

Doch der Photonenring hat auch negative Auswirkungen auf die Erde. So warnt Sheran beispielsweise davor, in den Tagen der Ankunft des Lichtringes in Flugzeuge zu steigen. Deshalb sollten wir lange Flugreisen zeitlich mit der Ankunft des Lichtringes abstimmen. Aber nicht nur, daß sich »das elektromagnetische Schwingungsfeld der Erde verändert«, nein, auch Radargeräte und andere Meßinstrumente werden fehlerhaft funktionieren.

Die Glaubensvorstellungen der Anhänger des Santiners Ashtar Sheran gehen soweit, daß sie auch von christlichen Einfügungen in ihre irrwitzige Glaubenswelt vollends überzeugt sind. Genau das ist typisch für Sekten und vor allem auch für die esoterische UFO-Gemeinschaft, die andauernd »Kontakt« mit »Engeln in Sternenschiffen« haben will. Die Lehren der Ashtar-Anhänger sprechen unverkennbar immer wieder von einem »göttlichen Auftrag« und göttlichen »Liebesworten«, von Licht und Erlösung. Doch auch wenn die Santiner angeblich »seit atlantischen Zeiten den göttlichen Auftrag [haben], die Erdenmenschen in ihrer spirituellen Entwicklung zu betreuen«[305], so ist das doch wohl kläglich gescheitert. Wir haben bereits gesehen, daß Noah von Atlantis vor 15 000 Jahren in einer ebenso verdorbenen Welt lebte wie wir Menschen heute. Wenn nun die Santiner uns seit dieser Zeit begleiten, scheinen sie nicht viel erreicht zu haben: Die Erde ist immer noch schlecht, befindet sich »nur« in der dritten Dimension, und selbst der Planet Pluto ist schon einen Schritt weiter.

Die Santiner, und damit vor allem die angeblich hier auf der Erde reinkarnierten »Organe« dieser Aliens, sind davon überzeugt, daß Jesus Christus, der »bevollmächtigte Verwalter dieses Planeten«, sie führt, lenkt und auf ihrer Mission begleitet. Nicht nur das, wir erfahren auch, daß Ashtar Sheran die uns bereits bekannte »Weltraum-Strahlschiff-Flotte«, »eine Flotte der tätigen Nächstenliebe«, leitet.[306] Ashtar ist »ein Kommandant der Liebe und nicht des Schwertes« und darf sich außerdem mit folgendem Amt brüsten:

> »Er ist der bereits von Jesus Christus angekündigte Menschensohn. So steht die Evakuierung auch unter der Leitung des Treuhänders dieses Planeten: Jesus Christus.«

Das muß in der Tat erst einmal verdaut werden. Der Außerirdische Ashtar Sheran vom Sonnensystem Alpha Centauri, der hier mit seiner UFO-Strahlen-Flotte weilt, ist der von Jesus Christus angekündigte Menschensohn. Doch lassen wir dazu noch einmal Ashtar durch eine gechannelte Botschaft an den Santiner-Kreis-Berlin sprechen[307]:

> »Ich [Ashtar Sheran, d. Autoren] bin ein lebendiger Bruder einer zahlmäßig nicht zu erreichenden Menschheit, die zum größten Teil den Anschluß an die Allmacht gefunden hat. Ich verstehe mein Amt und erledige meinen Auftrag [...] Aber mein Auftraggeber ist eine angesehene und machtvolle hohe Persönlichkeit. Seltsamerweise genießt diese Persönlichkeit einen besseren Ruf als dessen höchster Chef. Sein

Der jüngste Tag – kommt Jesus in fliegenden Untertassen, um die Erde zu zerstören?

Name ist Jesus Christus. Seit Jahrtausenden sind wir miteinander bekannt. Seit Jahrtausenden bemühen wir uns unter der Leitung des Erzengels Michael um die Erlösung dieser Menschheit aus den Fesseln der Negativität.«

Die Evakuierung ist von Gott angeordnet, wird unter anderem von Jesus Christus unterstützt und ist eine Notwendigkeit göttlicher Wandlungen der Welt. Ashtar Sheran hat das »Oberkommando« in göttlichem Auftrag erhalten, denn die Santiner haben die Leitung der »intergalaktischen Konföderation«.[308] Jene Menschen, die davon überzeugt sind, sie seien wiedergeborene Santiner der Sterne, sehen sich als »göttliche« oder zumindest als in Gottes Auftrag handelnde Menschen an.

Man braucht nicht allzu tief in die Lehren des Ashtar-Commands einzutauchen, um zu erkennen, daß biblische Elemente ein fester Bestandteil ihrer Botschaften sind. Auch die Evakuierung gehört dazu; ebenso das bekannte »tausendjährige Reich« der Bibel. Darüber erfahren wir von den Santinern in ihren »medialen Nachrichten« folgendes[309]:

>»Wir Santiner haben Jesus Christus in seinem Erlösungswerk unterstützt und ihn in seiner Erdenmission begleitet. So dienen wir ihm auch heute in seiner Erdenmission, die unter seiner spirituellen Leitung steht, zusammen mit Erzengel Michael. Jesus wußte von seinem Tod, bevor er euren Planeten betrat. [...] Unsere Maxime lautet: Gott ist allmächtig und wir dienen ihm!«

Die Sekte Ashtar-Command hat keine Hemmungen, ihre irrwitzigen Botschaften von dem »Photonenring«, der Evakuierung und der Rettung der Erde inklusive Eintritt in eine höhere Dimension mit den Taten Jesu Christi auf der Erde zu vergleichen. In derselben Nachricht heißt es vom Sternenbruder Ashtar nämlich:

>»Jesus Christus wurde zu Lebzeiten auf der Erde verspottet und seine Wahrheit ins Lächerliche gezogen. Ebenso versucht man seit geraumer Zeit unsere Mission, die zum Erlösungswerk Christi gehört, zu diffamieren und zu verschweigen. Gott hat jedoch den längeren Atem.«[310]

Diese schamlose Selbstdarstellung bedarf keines Kommentars. In einer etwas später medial übermittelten Botschaft des Lichtwesens Ashtar an die »Erdenschwestern und Erdenbrüder« gipfeln die Bezüge der Santiner zur Person Jesus Christus in einem theologisch-esoterischen Chaos ohnegleichen. Wir erfahren dort, daß es die Aufgabe der Santiner ist, »das Kreuz von Jesus Christus zu heilen«, um dann folgendes zu lesen[311]:

»Auch Jesus Christus kam bereits mit dieser Opferbereitschaft in seiner irdischen Inkarnation. Er wußte von seinem Tod. Im Ablauf des Kreuzigungsdramas gab es jedoch verschiedene Meinungen außerirdischer Völker, die sich durchsetzten wollten bezüglich der Art und Weise seines Todes. Zu unserem größten Bedauern hat sich die grausamste Variante durchgesetzt, die von einem kriegerisch orientierten Sternenvolk stammte. Was ist unsere Aufgabe dabei? Wir haben Jesus Christus in seiner Erdenmission aufs engste betreut und begleitet. Er war zu Schulungen in einem unserer Raumschiffe im Alter zwischen 18 und 30 Jahren. Wir fühlen uns ihm sehr verbunden, da wir zusammen auf unserem Heimatplaneten gelebt und gewirkt haben. Wir haben es versäumt, ihm einen derartigen Tod zu ersparen! [...] Wir haben das Erdbeben während seiner Kreuzigung durch Antigravitation erzeugt und sein Grabestor geöffnet.«

Tatsächlich ist das breite Band der UFO-Forschung weltweit mit solch irrationalen und irrsinnigen Aussagen durchzogen. Traurig ist hierbei besonders, daß die Medien es lieben, Anhänger dieser Kulte an die Öffentlichkeit zu bringen. Welches Bild von der gesamten UFO-Forschung gezeichnet wird, dürfte wohl jedem verständlich sein.[312]

Den eifrig glaubenden Anhängern des Ashtar-Kultes und seiner esoterischen Philosophie ist es jedoch egal, was die Öffentlichkeit über sie und ihre Lehren denkt. Der Ausspruch »Glaube braucht keine Beweise« gilt auch hier. Doch »Beweise« für die pseudo-realen Glaubenswelten der Ashtar-Anhänger gibt es natürlich auch. Es handelt sich dabei um UFO-Berichte jedweder Art und Fotos von Sternenschiffen. Ebenso sind Medienberichte über Naturkatastrophen Hinweis genug, daß die große Wende ansteht. Lars A. Fischinger wurde gar anhand einer Liste von Erdbeben mit der Angabe ihrer Stärke, des Epizentrums und des zeitlichen Abstandes sowie Angaben über Waldbrände, Tornados und andere Katastrophen versucht klarzumachen, daß dies wohl kaum Zufall sein könne, sondern auf den baldigen Übergang der Erde in die neue Dimension hindeute.[313] Viele der selbsternannten UFO-Gurus lehren diese Ankunft der Aliens und die neue Welt mit Begeisterung. Beispielsweise auch Charles Spiegel von der »Wissenschaftsakademie« aus Kalifornien, USA, der der Überzeugung ist, im Oktober 2001 werde ein mehrstöckiges UFO mit 1000 außerirdischen Wissenschaftlern auf einer bis dahin im Wasser verborgenen Insel im Bermuda-Dreieck niedergehen. Dadurch werde die Erde »33. Mitglied einer interplanetarischen Föderation«.[314] (S. auch Kapitel 5.) Also nichts Neues unter der Sonne.

Die Überschwemmungen, die laut dem Ashtar-Command durch den Polsprung und andere Katastrophen ausgelöst werden, haben auch die biblische Sintflut verursacht, denn die Fluten werden »unsere Erde von negativen Schwingungen befreien, genauso wie es bei Noah geschah«.[315] Nun, wäre es bei Noah geschehen, brauchten die Santiner doch wohl kaum erneut unser falsches Bewußtsein anzuprangern. In den Zeiten der biblischen Sintflut, so heißt es weiter, sei Noah »tatsächlich mit einem Schiff gerettet« worden. Aber »mit Raumschiffen, die sie gemäß ihrem damaligen technischen Wissen für planetare Flüge bauen konnten«.

Durch diese baldige Katastrophe werden auch die Kontinente Atlantis, Mu und Lemuria, alles mythische Länder, die bei der letzten Flut versunken sein sollen und vielfach im Zusammenhang mit esoterischen UFO-Kulten erwähnt werden, wieder aus den Fluten steigen. Die Erde wird sich nach der Evakuierung in einer neuen Umlaufbahn wiederfinden. Dann beginnt »mit Hilfe der Sternengeschwister und mit den neu erlernten Techniken, der Materialisation, Dematerialisation, Präzipitation usw.« eine neue Welt, mit »Siedlungen, Schulen und alle[m], was für das Leben nötig ist«. Auch werden wir Menschen nach diesem Ereignis in der Lage sein, zu fernen Sternen und sogar zu anderen Galaxien zu reisen. Gleichzeitig erhalten wir einen »halbätherischen und/oder ätherischen Körper«, was bedeutet, daß unsere Körperatome so schnell »schwingen« werden, »daß wir für heutige physische Augen unsichtbar werden«. (All das erinnert stark an den Orden Fiat Lux, s. Kapitel 14.) Und weiter heißt es vom Ashtar-Command:

> »Es wird eine lange Zeit des Friedens, der Liebe und Harmonie anbrechen (Tausendjähriges Reich), denn in der neuen Schwingung können keine Kriege und auch keine destruktiven Gedanken den Menschen mehr beherrschen.«

Alle Völker leben in Frieden und Freiheit. Eben das Paradies auf Erden – dank der göttliche Hilfe der außerirdischen Santiner und ihres Kommandanten, Ashtar.

Solche Lehren haben die meisten Sekten. Entweder kommen die Mitglieder in eine Art »himmlisches Paradies«, oder dies wird zu den Menschen auf Erden kommen. Auch das Ashtar-Command verbreitet die Ansicht, in Zukunft werde es Frieden, Freiheit und geistige Perfektion geben. Das Ashtar-Command bedient sich der einfachsten Mittel, um seine Anhänger zum Glauben zu bewegen: der Sehnsucht nach Frieden und menschlich-geistiger Perfektion.

Obwohl uns die Gruppe bedenklich erscheint, hat sie leider viel Erfolg. Zahlreiche Menschen sind am Ende des zwanzigsten Jahrhunderts offensichtlich orientierungslos.

KAPITEL 10

Tom vom »Rat der Neun« – Die Erde wurde kolonisiert

Intergalaktische Konföderation der Planeten, Bruderschaft der Planeten und Interplanetarisches Parlament: Alle diese und noch mehr politische Alien-Vereinigungen sollen nach Ansicht mancher Esoteriker im Universum ihren Aufgaben und Pflichten nachgehen.

Der Rat der Neun gehört in die Reihe dieser Außerirdischen, die nur medial, per Channeling, kontaktiert werden können. Der Rat der Neun befindet sich in einem »Bereich der Kälte« im Universum und besteht aus reiner Energie, kann sich aber bei Bedarf materialisieren. Sprecher und Kommunikationsorgan der Außerirdischen ist Tom, er übermittelt eine umfassende Palette an Lehren über die Entstehung der Menschheit und des Alls an ein selbsternanntes Channel-Medium mit dem Künstlernamen Phyllis Virtue-Carmel aus Florida, USA. Diese Botschaften sind, so meinen wir, ein Kompendium[316] von irrationalen Esoterik-Lehren. Wir werden dies im folgenden auch darlegen.

Der erste Kontakt, den der Außerirdische Tom 1975 herstellte, war angeblich mit keinem Geringeren als Gene Roddenberry, dem Erfinder von *Star Trek,* der Fernsehserie *Raumschiff Enterprise.* Tom, der Außerirdische, stellte sich als »der Sprecher des Rates der Neun«, als »Tehuti«, »Hamarkos«, »Herenkar«, »Thomas« und »Atum« vor. Eine Eigenschaft, die von vielen angeblich channelnden Außerirdischen bekannt ist, denn zahlreiche esoterische UFO-Freunde geben ihren Pseudo-Außerirdischen mehrere Namen. Der Name Atum ist übrigens der Name eines sehr bekannten altägyptischen Gottes, der als Schöpfer, Urgott und erste Präsenz der Weltentstehung besonders in der ägyptischen Stadt Heliopolis (griechisch = »Sonnenstadt«) sehr verehrt wurde.[317]

Dem Parapsychologen Dr. Andrija Puharich erklärte Tom noch einige Einzelheiten mehr über Toms »Natur«. Er ist vor 34 000 Jahren auf der Erde gewesen, die Ägypter bauten die Sphinx nach seinem Bilde und gaben ihr seinen Namen (Hamarkos), die Neun sind die Elohim der biblischen Schriften, und die »Mitglieder« des Rats der Neun sind alles »Seelen« (was immer das sein mag). Der wahre Gott ist reine Energie, und diese will der Außerirdische Tom in seinen Nachrichten erklären. Tom versucht in einer Botschaft an Puharich das Universum zu erklären, denn es wird von allerlei spekulativen Dingen der Welt berichtet, vom Urknall, von anderen Dimensionen und vielem mehr.[318]

In späteren Channel-Nachrichten ist Tom auch bemüht, seinen irdischen »Kanälen« die Zivilisationen des Kosmos zu erläutern:

> »Es gibt vierundzwanzig physische Zivilisationen, die mit uns in Verbindung stehen – in einer anderen Dimension. [...] Diese physischen Zivilisationen, die Vierundzwanzig, sind – jede in ihrer eigenen Dimension – vollständige Einheiten eines kollektiven Bewußtseins, die vereinbart haben, sich zu diesem kollektiven Bewußtsein zu verbinden.«[319]

Diese leibhaftigen Zivilisationen, die alle selbstverständlich ihre eigene Dimension haben, wozu natürlich keinerlei konkrete Angaben gemacht werden, sind sämtlich dafür da, »Informationen von großer Bedeutung weiterleiten und anderen physischen Zivilisationen bei ihrem Entwicklungsprozeß helfen zu können«. Eine dieser Alienkulturen sind die »Altea«, die uns noch häufiger begegnen werden, denn »Altea war auch das Oberhaupt der physischen Zivilisation, die sich auf dem Planeten Erde in Atlantis [wieder einmal, d. Autoren] verkörperten«. Und: Die Anzahl der »Seelen« der Zivilisation der Altea entspricht »144 000, wie eure Bibel es sagt«.

Diese Zahl – das soll angemerkt werden – ist in der esoterischen UFO-Gemeinde, besonders beim Ashtar-Command (s. Kapitel 9), es soll nach dieser Sekte 144 000 »Lichtarbeiter« geben, immer beliebt. So auch hier. 144 000 entspricht nach der Offenbarung des Johannes (7:4) der Zahl der »Auserwählten«. Konkret interpretiert die Theologie diese Zahl als die Anzahl der Gläubigen, die nach der Apokalypse das Neue Jerusalem bevölkern werden. Beim Ashtar-Command, das ja eine recht ähnliche Philosophie über den Untergang oder die Wandlung verbreitet, sind es die erwählten »Starpeople«, die nach der Umstrukturierung der Erde neu beginnen werden. Auch die Channel-Esoterik um den Neunerrat bedient sich dieser Weltanschauung.

Eine weitere der 24 Zivilisationen aus dem All sind nach Tom die sogenannten Hoova. Diese Aliens, so Tom in seinen Nachrichten, sind aus bestens bekannten Gründen auf der Erde:

> »[...] unter euch gibt es inkarnierte Seelen dieser Zivilisationen, die gekommen sind, um dem Planeten Erde zu helfen.«[320]

Das kennen wir bereits. Aber die Hoova sind mehr, viel mehr, denn diese Zivilisation war...

> »...diejenige, die als erste den Planeten Erde mit ihrer Saat beseelt hat. Das haben auch einige von den anderen getan; doch Hoova besäte die Erde noch drei weitere Male, Hoova ist die Zivilisation, aus der die Hebräer stammen; darum sind die Hebräer so wichtig. Hoova ist die Zivilisation, die den Nazarener [Jesus Christus, d. Autoren] hervorbrachte.«[321]

Wieder ist festzustellen, und das, ohne diese Schriften bisher detaillierter analysiert zu haben, daß den Hebräern (Juden) und der Person Jesus (hier als Alien betrachtet) in der esoterischen UFO-Gemeinde eine besondere Bedeutung zugesprochen wird. Außerdem soll nach dem Medium Phyllis Tom die Hoova mit Jehova (Jahwe) gleichgesetzt haben.[322]

Woher die Hoova kommen, die übrigens durchschnittlich 500 000 bis 15 000 000 Erdenjahre leben, wird von Tom ebenfalls geschildert. Da nach dem Rat der Neun die Dimensionen aus verschiedenen Geschwindigkeiten bestehen, existiert die Zivilisation der Hoova in einer Dimension, die der »sechsundfünfzigfachen Lichtgeschwindigkeit, so wie ihr sie auf der Erde kennt«[323], entspricht. Und da die Lichtgeschwindigkeit rund 300 000 km/s beträgt, leben also die Hooviden in ca. 16 800 000 km/s. Wie sollen solche wirren Erläuterungen aus »außerirdischer Quelle« verstanden werden? Uns ist es schleierhaft, auch wenn Tom hinzufügt: »Sie befinden sich auf einer anderen Realitätsfrequenz. Wegen der Geschwindigkeit.«

Zahlreiche Zivilisationen, die nicht zu den sogenannten Hauptzivilisationen gehören, sind auch jetzt und hier auf der Erde, da sie unseren Planeten »zu retten versuchen«. Wenn ein Mitglied einer solchen Alien-Kultur sich entschließt, aus seiner »höheren Schwingungsrate« heraus hier zu erscheinen, nimmt es einfach die Frequenzrate der Erde an. So können auf unserem Planeten problemlos allerlei außerirdische Völker herumlaufen.[324]

In einem »Jahre später« geführten Gespräch[325] mit Tom wird es dann interessant. Nachdem (angeblich) das Star-Trek-Genie Gene Roddenberry mit Tom erneut über die Völker in anderen »Dichten« und Dimensionen gesprochen hat, stellt er eine wichtige Frage an Tom:

> »Eine Frage kann ich mir nicht verkneifen: Warum keinen klaren und eindeutigen Beweis euerer Existenz oder euerer Nähe? Warum tretet ihr nur indirekt an die Menschheit heran, zum Beispiel durch Channelling?«

Ja, das interessiert uns persönlich auch sehr. Warum channeln die angeblichen Außerirdischen in Massen an so viele Menschen? Die Antwort von Tom ist bekannt, trocken-ernüchternd und schlicht belanglos:

> »Es ist sehr wichtig, daß ihr folgendes versteht: Die Regierungen euerer Erde weigern sich, an unsere Existenz zu glauben oder sie den Menschen mitzuteilen. Würden die Zivilisationen versuchen, massenweise auf der Erde zu landen – was eines Tages tatsächlich der Fall sein wird [wir sind gespannt, d. Autoren] –, gerieten die Menschen des Planeten Erde in Panik; denn sie können nicht wissen und verstehen, daß wir ihnen nicht schaden wollen.«

Die Regierungen, wer sonst? Wir müssen aber einwenden, daß tatsächlich, sollten heute oder morgen UFOs in Massen hier landen, große Teile der Menschheit mit Panik und Chaos reagieren würden. Einer der Autoren hat dies bereits diskutiert.[326] Auch geben die sogenannten Cargo-Kulte oder -Religionen, also jene Kulte, die vor allem im Zweiten Weltkrieg im pazifischen Raum entstanden, guten Anschauungsunterricht für den Wandel einer Steinzeitkultur bei der Begegnung mit höherer Technologie. Als damals auf verschiedenen

Inseln Flugzeuge der US-Luftwaffe landeten, galten diese den Ureinwohnern als Überbringer jenseitiger Güter. Um die unverstandene Technologie entwickelte sich eine Art Kult. Man baute sogar Flugzeuge aus Stroh nach, fertigte aus Bambus und Blättern »Funkstationen« usw.[327]

Doch Tom weist auch ausdrücklich darauf hin, daß sich auf der Erde tatsächlich hin und wieder außerirdische Zivilisationen tummeln, »die großes Verlangen danach haben, die Erde zu beherrschen und die Seelen in Fesseln zu halten«, und dann und wann »verursachen [sie] Probleme, die sie den Erdenmenschen aufzwingen«.

Die Regierungen der Welt »weigern sich zu akzeptieren«, und Tom und der Rat der Neun »müssen den Menschen die Botschaft überbringen, daß es andere Wesen gibt, die keine Bedrohung für sie darstellen, sondern den Planeten Erde retten wollen«. Warum sie das wollen, ist aus der Sicht der Gläubigen schnell gesagt, denn die Menschen sind auf dem Wege der selbst verursachten Vernichtung, »wenn nicht andere Zivilisationen ihnen helfen«.

Ohne Zweifel bedient sich das Medium bei seinen Botschaften erneut wirrer Weltverschwörungstheorien, um die eigenen, irrationalen und wirren Ideen zu untermauern. Man denke an Omnec Onec, Billy Meier oder das Kommando um den Sternenschönling Ashtar Sheran. Gleichzeitig spricht auch die esoterische Gruppe um Tom von einer baldigen Landung der Außerirdischen. Dadurch wird sicher bei leichtgläubigen Lesern die Hoffnung geweckt, der Beweis sei nahe.

Die Landung selber geschieht dadurch, daß gigantische UFOs in der Erdatmosphäre in Stellung gebracht werden. Ähnlich wie unsere Flugzeugträger senden diese Mutterschiffe verschiedene Typen kleinerer UFOs aus, die danach gen Erde schweben und hier sicher landen werden. Interessierte Menschen können, so Tom in seinen Übermittlungen, die fliegenden Untertassen dann auch besichtigen. Ein Jahr stände dafür den Besuchern zu Verfügung, aber Mitflüge müssen wohlüberlegt stattfinden, da man um die Gesundheit der Menschen fürchtet. Im Falle eines voreiligen Angriffs der Menschen auf die UFOs haben diese verschiedene Verteidigungsmethoden wie beispielsweise das »Einfrieren« von irdischen Aggressoren, die aber alle keinen Dauerschaden anrichten, denn die Fremden kommen ja in Liebe.

Alle Zivilisationen, die hier in Zukunft landen werden, waren aber schon einmal – oder besser sehr oft – hier. Beispielsweise die Hooviden, die nach Tom[328] »zur Zeit der Sumerer« hier auf unserer Erde weilten. Dann, ein weiteres Mal, kamen sie in einer Zeit, »als nach euerer Bibel die Söhne der Götter sich mit den Töchtern der Erde paarten«,[329] und später noch einmal. Dies würde bedeuten, daß sie die sumerische Zivilisation (die wahrscheinlich älteste der Erde) vor der biblischen Sintflut besuchten, denn ihre zweite Landung soll ja in dem biblischen Text Genesis 6,1ff. überliefert sein. Ein Blick in die Bibel sagt unmißverständlich, daß diese Geschehnisse mit den »Söhnen der Götter« vor der Sintflut stattfanden.

Angeblich kam es im Jahr 1991 erneut zu einem Gespräch zwischen Tom (über das Medium natürlich) »und zwei Gästen«. Diesmal sollte Tom von den Sternen seinen irdischen Diskussionspartnern »Informationen« zum Phänomen der UFOs etc. geben. Auch die damals heftig diskutierten Kornkreise (Piktogramme) kamen zur Sprache. Tatsächlich denken wir, daß unter diesen seltsamen Formationen in den landwirtschaftlichen Feldern der Welt neben offensichtlichen Fälschungen auch unerklärliche Manifestationen zu belegen sind.[330] Was aber sagt Tom zu diesem Phänomen? Auf die Frage,[331] ob diese Phänomene »von Außerirdischen geschaffen« werden, weiß der Alien natürlich zu antworten: »So ist es.« Der Sinn dieser Kreise sei es, die Menschen zum Nachdenken zu bringen. Sie sollen der Menschheit die Realität der Außerirdischen offenbaren. Leider will Tom aber in seiner Botschaft nicht sagen, was die Kreise wollen, denn er übermittelt auf die Frage nach den genaueren Hintergründen des Phänomens schlicht: »Nun, darüber solltet ihr gründlich nachdenken und nachforschen.« Eine nichtssagende Erläuterung.

Tom spricht auch im Zusammenhang mit den Kornkreisen von Verschwörungen. »Viele Gruppen« sollen Kreise fälschen, »um ihre wahre Bedeutung zu verschleiern«. Aber dennoch gibt es echte Formationen von Außerirdischen, »die das Beste wollen«. Doch böse Kräfte machen diese Kreise unkenntlich, indem sie »ihre Anhängsel« hinzufügen. In den echten Kreisen soll im Jahr 1991 »eine besonderer Art von Radioaktivität, die es auf der Erde nicht gibt«, von Kornkreisforschern entdeckt worden sein. Den Autoren ist davon nichts bekannt. Es wurden nur hin und wieder irdische »radioaktive Anomalien« registriert.

Beispielsweise bei der Analyse von Bodenproben durch Marshall Dudley, Michael Chorost und Kevin Folta 1991.[332] Laut Tom entstanden die nicht-irdischen Spuren dadurch, »daß Fahrzeuge, die sich durch Raum und Zeit bewegen, unterschiedlich strahlen«. Erneut also eine »Erklärung«, die mehr Fragen aufwirft als klärt.

Ein Jahr später (1992) ließ sich der Sprecher des Rates der Neun angeblich detaillierter über die »Verschwörung« der USA aus.[333] In diesem vermeintlichen Gespräch mit Tom schilderte er, daß zwölf Rassen von Aliens in Nevada – aber auch anderswo – Experimente machen. Einige wollen der Menschheit helfen, doch andere führen genetische Versuche an Menschen durch. Dies deshalb, weil ihre Heimatwelt im All dem Untergang geweiht ist und die Fremden nun eine neue Bleibe suchen. Also prüfen sie die Lebensbedingungen auf der Erde.

Selbstverständlich geschehen diese Experimentalreihen in Nevada mit Wissen und Unterstützung gewisser Wissenschaftler der USA. In Rußland geht es genauso zu, auch herrscht reger Informationsaustausch zwischen den Eingeweihten in Rußland und jenen in den USA. Schirmherr dieser außerirdischen Projekte in den USA ist natürlich das CIA, und »früher« (wann, wird nicht gesagt) war auch der amerikanische Präsident darin verstrickt. Diese Hand-in-

Hand-Arbeit zwischen USA und Aliens war, da in Rußland und den USA die Regierungen von UFO-Landungen wußten, auch dafür verantwortlich, daß der »kalte Krieg« ein Ende nahm und die beiden Großmächte in den Dialog traten. Folglich haben die Außerirdischen hier auf Erden enorm in die Weltpolitik eingegriffen, auch wenn ihr Wirken mehr als indirekter Eingriff zu verstehen ist. Außerdem haben die USA und Rußland von den kosmischen Ankömmlingen natürlich auch UFOs erhalten. So geht das also bei der Kontaktaufnahme außerirdischer Raumfahrer mit uns primitiven Menschen. Noch bei den Seefahrern reichten Spiegel und Glasperlen, um Eingeborene zu begeistern. Im Weltraumzeitalter sind es gleich UFOs...

Nachdem die Herausgeberin der angeblichen Botschaften Tom noch ein wenig über Überbevölkerung, Ozonloch, FCKWs, Kohlendioxid und allerlei mehr unangenehme Dinge sprechen ließ, wendet sich der Band *Planet der Wandlungen* des Mediums einem Thema zu, das uns persönlich sehr interessiert: den »Versuchen« oder »Experimenten« der Außerirdischen in den vergangenen Jahrtausenden auf unserer Erde.

So, wie wir es inzwischen auch von anderen Esoterikern wissen, wird immer und immer wieder die Idee der Paläo-SETI-Hypothese in das Weltbild dieser »Kontaktler« und in die angeblichen Nachrichten von Außerirdischen eingewoben. Die Rael-Bewegung ist hierbei an erster Stelle zu nennen, denn ihre Grundideologie fußt ja ausschließlich auf prä-astronautischem Gedankengut. Die anzuzweifelnden Botschaften des Rates der Neun gehen aber in ihrer angeblich realen Geschichtsberichterstattung sehr, sehr viel weiter in die irdische Vergangenheit zurück. Denn, so will es das Medium Phyllis wissen, bereits vor Millionen von Jahren herrschte hier auf Erden reger Alien-Betrieb.

In dem Kapitel »Die Frühgeschichte der Menschheit in neuem Licht«[334] sollen angeblich korrekte Informationen über die wahre Vergangenheit unseres Planeten zu finden sein. Eingeleitet wird dieser Teil mit einer sehr kompakten und viel zu leicht gehandhabten Schilderung der in Paläo-SETI-Kreisen bestens bekannten Geschichte über die »Dropa«. Bei diesem mythologischen und auch archäologischen Phänomen geht es darum, daß einst im Baian-Kara-Gebirge in China zahlreiche »Steinscheiben« gefunden worden sein sollen, die angeblich sensationelle Berichte über Außerirdische enthielten. Auch seien in den Höhlen des Gebirges »nichtmenschliche« Skelette gefunden worden. Lokale Mythen beschreiben fremde Wesen, die dort vor 12 000 Jahren vom Himmel gekommen waren. Nun, diese interessanten Berichte sollen hier nicht ausgeführt werden. Es scheint jedoch bereits in der Einleitung Fehler zu geben, da beispielsweise alle Paläo-SETI-Autoren von 716 gefundenen »Steinscheiben« sprechen, das Medium aber nur von 25.[335]

Die angeblichen Kulturen bzw. die hier auf der Erde weilenden Aliens sind nach Tom bereits uralt. Tom wurde gefragt:

»Stimmt es, daß es vor Millionen von Jahren hochentwickelte Kulturen auf diesem Planeten gegeben hat? Man [Wer?, d. Autoren] hat Gegenstände aus Metall und so weiter gefunden, die sehr, sehr alt sind und die auf eine vergangene intelligente Kultur hindeuten.«[336]

Bereits »vor ungefähr 20 Millionen Jahren gab es Wesen mit einer Seele auf diesem Planeten«, antwortete Tom. Mission dieser Wesenheiten war es, die Ankunft der später kommenden Seelen vorzubereiten. Dazu hantierten diese Fremden auch mit den Kraftlinien, den sogenannten Ley-Lines, der Erde herum.

Typisch für alle Esoterik-UFOlogen ist es, daß solche Behauptungen nicht belegt werden. In der Tat kursieren immer wieder Funde, Hinweise oder spekulative Indizien durch die grenzwissenschaftliche Welt, die belegen sollen, daß es vor Millionen von Jahren »etwas« auf Erden gab. Sehr bekannt sind sicher die »Steine von Ica«, die seit Beginn[337] der Paläo-SETI diskutiert werden und auf eine Kultur hindeuten könnten, die vor rund 65 Millionen Jahren existierte.[338] Auch andere Hinweise und Beweise liegen in der Tat vor, die aber bisher nicht vollständig und vor allem erschöpfend diskutiert wurden.[339] Doch die von dem Medium Phyllis behaupteten Metallfunde sind unseres Wissens kaum oder gar nicht gemacht worden. Vielversprechend sind eventuell zwischen 1991 und 1993 gefundene Metallspiralen von nur einigen Millimetern Größe, die in Ablagerungen am Fluß Balbanju im Ural-Gebirge entdeckt wurden und die bis zu 300 000 (oder 100 000) Jahre alt sein sollen.[340] Untersucht wurden diese interessanten Funde vom »Zentralen Wissenschaftlichen Institut für Geologie und Metallurgie« in Moskau.[341] Interessant ist ebenfalls ein »Hammer« mit versteinertem Holzstiel, den Emma Hahn 1934 im Llano Uplift, einem Gebirgszug an der mexikanisch-texanischen Grenze, fand. Er war fest in kreidezeitlichem Fels eingeschlossen.[342]

Die esoterisch-ufologische Gemeinde hat aber offensichtlich keinerlei Interesse, ihre Angaben durch irgendein Beispiel dem Leser zu veranschaulichen. Unserer Meinung nach ist es auch nicht nötig, da die glaubende Gemeinde keine Fragen zu stellen scheint.

Die Rasse, die vor 20 Millionen Jahren hier auf der Erde war, ist natürlich nur eine von sehr vielen. Ein angeblich 1975[343] geführtes Gespräch gibt genauere Auskunft. »Viele Male«, so Tom, habe die Erde Besuch aus dem Kosmos erhalten. Einige dieser außerirdischen Zivilisationen haben gar die Erde kolonisiert. Ursprünglich, so weiter, lebte auf der Erde nur die schwarze Rasse. Die »Roten«, die »Weißen« und die »Orientalen« jedoch »stammen von anderen Zivilisationen ab«. Wir erinnern uns: Omnec Onec schreibt die verschiedenen Menschenrassen ebenfalls außerirdischen Besuchern zu – jedoch sollen diese aus unserem Sonnensystem gekommen sein. Das alles ereignete sich nach dem »Rat der Neun« vor 34 000 Jahren. In dieser Epoche der irdischen Entwicklung wurden Urmenschen mit Aliens gekreuzt. Tom weiß mehr:

»Vor mehr als 34 000 eurer Jahre wurden auf dem Planeten Erde Samen ausgesät. Daraus wurden vor etwa 34 000 Jahren menschliche Wesen. Zu jener Zeit kamen die anderen Zivilisationen [...] zur Erde, um die gesäten Menschen mit Wesen anderer Zivilisationen zu kreuzen. Die Schwarzen entwickelten sich aus diesem Planeten heraus. Es war ein Experiment, um festzustellen, wie die nicht gesäten Originale sich im Vergleich zu den kolonisierten Menschen entwickeln würden.«[344]

Die farbigen Menschen der Erde sind also die »Originalbevölkerung« unseres Planeten Erde. Dies soll Tom in einem anderen »Gespräch« nochmals gesagt haben. Alle anderen Rassen sind nach dieser Ideologie Kreuzungen zwischen Aliens und den Farbigen. Unmißverständlich wird dieser Irrsinn einige Abschnitte weiter betont:

»Was die anderen – die Roten, die Gelben und die Weißen – angeht, so stammen sie von Kolonisatoren anderer Zivilisationen ab, die vor vielen tausend Jahren kamen. Das ist etwas anderes als die Kolonialisierung durch die höheren Zivilisationen vor 34 000 Jahren. Die ursprünglichen Menschen waren die Schwarzen.«[345]

Zwischen 6000 und 5000 vor Christus sollen in Ägypten und auch in Untermesopotamien (in Ur, der Stadt Abrahams) gelegentlich Außerirdische vom Himmel gekommen sein. Einen nennt der Neunerrat »Falke«; er kam mit einem UFO und ist identisch mit dem Falken im Alten Ägypten. Vermutlich, da es nicht genannt wird, meint das Medium hier den Horusfalken, der an vielen Tempeln zu finden ist. Ein Horus-Auge wurde als die Sonne (das andere als Mond) angesehen, was ihn auch mit dem bekannten Gott Ré oder Ra, dem Sonnengott, in Verbindung bringt. Auch nannte sich jeder Pharao Horus (= »der oben Befindliche, Ferne«). Nach dem bekannten Geschichtsschreiber Diodorus Siculus (Diodor von Sizilien), der im Jahr 60 vor Christus Ägypten bereiste, war Horus der letzte Gott, der leibhaftig über Ägypten herrschte. Er war der Sohn der Götter Isis und Osiris. Die Griechen setzten Horus mit Apollo gleich.[346] Dies erwähnen wir deshalb, weil viele Esoteriker besonders wichtige Götter verschiedener Völker gerne in ihre Lehren einbeziehen. Kein Wunder, daß dieser Horus offensichtlich nun ein Abgesandter der Sterne sein soll.

Ein weiterer Abgesandter des Alls soll in der chinesischen Provinz Xinjiang (frühere Schreibweise: Sinkiang) die Zivilisation von »Aksu« bzw. »Akius« gebildet haben. Heute ist dies die unwirtliche Wüste Gobi, und wer die untergegangene Kultur der Außerirdischen suchen will, für den gibt Phyllis folgende geographische Angabe: 41,02° N, 80,250° O. Allerdings sind laut Tom die Reste ausschließlich unterirdisch zu finden. Sinn und Zweck dieser außerirdischen Niederlassung war es übrigens, den Menschen, »die fast noch Tiere waren«, die Sprache zu bringen, denn man wollte sie »emporheben«.[347] In dieser Zeit sollen sich auch »Riesen«, die Anführer der Außerirdischen, mit den Menschentöchtern gepaart haben, wie es im sechsten Kapitel der Genesis geschildert ist. Die Besucher aus dem All wollten der Menschheit zu einem »Entwicklungssprung« verhelfen, da »die Menschen heute noch sechs Zehen hätten, wenn wir darauf gewartet hätten, daß sie sich von selbst weiterentwickeln, versteht ihr?«[348] Nein.

Die Wüste Gobi ist folgerichtig heute der Ort, an dem oder besser unter dem laut Tom die Reste einer vergangenen außerirdischen Hochzivilisation verborgen liegen. Tatsächlich ist aber das Medium Phyllis sicher nicht der Erfinder dieser unbelegbaren Hypothese, da verschiedene Mythen auch von den angeblichen Zivilisationen von Mu und Lemuria sprechen. Nach dem »Rat der Neun« war Mu mit Lemuria identisch. Beide, vor allem Lemuria, werden von verschiedenen Autoren in der Wüste Gobi vermutet.

Es verwundert nicht, daß der Sprecher vom »kosmischen Rat der Neun« auch einiges über den mythischen Kontinent Atlantis zu berichten weiß. Dieser war nicht mehr und nicht weniger als »das Experiment Alteas«. Tom erklärt zum Thema Atlantis:

> »Atlantis ging vor 11 000 Jahren eurer Zeit unter, und es begann vor 32 000 Jahren. Was ihr Atlantis nennt, war eine Kolonie, die sich entwickelte und mit der wir Kontakt hatten. (Wenn ich »wir« sage, meine ich nicht die Neun selbst, sondern andere Zivilisationen.) Diese Zivilisationen brachten Technologie mit. Von Atlantis aus wurden andere Kolonien gegründet, die das Wissen und die Technologie mit sich nahmen. Damals war die Technologie wegen der Schwerkraft nicht immer für den Planeten Erde geeignet. Jetzt ist die Zeit gekommen, all diese Technologie zu benutzen.«[349]

Diese angeblich von einem Alien stammende Aussage ist für uns Wort für Wort sehr von Interesse. Als erstes fällt uns auf, daß Tom meint, die Technik sei »wegen der Schwerkraft« – was immer damit gemeint sein soll – nicht immer für die Erde geeignet gewesen. Doch nun »ist die Zeit gekommen«, die außerirdische Technik auch zu nutzen. Folgerichtig: In den Tagen von Atlantis, also zwischen 32 000 und 11 000 Jahren vor heute, herrschte auf der Erde eine andere Gravitation als heute, da Tom ja meint, die Alien-Technik könne nun erst genutzt werden. Das ist vollkommen absurd.

Ebenso aufschlußreich ist die Tatsache, daß Tom davon spricht, daß die atlantische Zivilisation ihr Wissen und ihre Technologie nach dem Untergang (oder schon davor) zu anderen Völkern trug. Das heißt also, daß Atlanter andere Kulturen beeinflußten. Und genau das ist eine alte und ebenso bekannte Spekulationen aller uns bekannten Atlantis-Theoretiker oder jener, die versuchen, eine frühe Hochzivilisation nachzuweisen (es muß ja nicht immer Atlantis sein). Beispielsweise der bekannte Schriftsteller Graham Hancock, der aber

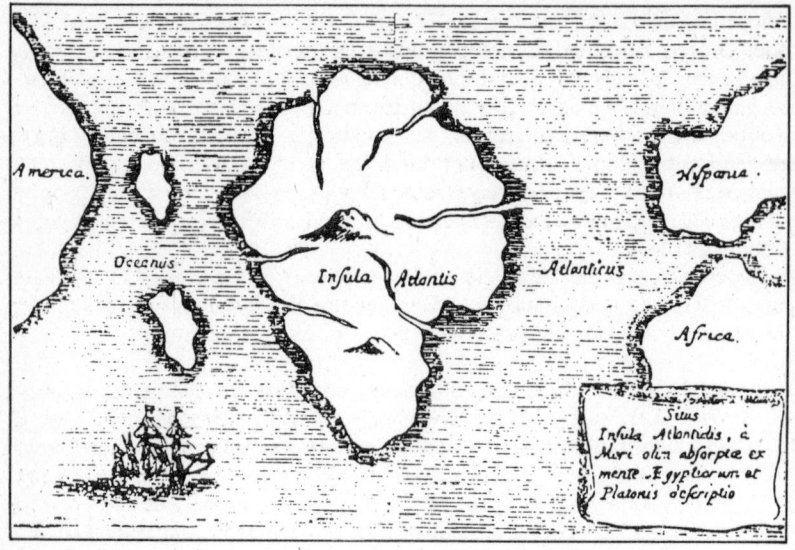

Atlantis auf der Karte von Athanasius Kircher (17. Jahrh.).

dieses Volk in der Antarktis vermutet.[350] Als bestes Beispiel für eine atlantische Kolonie wird Ägypten angeführt. Ebenso ist allen Atlantis-Thesen zu eigen, daß die jeweiligen Vertreter von einem Untergang um 10 000 vor Christus oder auch 8000 vor Christus sprechen. Auch die Angabe »vor 11 000 Jahren« entspricht ja 9000 vor Christus.

Sehr wichtig ist nach unserer Meinung zu der angeblichen Aussage von Tom aber, daß diese nicht beweist, daß die These stimmt, sondern daß vielmehr das Medium die Idee in seine Welt übernahm. Und das zeigen auch die folgenden »Gespräche«.

Nachdem Tom offenbart hatte, daß die Bewohner von Atlantis einst in Wirklichkeit »Alteaner« hießen, da sie aus dem All von »Altima« kamen, erhalten wir eine unfaßbare »Information«, denn wir lesen weiter:

> »Befand sich Atlantis im heutigen Bermuda-Dreieck? [eine häufige Vermutung im Zusammenhang mit Atlantis, d. Autoren]
> Es reichte von Griechenland bis zu dem Land, das ihr jetzt USA nennt.
> [...] Die Kultur der Mayas war einer der Überreste. Sie war eine Kultur, die den Kontakt verlor und sich zurückentwickelte.«[351]

Wir bitten den Leser, sollte er die Weltkarte nicht im Kopf haben, einen Atlas oder Globus zur Hand zu nehmen und sich diese »außerirdische Angabe« anzusehen. Atlantis soll also das Mittelmeer ausgefüllt (da von Griechenland ausgehend) und sich durch Gibraltar gezwängt haben. Dann erstreckte sich der Kontinent über den Atlantischen Ozean, über den Mittelatlantischen Rücken zu den USA und im Süden weiter durch den Golf von Mexiko (mindestens) nach Mexiko, da ja dort die Mayas lebten. Welch ein geologischer und geophysikalischer Unfug hier einem Außerirdischen in den Mund gelegt wurde, sollte jedem auffallen.

Doch was sagt die Geologie zu dieser These? Ist sie vielleicht entgegen unserer Vermutung doch möglich? Der Geologe Dr. Johannes Fiebag schildert die Situation in einem Gespräch mit Lars A. Fischinger treffend:

»Die Erdoberfläche ist ein dynamisches Ganzes. Als erstes erkannte Alfred Wegener, daß die Kontinente ›zusammenpassen‹, daß also einst Südamerika und Afrika und andererseits Nordamerika und Europa zusammen einen riesigen Kontinent gebildet haben müssen. Daraus entwickelte sich im Laufe der letzten Jahrzehnte die Theorie der Plattentektonik, die in der Geologie heute weitgehend akzeptiert ist. Ein wesentlicher Punkt dieser Theorie ist die Beobachtung, daß Erdkrustenteile, sogenannte Platten, auf einer tieferen Schicht – der Asthenosphäre – ›schwimmen‹ und sich bewegen. Angetrieben werden sie durch Konvektionsströme im Erdmantel. Dort, wo diese Konvektionsströme die Oberfläche erreichen, reißen sie die Krustenteile auseinander. An anderen Stellen wird (da die Erdkruste sich ja nicht ins Unendliche hinein ausdehnt), Kruste auch wieder ›verschluckt‹, subduziert. Dies geschieht aber in erster Linie mit den schweren, basaltischen Ozeanböden, nicht mit leichteren, kontinentalen Granitmassen. Wenn nun hier behauptet wird, es habe einst eine gigantische Landmasse zwischen Griechenland und Amerika bis hinunter nach Mexiko gegeben, so stößt eine derartige Aussage auf mehrere dem widersprechende Beobachtungen:

1. Durch den Atlantik zieht sich von Nord nach Süd der ›Mittelatlantische Rücken‹. Dies ist eine Zone, in der Konvektionsströme des Erdmantels sehr nahe an die Oberfläche kommen und beständig Material nach oben liefern. Die Folge davon ist, daß der Boden entlang dieser Zone aufreißt und nach Ost und West auseinanderdriftet. Amerika bewegt sich auf diese Weise immer weiter von Europa fort, etwa um einen Zentimeter pro Jahr. Daraus folgt aber auch, daß dort – auf dem heutigen Atlantikboden – kein Platz ist für eine kontinentale Masse dieses Ausmaßes.

2. Hätte es eine solche kontinentale Masse gegeben, wäre es unmöglich, die Ränder des europäischen und des nordamerikanischen Konti-

nents (hier: die Ränder des unter Wasser liegenden Kontinentalschelfs) miteinander zu korrelieren. Auch daraus folgt, daß es keinen Platz gibt für einen derartigen zusätzlichen Kontinent.

3. Kontinente bestehen vorwiegend aus granitischem Material (die darauf lagernden Sedimente nehmen einen eher bescheidenen Anteil ein). Granit ist aber leichter als Basalt. Würde es einen riesigen Granitblock auf dem Boden des Atlantiks geben, hätte man ihn längst erkannt – er kann ja aufgrund seines spezifischen Gewichts nicht auch noch unter den Basalt sinken. Tatsächlich aber ist alles, was wir an Proben aus dem Bereich des nördlichen und ebenso aus dem Bereich des südlichen Atlantiks kennen, ausschließlich Basalt. Also: auch hier kein Hinweis auf einen großen zusätzlichen Kontinent.

4. Eine ganz wichtige Beobachtung ist die folgende: Die Basalte treten entlang des Mittelatlantischen Rückens an die Oberfläche und bilden dadurch Tausende von kilometerlangen, Nord-Süd ausgerichteten ›Streifen‹. Magnetite, also magnetisches Eisen, das mit diesen Basalten gefördert wurde und dann zusammen mit diesen erkaltet bzw. auskristallisiert ist, ist nach der jeweiligen Position des magnetischen Nord- und Südpols orientiert. Auf diese Weise kann man zum Beispiel sehr genau den Rhythmus des Wechsels zwischen magnetisch Nord und Süd im Laufe der vergangenen ca. 100 Millionen Jahre berechnen. Diese ›Magnetstreifen‹ sind aber – vom aktuellen ozeanischen Rücken aus betrachtet – in beide Richtungen, also hinüber nach Amerika und herüber nach Europa, symmetrisch zueinander, d. h. es gibt jeweils einen Streifen Nord-orientiert auf der Ost- und einen auf der Westseite des Rückens, der dann wieder von einem Süd-orientierten abgelöst wird und so weiter. Würde es nun hier einen versunkenen riesigen Kontinent geben, müßte dieses Muster an dieser Position unterbrochen sein, da kaum anzunehmen ist, daß dieser Kontinent dann ausschließlich aus Basalt bestünde (er würde zumindest eine sedimentäre Deckschicht haben müssen). Nichts dergleichen ist aber jemals beobachtet worden. Aus alldem muß man den Schluß ziehen, daß es keine größere Landmasse zwischen Europa und Amerika gegeben hat. Von ihr existiert nicht die geringste Spur, und insofern ist es vollkommen irrelevant, wenn in Channelling-Botschaften Gegenteiliges behauptet wird. Es läßt sich ohne Frage sofort falsifizieren und entpuppt sich damit als das, was es augenscheinlich ist: ›kosmisch-komischer‹ Unsinn!«[352]

»Kosmisch-komischer Unsinn«, dem schließen wir uns an.

Ebenso wie die hier ausgesprochene These des riesigen Atlantis ad absurdum geführt werden kann, sind heute auch nicht die kleinsten Spuren auffindbar, die belegen, daß die Mayas (oder besser höhere Vorgänger der Mayas, bevor sie sich »zurückentwickelten«) vor mindestens 11 000 Jahren in Mexiko aktiv waren. Die heute zu besichtigenden Städte und Pyramiden dieses großartigen Volkes sind alle sehr viel jüngeren Datums.[353]

Die Atlanter der Sterne hatten übrigens sogar Flugzeuge, obwohl sie, so Tom, »ihre Körper zur Fortbewegung nutzen« konnten.

Ägypten wurde von den Atlantern »infiziert«, aber Tom meint, daß das ägyptische Volk »starr« war – was immer damit gemeint sein soll. Andere »Informationen« des »Rats der Neun« sollen uns glauben machen, daß in Aksu »die Menschen [...] genetisch ausgewählt wurden«[354], sich dann eine Kolonie in Atlantis bildete, ebenso eine in Ur und eine dritte in Kanaan durch Hoova (Jahwe). Und diese Kultur der Hooviden in Kanaan, wie oben schon erwähnt, sollen ja die Hebräer gewesen sein, da ja auch Jehova in dem Wort Hoova wurzeln soll. Wer diese hebräische Kultur vor Jahrtausenden oder gar Jahrzehntausenden gründete, ist natürlich klar: Laut Tom war es Abraham.

Atlantis soll sich »in verschiedenen Phasen etwa 12 000 bis 17 000 Jahre lang« entwickelt haben, allerdings mit Unterbrechungen. Als die außerirdischen Altea damit begannen, Atlantis zu »gründen«, vermischten sich diese Aliens »mit jenen, die bereits genetisch verändert worden waren, und verbesserten sie weiter«. Wen oder was Tom damit meint, ist aber nicht angegeben. Es klingt jedoch unmißverständlich heraus, daß auch der »Rat der Neun« von genetischen Versuchen der Außerirdischen hier auf der Erde berichtet. Mehr erfahren wir in weiteren Aussagen, denn der Außerirdische channelt weiter, daß Atlantis sich immer stärker ausbreitete und in den letzten Winkeln der Erde Kolonien gründete (»denn sie hatten die Technologie, dies zu tun«). Irgendwann aber gab es »Schwierigkeiten« der außerirdischen Atlanter, denn »die Schönheit der Erde, die Vielfalt und die Emotionen des Planeten Erde, die Liebe und der technologische Fortschritt« und noch einiges mehr waren »Gründe« für die Sorgen der Atlanter. Was aber genau hier gemeint sein soll, ist wieder nicht erklärt, denn was sollen etwa »Emotionen des Planeten Erde« sein? Doch dann kommt Tom zu einem weiteren Grund:

> »Sie wurden immer mehr von den Emotionen des physischen Körpers gefesselt und befaßten sich intensiv damit, größere und auffälligere Fortpflanzungsorgane zu schaffen [sic!]. Außerdem versuchten sie mit Hilfe ihrer wissenschaftlichen Kenntnisse, durch Transplantationen Seelen in Kreaturen zu pflanzen.«[355]

Das also trieben die Bewohner Atlantis einst auf der Erde: genetische Versuche der sonderbaren Art.

Warum angeblich die (außerirdischen) Menschen von Atlantis allerlei genetische Experimente anstellten, erfahren wir auch:

> »Sie glaubten, sie könnten vielleicht die Kraft dieser von ihnen geschaffenen Kreaturen erlangen oder diese Kreaturen könnten ihnen

dienen oder sie könnten größere körperliche Lust entwickeln. Und das entsprach nicht ihrem Auftrag.«[356]

So sieht es also aus! Das Medium will uns mit seiner esoterischen Lehre erklären, daß die Atlanter einst zur Stillung ihrer eigenen sexuellen Lust genetische Versuche durchführten. Und diese nicht genehmigten Aktivitäten der Alien-Kolonisten führten mit zum Untergang des gigantischen Reiches, aber auch »die Ausbreitung der Kolonien und die Schwächung der Kulturen«, zudem eine Naturkatastrophe, so Tom.[357] Von Naturkatastrophen wird sehr häufig im Zusammenhang mit dem Untergang des atlantischen Reiches gesprochen. Immerhin wissen wir alle, daß ein Asteroid aus dem All ein Land vernichten könnte. Nach den »Thesen« (wenn man es überhaupt so nennen kann) des Mediums hatte die außerirdisch-atlantische Zivilisation aber auch eine Mitschuld an dem Verderben. Wir erfahren von Tom beispielsweise, daß die Gründer von Atlantis durch diese Unternehmen und durch Versuche mit »Wasserstoff-Technologie die Seelen in Atlantis in Schwierigkeiten« brachten.[358] Diese »Wasserstoff-Technologie« soll es gewesen sein, die die Atlanter zerstörte, denn schließlich enthalten auch unsere Atmosphäre und die Ozeane Wasser, was »eine Kettenreaktion hätte auslösen können«. Diese trat tatsächlich ein, und die Atlanter erzeugten »Stürme auf dem Planeten Erde, die sie nicht verstanden«.[359]

Nach unserer Ansicht sind diese konfusen Aussagen in keiner Weise in der Lage, den Untergang des angeblichen Riesenreiches mit all seinen Kolonien in irgendeiner Form verständlich zu erklären.

Es scheint dem Medium Phyllis Virtue-Carmel sichtlich Spaß zu machen, seinen Außerirdischen Tom von der sexuellen Abschweifung der einstigen Atlanter berichten zu lassen. Denn Tom channelt zu uns Erdenmenschen nicht nur, daß die Atlanter großartige Leistungen im Bereich der Medizin vollbracht hatten und daß sie eine kaum mehr zu verstehende Intelligenz erlangten, sondern Tom macht auch folgende Anmerkung über die Lebensgewohnheiten der Atlanter:[360]

»Hätte es nicht das gegeben, was unterhalb ihrer Gürtellinie lag, wäre es eine wunderbare Kultur gewesen.«

Darauf folgt die Frage an Tom:

»Ich verstehe. Und ihre Medizin konnte ihnen bei diesem Teil ihres Problems nicht helfen?«

Die Antwort von Tom ist schlicht: »Sie hatten Spaß daran.« Und sie setzten ihr medizinisches Wissen offenbar ausschließlich für ihre Gelüste ein:

> »Anstatt ihr medizinisches Wissen zu nutzen, um ihre geistigen oder
> körperlichen Fähigkeiten zu verbessern, benutzten sie es, um ihre
> Geschlechtsorgane zu verbessern.«[361]

Es soll also – so will es das Medium und der angebliche »Rat der Neun« –
einst auf der Erde einen Kontinent gegeben haben, der sich von Griechenland
bis zu den USA erstreckte, dessen Bewohner aus dem All kamen und die noch
dazu nichts Besseres zu tun hatten, als Monstren zu klonen und ihre eigenen
Geschlechtsorgane mit Hilfe ihrer Supermedizin zu vergrößern. Allerhand.

> »Gibt es Nachkommen dieser Spezies oder Rasse auf der Erde, oder
> sind sie alle ...?«[362]

Die Antwort auf diese Frage scheint dem Rat der Neun leichtzufallen, denn
»sie wurden alle Wesen, aber sie existieren nicht mehr als Wesen«.[363] Was mit
dieser Botschaft gemeint sein soll, ist wiederum äußerst unklar. Eventuell können ja andere »Informationen« von Tom helfen. Denn »die atlantische Medizin« konnte zwar »das echte Herz und echte Gehirn« ersetzen und einige tausend Jahre Lebensspanne bescheren, aber die Atlanter erlangten dadurch keine
»Weisheit«. Tom nennt den Grund: »Sie waren mit Transplantationen beschäftigt«. Sollen wir nun wirklich annehmen, daß solche Aussagen von einem
fremden Wesen aus dem All stammen? Und sollen wir tatsächlich glauben, daß
eine gigantische Hochkultur, deren Menschen mehrere tausend Jahre alt wurden, ihre Zeit mit Transplantationen vergeudete und deshalb keine Weisheit
erlangte? Wohl kaum!
   Jedoch sind wir heute nicht unbedingt dazu verdammt, dieses phantastische
Wissen nie mehr zu erhalten, denn »es ist im Geist der Delphine« verborgen.
»Der Delphin hat die Antwort.« Die lustigen Delphine haben aus dem Grunde
dieses einstige atlantische Wissen inne, da sich »sehr viele Seelen jener Zeit
[...] dafür entschieden, die Gestalt eines Tümmlers oder Delphins anzunehmen«. Doch mit dieser wirren Vorstellung nicht genug, es heißt weiter:

> »Und einige von ihnen leben jetzt auf der Erde, um die Menschheit
> davon zu unterrichten, daß sie diese Form angenommen haben, damit
> sie jene wissenschaftlichen Experimente nicht mehr wiedererleben
> können, die der Ursprung der den Menschen bekannten Mythen sind.
> Sie haben ihr Verlangen nach Paarung nicht beseitigt. [...]«[364]

Und weiter:

> »Einige dieser Seelen haben gewählt, jetzt auf diesem Planeten Erde zu
> leben, und sie gehören einer Spezies an, die beschlossen hat, eine
> Gestalt anzunehmen, die nicht mit der Form ihrer vorherigen Existenz

übereinstimmt. [...] Und darum existieren sie jetzt auf eurem Planeten Erde in einer anderen Form als früher. Sie sind nicht als menschliche Spezies anerkannt; aber sie möchten euch sagen, daß sie menschlicher sind als jeder andere Mensch auf eurem Planeten. Sie sind Delphine.«[365]

Die Philosophie des esoterischen Mediums Phyllis scheint vor keiner noch so absurden Behauptung haltzumachen. So will sie uns also tatsächlich einreden, daß Tom vom »Rat der Neun« berichtet hat, daß einst Aliens Atlantis gründeten und diese sich heute (offenbar als Inkarnation) in Form von Delphinen im Wasser der Weltmeere tummeln. Aber nur »diejenigen, die vernichtet wurden, aber unschuldig waren, wurden Delphine«.[366] Was diese »Seelen« in den Delphinen treiben, ist auch klar, denn sie sind die »Hüter des Meeres«, »sie beobachten und wachen«, »und wenn nötig beobachten sie auch andere Zivilisationen, die sich in fragwürdiger Absicht der Erde nähern, und sie versuchen, sie mit Hilfe ihres starken Geistes zu entfernen«. Kurz: »Sie sind Wächter.«

Schade nur, daß wir die Sprache der Delphine nicht verstehen (der »Rat der Neun« schon), denn sonst könnten wir von diesen Supertieren sicher profundes Wissen über die Welt erhalten. Vielleicht könnten sie uns dann auch näher erläutern, wie sie gefährliche andere Zivilisationen, die sich in »fragwürdiger Absicht der Erde nähern«, abwehren wollen und können. Und: Was das für Absichten sein sollen – ein Independence Day für Arme? Doch wir sollten uns wohl nicht unbedingt nur auf die delphinischen Atlanter von heute konzentrieren, denn einige »sind jetzt nicht mehr im Wasser und gehen aufrecht«, so Tom.[367]

Solche Aussagen sind ein charakteristisches Merkmal praktisch aller Kontaktler und Channel-Medien in den undurchsichtigen Welten der UFO-Esoterik. Denn immer wieder sollen – wie hier – die »Außerirdischen« irgend etwas Erläuterndes bzw. Erklärendes geäußert haben, das aber im Grunde nichts aussagt. Toms Behauptung, daß außerirdisch beseelte Delphine nun auch auf zwei Beinen durch die Lande streifen, ist mit keinem Wort erklärt. Wie soll es der Leser verstehen? Und wie die kritischen Interessierten? Nach unserer Ansicht soll auf diese Art erreicht werden, daß keine verbindlichen Aussagen existieren, sondern nur vage Angaben; also Worte, die je nach »Bedarf« mehr oder weniger großzügig ausgelegt werden können. Eine Art Notnagel nach der Art: »Nein, so habe ich das nicht gemeint.«

Es ist natürlich auch nicht verwunderlich, daß das Medium in seiner esoterischen Lehre schildert, daß die Atlanter nach der Katastrophe (die nur eine Nacht gedauert haben soll) über alle Länder verteilt überlebten. Vorzugsweise in Ägypten, da dort schon der Gott Horus (Horusfalke) »in einem Raumfahrzeug« hernieder kam, was uns nicht wundern soll, denn »die Alteaner waren Meister der Raumfahrt«.[368] Da die grenzwissenschaftliche Forschung und leider auch die esoterische Gemeinde der UFO-Fans seit Jahrzehnten auch in ägyptischen Kulturdenkmälern Hinweise auf »eine andere Art der Vergangenheit« suchen, ist es in keiner Weise verwunderlich, wenn nun auch das Medium Phyllis davon spricht. Neben der allseits beliebten »Zahlenmystik« der Pyramiden, also dem teilweise krampfhaften Versuch, in den Maßen der Gizeh-Pyramiden irgendwelche »besonderen« Daten ablesen zu können, ist es in der Esoterik besonders beliebt,[369] den Pyramiden seltsame Beziehungen zu Aliens nachzusagen.[370] Man denke an Billy Meier (s. Kapitel 8), der nach eigenen Angaben in der Gesellschaft von Aliens unter den Pyramiden allerlei UFOs in einer riesigen Halle sah. Die Halle selber sei durch eine »saubere Atombombe, die keine Strahlung erzeugt«, von den Fremden konstruiert worden.[371]

Angeblich, so die »Offenbarungen des Rates der Neun«, war der Bau der Cheops-Pyramide von Gizeh »eine Gemeinschaftsarbeit von Hoova, Ashan, Altea und Myrex.« »Es waren die vier Zivilisationen.«[372] Doch die außerirdischen Zivilisationen kamen nicht auf die Erde, um die Cheops-Pyramide alleine zu bauen, auch die Menschen hatten Anteil an diesem kolossalen Projekt:

Stonehenge – von Außerirdischen erbaut?

»Die Planung und die technische Durchführung lag in den Händen der vier Zivilisationen. Die Übertragung und die Übermittlung des Wissens kam von den Zivilisationen. Stonehenge [Megalithanlage in Südengland, d. Autoren] kam ja auch von den Zivilisationen.«[373]

Eine sehr klare Aussage. Nicht die Menschen planten die Große Pyramide, sondern die Aliens. Diese gaben nur die fertigen Blaupausen und wahrscheinlich auch technische Hilfe an den Menschen weiter. Doch eines stellt Tom später[374] deutlich fest, daß nämlich die Atlanter bzw. Aliens den Ägyptern, ihrer Kolonie, nicht das Wissen »über die Veränderung der Geschlechtsorgane« vermittelt haben. Wir wissen inzwischen ja, warum.

Der Bau des kosmischen Bauwerks begann »etwa 150 Jahre vor der Zerstörung von Atlantis«, »also vor 13 000 Jahren«. Beendet wurde die Arbeit an dem Steinbau »vor ungefähr 7000 Jahren«.[375] Eine einfache Rechnung legt also dar, daß die Außerirdischen mit ihren menschlichen Helfershelfern 6000 Jahre an der Großen Pyramide – »und anderen, die ähnlich waren« – werkelten. Auch wenn wir wohlwollend den »Botschaften« des Mediums von Tom glauben wollten, so entzieht sich doch eine Bauphase von solch enormer zeitlicher Dauer vollends der Logik, auch wenn Tom sie damit erklärt, daß es »Schäden und Veränderungen gab«. Immerhin waren die Fremden hochtechnologisierte Wesen von den Sternen.

Besonders interessant ist die Aussage von Andrija Puharich, dem irdischen Gesprächspartner von Tom in dieser Channelsitzung, der angibt, »in einen sehr geheimen Teil der Pyramide geklettert« zu sein. Und zwar in »die Kammern über der Königskammer«, wo er »die Unterschrift des Pharao Cheops« vorfand und fotografierte. Hier ist selbstverständlich die in roter Farbe an die Bausteine gepinselte Kartusche (Name des Königs in einer ovalen Umrahmung) des Pharaos gemeint, die in einem der als »Entlastungskammern« bezeichneten Hohlräume oberhalb der Königskammer zu finden ist. Wir finden es mehr als seltsam, daß ein normaler Tourist in diese »Kammern« (es sind eigentlich nur kleine Hohlräume) aufsteigen kann, da sie für Besucher nicht zugänglich sind. Aber »geheim« sind sie in keinem Fall. Die Cheopskartusche, die von zahlreichen Grenzwissenschaftlern als Fälschung angesehen wird, soll aber, so Tom, tatsächlich von dem Herrscher Cheops stammen, da »Khufu verstand«. »Er war die Reinkarnation des Falken.« Was genau mit »verstehen« gemeint ist, bleibt wieder mal offen, aber da Cheops (= Khufu) ein inkarnierter Alien war, erübrigt sich ein allzu großes Nachdenken. Doch Pharao Cheops, der in allen Geschichtsbüchern als zweiter Herrscher der IV. Dynastie (ca. 2630 bis 2475 vor Christus) in Ägypten geführt wird, scheint offensichtlich nicht ganz mit dem übereinzustimmen, den das Esoterikmedium meint. Nach dem Rat der Neun lebte der Cheops, der die Kartusche an die Wand malte, »6257 Jahre vor dem Nazarener« – also vor Christus. Wir möchten sehr bezweifeln, daß eine rund 8000 Jahre alte Schrift noch heute so klar und deutlich zu erkennen ist, wie es beispielsweise Fotos[376] zeigen. Wer sie aber nun tatsächlich schrieb, ist offen.

Was aber war der Zweck der Pyramide von Cheops? Zu den unzähligen Thesen und Spekulationen gesellt sich nun auch noch die »Angabe« der Außerirdischen um Tom:

> »Zum Teil ist es die Regeneration der Zellen. Sie überträgt die Energie der Zivilisationen. Die Große Pyramide und andere Pyramiden senden eine Energie nach oben. Aber auch die Zivilisationen senden dem Planeten Erde Energie durch die Pyramiden. In den Kammern der Pyramide gibt es Bereiche, die ihr Verjüngungskammern nennen würdet [sic!]. Sie regenerieren die Zellen. Das ist nicht alles; aber mehr können wir jetzt nicht sagen.«[377]

Schade. Leider ist uns kein einziger Fall bekannt, in dem ein Besucher der Pyramide, und wir dürfen davon ausgehen, daß jeder kleine Winkel in den Kammern dieses Baus von einem Menschen betreten wurde, über eine spontane »Verjüngung« berichtete. Übrigens waren laut Tom die Pyramiden in Mesoamerika dazu bestimmt, »Schall- und Farbwellen aus[zu]senden«.[378]

Die natürlich nicht näher beschriebene und vor allem nicht verständlich erläuterte »Energie« der Pyramiden ist nach dem »Rat der Neun« identisch mit der, die von den Kornkreisen ausgeht. Und die Pyramiden liefern »dem, was um euren Planeten Erde kreist, Energie«[379], heißt es zudem, um die Sache noch mehr zu verwirren. Einst, irgendwann in der Vergangenheit, war die Intensität der absorbierten Pyramidenenergie offenbar stärker, da im Inneren »Kristallelemente, die Energie abgaben«, verborgen waren. Diese außerirdischen Schmuckstücke wurden aber von dummen Menschen entfernt, die dadurch Ärger hervorriefen, »weil die Pyramiden nicht mehr genügend Energie erzeugen konnten, um ihren Zweck zu erfüllen«. Nun, was war denn dann vor der Existenz der Pyramiden? War die Welt in dieser Zeit eine problembeladene Kugel im All?

Neben der außerirdisch-atlantisch befruchteten Kultur Ägyptens waren auch die Hebräer – die Juden – für die Außerirdischen wichtig. Nicht nur, daß diese genetisch manipuliert und dann auf der Erde ausgesät wurden, viele der wichtigen Menschen wie etwa Moses waren Aliens oder Mischungen von verschiedenen Völkern der Sterne. Hoova war eine Kolonie der Besucher aus dem All, die zum größten Teil auf Abraham fußte, der durch »Gen-Implantation« ein wenig »verfeinert« worden war.[380]

Ebenfalls ist es auch heute noch wichtig, die außerirdische Mission des jüdischen Volks anzuerkennen. Es soll der Erde irgendwann und irgendwie »Rettung« bringen; deshalb wurde es auserwählt. Doch Abraham hat in der Vergangenheit seine Saat nicht in der geforderten Form über die Erde verteilt, sondern versucht, »seine Saat im Universum zu verbreiten, nicht auf der

Erde«.[381] Deshalb haben auch die Juden ihr »Erbe vergessen«. Auch wenn nach diesen Lehren die Bibel viel Unwahrheit und »Korruption« – was immer damit angedeutet werden soll – enthält, so ist doch Jesus Christus eine wichtige Person für den »Rat der Neun«. Er hat den Menschen die »Idealvorstellung« von dem wahren Gott vermittelt, was darauf zurückzuführen ist, daß auch er ein Außerirdischer war:

> »Er war der letzte von uns, der den Planeten Erde besucht hat«.[382]

Nun geht es auch hier wieder um Jesus Christus. Phyllis sieht in ihm einen Alien und reicht so anderen UFO-Kulten die esoterische Hand der geistigen Verbundenheit. Jesus stammte nicht von einem besonderen Planeten, sondern er war »alle auf einmal«, und ihm gelang es fast sogar, die Menschheit »anzuheben«.

Das Ashtar-Command (s. Kapitel 9) behauptet, die kosmischen Santiner von Alpha Centauri hätten Jesus Christus geschult und seine Mission auf Erden tatkräftig unterstützt. Auch Phyllis teilt diese Ansicht. »Große Hoffnungen« steckten die kosmischen Völker vom Neunerrat in Jesus, denn sie »haben seine Tätigkeit und seine Heilungen inspiriert und ihm seine Energie gegeben.«[383] Doch diese Hoffnungen wurden durch die Menschen zerschlagen. Die Menschen sahen sich nämlich veranlaßt, den Nazarener zu einem Gott zu erheben. Dies war nicht Sinn und Zweck des außerirdischen Jesus. Da aber die Außerirdischen aus Fehlern lernen, werden zukünftig hier Scharen von Nazarenern auftauchen, um »das Bewußtsein der Menschheit anzuheben«. Diese Gruppe ist natürlich außerirdisch, und die Menschen werden aufgrund der Liebe, die diese Aliens bringen, erkennen, daß sie »von Gott kommen«. Schließlich, so Tom, hat ja auch Jesus Christus einst gesagt: »An ihren Werken sollt ihr sie erkennen.« Der Rat der Neun ist also göttlich. Dies widerspricht zwar der Aussage Toms, daß die Menschen die Neuner nicht vergöttlichen sollen, doch darüber muß man wohl hinwegsehen. Jesus Christus wurde einst durch »künstliche Befruchtung« der Maria geschenkt, da es bei den Aliens die übliche Art der Geburt ist. Aber Maria und ihr Gatte Joseph hatten mehrere Kinder; so weiß Tom, daß das Paar noch sieben Buben und drei Mädchen das Leben schenkte, die aber nicht durch die Aliens erzeugt wurden. Auch hatte Jesus Geschlechtsverkehr mit Maria Magdalena, doch das diente einem »göttlichen« Zweck.[384]

Die Erdenmission von Jesus Christus war von der Geburt bis zum Tode eine straff organisierte Aktion der kosmischen Wesen. So soll Jesus beispielsweise den gesamten Erdball umflogen haben, um alle Orte mit »Energie« zu berühren. Auch hat Jesus Christus ab seinem 14. Lebensjahr, »ein Jahr vor seiner Mannbarkeit«, die Welt bereist, da er selbst als Alien allerlei lernen mußte. So besuchte er zum Beispiel die Pyramiden in Ägypten, um ihr Wissen und ihre Energie zu begreifen. Im Himalaja hätten wir Jesus in dieser Zeit auch angetroffen.[385]

Jesus Christus: nach dem »Rat der Neun« ein Außerirdischer.

Als Andrija Puharich[386] Tom – über das Medium Phyllis – fragt, ob es »perfekte Medien«, »so wie Phyllis«, gibt, antwortet Tom, daß Jesus Christus alias Buddha, Nostradamus, Leonardo da Vinci, Sokrates (der Platon die Informationen zu Atlantis channelte) oder auch Elija dazugehörten. Da aber auch Phyllis hier als »perfektes« Channel-Medium genannt ist, wird sie folgerichtig mit diesen Personen gleichgesetzt; zumindest was die Qualität ihrer medialen Channel-Leistung betrifft.

Wie wir es inzwischen von praktisch allen in diesem Band diskutierten Gruppen bzw. Kontaktlern kennen, will auch der »Rat der Neun« warnende Nachrichten an die Menschheit verbreiten. Das Medium beschwört natürlich auch die Gefahren der Atomkraft, die Ausbeutung der irdischen Ressourcen und den allgemeinen Abfall der Menschen vom »richtigen Weg«. Auch sei es an der Zeit, daß wir erkennen, woher wir einst gekommen seien und wer wir im Grunde genommen sind. Also Kinder der Aliens.

Viel interessanter als diese warnenden Geschichten, deren Inhalte uns inzwischen bekannt sind, denn sie wiederholen sich von Medium zu Medium, scheinen uns aber die von dem Esoterikmedium ausgegebenen »Informationen« über »das nächste Jahrtausend« zu sein.

Dieser Teil der »ufologischen Esoterik-Bibel« ist eine Ergänzung. Denn wir erfahren,[387] daß im Mai 1994 der englische Verlag des Buches der Alien-Botschaften an Phyllis herantrat und das Medium bat, »Informationen über das nächste Jahrtausend aufzunehmen«. Warum, das ist ebenfalls erwähnt:

> »Der Verlag hatte viele Briefe bekommen, in denen um mehr Informationen gebeten wurde, denn offenbar haben viele Medien, Channels und Seher widersprüchliche Voraussagen und Prophezeiungen über die Veränderung im kommenden Jahrtausend gemacht.«[388]

Hier sollte jeder kritische Leser aufhorchen, Als 1993 das Channel-Buch von Phyllis erstmals in Großbritannien publiziert wurde,[389] erhielt der Verlag eine Reihe Zuschriften von Esoterikern, die sich nach mehr »Informationen« der Aliens über das kommende Jahrtausend sehnten. Im Jahr 1994 wurden diese dann für die zweite Auflage zusammengestellt und im Jahr 1995 im überarbeiteten Buch veröffentlicht.

Wir können uns nicht des Gedankens erwehren, daß hier kommerzielle Interessen verfolgt wurden. Hätten die esoterisch verblendeten Leser beispielsweise mehr Informationen zu Jesus Christus von Verlag und Medium verlangt, so wären diese sicher in der zweiten Auflage zu finden gewesen.
Und wenn die Leserschaft diese Zusätze über unsere Zukunft deshalb forderte, weil die verschiedenen anderen selbsternannten Medien und Kanäle Widersprüchliches verbreiteten, dann interessieren uns die Kriterien, an denen die Leser erkennen, daß Phyllis korrekte Angaben macht.

Die »Informationen« (sofern man beim Channeln davon reden kann) der von Phyllis verbreiteten Zukunftsbotschaften sind jedoch alles andere als klar und verständlich. Vor allem berichtet Tom hier von England und der weiblichen und männlichen Kraft. Die männliche Kraft überwiegt heute fälschlicherweise, denn die weibliche ist ihr mindestens ebenbürtig. Doch die Frau wird mehr oder minder ignoriert. Das Ashtar-Command philosophiert ebenfalls über dieses Problem. Immer wieder spricht Phyllis nur über Großbritannien und die dortigen Verhältnisse. Tom berichtet davon, daß die Engländer ihre Abstammung verfremdet haben, daß Angelsachsen und Kelten damit im Zusammenhang stehen und daß die Engländer den anderen Nationen bzw. Völkern nicht die Möglichkeit des Wachstums gönnen.

Wenn es sich tatsächlich um Prophezeiungen für die Zukunft der Erde handeln sollte, dann dürften wir annehmen, daß es keine Grenzen innerhalb der Menschheit gibt.

Ist es der Menschheit irgendwann einmal möglich, spirituelle Perfektion und auch technische Ausgereiftheit zu erlangen, dürfen wir uns nach Phyllis[390] aber auch auf ein tausendjähriges Reich freuen, wie es in der Apokalypse des Johannes im Neuen Testament angekündigt wird.[391] Tom warnt (natürlich) aber auch, daß sich eine Katastrophe ereignen könnte, wenn die Menschen nicht in allen Bereichen des Lebens am Frieden arbeiten.

Phyllis Virtue-Carmel oder auch Phyllis V. Schlemmer, wie sie sich zuvor nennen ließ, hat angeblich »seit über zwanzig Jahren«[392] Kontakt mit dem »Rat der Neun« und somit mit dem Außerirdischen Tom. Im Jahre 1993 hat sie ihre Weltanschauung erstmals den Menschenmassen in Buchform präsentiert. Es gibt also erst seit rund fünf Jahren gläubige Tom-Anhänger unter uns. Der »Rat der Neun« hat noch keine exakt definierbare Gruppe nach der Art der Billy Meier-Gesellschaft erzeugt, sondern eine ufologische Richtung, die mit zahlreichen anderen auf dem Markt konkurriert. Sie dient hier als Beispiel für viele andere Lehren über Aliens und spirituellen Channel-Kontakt.

Die »Offenbarungen vom Rat der Neun« könnten der Grundstein für eine neue Esoterik-UFO-Gemeinschaft sein. Wir wissen nicht, ob Phyllis Seminare abhält, können es uns aber gut vorstellen, da die allermeisten Channels nach dieser Methode arbeiten. Die leichtgläubigen Anhänger solcher Lehren verlangen schließlich immer weitere Informationen. Sie wollen mehr wissen. Im Gegensatz zu den Kontaktlern der fünfziger Jahre bedarf es heute bekanntlich keiner UFO-Fotos und Berichte über persönliche Meetings mit den Aliens mehr. Heute reichen mediale Botschaften, um labile Menschen von einer Lehre zu überzeugen. Auch kann jeder seit Jahren Channelling erlernen, denn Bücher zu diesem Thema versprechen uns den »Empfang von Informationen aus paranormalen Quellen«[393] oder eine »Verbindung mit den geistigen Lehrern«.[394]

KAPITEL 11

Die M.A.A. – »Es gibt ein Leben jenseits der Frequenzbarriere!«

Die »M.A.A.« gibt es noch nicht lange. Von der seriösen UFO-Forschungs-gruppe G.E.P. e.V. wird sie als sektenähnlich eingestuft. Hauptsitz der Gruppe ist Northbridge in Australien. Sie tritt auch unter dem Namen »Circle of the New Earth« (»Kreis der neuen Erde«) in Darwin, Australien, auf, ebenso ist sie als »QDW Australia Association« mit Sitz in Cairns, Australien, bekannt oder als »Mallona Association-Kreis der Neuen Erde«. In Mengen gibt es eine deut-sche Vertretung, aber auch in Erkrath und in Rosbach existieren Niederlassun-gen der Gruppe.[396] Im Informationsmaterial der Gruppe, das uns Mario Ring-mann zur Verfügung gestellt hat, werden noch weitere Zweigstellen in Deutschland sowie diverse Internet-Adressen aufgeführt.

Der Begriff »QDW« steht nach Angaben im Internet für »Quelle der Weis-heit«. Das QDW sagt, es sei auf Graphologie, Schriftanalyse (eigentlich das gleiche), Körpersprache und Repräsentation und geschäftsorientiertes Denken und Handeln spezialisiert, und es biete Fernlehrgänge an.

Auf den verschiedenen, immer wechselnden Internet-Seiten der Gruppe finden wir etliche Themen, die wir aus dem grenzwissenschaftlichen Bereich kennen. Da geht es um Shangri-La, die jüdische Kabbala, den Kontinent Atlan-tis, ewiges Leben, die Kontrolle des Weltverhaltens, »Gespräche mit dem Tod« und um die »Kraft der Masturbation«.

Was letztere angeht, so zitiert man einen Kabbala-kundigen Rabbi. Der habe gesagt, die Masturbation sei der Ursprung der Dämonen und der schlech-ten Geister der Welt. Auf der Webseite ist zu lesen, daß die Kabbala voller Angaben über sexuelle Magie sei, bei der masturbiert würde, und einer der Hauptgründe für den Gebrauch der Masturbation und der Zweck derselben sei es, »Dämonen« oder »Elementargeister« zu erschaffen. Die M.A.A. glaubt, daß der Rabbi sich lediglich sorge, er könne von der Kraft und der Emotion nicht profitieren, die verwendet werden kann, um durch die Masturbation ent-stehende Dämonen und Elementarwesen erschaffen.

Diese von der M.A.A. im Internet zur Verfügung gestellten Informationen stammen wie die zuvor genannten von jemandem, der sich »Apokalypse now« nennt und vor der Neuen Weltordnung warnt. Besonders wichtig ist der Gruppe das Thema »Parallel-Welt/Schwingungsebene«.[397]

Auf einer Seite mit dem Titel *Parallel World – Frequency Level* schreibt ein nicht genannter Autor der Gruppe, daß er im Jahr 1976 so etwas wie einen gei-stigen »Quantensprung« erfahren habe. Wir lernen hier viel über die Lehre der Sekte. Zunächst erklärt der Anonymus, daß Vergangenheit, Gegenwart und Zukunft gleichzeitig abliefen, aber jeweils auf einem anderen Frequenzlevel stattfänden. Es gäbe viele derartige Frequenzebenen, und eine davon sei die »Astral-Sphäre«. Diese jedoch hätte nichts mit echten menschlichen Wesen zu tun. Auf einer anderen Frequenz lebten Menschen, die niemals gestorben, son-dern vielmehr durch einen Frequenztunnel gegangen und dort – auf einer Welt mit einer anderen Frequenz – aufgenommen worden seien. Leider besäßen die heutigen Wissenschaftler nicht mehr das erforderliche Wissen, um fortgeschrittene Frequenzmodulation und Kristallenergie, wie sie von den alten Atlantern verwendet wurde und noch verwendet würde, zu benutzen. Auch wird von irdischen Volksstämmen geredet, die in höhere Dimensionen entschwunden seien.

Der Schreiber des Artikels kann zwischen den verschiedenen Frequenzebenen unterscheiden. So hat er Kontakt zu den ursprünglichen Aborigines, die auf einer anderen Frequenzebene leben und natürlich nichts mit ihren heute lebenden Nachkommen zu tun haben. Die Nachfolger der wahren Aborigines sind genetisch veränderte Mutanten. Die »alten, echten« Aborigines können das heutige Australien jedoch nicht sehen.

Der Planet Mallona – ein Himmelskörper, der zwischen Mars und Jupiter angesiedelt wird – sei heute bekannt als der Asteroidengürtel. Luzifer – der nur ein schlichter Mensch war – erschuf durch Gedankenkraft ein nicht näher erklärtes »unrhythmisches Frequenzvakuum«. Er hatte zwölf Freunde – alles Menschen –, die zusammen als die dreizehn »Greys« (»Graue«) angesehen wurden. Auf dem Planeten Mallona wurden unter anderem auch menschliche Klone geschaffen. In Ägypten soll das Wesen »Ka« mit seinen sonderbaren Aktivitäten beschäftigt gewesen sein, und Jaweh benutzte die Erde, um Adam und dann Eva durch eine genetisch behandelte und außerirdisch verbesserte Rippe[398] Adams zu erschaffen. (Wenn wir dies korrekt verstehen, ist/war Jahwe also einer von den Grauen und somit Satan bzw. Luzifer untergeordnet.)

Nun steigerte Luzifer, so die Lehre der M.A.A., mit der Zeit die Kenntnisse seiner Geschöpfe weiter und füllte sie mit Wünschen und Gefühlen, Phantasien und Ängsten. Für sie war er ihr Gott. Die Grauen begannen jedoch, ihren eigenen Freunden – anderen Menschen – zu mißtrauen. Sie benutzten sie in genetischen Experimenten und ließen sie zu anderen Formen, wie zum Beispiel Monstren, mutieren.

Jedes einzelne Wesen dieser dreizehn Greys legte seinen Geschöpfen Gedanken ins Gehirn, so daß diese sie für Götter hielten und ohne sie nicht leben konnten. Seitdem habe sich nichts verändert. Durch Reinkarnation kam jeder zurück, aber die Ideen und Strategien der NWO (»Neuen Weltordnung«) seien gleichgeblieben. Die »Neue Weltordnung« ist schon immer ein Feindbild der extremen Rechten gewesen.

Auf Mallona erinnerten sich die Greys immer noch an die ursprünglichen rhythmischen Frequenzen, aus denen sie stammten, und an die Rolle, die Kraft und Willenskraft dort spielten.

Ein neuer Planet wird durch das kollektive neutrale Bewußtsein PAN von selbst erschaffen. PAN (»Mutter Natur«) hat Helfer wie Nymphen, Gnome, Nixen usw. Jene sind keine Menschen – auch keine mutierten Menschen –, sondern für Menschen arbeitende Geschöpfe. Die Greys wollten einst verzweifelt auch solche Helfer haben, und ihre Techniker versuchten einen genetischen Schub und kreierten auf diese Weise Walk-Ins, rituell erschaffene Wesen aus der eigenen Wunschkraft eines erleuchteten Meisters. Walk-Ins besitzen keinerlei Substanz. Für gewöhnlich gibt es einen Kampf zwischen den ursprünglichen Körpereigentümern und den Walk-Ins; der Stärkere siegt. Das kann über Nacht oder im Verlauf von zwölf Monaten geschehen.

Heutzutage seien alle Walk-Ins außer Kontrolle: Für sie bedeute ein Körper die Möglichkeit, die eigenen unkontrollierten Gefühle auszuleben, die sie im Verlauf von Milliarden von Jahren gezüchtet haben, währenddessen wir in dem unrhytmischen Frequenzvakuum lebten. Diese Walk-Ins waren in der Antike und im Mittelalter als Dämonen bekannt, so die M.A.A.

Der erste bewohnte Planet in diesem Frequenzvakuum soll Mallona gewesen sein, der jedoch unglücklicherweise explodierte. An anderer Stelle heißt es allerdings, Mallona sei heute als der Asteroidengürtel bekannt. Wir haben es also wieder mit der bekannten Lehre eines verschwundenen Planeten zwischen Mars und Jupiter zu tun.

Nach der verheerenden Mallona-Katastrophe wanderten die Aliens auf die Erde aus. Mutter Erde beschloß, daß ihr Planet von dem Moment an verwendet werden durfte, in dem jeder klar und deutlich als »echter Mensch« oder »wertlose NWO-Züchtung« erkennbar war. Mutter Erde würde dann auf die Katastrophe verzichten und uns über die Frequenzbarriere in unser rhythmisches Universum zurückbringen. Heutzutage sind alle wertlosen NWO-Züchtungen RMUT (was immer das wieder bedeutet), Klone und Walk-Ins. Weil sie durch die Menschheit erschaffen worden sind, sind sie keine echten Menschen, die immer noch eine Original-Frequenz aus ihrem Heimatplaneten über FB – die »Frequenzbarriere« – tragen.

Die erste Kultur der Erde war Atlantis; so sehen das auch andere Esoteriker. In Ägypten führten die Götter ihre genetischen Manipulationen fort. Die außerirdischen »Götter« Ägyptens sollen in zwei Gruppen zerstritten gewesen sein: Da gab es einmal die ISIS-Gruppe, die sich loyal gegenüber dem rhythmischen Universum verhielt, und dann gab es jene, die sich gegenüber der »Neuen Weltordnung« loyal verhielten. Dies war die Dreizehn-Greys-Gruppe, die Seth in Ägypten anführte. Um die Neue Weltordnung errichten zu können, setzten Seth und seine zwölf Anhänger ihre genetischen Manipulationen fort. Sie brauchten jedoch Menschen und Hilfe. Besonders Menschen, die den Anweisungen perfekt folgten und nicht selbständig dachten – in anderen Worten: perfekte Roboter und Klone.

Heute spielt sich immer noch das gleiche ab. Alle Klone, Walk-Ins etc. sprechen über einen »Schöpfer«. Die Greys haben ihren Geschöpfen niemals die Wahrheit enthüllt. Statt dessen verbreiten sie Lügen und Geschwätz und zerstören die Gruppen, die die Wahrheit vorhergesagt haben – jene Wahrheit, die die Grauen und ihr böses Werk entlarven würde. Heute erinnern sich die Greys nicht mehr an die Wahrheit über die Frequenzbarriere, und ebenso haben sie ihre ursprünglichen Heimatplaneten (jetzt sind es gleich mehrere) und ihre Kraft vergessen. Heute können sie die Frequenzbarriere nicht mehr überqueren, deswegen arbeiten sie härter als zuvor an der neuen Weltordnung.

Hierzu müssen sie allerdings jeden eliminieren, der darauf hinarbeitet, die Wahrheit zu enthüllen. Sie müssen jeden Schritt, den sie tun, verbergen, und sie müssen echte Menschen als Rassisten, Phantasten, Satansanbeter und als schädliche Elemente brandmarken.[399]

Hier kann man zum ersten Mal so etwas wie einen »Sinn« in den mehr als wirren Esoteriksätzen der M.A.A. erkennen. Geht es hier darum, Rassisten, Phantasten, Satanisten und andere Exoten zu verteidigen, weil man im Grunde selbst dazugehört?

Jedenfalls erfahren wir – wenn wir uns weiter durch die Internet-Seiten der M.A.A. bewegen –, daß die echten Menschen immer noch ihren Energiekörper jenseits der Frequenzbarriere besäßen. Sie leben immer noch hier auf der Erde und verfügen noch über die ursprüngliche Frequenzmodulation, die die wahren Menschen über die Frequenzbarriere hinweg mit ihrem ursprünglichen Heimatplaneten verbindet. Echte Menschen sind nach dem Glauben der M.A.A. nicht das Ergebnis einer Evolution oder Schöpfung, sondern sie werden die Frequenzbarriere in der Stunde X überqueren, während der Rest des »Kehrichts« zurückbleiben und ein für allemal »mit all dem Mist, den sie erschaffen haben«, zerstört wird. Diese Milliarden von Geschöpfen werden ihren »dreizehn Schöpfern« in das bittere Ende folgen.[400]

Hier wird das urtypische Sektengut geschildert. Die »Richtigen« werden in eine bessere Welt »evakuiert«, »entrückt« oder marschieren in die neue Welt ein, während die »Falschen« – je nach Sekte – in der Hölle landen oder bei der Evakuierung getötet werden. Die M.A.A. hat ihren Anhängern eine besonders exotische Variante zu bieten.

Die Frage, ob die Aliens menschenähnlich seien, stellt sich die M.A.A. gar nicht erst, denn Außerirdische sind ja Menschen. Alle Menschen quer durch das rhythmische Universum haben weiße Haut und eine angenehme Sonnenbräune. Manche sind größer als andere, einige bis zu acht Meter. Die Haarfarbe jedoch differiert.

Wesen jenseits der Frequenzbarriere kennen natürlich weder Krankheiten noch Kriminalität oder gar den Tod. Sie überbevölkern keinen Planeten, und sie wissen nicht, daß ein Planet innerhalb eines Frequenzvakuums existiert und daß das rhythmische Universum sich auf einer höheren Schwingungsebene als die Erde befindet. Deswegen können wir sie nicht sehen, und sie können uns nicht sehen.

Als die grauen Meisterhirne bemerkten, daß sie die FB nicht mehr überqueren konnten, beschlossen sie folgendes: Wenn sie nicht mehr zurück könnten, dann sollte es anderen Lebewesen auch nicht erlaubt sein. So begannen sie, an dem Bild eines Aliens zu arbeiten – eines schrecklichen Wesens aus den Tiefen des Weltraums. Eine Monstrosität, die jeden Menschen auf der Erde terrorisieren und versteinern würde. Die Grauen Wissenschaftler kreierten daraufhin »Grey MUT« und »RMUT«. Sie wurden als Außerirdische gekennzeichnet, die atlantischen Luftschiffe sind ihre intergalaktischen Raumschiffe. Aber diese Aliens sind nach der M.A.A. gar keine Außerirdischen, sondern sie wurden auf der Erde erschaffen, und zwar in »NWO-Laboratorien«. Solange UFO-Gruppen glauben, daß unsere Sternenbrüder kommen werden, um uns zu retten, und daß die eierkopfförmigen grauen Aliens unsere wirklichen Brüder und Schwestern sind, so lange werden die Erdenmenschen in die NWO-Falle tappen – in der Absicht, die Aufmerksamkeit vom großen Leben, das für wahre Menschen und ihre Heimatplaneten jenseits des Frequenzplaneten existiert, abzulenken.

Die »NWO-Geschöpfe« fürchten laut M.A.A., daß die Menschen leichtgläubig auf die Grauen Meisterhirne hören. Sie werden Angst haben vor dem Weltraum, weil er dunkel ist, und sie werden Angst haben vor dem Alien-Leben, weil jene gefährlich sind und mit uns experimentieren.

Die M.A.A. ruft wie viele Sekten dazu auf, aufzuwachen und zurück zu den Wurzeln zu kommen, die Wahrheit zu erkennen und den eigenen Verstand zu öffnen, denn das Leben jenseits der Frequenzbarriere sei ganz anders.

Natürlich widmet sich die M.A.A. auf ihren Internet-Seiten auch der Frage, ob die Erde gerettet und die Menschheit befreit werden könne. Die Antwort ist, wie könnte es auch anders sein, abhängig davon, von welchem »Level« der Existenz man spricht. Man müsse bedenken, daß es außerhalb der Frequenzbarriere eine »neue Erde« gäbe, die im »rhythmischen Universum« liegt. Diese Erde ist zur Zeit noch unbewohnt, denn bis heute hat noch niemand diesen Planeten »aktiviert«, um einen Heimatplaneten für neue Menschen zu erhalten. Deswegen muß die Erde nicht gerettet und müssen die Menschen nicht befreit werden. Die Zukunft für die wahren Menschen liege jenseits der Frequenzbarriere, die von den Klons, Walk-Ins usw. nicht überquert werden könne.

Unkontrollierte Emotionen seien die Munition und die Substanz der Neuen Weltordnung der Grauen. Die NWO-Meisterhirne wollten unsere Kenntnisse über die Frequenzbarriere sabotieren, eine Veröffentlichung von Schriften darüber verhindern. Auch ihren Geschöpfen wird eine derartige Kenntnis verweigert.[401]

In einem Infoblatt bezeichnet sich die M.A.A. als »ein äußerst kraftvolles und erfolgreiches Netzwerk freidenkender Individualisten ohne religiösen oder politischen Hintergrund«. Das Ziel der M.A.A. sei es, eine »ganzheitliche Lebensweise im Einklang mit der universalen Gesetzgebung von Ursache und Wirkung« auszuüben. Weiter geht es um »Gesundheit, Glück, Wohlstand und absolute Meisterschaft über Körper und Geist«. Es kommt auch darauf an, die vier Elemente Feuer, Erde, Luft und Wasser zu beherrschen und damit gleichzeitig auch die kosmische Energie mit dem Ziel, die Frequenzbarriere zu überschreiten, zu handhaben.[402]

Was diese esoterischen »Aussagen« konkret bedeuten und wie sie der Interessierte verstehen soll, wird nicht näher erklärt.

Vielleicht sollten wir aber an dieser Stelle auf die »Erklärungen bestimmter Begriffe, die immer wieder vorkommen«, zurückgreifen:

Frequenztunnel:

Hier beschreibe ich zwei identisch schwingende Frequenzen, die sich beide in eine identische Richtung bewegen, ohne jegliche Abweichung, und eine dritte Frequenz, welche in einem anderen Rhythmus jetzt genau gegen den Strom schwimmt.

Diese dritte Frequenz paßt sich ohne jegliche Probleme zwischen die beiden identisch schwingenden Frequenzen ein. Alle drei Frequenzen strömen in zwei verschiedene Richtungen, ohne irgendwelche Störungen, da die Strömung sich nie verändert.

Wer jetzt eine Nachricht via »Telepathie« oder auch via Impuls aussenden will, kann sich eines solchen Frequenztunnels bedienen, indem man die Nachricht auf eine der Frequenzen quasi Huckepack auflädt. Hierdurch ist abgesichert, daß die Nachricht unverzerrt am Ausgangspunkt, hier dem Aussendepunkt einer der zwei Richtungen ankommt. Die USA und auch andere Länder benützen modernste Elektronik, um sich solcher Frequenztunnel zu bedienen. Empfangspunkt ist zu 100 % entweder eine Steckdose in Ihrer Wohnung, Ihr Radio, TV, Computer oder aber die Antenne. Ausgangspunkt ist immer modernstes elektronisches Equipment der USA, welches – da mobil – in jedem Land der Erde schnellstens installiert werden kann.

Erfahren Sie in unseren monatlichen Studienunterlagen, wie man Frequenztunnel benützt, um den Grauen eine »Grußbotschaft« zukommen zu lassen.

Frequenzwirbel

Ist ein Vakuum, in welchem sich unterschiedliche Frequenzen, rhythmischer und unrhythmischer (positiver und negativer) Struktur, anhäufen und »chaotisch« durcheinanderwirbeln! Wer einen solchen Frequenzwirbel »kontrollieren« kann, kann ihn dirigieren. Bringt man in einen rhythmisch oder auch unrhythmisch (Rhythmus im Chaos) schwingenden Frequenzverlauf (Elektronik, Computer, Flugzeugtechnik, etc.) jetzt einen Frequenzwirbel ein, dann beginnt dieses Vakuum sich aufzulösen und entläßt dieses Chaos in Einem direkt hinein in den bestehenden Frequenzablauf. Das heißt, der Frequenzwirbel löst ein totales Chaos aus. Wenn die USA solche Frequenzwirbel benutzen, dann versucht man damit das Elektrizitätsnetz eines Landes außer Kraft zu setzen. Man benützt diese Methoden, wenn normale Computerhacker keinen Erfolg haben, die Paßworte zu knacken. Allerdings hat man weltweit ein Problem, Frequenzwirbel können derzeit durch Elektronik nur unzulänglich kontrolliert oder sogar installiert werden.

Was wir aus Frequenzwirbeln machen, siehe Hinweis: Frequenztunnel.

Frequenzfalle:
Eine Frequenzfalle ist meist auf einen kleinen räumlichen Ort begrenzt, oft reichen wenige Zentimeter aus, um eine Frequenzfalle zu öffnen. Wer in eine solche Frequenzfalle hineingeht, -fährt, -fliegt, -schwimmt, bleibt in der Falle gefangen und kann sich nicht mehr selbst aus dieser Seifenblase befreien. Innerhalb dieser Seifenblase steht die Zeit still! Der Körper altert nicht, es gibt kein Hunger- oder Durstgefühl, denn es gibt hier keine Zeit! Wer sich über einen längeren Raum in einer Zeitfalle befindet, muß leider mit bösen Überraschungen rechnen, wenn die Falle aufschnappt und den Mitesser ausspuckt! Es können nämlich Stunden, Tage, Monate, Jahre, Äonen vergangen sein! Sobald der Mensch oder das Tier die Frequenzfalle verlassen hat, beginnt der Körper wieder im normalen Rhythmus zu arbeiten, also auch zu altern, Hunger und Durstgefühle stellen sich wieder ein, und alles ist wieder wie vorher. Die derzeit populärsten Frequenzfallen sind die Nullarbor Ebene in Australien und das Bermuda Dreieck. In der Nullarbor Ebene entstehen Frequenzfallen durch die Frequenzanordnung der natürlichen Gesteinsschichten. Frequenzfallen können nicht geortet werden, denn sie sind eine ›Sekundenbruchteilangelegenheit‹. Ein Auto fährt in eine Frequenzfalle hinein und wird dadurch für den Rest der Welt unsichtbar. Und nur Sekunden später kann ein weiteres Auto über die identische Stelle fahren, ohne daß die Frequenzfalle aktiv würde. Erfahren Sie in unseren Studienunterlagen, warum unser Schmuck der ›Schlüssel für alle Fälle‹ ist und wie man damit eine Frequenzfalle wieder öffnet, im Falle eines Falles! Die NASA versucht, Frequenzfallen elektronisch zu erzeugen. Fehlgeschlagene Frequenzfallen sind unter anderem das sogenannte Philadelphia Experiment! Frequenzfallen können magisch erzeugt werden. Nur wer eine Frequenz selbst etablieren kann (wie unser Team [also die M.A.A., d. Autoren]), kann auch eine Frequenzfalle wieder schließen, indem man die Hauptfrequenz, welche das Magnetfeld bildet, eliminiert! Wer hierin nicht ausgebildet ist und aus Versehen jemand oder etwas in eine Frequenzfalle einschließt, verliert das Objekt für immer.

Frequenzüberlappung
Hier sprechen wir von zwei Frequenzen, bei welcher die eine Frequenz in einer niedereren Schwingung schwingt, als die andere Frequenz und somit die am meisten rhythmische oder unrhythmische Frequenz den Ton angibt! Von Frequenzüberlappung spricht man auch beim TV, wenn aus zwei verschiedenen TV-Stationen an Ihrem Bildschirm die Bilder einflimmern, ohne daß das eine Bild oder das andere Bild richtig voll sichtbar ist. Beim Radio ist es dann meist ein sehr hoher Quietschton, bei dem man sich die Ohren zuhält. Frequenzüberlappun-

gen können elektronisch oder auch magisch arrangiert werden. Frequenzüberlappungen werden auch bei Hologrammen eingesetzt.«[403]

Soweit verschiedene Beispiele für die in bodenlosen Wirrwarr versinkenden »Erklärungen« der M.A.A. Eine sehr fragwürdige Ideologie.
Wichtig ist für uns natürlich der Zusammenhang zwischen der M.A.A. und dem UFO-Phänomen. In einem Prospekt der M.A.A., den der UFO-Forscher Hans-Werner Peiniger zitiert, heißt es:

> »UFO-Entführungen – der moderne Alptraum mit dem brandaktuellen Hintergrund! Lernen Sie, sich dagegen zu wehren! Lernen Sie, wieder ohne Angst zu leben! Schützen Sie sich und Ihre Familie vor einem solchen Übergriff!«

Die M.A.A.-Chefin, Omega, die sich als eine seit 1976 selbständig praktizierende Psychologin ausgibt, weiß, daß es zwei Sorten von Außerirdischen gibt: die, die nicht an einem Kontakt mit den Menschen interessiert sind, und die »eierköpfigen Mutanten«, die Menschen entführen, um durch Genmanipulationen eine Armee aufzubauen, mit der später die Erde erobert werden soll. Einige dieser Mutanten leben bereits unter uns: reine Roboter ohne eigene Gedankenstruktur, die als Piloten, Ärzte und Wissenschaftler agieren. Die Genmanipulationen finden in der »grauen Klinik« in Arizona statt, die in einer »Zwischenfrequenz« liegt. Der Auftrag an die dort entlassenen Menschen lautet:

> »Jeder Mensch, welcher jemals mittels eines Subliminimal-Auftrages in seiner Bewußtseinsstruktur verändert wurde, hat die Aufgabe, so viele Menschen als möglich zu berühren. Durch die Berührung wird ein magisch/telepathischer Auftrag übertragen.«

In dieser grauen Klinik werden Menschen bereits vor der Geburt genmanipuliert. Die Psychologin Omega glaubt zu wissen, daß »bereits seit mehr als zehn Jahren keinerlei Menschen mehr geboren werden. Es werden lediglich noch leere Körperhüllen produziert, in die unmittelbar nach der Geburts-Phase bereits die vorbereiteten und programmierten Elementale (Außerirdische) einziehen können.« Vor einer Schwangerschaft wird gewarnt, denn schließlich »wisse man ja nie, was dabei herauskommt«.
Woher weiß die M.A.A.-Chefin Omega dies alles? Nun, eines Tages reiste sie per PKW in die Nullarbour-Ebene in Australien, wo sie das alles aus erster Hand erfuhr.[404]
Die Nullarbour-Ebene – die von der M.A.A. als eine »Frequenzfalle« bezeichnet wird – ist eine unheimliche und einsame Gegend in Australien, in der Ende der achtziger Jahre eine Reihe von UFO-Sichtungen, allen voran die

der Familie Knowles, für Schlagzeilen sorgte. Der Fall hat allerdings eine natürliche Erklärung und ist ausführlich in dem Buch *Wie die Untertassen fliegen lernten* von Roland M. Horn dargestellt.[405]

Jedenfalls will auch die M.A.A.-Chefin in der Nullarbour-Ebene eine Begegnung mit Außerirdischen gehabt haben:

> »Es war kurz nach der Mittagszeit, als sich plötzlich meine Sicht leicht veränderte. Ich bat Grant weiterzufahren und lehnte mich auf meinem Sitz entspannt zurück. In weniger als einem Atemzug befand ich mich jetzt im Grauen Hospital in Arizona.«

Und weiter:

> »Aufgrund meiner psychischen Fähigkeiten war es für mich einfach, meine Struktur so zu verändern, so daß die hier arbeitenden Ärzte, Schwestern und auch Mutanten mich als einen der ihren ansah. Mit weißem Kittel bekleidet machte ich mich auf die Suche nach den Operationsräumen und den Programmierungscomputern.«[406]

Es ist schon erstaunlich, was man als »Psychologin« so alles kann. Wir werden später noch sehen, daß es sich bei der M.A.A.-Leiterin – »Omega« – nicht um eine ausgebildete Psychologin handelt.

Da wird man von Außerirdischen in eine »Zwischenfrequenz« entführt und schafft es, innerhalb kürzester Zeit seine Struktur so zu verändern, daß man nicht mehr erkannt wird, und macht sich gleich weiter auf den Weg zu den Programmierungscomputern. Wir sind erstaunt.

Im Jahr 1995 will die M.A.A.-Chefin ein weiteres Erlebnis gehabt haben, für das sie selbstverständlich hervorragend ausgerüstet war:

> »Heute Nacht in den frühen Morgenstunden, so gegen zwei Uhr, wurde ich durch leise Trippelschritte und Geflüster im Haus wach. Wenn ich alleine im Haus bin, bin ich immer für alle Notwendigkeiten normaler und auch magischer Art doppelt gewappnet. Und so griff ich sofort nach meinen magischen Hilfsmitteln, stand leise auf und knipste das Licht an.«[407]

Die »Psychologin«/M.A.A.-Chefin/Omega verfolgte nun die ertappten und flüchtenden Außerirdischen:

> »Ich rannte nämlich den drei Wackelbeinchen nach mit meinen magischen Werkzeugen. Nachteil für mich, die drei konnten durch die geschlossene Tür hindurchrasen, ich mußte die Tür erst aufmachen und auch das Gartentor erst aufschließen, wodurch ich wertvolle Sekunden

verlor und die drei mir entkommen konnten. Der Raumgleiter setzte
sich sofort in Bewegung und verschwand aus dem Gefahrenbereich
meiner magischen Werkzeuge. [...] Sofort lief ich alle Seiten unseres
Grundstückes ab, um es magisch abzusiegeln, so daß solche doch unangenehmen Zwischenfälle sich nicht mehr wiederholen könnten.«[408]

Durch die geschlossene Tür kann die M.A.A.-Chefin also nicht gehen; das
scheint aber auch das einzige zu sein, was die Dame nicht kann.

Jedenfalls ist es nach der M.A.A. wichtig, daß von UFO-Entführungen
betroffene Menschen erfahren, daß es Hilfe gibt, unabhängig auch von einer
Hypnosesitzung oder gar einem weiteren medizinischen Eingriff. Wichtig ist
auch, daß sich Menschen vor weiteren Entführungen schützen können.

Tatsächlich haben Mitglieder die Möglichkeit, sich teure Schutzjuwelen zu
kaufen. Die Mitgliedsgebühr beträgt 100 DM im Jahr. Für Nichtmitglieder
wird lediglich der weniger wirksame »Fernschutz« angeboten.[409]

Die Gruppe bietet für Geld noch weitere Dienstleistungen an. So kann man
zum Beispiel »Bann-Flüche« beseitigen lassen oder magische Rituale und dergleichen erlernen. Und neben Büchern, Glückssteinen und ähnlichem nützli-
chem Zubehör kann der Glaubende auch die Schlangenzeremonie, die zur
Erfüllung der materiellen Wünsche dient, durchführen lassen, für 395 DM darf
er sich auch per Fernkurs zur Referentin / zum Referenten fortbilden.

In einer Broschüre legt die Chefin der M.A.A. ihren Lebenslauf vor:

> »Ich bin eine in Deutschland geborene und ausgebildete Psychologin
> (Jahrgang 1950), welche seit 1987 in Australien lebt. Von frühester
> Kindheit an war ich mit einem außergewöhnlichen Phänomen konfron-
> tiert, meiner angeborenen Hellsichtigkeit und Hellhörigkeit, sowie der
> Fähigkeit, unterschiedliche Frequenzen zu orten. [...] Bereits 1976
> gründete ich in Deutschland kleinere Gruppierungen, in denen diese
> Problematik besprochen wurde, allerdings fand ich nicht das Gehör...
> 1987 nach unserer Einwanderung in Australien etablierten wir hier die
> ersten kleinen Selbsthilfe-Gruppen. [...] Ich persönlich arbeite wie
> mein komplettes Team hier in Australien unter einem Alias-Namen, um
> vor den Zugriffen von gewissen Kreisen, welche dieses Wissen absolut
> verhindern wollen, geschützt zu sein.«

Ironisch merkt Hans-Werner Peiniger an:

> »Die Dame will zwischen 1976 und 1987 Zehntausende von Channel-
> Botschaften empfangen und niedergeschrieben haben, und sie konnte
> zwischen der echten Asthar-Sheran-Crew [s. Kapitel 9, d. Autoren] und
> dem nachgemachten astralen Ashtar-Command unterscheiden. Weiter
> ist sie seit 1976 im Unterscheiden zwischen echten und unechten

Außerirdischen sowie zwischen astralen Außerirdischen und Atlantern spezialisiert, indem sie den Sprachgebrauch der unechten Außerirdischen und deren Denkfehler aufdeckt!«[410]

Des Irrsinns nicht genug, denn »Omega« kann auch ungeöffnete Briefe lesen:

> »Sobald die Post unterwegs ist und von einem anderen Menschen angefaßt wird, egal, ob das der PDL [nicht erklärt, d. Autoren] liest oder nicht, kann das PDL von dieser kleinen Gruppe jetzt durch das Bewußtsein des Anfassers hindurch, gelesen werden.«

Frau Omega hat diesen Sonderservice eingerichtet, um ihre Post zu schützen, wohin sie auch geschickt wird. Ihr ist es sogar gelungen, daß ihr keine Post mehr verlorengeht.[411]

Hans-Werner Peiniger löst in seinem Artikel das Geheimnis der »kleinen Gruppe«: Sie besteht aus prominenten Verstorbenen wie Edgar Allan Poe, Ernest Hemingway, dem amerikanischen Präsidenten Johnson, Bernadette (der Seherin von Lourdes) und last but not least Niokola Tesla. Mit diesen »Astral-Bewohnern« läßt sich offensichtlich gut diskutieren.[412]

Hans-Werner Peiniger wurde durch Zufall auf die M.A.A. aufmerksam. Die UFO-Forschungsgruppe G.E.P. e.V. erhielt einige Faxe, die sich auf Streitigkeiten zwischen Hermann Ilg aus Reutlingen und der M.A.A. bezogen. Ilg war jahrelang Ortsgruppenleiter der kontaktlerfreundlichen Gruppe DUIST (Deutsche UFO/IFO-Studiengesellschaft in Wiesbaden-Schlierstein) gewesen. (Das »IFO« in jenem Gruppennamen steht übrigens nicht für »identifiziertes fliegendes Objekt«, sondern für »Interplanetares Flugobjekt.) Hermann Ilg will, wie so viele andere auch, mediale Botschaften von Ashtar Sheran empfangen haben. Das schien die M.A.A. zu stören, und so erhielt Ilg Post aus Darwin. Es war die *Channel Message No 34.389*, die inklusive aller Rechtschreibfehler wie folgt lautete:

> »Hermann, du kommst so gebückt einher. Drücken Dich Deine Sünden so schwer auf die Schulter? Deine Sünden sind Deine Lügen, die Du jetzt seit Jahrzehnten verbreitest. [...] Ich hatte Dich erwählt, um durch sie [Hans-Werner Peiniger vermutet, daß mit »sie« Omega gemeint ist, d. Autoren] hindurch mein Sprachrohr zu werden. Sie alleine ist der absolute Garant dafür, daß das Wissen um MICH [...] unverfälscht bleibt. [...] Du bist dick geworden. Deine gut proportionierte und mächtige Gestalt, Zeichen einer stolzen atlantischen und arischen [sic!] Herkunft hast Du verloren. Dein Haß, Dein Neid und Deine Eifersucht auf sie [Omega] zerfressen Dich von Innen heraus! [...] Mit Arroganz und Hochmut in der Stimme verbreitest Du weiterhin frohgemut die Botschaften des Teufels! Wann endlich begreifst Du, daß Deine Außerir-

dischen nur Puppen sind, die Du Dir selbst erschaffen hast! Du alleine gibst ihnen die Kraft zu existieren. Du alleine formst in Deiner Phantasie die Worte, die Du anschließend, von Deinen ›Sternenbrüdern‹ hören willst! [...] Deine Tage sind gezählt, kein Geistbruder, kein Sternenbruder kann verhindern, was jetzt unaufhaltsam auf Dich zukommt: Dein Tod! Noch nicht einmal in der Astralsphäre wirst Du eine Heimat finden [...] Weltweit hast Du auf das Niederträchtigste die Menschen mißbraucht, indem Du ihnen von Deinen Außerirdischen erzähltest, ohne dazu zu sagen, daß diese nur ein Fantasieprodukt Deiner selbst sind! Weltweit wird heute die UFO-Szene durch Deine Lügen geknechtet [...]«[413]

Hier fällt zum einen auf, daß die verschiedenen Kontaktpersonen offenbar einen tiefen Haß aufeinander haben: Billy Meier lehnt die »Ashtaristen« als böse und hinterhältige Gruppe ab, die ihre Mitglieder nur ausnutze, und die M.A.A unterscheidet zwischen echten und unechten Asthar-Sheran-Durchgaben. Die Rael-Bewegung und der Kontaktler George Adamski werden von Billy Meier auch abgewiesen. Schlimmer ist aber zu bewerten, daß die M.A.A. hier Drohungen gegen andere Kontaktpersonen ausspricht. Die Sekte ist also potentiell gefährlich.

Wir haben keinen Zweifel daran, daß die »Botschaft« nicht von Ashtar Sheran, sondern von »Omega« selbst stammte – ebenso wie unseres Erachtens die Aussagen über die »Ashtaristen« nicht von der außerirdischen Semjase, sondern von Billy Meier stammten. Hans-Werner Peiniger verdeutlicht dies, indem er sowohl aus dem Stil als auch aufgrund der verwendeten Begriffe und der Art der Argumentation und der Argumentationsdetails Omegas Autorenschaft herauszulesen glaubt.

Omega traktierte Ilg jedoch noch weiter:

»Hermann hatte mir telefonisch eine ganz große Überraschung angekündigt. Alle seine Gläubigen und Anhänger waren seinem Ruf gefolgt und gekommen, teilweise aus großer Entfernung. Alle saßen wir da und harrten der Überraschung – – – und neben Hermann steht plötzlich Ashtar Sheran. Hermann betont nochmals ausdrücklich, daß diese Botschaft von Ashtar Sheran stammte. Ashtar Sheran allerdings schüttelte mit dem Kopf und deutete mir an, keine Miene zu verziehen bei dem, was Hermann uns jetzt vorliest. Zum Glück sieht keiner der Anwesenden, was ich jetzt gerade sehe. Hermann verliest uns jetzt eine seitenlange Botschaft von Ashtar Sheran, direkt an ihn gerichtet. Als Anrede wurde wie üblich ›Bruder‹ benützt und als Ende das christliche ›Amen‹. Dazwischen triefte es von Schmalz, Lobeshymnen und Danksagungen des Universums über Hermanns Glanzleistungen.«

Demnach war »Omega« einst Mitglied in Ilgs Ortsgruppe, dem UFO-Studienkreis Reutlingen.

Auf Hans-Werner Peinigers Anfrage schrieb Ilg:

>»Das von Ihnen angeführte Schreiben stammt von einer Dame, die sich nach einer gescheiterten Ehe und wegen geistiger Orientierungslosigkeit unserem UFO-Studienkreis Reutlingen angeschlossen hat. Sie zeigte lebhaftes Interesse an dieser Thematik und überraschte uns mit ihren medialen Fähigkeiten, die ein erfreuliches Niveau erreichten, was sich in vielen Gesprächen in familiärem Rahmen und in schriftlichen Äußerungen bestätigte.

>Etwas später fiel uns auf, daß sie immer wieder von einem Unbekannten sprach, mit dem sie, anscheinend ungewollt, in Verbindung geriet. Daraus entstand dann, wie uns schien, eine Abhängigkeit, aus der sie sich nicht mehr befreien konnte. Unsere Bemühungen, sie im christlichen Glauben zu festigen, hatten nicht den gewünschten Erfolg.

>Schließlich gewann ein negativer Einfluß bei ihr die Oberhand, was sich darin äußerte, daß sie außerirdische Verbindungen in Frage stellte und mir Phantasien vorwarf. Sie lernte in der Zwischenzeit einen jungen Mann kennen, mit dem sie engere Beziehungen aufnahm, gegen den Willen ihrer Eltern. Schließlich kündigte sie ihre Stellung als Sekretärin ihrer Firma in Tübingen und entschloß sich, zur Überraschung von uns allen, mit dem jungen Mann nach Australien auszuwandern. Es war wohl eine Art Fluchtreaktion, möglicherweise veranlaßt durch den vorerwähnten Unbekannten.

>Dies liegt nun etwa sieben Jahre zurück, und seit dieser Zeit versucht sie über einen ihr ergebenen Mittelsmann anonym unsere Aufklärungsarbeit zu stören, mich persönlich zu verleumden und in einer Form anzugreifen, die einem Besessenheitswahn gleicht. Diese Frau ist zu bedauern, denn sie ist offensichtlich nicht mehr in der Lage, sich von negativen Kräften zu befreien.«

Ilg weiter:

>»Die Dame hat weder eine psychologische Ausbildung, noch war sie als Psychologin tätig, es sei denn, daß man ihre gelegentlichen graphologischen Gutachten unter diese Rubrik fallen läßt. Es ist aber zu ver-

muten, daß sie ihre fragwürdigen psychologischen Kenntnisse allein aus der inspirativen Quelle bezieht, von der sie offenbar beherrscht wird.«

Peiniger resümiert, daß »Omega« von Australien aus versucht,

»mit absurden Ideen eine Anhängerschaft in Deutschland aufzubauen. Sie nutzt gezielt das derzeitige Interesse an UFOs allgemein und die Aktualität der UFO-Entführungsberichte im speziellen aus, um in den entsprechenden Interessengebieten neue Anhänger zu finden.«

Der G.E.P.-Vorsitzende glaubt weiter, daß es sich hier mit hoher Wahrscheinlichkeit um die Bildung einer sektenähnlichen Gemeinschaft handele, die als gefährlich einzustufen sei, weil den Anhängern möglicherweise jeglicher Realitätssinn genommen werden könnte. Als zweiten Punkt gibt Hans-Werner Peiniger den finanziellen Aspekt zu bedenken, denn allzuoft wird in solchen Kreisen den Anhängern das Geld aus der Tasche gezogen.[414]

Auch wenn man die Wirrheit der M.A.A. belächeln kann, muß man dennoch die Befürchtungen ernst nehmen, hier entstehe eine gefährliche Esoterikgruppe. Die M.A.A wäre nicht die erste Gruppe, der es gelingen könnte, sich eine breite Anhängerschaft zu sichern, und so halten wir es auch hier für angebracht und richtig, eindringlich zu warnen.

KAPITEL 12

Heaven's Gate –
Suizid im Namen der UFOs

In der Nacht zum 23. Juli 1995 wurde durch die Amateurastronomen Alan Hale und Thomas Bopp bei Aufnahmen des Sternenhaufens M 70 der Komet Hale-Bopp offiziell entdeckt.[415] Es verging kaum eine Woche, in der es keine neuen Helligkeitsprognosen gab. Kaum ein Tag, in dem im Internet nicht von neuen, teilweise absurden – und offenbar nicht ungefährlichen – Spekulationen berichtet wurde. Die Behauptung, der Komet werde von einem riesigen Raumschiff begleitet, wurde sogar durch Fotofälschungen untermauert. Im Frühjahr 1997 war der Komet zu einem auffälligen Objekt am morgendlichen Nordost-Himmel geworden, und er konnte auch abends bequem bestaunt werden.

Die Hauptperson des Dramas, das sich um dieses schöne Himmelsobjekt bildete, war der Guru Marshall Applewhite (66), der Führer einer Sekte aus San Diego, USA. Er war davon überzeugt, daß er und seine Anhänger in dem Raumschiff hinter dem Kometen wiedergeboren würden. Natürlich mußte man sich zuvor seiner irdischen »Hülle« entledigen, was nur durch einen kollektiven Selbstmord erreicht werden konnte. Auf ihrer Homepage im Internet kündigte die Gruppe mit unmißverständlichen Worten ihr Vorhaben an. Die Hauptseite der Sekte im Internet ist, dies sei am Rande bemerkt, heute nicht mehr vorhanden. Findige Geschäftemacher haben aber die populäre Adresse (URL) übernommen und bieten dort nicht jugendfreie Inhalte an. Jedoch sind die

Der Komet Hale-Bopp

Texte der Sekte bei sorgfältigen Nachforschungen im Original an anderen Stellen im Netz zu finden.

Anfang des Jahres 1997 kursierte ein gefälschtes Foto in den ufologischen Medien, das ein dem Kometen Hale-Bopp folgendes Riesenobjekt zeigte. Es soll das vierfache Volumen der Erde gehabt haben und durch »Remote Viewing«[416] (eine Art »medialer Fernwahrnehmung«) nachgewiesen worden sein. Nach dem Remote-Viewing-Praktizierer Professor Courtney Brown von der Emory Universität, Atlanta, USA, sei der Begleiter aber nur zeitweise hinter Hale-Bopp verborgen gewesen und dann hinter der Sonne verschwunden.[417] Professor Courtney Brown und seine »Medien« sahen in dem Begleiter ein UFO. Andere Autoren setzten dieses Objekt mit dem geheimnisvollen 12. Planeten (»Nibiru«) unseres Sonnensystems gleich, den der Autor Zecharia Sitchin in einem Buch 1976[418] beschreibt. Beispielsweise vertrat Markus Schlottig in einem deutschen UFO-Fachblatt diese Idee.[419]

Der US-amerikanische Kometenforscher David Tholen fand jedoch heraus, daß das sonderbare Bild mit dem »Begleiter« eines seiner eigenen Bilder war, in das der Begleitstern von irgend jemandem nachträglich per Computer hineinmanipuliert worden war.[420]

Doch die Spekulationen um Hale-Bopp in der UFO-Szene wurden extrem komplex. Am 14. November 1996 nahm der Amateurastronom Chuck Shramek das sicherlich bekannteste und folgenschwerste Bild des Kometen auf. Auf einem mit seinem 20-Zentimeter-Teleskop angefertigten Kometenfoto war ein »saturnförmiges Objekt« in der Nähe von Hale-Bopp zu erkennen, das sich Chuck Shramek nicht erklären konnte. Er stellte die Aufnahme ins Internet, mit der Frage, was das seltsame Objekt sein könne.

Trotz Hale-Bopp-Boom im Internet bekam er keine Antwort, und so wandte er sich an den Radiomoderator Art Bell von der ufologischen, von über 320 amerikanischen Sendern ausgestrahlten Live-Sendung *Art Bell Show*. Live schilderte Chuck Shramek in dieser beliebten Esoteriksendung, was er fotografiert hatte. Nun war die ufologische Gemeinde in ihren Spekulationen nicht mehr zu bremsen, die Telefone standen nicht mehr still. Auch Professor Courtney Brown meldete sich bei Bell und schilderte seine hellgesehene Entdeckung. Daraufhin wollten mehrere Dutzend Esoteriker ebenfalls das UFO bei Hale-Bopp medial beobachtet haben.

Es folgte eine beispiellose Spekulationswelle über das Hale-Bopp-UFO im Internet. Zahlreiche Fotos des Kometen mit dem »UFO« im Hintergrund machten die Runde. Der bekannte Schriftsteller Whitley Strieber veröffentlichte einige davon auf seiner Homepage.[421] So etwa ein Bild, das er von Prudence Calabrese, einer Schülerin von Professor Courtney Brown, erhalten hatte und das den »Begleiter« zeigte. Der Astronom Olivier Hainaut von der Universität Hawaii bemerkte jedoch, daß es sich bei diesem Bild um sein eigenes, am 1. September 1995 aufgenommenes Foto von Hale-Bopp handelte, das von einem Unbekannten digital manipuliert worden war, um dem Kometen ein UFO hinzuzufügen. Und weitere Fälschungen folgten.[422]

Als sich schließlich die seriösen Astronomen der zahllosen gefälschten und falsch interpretierten Fotos annahmen, wurde die Sage vom saturnförmigen UFO schnell beendet. So zeigt etwa das Bild von Chuck Shramek den längst bekannten Stern SAO 141 894.

Sehr ähnlich, jedoch nicht von diesem Ausmaß, war der Fall des »Marsgesichts«. Die berühmt-berüchtigte Regenbogenzeitung *Weekly World News* aus den Vereinigten Staaten brachte einen Beitrag des Reporters Nick Mann, der mit einem »Foto« des Marskopfes illustriert wurde, das ihm angeblich von einem Dr. Benjamin Frania von der NASA zugespielt worden war. Nach Nick Mann bzw. Dr. Frania soll die am 21. August 1993 verschollene US-Raumsonde Mars-Observer dieses Bild am 18. bzw. 20. August 1993 so eben noch zur Erde gefunkt haben. Heute weiß man, daß der Kopf mit Bleistift gezeichnet wurde. Das Bild wurde nie wieder veröffentlicht, nachdem ein uns befreundeter UFO-Forscher diese »Aufnahme« sehr, sehr skeptisch kommentiert hatte.[423]

Der vermeintliche Begleiter des Kometen Hale-Bopp stellte sich also als Erfindung heraus.

Marshall Applewhite jedoch war davon überzeugt, daß hinter dem Kometen kein gewöhnlicher Planet, sondern ein außerirdisches Raumschiff wartete, das mit dem Kometen gen Erde flog. Der ufo(un)logische Selbstmord wurde sorgfältig vorbereitet, und mit Wodka und Beruhigungsmitteln stimmte sich die Gruppe auf den Tod und die anschließende Wiedergeburt ein. Die Sekte verkündete hauptsächlich auf ihrer Internet-Seite, daß der Komet Hale-Bopp das Zeichen für die Ankunft eines Raumschiffs von einer übermenschlichen Ebene sei. Deshalb wird Heaven's Gate auch als »Internet-Sekte« oder »Computersekte« bezeichnet. Heaven's Gate, die natürlich auch die im Internet kursierenden Spekulationen und Vermutungen über den Begleiter des Kometen verfolgen konnte, beteiligte sich interessanterweise nicht an diesen Diskussionen. Schließlich war für sie der Fall klar. In der letzten Internet-Mitteilung von Heaven's Gate kurz vor dem Suizid im März 1997 war unter der blinkenden Überschrift *Roter Alarm – Hale-Bopp schließt die Pforte zum Himmel* deutlich zu lesen:

> »Ob Hale-Bopp einen Begleiter hat oder nicht, ist aus unserer Sicht irrelevant. Sein Erscheinen ist für uns bei ›Heaven's Gate‹ jedoch erfreulicherweise sehr wichtig. Es ist eine große Freude, daß uns unser ältestes Mitglied auf der evolutionären Existenzstufe über der Menschheit klargemacht hat, daß die Annäherung von Hale-Bopp das ›Zeichen‹ ist, auf das wir gewartet haben. Es ist die Zeit der Ankunft eines Raumschiffes, [...] um uns heimzuholen in ›ihre Welt‹, in den wirklichen Himmel. [...] Wir sind glücklich und vorbereitet darauf, diese Welt zu verlassen [...]«[424]

Der Holzstich von 1680 zeigt einen Kometen und andere unheilbringende Omen.

Offenbar wurden einige Anhänger von Heaven's Gate doch von den Mutmaßungen im Internet angesteckt, denn Joel Achenbach berichtete rund einen Monat nach dem Sektenselbstmord, daß sich einige Anhänger der Gruppe im Januar 1997 für 3600 US-Dollar Spiegelteleskope vom Typ LX200 gekauft hatten, um sich das kommende UFO und den Kometen anzusehen. Mit dieser Art Teleskop hatte auch Chuck Shramek den »Begleiter« Hale-Bopps fotografiert. Da aber – haben wir was anderes erwartet? – keine fliegende Untertasse im Schweif des Kometen gefunden wurde, gaben die UFO-Fans die Teleskope zurück und wollten ihr Geld wiederhaben.[425]

Kometen galten zu allen Zeiten als »böses Omen«. Sie wurden im Mittelalter gerne für Katastrophen oder Kriege verantwortlich gemacht, wie der UFO-Forscher und Astronomiepublizist Andreas von Rétyi in einem Buch detailliert berichtet.[426]

Doch die Heaven's Gate-Anhänger sahen keinen Krieg oder schlechte Ernteerträge voraus, sie sahen ihre eigene, glückliche Zukunft.

Zurück in den Himmel sollte es nach dem Heaven's Gate-Chef gehen. Marshall Herff Applewhite war überzeugt, daß er und seine Anhänger durch die Lösung von der irdischen Hülle die »nächste Ebene« der Existenz erreichen würden. In dieser Ebene lebten auch die außerirdischen »Ufonen«, die in der Lehre der Sekte als technologisch wie geistig perfekte Wesen galten. Die Ufonen besiedelten nicht nur das All, sondern unterhielten auch auf dem Planeten Pluto eine Basisstation.[427] Außerdem stellten sich Applewhites Jünger diese Wesen als asexuelle Geschöpfe vor, was möglicherweise erklärt, warum zahlreiche männliche Anhänger und der Chef selbst kastriert waren.[428]

Tragisch wirkte sich die Aussage Marshall Applewhites aus, daß man nur nach dem Verlassen der »irdischen Behältnisse« – der »Container« (der Körper) – in dieses Raumschiff gelangen konnte. Und so kam es wieder einmal zu einem Massenselbstmord einer Sekte – diesmal im Zeichen der UFOs. In einem Abschiedsvideo machten die Sektenanhänger einen entspannten Eindruck, und es scheint, daß sie diesen Weg zur tödlichen Vollendung ihres wahnwitzigen Glaubens gerne gingen.[429] Auf Videobändern, die dem Heaven's Gate-Aussteiger Roi und einem Pfarrer zugesandt wurden, sind die Selbstmörder in »freudiger Erwartung« zu sehen, sie scheinen ihre endgültige Entscheidung sehr wohl durchdacht zu haben.[430]

Darauf lassen auch die friedlich in ihren Betten aufgefundenen Leichen schließen, die ordentlich bekleidet dalagen, wie wir es alle in den TV-Medien (etwa *Spiegel TV*) sehen konnten. Sie trugen schwarze Hosen, Hemden und neue Turnschuhe, außerdem hatten alle fünf Dollar und ihre Ausweise bei sich und neben dem Bett eine gepackte Sporttasche abgestellt. Einige vergaßen nicht einmal ihre Brillen, was angesichts eines körperlosen Fortlebens im UFO erstaunlich erscheint.[431]

Nach dem Selbstmord der Gläubigen – 18 Männer und 21 Frauen – überschlugen sich Fernseh- und Printmedien mit erschreckenden Berichten über diese armen Irrläufer der modernen Welt. Doch vor dem Massenselbstmord und dem Freitod des »Nachzüglers« Wayne Cook (s. weiter hinten) konnten es die Medien – allen voran die Regenbogenpresse – nicht lassen, selber über Katastrophenstimmungen angesichts von Hale-Bopp zu berichten. Als Beispiel sei hier *Bild* genannt.

Am 12. März 1997 prangte auf der ersten Seite der Zeitung die gigantische Überschrift: *Jeden Tag kommt er der Erde näher / Der Komet / Unheimliche Prophezeiungen. Bild* berichtet, daß in der Welt Aufregung und auch Freude herrschten, da die einen glaubten, Hale-Bopp bringe eine Art Weltuntergang, und die anderen meinten, daß er »einen neuen Messias« zur Erde brächte.

Der auf Seite sechs des Boulevardblattes fortgeführte Artikel (*Der Komet – das Ende dieser Art von Welt...*) beruft sich zum Teil auf den Autor Johannes Bartels, der meinte, es erfülle sich durch Hale-Bopp die »dritte Botschaft von

Fatima«. Fatima, jener Ort in Portugal, an dem die Mutter Maria ab 1917 mehrfach drei Kindern erschienen sein soll, ist heute heilige Pilgerstätte gläubiger Menschen.[432] Zwei der »Geheimnisse von Fatima« wurden vom Vatikan veröffentlicht, doch das dritte Geheimnis kennen nur ein paar wenige Menschen im Vatikan, darunter der Papst – obwohl die Mutter Maria verlangt haben soll, es müsse 1960 veröffentlicht werden. Doch auch das ist umstritten und Sache der Definition der Worte der Jungfrau Maria.[433]

Nach Johannes Bartels soll das dritte Geheimnis die Wiederkehr des Messias bzw. des »Herrn« betreffen, der heute schon unter den Menschen lebe. Doch da Bartels die bislang nicht veröffentlichte dritte Botschaft auch nicht kennen dürfte, fragen wir uns, warum solche Meinungen überhaupt publiziert werden.

Nach *Bild* sollen auch die Hopi-Indianer aus Arizona, USA, glauben, daß ein göttliches Wesen in einem »glänzenden Stern« zur Erde fahren und hier die Regierung übernehmen wird. Auch nennt das Blatt einige Daten, an denen »Katastrophen« ausbrachen, die mit dem Erscheinen von Kometen zusammentrafen. So angeblich im Jahre 141, in dem eine Pest in Europa ausbrach.

Tatsächlich gehen einige Mythen der Hopi-Indianer offenbar auf kosmische Ereignisse zurück, aber Hale-Bopp hiermit in Verbindung zu bringen, ist eine haltlose Spekulation. Andreas von Rétyi drückte es so aus:

> »Nun, nachdem Hale-Bopp einige Popularität erreicht hat, wird ihm wohl viel angedichtet und zugeschrieben.«[434]

Auch das bekannte Nachrichtenmagazin *Spiegel* sah sich im Zuge der Hale-Bopp-Hysterie dazu veranlaßt, eine Titelstory über »Himmelszeichen« und Hale-Bopp zu bringen.[435] Neben astronomischen und astrologischen Angaben wußte der *Spiegel* am 31. März 1997 zu berichten, daß die UFOlogen im Internet von Hale-Bopp begeistert seien. Wir lesen dort unter anderem, daß es UFOlogen geben soll, »die meinen, Hale-Bopp sei der Vorbote für ein kosmisches Gefährt«, dessen befremdliche Benutzer »über Afrika ein Virus aussetzen« wollen, »das die gesamte Vegetation vernichtet«.[436]

Auch wenn wir über diesen Stumpfsinn bisher nichts erfahren haben, so ist es dennoch interessant, daß der *Spiegel* im selben Abschnitt anscheinend auch auf Heaven's Gate anspielt. In der »Tratschbude Internet«, so das Magazin, seien in den Tagen des Hale-Bopp »jede Menge apokalyptischer Verschwörungstheorien« zu finden. Auch »Berichte über die Invasion außerirdischer Wesen, die sich zum Beispiel auf einem ›saturn-ähnlichen‹ Raumschiff im Schatten von Hale-Bopp der Erde nähern«.

Nachdem sich am 26. März 1997 die UFO-Sektierer von Heaven's Gate im UFO-Wahn das Leben nahmen, berichteten die Medien in den USA und auch UFO-Magazine in Großbritannien und sicher auch in anderen Ländern erregt über diesen Irrsinn. Das britische *UFO Magazine* beispielsweise bezeichnete die Sekte als »bizarren religiösen Kult«.[437] Auch *Bild* druckte groß aufgemachte Artikel am 29. März (*Er schickte sie in den Tod*) und 1. April (»Todes-Sekte: Sie beteten dieses Wesen an«) 1997. Eine andere Zeitung berichtete sogar davon, daß unter den Toten von Heaven's Gate der Bruder von Michelle Nichols sei, die als Leutnant Uhura aus der Fersehserie *Raumschiff Enterprise* bekannt ist.[438]

Weltweit fand die Tat der Sektenmitglieder kein Verständnis – mit einer Ausnahme. Florian Rötzer berichtete in dem Internet-Artikel *Beam me up* vom 9. April 1997, daß die ufologische Gruppe »Andromeda« in einer Botschaft vom 29. März 1997 tatsächlich Verständnis für die Heaven's Gate-Brüder äußerte. Schließlich seien sie inzwischen im All auf einem Planeten im Andromeda-Nebel wiedergeboren worden und erfreuten sich dort eines himmlischen Lebens. Nach Rötzer sang eine Frau auf ihrem Abschiedsvideo »beam me up«.[439]

Und doch war mit den 39 Toten in San Diego der Irrsinn noch nicht zu Ende. Kurz nach dem Selbstmord verkündete Wayne Cook aus Las Vegas in der Sendung *60 Minutes* von NBC, daß auch er seinen Freunden folgen werde. Schließlich sei auch seine Frau unter den 39 gewesen und zu dem UFO entschwebt. Wayne Cook:

> »Ich bin überzeugt, daß die 39 Toten irgendwo in einem Ufo sind. Ich wünschte, ich hätte die Kraft gehabt, mit ihnen zu gehen.«[440]

Cooks Tochter Kelly war alarmiert: Sie hatte am 26. März ein Päckchen erhalten, das ein Videoband ihrer Mutter Sylvia Cook enthielt, in dem sie ihren Freitod ankündigte. Nun erhielt Kelly ein solches Päckchen auch von ihrem Vater. Er wolle sich mit einem gleichen Giftcocktail wie seine Brüder im Zimmer 222 des Holiday-Express-Hotels in Encinitas, Kalifornien, USA, das Leben nehmen. Wayne Cook, über 20 Jahre Mitglied bei Heaven's Gate, schickte ein solches Video auch an den Fernsehsender CNN.[441]

Die umgehend benachrichtigte Polizei fand im Hotel tatsächlich zwei leblose Körper. Sie waren ebenso gekleidet wie ihre Sektenfreunde in San Diego und hatten ebenfalls einen Mix aus Wodka und Beruhigungsmedikamenten eingenommen. Zusätzlich hatten sich Wayne Cook und der Heaven's Gate-Anhänger Charles Humphrey aus Denver Plastiktüten über den Kopf gezogen. Bei Wayne Cook konnte nur noch der Tod festgestellt werden, aber Charles Humphrey, der im Kampf um sein Leben ein Loch in die Tüte gerissen hatte, konnte wiederbelebt werden.

Das abschreckende Beispiel der Heaven's Gate-Gruppe bestimmte einige Wochen die Schlagzeilen der Weltpresse. Zahlreiche Berichte schilderten den Selbstmord, doch konnten diesen Nachrichten immer nur die selben Informationen entnommen werden. Wie also kam es zu diesem Ereignis?

Tatsächlich war der Suizid von Heaven's Gate nur der Gipfel und traurige Höhepunkt einer Jahrzehnte dauernden esoterisch-religiösen Irrfahrt von Marshall Applewhite. Heaven's Gates Geschichte reicht weit zurück. Marshall Applewhite startete seine »Karriere« im Jahre 1952. Damals begann er am Austin College in Sherman, rund 100 Kilometer nördlich von Dallas, Texas, ein Studium der Theologie. Wahrscheinlich deshalb, weil sein Vater presbyterianischer Pfarrer war und der spätere Sektenchef in der texanischen Kleinstadt Spur aufwuchs, in der die protestantische Kirche das Leben bestimmte. Nachdem Marshall Applewhite das Priesterseminar in Richmond, Virginia, USA, verlassen hatte, arbeitete er über Jahre hinweg als katholischer Musiklehrer und in der Oper von Houston als Bariton. Dort stand er gar mit Plácido Domingo auf der Bühne.

In diesen Tagen kam es zu entscheidenden Veränderungen in seinem Leben. Nach einer Ehekrise ließ er sich scheiden und ging eine homosexuelle Beziehung ein, die ihn 1972 seinen Job kostete. Er ging darauf in ein psychiatrisches Krankenhaus, um sich von der »Krankheit« Homosexualität heilen zu lassen,[442] und machte die schicksalhafte Bekanntschaft mit der Krankenschwester Bonnie Lu Nettles.

Marshall Applewhite, der in diesen Jahren begann, über die Ufologie und die Wiedergeburt des Menschen in UFOs zu philosophieren, und die Krankenschwester Bonnie Lu Nettles, die sich mit Wahrsagerei und Astrologie beschäftigte, hatten sich gesucht und gefunden. Zusammen machten sie später einen esoterischen Buchladen in Houston, Texas, auf, in dem sie auch über die religiösen Aspekte von UFOs Seminare veranstalteten. Sie nannten sich nun »Bo« und »Peep«, »Tiddly and Wink« oder auch »Tweedle and Dee« und begannen darüber zu reden, daß das »Reich Gottes«, das Himmelreich, in Wahrheit die »nächste Ebene« der Existenz in einem UFO sei. Der Grundstein für Heaven's Gate war gelegt.

»Bo« und »Peep« gaben ihr Buchgeschäft auf und begannen, die USA auf der Suche nach neuen Mitgliedern, besonders in der Hippie-Szene, für ihre Sekte zu bereisen. Ihre Gruppe nannten sie »Human Individual Metamorphosis« (H.I.M.), sie hatte 1975 schon 200 Mitglieder. Auf einer Veranstaltung der Gemeinschaft im September 1975 in Waldport im US-Bundesstaat Oregon kamen von den 600 Einwohnern des Städtchens 150, und 20 Zuhörer gaben ihre Arbeit und ihr bisheriges Leben auf und folgten den beiden.

In den darauffolgenden Jahren zog die ufologische Gruppe durch die westlichen USA, lebte in Zelten und Wohnwagen und rekrutierte ständig neue Mitglieder. Im Jahr 1977 konnten Marshall Applewhite und Bonnie Lu Nettles bereits 400 Jünger verzeichnen. In diesem Jahr verkündete der Sektenchef erstmals die Landung eines UFOs in Grand Junction in Colorado. Es sollte die Gruppe ins Himmelreich bringen.

Nach Tagen des Wartens kam jedoch kein Raumschiff, und die meisten der Anhänger von »Human Individual Metamorphosis« trennten sich von der

Gruppe. Rund 80 Gläubige blieben. Nun zerfiel die Sekte von »Do« und »Ti« – wie sich die Anführer auch nannten – immer weiter. Marshall Applewhite änderte seine Lehren, und die Gruppe, die sich nun »Total Overcomers Anonymous Ministry« nannte, schottete sich vollständig nach außen ab.

Doch das half nichts, denn immer noch kehrten mehr und mehr Mitglieder dem Guru den Rücken. Das bedeutete, daß Marshall Applewhite immer weniger Geld von seinen Jüngern erhielt. Im Jahre 1992 (Bonnie Lu Nettles war 1985 an Leberkrebs verstorben), die Sekte bestand nur noch aus rund 25 Menschen, begann die Gruppe offen um neue Mitglieder zu werben und stieg außerdem in das Computergeschäft ein. 1996 wurde die Web-Design-Firma »Higher Source« gegründet. Sie fertigte nicht nur Internetseiten für verschiedene Firmen, sondern begann auch, sich unter dem Namen Heaven's Gate im Internet zu präsentieren, dort ihre Lehre zu verbreiten und neue Anhänger anzuwerben.[443] Die hartnäckigen Werbeaktionen gingen sogar soweit, daß die Gruppe an über 100 sogenannte Newsgroups im Internet E-mails schickte.[444] Bis zu dem verhängnisvollen Tag im März 1997.

Der Abriß durch die Geschichte und die Weltanschauungen Marshall Applewhites zeigt eine stetige Weiterentwicklung seiner Ideen. Diese führten dann zum Suiziddrama der Sekte.

Auch wenn UFO-Kulte also heute noch recht harmlose Dinge lehren, so kann es morgen oder in einigen Jahren schon ganz anders aussehen. So etwa meldete die seriöse Zeitung New York Times[445] im März 1998 den Aufmarsch und Zuzug von Mitgliedern der »God's Salvation Church« in das nördlich des texanischen Dallas gelegene Garland. Die Erlösungskirche kaufte dort nach und nach dreißig Wohnungen und Häuser auf, die dann schließlich von rund 150 Sektenanhängern bezogen wurden, die aus Taiwan anreisten. Sämtliche Mitglieder der Sekte kleiden sich vollkommen weiß, Hüte eingeschlossen. Der Führer der Bewegung ist Heng-Ming Chen (Hon-Minc Chen), der allerdings von seinen Anhängern nur »Lehrer Chen« genannt wird, denn durch ihn spricht, so wird es gelehrt, Gott persönlich. Chen sieht angeblich oft goldene Kugeln (UFOs?) über den Himmel ziehen, die er als Vorboten Gottes bezeichnet.

Mittlerweile hat der 42jährige »Lehrer« eine lange Arbeit mit dem Titel God's Descending in Clouds (Flying Saucers) on Earth to Save People (Gott steigt herab in Wolken (fliegenden Untertassen) auf die Erde, um Menschen zu erretten). Für diese Behauptung garantierte er, wie er in seinem Werk schreibt, sogar mit seinem Leben. Zitat: »Um 10 h des 31. März 1998 wird im Heiligen Land das Königreich Gottes erscheinen.« Dann gab er eine Adresse in Garland an.

Der 42jährige Chen ist Professor der Sozialwissenschaften, irgendwann erkannte er jedoch, daß er selbst vor 2000 Jahren Christus war. In seinen beiden Söhnen sieht er die Reinkarnation von Jesus und Buddha (man beachte die wirre Unterscheidung zwischen Christus und Jesus). Er zeigte seine Söhne auch gerne den gläubigen Anhängern.[446]

In Garland umgehende Gerüchte besagten, daß Chen von seinen Leuten bedingungslos als Führer angesehen werde und daß er seine Mitglieder sogar einer Gehirnwäsche unterzöge, damit sie an ihn glaubten. Anders könnten sie mit ihm nicht in einer fliegenden Untertasse in den Himmel fliegen. Die taiwanesische Presse befürchtete einen Massenselbstmord für den Fall, daß Gott nicht am 31. März in Garland erscheinen würde. Professor Chen wies diese Vorwürfe und Befürchtungen jedoch weit von sich.

Die Gruppe baute einen Altar, auf dem sie Früchte, Cola und Kekse für jenen historischen Zeitpunkt Ende März bereithielt, an dem ihr Lehrer zu Andacht und Predigt aufrufen würde, um Gott zu empfangen, denn Gott würde sich nach Chen bereits um Mitternacht des 24. März auf dem TV-Kanal 18, dem *Home Shopping Channel*, weltweit anmelden.

Das Faszinierende dabei: Obwohl der 31. März ohne die Erscheinung Gottes zu Ende ging, reisten nur etwa 20 Sektenanhänger enttäuscht nach Taiwan zurück, der Rest hält ihrem Lehrer weiterhin die Treue.[447]

Ein weiterer UFO-Kult-Führer verstarb im Jahre 1998 in Paris im Alter von 72 Jahren. Es handelte sich um den selbsternannten Messias Gilbert Bourdin, der die Welt vor außerirdischen Invasoren schützte. Wir erinnern uns: Auch George King, der Sprecher des »Interplánetarischen Parlaments«, hat einst, so die Channel-Nachrichten der angeblichen Außerirdischen, die Welt vor Wesen aus dem All bewahrt; zumindest war George King an der Rettung beteiligt (s. Kapitel 4).

Gilbert Bourdin hatte sich in den südlichen Alpen ein kleines Imperium aufgebaut. Dort nannte man ihn »Cosmic Christ« (kosmischer Christus) und »Hamsah Manara«, was in Sanskrit soviel wie »Herr der Menschen« bedeutet. Gilbert Bourdin war zuvor Lehrer auf der Insel Martinique gewesen, wo er 1969 den Mandarom-Kult gegründet hatte. Seine Anhänger sind Vegetarier, tragen Tuniken und rasieren sich den Schädel kahl. Solche äußeren Erkennungsmerkmale sind typisch für Sekten (vor allem für fernöstliche). Gilbert Bourdin wurde im Laufe der Zeit immer rabiater, wenn es um die »Rekrutierung« von neuen Mitgliedern für seine Gruppe ging, wie ein Parlamentsbericht der französischen Regierung im Jahr 1996 feststellte.

Insgesamt gab es fünf Ermittlungen gegen den Guru Bourdin wegen Vergewaltigungen, die ihm von ehemaligen Sektenmitgliedern vorgeworfen wurden. Bourdin wurde tatsächlich auch einmal verhaftet, doch die Anzeigen wurden nach zwei Wochen zurückgezogen.[448]

KAPITEL 13

Die »Weltuniversität« – Selbstmordurlaub auf Teneriffa?

Wie schwer es ist, die Gefährlichkeit einer religiösen Kleingruppe einzuschätzen, zeigt das Beispiel der »Weltuniversität«. Hier steht Aussage gegen Aussage, ein abschließendes Urteil ist noch nicht möglich. Zumindest will die Polizei im Januar 1998 eine Tragödie verhindert haben. Der Bruder einer Frau aus Neuss, die der »Weltuniversität« angehörte, teilte am 5. Januar der Düsseldorfer Polizei mit, daß seine 56-jährige Schwester, Margot S., sich am 8. Januar zusammen mit rund 30 anderen Sektenmitgliedern auf dem Gipfel des Vulkans Pico de Teide (3716 Meter) auf Teneriffa das Leben nehmen wolle.

Die Polizei konnte in einem Nachteinsatz offenbar das Schlimmste verhindern. Siebenundzwanzig Erwachsene und fünf Kinder zwischen sechs und zwölf Jahren, die man im Haus der Sektenchefin in Santa Cruz bei einem von den Medien im nachhinein als »Abschiedsessen« bezeichneten Mahl auf den Kanarischen Inseln antraf, wurden in Sicherheitsgewahrsam genommen. Von Anfang an war die Nachrichtenlage wirr: In seiner Titelstory nach diesem Vorfall berichtete der *Spiegel*[449], irrtümlich, die Anhänger wollten auf einen Planeten Sirius fliegen. Auf Anfrage eines der Autoren an die Redaktion des *Spiegel* wurde dieser Irrtum aufgeklärt, da es sich bei Sirius natürlich um ein Sternsystem handelt.[450]

Die Sektenführerin, die Hamburger Psychologin und einstige Beraterin für Manager Dr. Heide Fittkau-Garthe, hatte nach Polizeiangaben den Sektenmitgliedern das ewige Leben versprochen und die Landung eines Raumschiffes auf dem Berg Teide prophezeit. Das UFO sollte die Gruppe nach dem Suizid durch Gift retten.[451] Bereits kurz vor Weihnachten 1997 soll Heide Fittkau-Garthe vom Ende der Welt gesprochen haben. Sie glaubte an einen baldigen »Erdachsensprung«, also den bekannten Polsprung, der ohne Zweifel den Untergang der Welt nach sich ziehe. Die *Bildzeitung* zitiert sie mit den Worten: »Wir werden nicht wirklich sterben. Ein Raumschiff wird unsere Körper abholen, in eine andere Welt bringen.« Warum Frau Fittkau-Garthe auserwählt wurde, soll sie einst ihrer Nachbarin in Hamburg erklärt haben: »Über meine Stirn kommuniziere ich mit Gott. Vor 5000 Jahren lebte ich schon einmal: als Aida in Ägypten.«[452]

Auch wenn die Sektenchefin Heide Fittkau-Garthe – die einst sogar in der ZDF-Reihe *Ehen vor Gericht* eine Fernsehrolle hatte – nach ihrer Verhaftung und dem darauffolgenden Ansturm der Presse energisch bestritt, daß ihre Sekte Selbstmordabsichten pflegte (ebenso wie die anderen Sektenmitglieder auch), sprechen doch einige Indizien dafür. Allerdings ist dies unseres Wissens nie durch unwiderlegbare Fakten nachgewiesen worden.

Heide Fittkau-Garthe gestand einige Zeit später den Polizeibeamten, daß sie tatsächlich von Selbstmordabsichten ihrer Gruppe gewußt habe. Sie sagte aber verharmlosend, das alles sei ein reines Gedankenspiel gewesen, »das sich meine Anhänger ausgedacht haben«.[453]

Nach den Vorfällen in Spanien rund um Heide Fittkau-Garthe wurden die Anwesen der Gruppe durchsucht. Dabei konnten die Beamten enorme Mengen

Sirius, der hellste Fixstern am Nachthimmel.

an Insulin sicherstellen. Ob dies für den geplanten Selbstmord beschafft wurde, ist nach den Worten eines nicht genannten Hamburger Polizeisprechers unsicher. Jedoch ist zu bedenken, daß, auch wenn tatsächlich ein Sektenmitglied unter Zucker gelitten habe sollte, die gefundene Menge Insulin für den Tod von 500 Menschen ausgereicht hätte. Fraglich also, daß alleine aufgrund eines zuckerkranken Mitgliedes eine derartige Menge des Medikaments benötigt worden wäre.

Die Durchsuchung des Anwesens der Psychologin förderte auch zahlreiche Computerdisketten zutage, auf denen auf 50 000 Textseiten »psychologische Profile der Mitglieder« gespeichert waren.

Die spanischen Behörden zögerten nicht lange und erließen umgehend Haftbefehl gegen Frau Fittkau-Garthe. Ihr wurden versuchter Mord (an den Kindern), Anstiftung zum Selbstmord und die Mitgliedschaft in einer »illegalen Vereinigung« zur Last gelegt. Außerdem warf der spanische Richter Bragado ihr vor, sie hätte sich an dem Geld ihrer Anhänger bereichern und »die Persönlichkeit ihrer Anhänger kontrollieren« wollen.[454] Immerhin hatte Fittkau-Garthe in den letzten Jahren 3,6 Millionen Mark zusammengetragen.

Ludwig Lanzhammer, der Sekten- und Weltanschauungsbeauftragte der Diözesen Bamberg und Eichstätt, sah schon im Juni 1997 Indizien für die Gefährlichkeit der Gruppe. »Vieles deutet darauf hin«, äußerte sich Lanzhammer, »daß Schlimmes bevorstand«. Auch habe Heide Fittkau-Garthe in ihrem unveröffentlichten Manuskript *Mutter* geschrieben, daß 55 Jahre des Lebens (so alt war die Sektenchefin damals) »Vorbereitung« sind und danach »der nächste Schritt« beginne.[455] Tatsächlich war sie bei ihrer Festnahme 56 Jahre alt; wie jedoch dieser Schritt nun zu definieren ist, kann unmöglich gesagt werden.

Die Gruppe um Fittkau-Garthe lebte bereits seit vielen Jahren auf Teneriffa. Dort hatte die Sektenchefin ein Haus und in dessen Nachbarschaft eine weitere Wohnung, in der sie die »Freisetzung der Atemenergie« lehrte. Heide Fittkau-Garthe hielt sich, so berichtete es ihre Nachbarin Marion Dadbine, für »eine Vertreterin von ganz oben«. Bei einer Reise nach Tibet habe sie gar erkannt, daß sie Jesus Christus sei.

Den Nachbarn der Sektengemeinschaft im schönen Santa Cruz war nie irgend etwas Außergewöhnliches aufgefallen, das auch nur annähernd auf eventuelle Selbstmordabsichten hätte schließen lassen. Aber »komisch« kamen die Bewohner des Hauses von Fittkau-Garthe den einheimischen Nachbarn schon vor. So berichteten sie,[456] daß die Anhänger ab und zu in weißen Gewändern vor dem Haus im Regen getanzt hätten. Dann wieder, daß die Bewohner die Musik so laut stellten, daß an Schlaf für die Nachbarn nicht zu denken war. Eine Aktion der Gruppe verblüffte die Nachbarn sehr: Kurz bevor die Sekte möglicherweise Selbstmord begehen wollte, erschien ein Anhänger von Fittkau-Garthe in Hippielook mit einem großen Eimer weißer Farbe und überstrich alle Graffitischmierereien an den grauen Hauswänden der Umgebung. Und Silvester 1997 rollten sie einen roten Teppich vom Haus bis auf die Straße aus und feierten in wallenden Gewändern. So, als erwarteten sie jemanden. Später zogen sich die Gruppenmitglieder sogar aus und tanzten nackt auf dem Balkon.[457]

Franz Schlenk von der evangelischen Informationsstelle »Kirchen – Sekten – Religionen« berichtete in dem Internet-Artikel *Alptraum auf der Sonneninsel – zum vermuteten Suizidversuch der Gruppe um H. Fittkau-Garthe*[458], daß die spanischen Medien (*El País*) nach Bekanntwerden der Aktion der Weltuniversität von Fittkau-Garthe meldeten, es handele sich bei dieser Gruppe um Sonnentempler. Wahrscheinlich deshalb, weil sowohl die Sonnentempler als auch die Fittkau-Garthe-Anhänger vom Sirius sprachen. Jedoch ist ein Zusammenhang mit den Suiziddramen der Sonnentempler kaum gegeben, da die Sonnentempler ihre Selbstmorde in die Nähe von Sonnenwenden legten und nicht von Raumschiffen sprachen, die sie zum Sirius bringen würden. Auch ist der Name Heide Fittkau-Garthe in keiner bekannten Mitgliedsliste der hauptsächlich französischen Sonnentempler nachzuweisen. Als sicher gilt aber, daß die Sektenchefin der hinduistischen Brahma-Kumaris-Bewegung angehörte, in der sie es sogar bis zu einem leitenden Gruppenmitglied brachte, bis sie Anfang der neunziger Jahre der Gruppe im Streit den Rücken kehrte und fortan ihre eigene Ideologie lehrte.

Nach den ersten Verhören der Sektenmitglieder in Spanien und natürlich von Heide Fittkau-Garthe selber kamen in den Fernsehnachrichten und Printmedien immer neue Fakten und auch Vermutungen ans Licht. So etwa berichtete die *Bildzeitung* am 10. Januar 1998, die an diesem Tag sogar zwei Artikel über die Teneriffa-Gruppe veröffentlichte, vom herrschsüchtigen und an psychologischen Terror erinnernden Verhalten im Haus der Chefin.

Ein »ehemaliger Liebhaber« sagte aus, daß Fittkau-Garthe schon lange »von Herrschsucht, religiösem Wahn und dämonischer Intelligenz« geprägt sei. Auch »ein ehemals guter Freund« soll gesagt haben, daß sie ihr angebliches Charisma »schon immer ausnutzte, um Menschen zu beherrschen«. Und ein Polizeisprecher meinte nach der Festnahme, daß die Frau »hochgebildete Menschen wie einen Computer zu programmieren verstand«, was ein Sprecher der Kriminalpolizei indirekt bestätigte, als er sagte, daß die Sektenmitglieder aufgrund der Gehirnwäsche erst »entprogrammiert« werden müßten.

Mit den Tagen meldeten sich immer mehr Menschen, die entweder Fittkau-Garthe von früher her kannten oder sich als Aussteiger verstanden. Selbst über sexuelle Ausschweifungen und Orgien wurde nach der Verhaftung der Chefin erzählt. So gab eine Angela S. zu Protokoll, daß eine Frau innerhalb der Gemeinschaft einen neuen Gott, den Gott Shiva, gebären sollte, der anonym bei einer Orgie gezeugt werden solle. »Fittkau-Garthe predigte geradezu, daß Sex zwischen Eltern und Kindern zur Gesundheit beiträgt«, wird Angela S. zitiert. Ein Mann habe gar seine pädophilen Neigungen ungehemmt mit seinem Sohn ausgelebt. Eine andere Aussteigerin soll wiederum gesagt haben: »Jeder schlief mit jeder und jede mit jedem.« Auch die Chefin des »Ordens« machte keine Ausnahme. Einem Anhänger, der sich ihr mehr oder weniger verweigerte, diagnostizierte sie, er sei einst Adolf Hitler gewesen.[459]

Auch das ehemalige Sektenmitglied Johanna Z. gab in der RTL-Sendung *Explosiv* vom 13. Januar 1998 an, daß sie aus ihrer Zeit bei der Gruppe wußte, daß auch zwei Mädchen in den »Liebesring« einbezogen wurden. »Jeder mit jedem, also auch die Mutter mit der Tochter«, soll bei Fittkau-Garthe gelehrt worden sein.[460]

Hierzu nahm Heide Fittkau-Garthe in der Nachrichtensendung *Punkt 12* von RTL am 22. Januar 1998 in einem Interview Stellung. Nachdem sie aus der Untersuchungshaft entlassen worden war, erklärte sie den Journalisten:

> »Dies ist alles total absurd. Es ist für mich erstaunlich, wie erwachsene Menschen so etwas in die Presse setzen können und glauben, es könnte sogar wahr sein. Dies ist für mich so gigantisch, daß ich es gar nicht fassen kann.«

Doch noch während Heide Fittkau-Garthe in spanischer Untersuchungshaft saß, die Sektenmitglieder teilweise wieder in Deutschland waren und die Medien intensiv über die Ereignisse berichteten, machte eine neue Meldung die Runde. Angeblich, so eine nicht genannte Frau aus Deutschland, habe ihr Sohn, der sich weigerte, Teneriffa zu verlassen und überzeugter Anhänger von Fittkau-Garthes Ideen sei, ihr am Telefon gesagt, daß er und einige andere Mitglieder weitermachen wollten. Dabei soll er auch von einem geplanten zweiten Suizidversuch gesprochen haben. Die Frau alarmierte die Polizei.

Die deutschen Behörden unterrichteten über Interpol die Kollegen in Spanien, die sich zu einem sofortigen Zugriff entschlossen. Mehrere Polizeifahrzeuge rückten noch in der Nacht zum Landsitz von Fittkau-Garthe in Arafo aus und nahmen die dort noch lebenden 19 Mitglieder in Sicherheitsgewahrsam, unter denen sich auch drei kleine Mädchen zwischen drei und zehn Jahren befanden. Nach 16 Stunden dürften jedoch alle die Haftanstalt wieder verlassen, da man ihnen keinerlei Vergehen nachweisen konnte.[461]

Einige Tage später veröffentlichte der *Spiegel*[462] einen Brief der Sektenchefin, der sie offensichtlich schwer belastete. Dem Schreiben, das als Fax am 8. Dezember 1997 in Deutschland bei einer Freundin in ihrem Hamburger Wohnhaus einging, sind deutliche Hinweise auf einen Suizid zu entnehmen. So ist etwa unmißverständlich zu lesen:

> »Ich Gott, die Mutter aller lebendigen Wesen, die einzige Allmacht der Liebe für alle und alles, werde am 8. 1. 1998 um 20 h den Erdplaneten verlassen und mit einem Raumschiff (keinem Flugzeug) zu meinem realen Planeten, den ich Aida meinen Himmel nenne, fliegen. Alle Menschen und alle Tiere werde ich mit mir nehmen. Sie werden alle ihren Körper verlassen, d. h. praktisch sterben.«

Heide Fittkau-Garthe bestritt jedoch, daß dieses Fax von ihr stammte. Sie schilderte Reportern von *Spiegel-TV*, daß Aida, jenes »Wesen«, das sie selber in Ägypten einst gewesen sein will, diese Worte diktiert habe. Die Anwälte der Sektenchefin in Hamburg hingegen meinten, daß das Schreiben für »alle Juristen und Polizeibeamten, die mit dieser Angelegenheit bislang befaßt waren«, nichts Neues enthalte. Für die spanischen Behörden war es aber wohl doch neu, denn sie hielten Fittkau-Garthe am Wochenende des 24./25. Januar 1998 davon ab, die Kanarischen Inseln zu verlassen, um in Madrid ein Fernsehinterview zu geben.[463] Erst als die Indizien für eine längere Haft offenbar nicht ausreichten, erhielt sie um den 20. Februar 1998 ihren Paß zurück und durfte Spanien verlassen.

Verworrene und esoterisch-ufologische Philosophien über eine Art »Endzeit« – die jedoch durch nette Aliens zu unserem Wohle erfolgen soll – gibt es in diesen Zeiten, den letzten Jahren vor dem angeblich »magischen« Jahr 2000, zur Genüge. Nicht unbedingt müssen diese UFO-Religionen in einem kollektiven Suizid enden. Und doch: Vielen Kulten scheint ein derartiger letzter Schritt mit »in die Wiege« gelegt worden zu sein. Durch die Geschichte der Sekte Heaven's Gate und deren Gott-Guru Marshall Applewhite hat sich aber lückenlos nachvollziehen lassen, wie es zu einem derartigen »Glauben« kam. Die Sonnentempler, zum Beispiel, waren überzeugt, die Menschheit müsse eine »lange Reise« überstehen, um zum Planeten Sirius zu gelangen, der »hinter der Sonne« liegen sollte (also offensichtlich nicht zu verwechseln mit dem Sternensystem Sirius). Nun, 1994 töteten sich in Kanada und der Schweiz 53 Sonnentempler oder wurden offensichtlich gewaltsam getötet. Bisher gab es mehr als 20 weitere Opfer (s. Kapitel 16).

Ob sich die Mitglieder der Gruppe von Heide Fittkau-Garthe tatsächlich das Leben nehmen wollten, um mit einem UFO die Erde zu verlassen, bleibt offen.

KAPITEL 14

Fiat Lux – Weltuntergang ab 1998!

Auch die sehr bekannte Sekte Fiat Lux (= Es werde Licht) reiht sich in die Gruppen der endzeitvernarrten Orden nahtlos ein. Die Gruppe spricht zwar nicht von Suizidabsichten, kann aber nach unserer Meinung labile Menschen durchaus gefährden.

Fiat Lux gilt in der einschlägigen Literatur über Sekten als eine »Neuoffenbarungsbewegung« oder »Heilslehre«. Daß sich Fiat Lux auch intensiv aus dem Fundus des UFO-Glaubens bedient, wird kaum erwähnt.

Gegründet wurde dieser UFO-Orden von der Schweizerin Erika Bertschinger-Eicke (geb. 1929) – einer früheren Fremdsprachensekretärin – zusammen mit ihrem ersten Gatten im Jahr 1980. Erika Bertschinger-Eicke gab sich in guter Esoterikermanier den Namen »Uriella«, und ihre Gruppe sorgte einst unter dem Namen »Lichtquell Bethanien« für Schlagzeilen.

Im Jahr 1971 bemerkte Uriella angeblich, daß sie die außergewöhnliche Gabe besaß, andere zu heilen. 1973 geschah dann das »Sensationelle«: Nach einem unglücklichen Sturz vom hohen Roß kam ihr im Koma »Erleuchtung«. Seit dem 7. Mai 1977 will Uriella – die sich selbst fortan als »Volltrance-Sprachrohr Gottes« bezeichnete – sogar Nachrichten von der Mutter Maria und Jesus Christus persönlich erhalten, die sie an ihre Anhänger weitergibt.[464] Uriella war in diesen Tagen nur eines von insgesamt 34 Volltrance-Medien des Herrn, seit 1995 kann sie sich als die letzte »echte« Prophetin bezeichnen.[465]

Die Gruppe Fiat Lux meldet aus Egg, Zürich, in der Schweiz, dort, wo Fiat Lux aus der Taufe gehoben wurde, Botschaften der Mutter Maria und von Jesus Christus durch das »Sprachrohr GOTTES: E.B.-W. – alias URIELLA«.[466] Diese Prophezeiungen Uriellas, der ihr Mann Eberhard Bertschinger-Eicke (58, einst Marketingleiter für Haarkosmetik) unter dem Künstlernamen Icordo zur Seite steht, sind Traktate, die typisch für Sekten sind. Die Prophetin Gottes verkündet ein baldiges Weltende: Polsprung, Finsternis, Feuer vom Himmel (Asteroiden), Massensterben, Zusammenbruch der Weltwirtschaft etc. Uriella führt ihren Orden mit strengen Regeln und nach obskuren medizinischen Thesen. So fordert sie ihre Anhänger etwa auf, weiße Kleidung und ein Kreuz zu tragen, strenge Ernährungsregeln einzuhalten, sexuell enthaltsam zu sein (auch in der Ehe) und auf Fernsehen, Presse und Radio (seltsam: dann sind folgerichtig die Fiat Lux-Presseerklärungen ausschließlich für Nichtmitglieder bestimmt...) sowie Tabak, Rockmusik, Fleisch, Alkohol, konservierte Speisen und vieles mehr zu verzichten. Das müssen die Sektenmitglieder sogar unterschreiben. Auch entscheidet offensichtlich Uriella, wer wen in der Sekte zu heiraten hat. Eine Aussteigerin berichtete, daß sie »auf Botschaft Christi« hin einen Mann ehelichen mußte, den sie erst acht Wochen kannte.[467]

»Ich schenke dir, Heiland, meinen freien Willen«, bekunden die Neumitglieder überzeugt.[468] Außerdem glauben sie: »Jede Krankheit kann geheilt werden«[469], da Frau Bertschinger-Eicke eine begnadete Heilerin sei.

Der Prophetin bescherte diese angebliche Heilkraft recht irdische Scherereien, denn sie stand mehrfach vor Gericht. Im Jahr 1996 beispielsweise wegen
des Vorwurfs der »fahrlässigen Tötung«. Einer im neunten Monat schwange-
ren Literaturwissenschaftlerin und Fiat Lux-Anhängerin versuchte Uriella eine
Mittelohrentzündung – die sich zu einer tödlichen Hirnhautentzündung aus-
wuchs – mit selbstgemachtem »Heilwasser« »auszutreiben«. Ein anderer
Anhänger erlag einer Blutvergiftung. Uriella wurde vorgeworfen, sie habe ihre
Gläubigen mit Heilkräutern und diversen Tinkturen zu heilen versucht, ihnen
auch den Besuch eines Arztes verwehrt. Aus »Mangel an Beweisen« sprach
das Landgericht Waldshut die Sektenchefin frei; man konnte ihr nicht nachweisen, daß sie ihren Anhängern tatsächlich verboten hatte, einen Arzt zu kon-
sultieren. Diese juristische Entscheidung war ganz nach dem Wunsch der Sektenanhänger, die vor dem Gerichtsgebäude diesen Sieg mit Lobliedern
feierten.

Für Icordo war der Fall ohnehin klar; er rechnete fest mit einem glücklichen Ende des Verfahrens gegen Fiat Lux, »weil es zu einem Freispruch kommen wird, ja kommen muß«, wie er in einem Schreiben vom 2. August 1995
an die Redaktion des *Stern* schrieb.

Auch ein früheres Verfahren wegen fahrlässiger Tötung wurde Ende 1994
durch die Staatsanwaltschaft Waldshut-Tiengen eingestellt. Der Münchener
Sektenbeauftragte Dr. Wolfgang Behnk kommentierte diese Urteile kritisch:[470]

> »Hierzu muß gefragt werden, ob denn nicht zumindest eine Art Gefähr-
> dungshaftung Uriellas vorliegt. Denn immerhin verlangt sie in ihren
> ›Ordensregeln‹ von ihren Anhängern per Unterschrift, daß sie auf gän-
> gige medizinische Behandlungen durch Medikamente verzichten.«

Tatsächlich sind die medizinischen Lehren Uriellas sehr fragwürdig. Ebenso
problematisch ist ihre Behauptung, Nahrungsmittel, etwa Fleisch, würden
»Psychopathen, Neurotiker, auch psychisch kranke Menschen, die unter
Angstneurosen, Platzängsten und vielem weiteren mehr leiden«, hervorbrin-
gen. Namentlich fordert sie: »Meidet alle Milupa-Produkte«, da bei der indu-
striellen Herstellung von Nahrung »Fleisch in sehr minderwertiger Form« verwendet wird.[471]

Unglaublich an Uriella ist nicht nur ihr kitschiges Auftreten und die alberne
Art, wie sie sich gibt (weißes Rüschenkleid und auffallend künstliche,
schwarze Haare), sondern auch, daß sie angeblich »himmlisches Athrum-Was-
ser« herstellen kann. Dies göttliche Heilwasser wird dadurch gemixt, daß die
Gottessprecherin Uriella vor einer Badewanne kniet und mit einem Silberlöffel
in der linken Hand 21 Minuten lang in die linke Richtung rührt. So sollen
»kosmische Heilstrahlen« in das Leitungswasser »einfließen« und es zu einem
Allheilmittel machen. Danach, so die Sekte, könne es bei allerlei Erkrankun-
gen sogleich helfen. Selbst Verunreinigungen im Trinkwasser werden vernich-

tet. Und das Wunderwasser eliminiert sogar radioaktive Strahlungen.[472] Diese spektakuläre »Herstellung« des Wassers, die von Uriella auch im Fernsehen präsentiert wurde[473], übertrifft alles, was man noch als »akzeptabel« hätte ansehen können.

Die Lehre der Sekte Fiat Lux ist offenkundig zu einem großen Teil von selbst erdachten medizinischen Regeln und auch »Offenbarungen« über den wahren Zustand von Menschen und Nahrungsmitteln durchzogen. Krebs ist einer der Kernpunkte in Uriellas Heilslehre. So will Uriella allerlei Hilfsmittel besitzen, um diese Geißel der Menschheit besser in den Griff zu bekommen. »Mindestens 72% aller Menschen, die im genwärtigen Zeitpunkt auf diesem Globus leben, sind an Krebs erkrankt«, behauptet die Prophetin beispielsweise. Doch die meisten Menschen wissen es nicht einmal.[474] Uriella aber wohl schon.

Wichtiger Bestandteil der Heilslehre von Fiat Lux sind die selbstfabrizierten Wässerchen, Pillen und auch »spagyruischen Tinkturen«. Uriellas Anhänger können auf ein 370-teiliges Sortiment von »Medikamenten« zurückgreifen. Dort finden sie alles, von der Pille gegen Alzheimer (Mittel Nr. 267) über ein Mittel gegen Suizidgedanken (Nr. 323) bis zu Arznei gegen Drogensucht (Nr. 258 für Heroin, Nr. 259 für Kokain).[475] All diese Medikamente der Uriella, der »Apotheke Gottes«, sind, so können wir es dem Sektenblatt *Der Heiße Draht* entnehmen, auch wichtig für die Zeit des Polsprungs etc. Uriella gibt ihren Anhängern in ihrem Blatt ausführliche Listen, nach denen sie Medizin für den Weltuntergang zusammenstellen können![476]

Sollte diese medizinische Anmaßung noch nicht erschreckend genug sein, gab es 1995 noch weitaus schlimmere Nachrichten. Die aus den Medienberichten dieses Jahres bekannte Krebskranke Olivia Pilhar, deren Eltern auf die fragwürdigen Heilmethoden des Arztes Dr. Geerd Hamer anstatt auf die Schulmedizin vertrauten, sollte indirekt mit Fiat Lux zusammenhängen.

So wurde berichtet, daß Dr. Geerd Hamer, der eine Chemotherapie strikt ablehnte und die Eltern zu einer abenteuerlichen Flucht vor Justiz und Schulmedizin veranlaßt hatte, in Kontakt zu Fiat Lux stand. Eine Zeitung sprach von einer Sekte, die ihr »Hauptquartier im Schwarzwald« habe und von einer aus der Schweiz stammenden Frau geleitet werde. Dies trifft auf Fiat Lux zu, denn Ibach, eines ihrer Zentren in Deutschland, liegt im Schwarzwald, Uriella kommt aus der Schweiz. Andere Zeitungen sprachen eindeutig von Fiat Lux; sie berichteten, daß Mitglieder der Sekte den Eltern der kleinen Olivia bei ihrer Flucht halfen, damit die Kleine von dem Wunderheiler »behandelt« werden konnte. Nach Icordo ist Dr. Geerd Hamer den Sekten »völlig unbekannt«, weder er noch seine Frau hätten etwas mit ihm zu tun.[477]

Der angebliche Christus, der durch Uriella »spricht«, verkündet nicht nur medizinische Ratschläge, sondern predigt eifrig auch vom Ende der Welt. Nicht nur wirtschaftliche Zusammenbrüche globalen Ausmaßes stünden uns bevor, sondern auch Seuchen wie Pest und Cholera. »Weitere unerforschte

Krankheiten mehr grassieren in Kürze auch in euren heimatlichen, irdischen Gefilden. Die Tuberkulose greift um sich wie ein Vampir«, soll Jesus Christus Uriella gechannelt haben.

Und weiter heißt es:

>»Der dritte Weltkrieg wird auch in der Mitte des Jahres 1998 [sic!] zu erwarten sein. Alle Pläne liegen vor für den Einmarsch der Russen in Europa. Auch kommt es zu schwerwiegenden Auseinandersetzungen zwischen den Vereinigten Staaten und China. [...] Mit ganz raffinierten Methoden werden auch die Kriege, die sich im Jahre 1998 abwickeln, geführt werden. Es sind Strahlenwaffen im Einsatz, die von verheerender Auswirkung sind.«[478]

Diese Voraussage ist bekanntlich nicht eingetreten. Doch die Anhänger der Uriella-Bewegung, zumindest aber Uriella selbst, sind von dieser Prophezeiung überzeugt. Am 8. August 1998 veröffentlichte Fiat Lux eine Presseerklärung über das Weltende. Die deutschsprachigen Medien nahmen die Pressemitteilung begierig auf, in vielen Nachrichten- und Boulevardsendungen wie im Radio gab es daraufhin Berichte über die Gruppe.

Die Pressemitteilung an die Menschen der Welt wurde vom geistigen Zentrum in Ibach in Deutschland veröffentlicht:

>»79837 Ibach, den 8. August 1998

Presseerklärung
Prophezeiungen über die Endzeit und den 3. Weltkrieg
Am 8. August 1998, dem Friedenstag, hat alle Welt von Frieden und Toleranz geschwärmt. Es ist ein Scheinfriede. In der 578. Botschaft, empfangen via Uriella in Volltrance am 26. 10. 97, kündete JESUS CHRISTUS u. a.:
>Der 3. Weltkrieg wird auch in der Mitte des Jahres 1998 zu erwarten sein. Alle Pläne liegen vor für den Einmarsch der Russen in Europa. GOTT nennt weder Tag noch Stunde, heisst es in der Bibel. Dieses Zitat bezieht sich auf die allerletzte Reinigungsetappe während der 3 dunklen Tage Ende 1999, (Matthäus, 24. Kap., Vers 29). Dann folgt das Goldene Zeitalter von 1000 Jahren auf dieser Erde für das gerettete Drittel der übriggebliebenen Menschen. Es besteht aus ca. 2 Milliarden Erdenbürgern, die unserem ehrbaren SCHÖPFER in Wort und Tat treu geblieben sind. Alle Rassen und Konfessionen werden vertreten sein, denn für GOTT ist alleine die Herzensliebe entscheidend. Aufgrund der früheren Offenbarungen und Hinweise in der letzten Botschaft vom 26. 7. 98 unseres WELTENLENKERS gehen wir von folgendem Ablauf aus: Im August 1998 werden

- der Mord an einem wichtigen Regierungsoberhaupt,
- der Weltbörsencrash mit dem anschließenden Weltwirschaftszusammenbruch, zufolge Computerviren, sowie
- der Einmarsch der Russen in Deutschland folgen.

Nach 3 Monaten wird ein Meteorit in die Nordsee fallen. Die davon betroffenen Küsten werden für immer im Meer verschwinden. Die menschliche Strategie wird nicht aufgehen, den Meteoriten mit Atomwaffen von seiner Bahn abzulenken, denn Engel werden dies mit magnetischen Kraftstrahlen verhindern [sic!]. Eine mehrere hundert Meter hohe Flutwelle wird sich mit Jet-Geschwindigkeit ausbreiten. Weltweit werden Vulkane explodieren, auch jene in der Eifel. Durch ein Seebeben wird ein unter dem Meer angelegtes Atomkraftwerk [sic!] explodieren. Kalifornien und Los Angeles und Hollywood werden im atlantischen Ozean verschwinden. Diese Tragödie wird sogar von Wissenschaftlern erwartet.[...]
Wir wären glücklich, wenn es nochmals einen Aufschub der Ereignisse gäbe. In der Bibel wird verheissen, dass JESUS CHRISTUS in der Endzeit Propheten schickt:
›Siehe, ICH sende euch Propheten, Weise und Schriftgelehrte.‹ (Matthäus, 23. Kap., Vers 34).
Wahre Propheten erkennt man an ihren guten Früchten und daran, dass ihre Voraussagen eintreten. Wir werden weiterhin in den Medien Zeugnis für unseren innig geliebten HEILAND ablegen.

Mit liebevollen Grüssen
Erika Bertschinger-Eicke, Eberhard Bertschinger-Eicke
Uriella, Icordo«[479]

Uriella und ihr Gemahl Icordo haben sich mit dieser Veröffentlichung wohl mehr als lächerlich gemacht. So ist beispielsweise in Matthäus 24:29 nicht von drei Tagen Dunkelheit die Rede. Vom Jahr 1999 schon gar nicht. Und die im August 1998 erwarteten Ereignisse sind nicht eingetroffen. Zwar herrschten Ende August 1998 tatsächlich chaotische Zustände an den globalen Börsen, die vom Wertverfall des Russischen Rubels ausgelöst wurden, doch zeigen sie mehr als alles andere, daß Rußland und sein Präsident Boris Jelzin vollkommen andere Sorgen hatten, als den dritten Weltkrieg zu beginnen.

Aber nach Fiat Lux ereignet sich der dritte Weltkrieg erst nach dem Börsenzusammenbruch. Erst dann fallen die Russen in Europa ein.[480] In einem Schreiben von Icordo an Lars A. Fischinger, das auch das Thema des russischen Börsenzusammenbruchs besprach, bemerkt Uriellas Mann, daß diese Ereignisse mit den Offenbarungen der Uriella in Zusammenhang stehen, ja, stehen müssen. »Bis Ende August 1998 konnten Sie bereits vieles in den Massenmedien hören, sehen oder lesen«, war dem Schreiben zu entnehmen.[481] Hier jedoch muß die Frage erlaubt sein, woher Icordo dies wissen kann, da Fernsehen, Radio usw. für Fiat Lux tabu sind. Hat sich Icordo über diese Regelung hinweggesetzt?

Geradezu bizarr ist die von Jesus Christus gechannelte Aussage (er nennt Uriella in seinen Nachrichten »Herzensdarling« und ihren Mann Icordo »Icördeli«), daß Kalifornien, Hollywood und Los Angeles im Atlantischen Ozean versinken werden – nachdem ein unterseeisches Kernkraftwerk explodiert ist. Ein Blick, wenn dieser überhaupt vonnöten ist, auf den Globus zeigt: Hier müssen plattentektonische Phänomene der unglaublichen Art wirksam werden, da der Atlantik Tausende Kilometer weg ist – die gesamten USA liegen dazwischen, denn Kalifornien liegt am Pazifik.

Auch sind die Behauptungen über atomare Anlagen unter dem Meeresspiegel durchaus interessant. Nicht nur, daß unsere Technologie hier vor einer enormen Herausforderung stünde (ganz zu schweigen vom wirtschaftlichen Nutzen), sondern es soll deren zahlreiche geben. Icordo teilte Lars A. Fischinger zu dieser Frage mit, daß es »nicht im göttlichen Willen« gelegen sei, »den Ort schon jetzt öffentlich bekanntzugeben, an dem sich die Katastrophe ereignen wird«. Doch gleich danach ist dem Brief zu entnehmen: »Atomkraftwerke unter dem Meer gibt es u. a. in der Nordsee vor Holland, im Pazifik bei Kalifornien usw.«[482] Immerhin doch ein kleiner Hinweis.

Jesus Christus hat sich zudem durch seine Prophetin Uriella selbst korrigiert, wie das Zitat von Matthäus 23:34 bezeugt, das gekürzt wurde. Eigentlich spricht der Vers auch davon, daß man diese angekündigten Propheten (einige davon) »töten«, »ja sogar kreuzigen«, »in Synagogen auspeitschen« und »von Stadt zu Stadt verfolgen« wird.

Wie fast schon erwartet, spricht Uriella auch von einem 1000 Jahre dauernden Reich des Friedens und der Liebe nach dieser großen Wandlung. Das Ashtar-Command und unzählige Gruppen und Sekten, ja selbst Adolf Hitler und sein Naziregime, arbeiteten mit diesen biblischen Prophezeiungen in ihren obskuren Lehren und Weltanschauungen.

Handelt es sich bei dieser wirren Pressemitteilung um eine »Ente« der Medien? Auf eine schriftliche Anfrage Lars A. Fischingers am 28. August 1998 an den Orden Fiat Lux im Zentrum Ibach teilte Icordo ihm »mit gnadenreichen Segenswünschen« und »lichtvollen Grüßen« mit, daß die Sache mit Kalifornien ein simpler Fehler gewesen sei. Auch sei vom Herrn ein Aufschub gewährt worden, was aber nichts an der Tatsache ändere, daß 1998 das Jahr des Anfangs vom Ende sei.[483]

Allerdings ist die Pressemitteilung nur eine Art »Kurzfassung« von Uriellas sehr detaillierten Prophezeiungen über das Ende der Welt. Neben mehr oder weniger allgemeinen Floskeln über gewisse Umbrüche auf der Erde hat Uriella ihren Anhängern das Szenario des Asteroideneinschlages in die Nordsee und später in Nordamerika bis in alle Einzelheiten geschildert. Wohl auch aus dem einfachen Grunde, daß diese Katastrophe das Hauptereignis der bevorstehenden Weltwandlung ist.

So erfahren wir von der Prophetin Gottes Erschreckendes, wie beispielsweise:

»Ein Planetoid von einem Riesenausmaß ist bereits auf Erdkurs gerichtet. [...] eine Abwendung von eurem Planeten kommt nie in Frage. [...] Wenn ein Meteorit von einem Riesenausmaß in die Nordsee fällt, dann wird doch alles auch im Erdinnern aufgewühlt. [...] Ein Teil der Höllenglut wird heraufbefördert. Gase treten überall aus. Es ist ein Schreckenszustand, der kaum in Worten geschildert werden kann, der sich dann auf eurem so schönen Planeten abzeichnet. [...] Es wird auch kein Mitteleuropa mehr geben. Der in diesem Jahr [1998, d. Autoren] herniederfallende Meteorit wird ein furchtbares Desaster anrichten. Im darauffolgenden 1999 kommt der zweite Einschlag, nicht in eure Region, sondern in Nord- und Mittelamerika. Der gesamte Kontinent wird auseinanderbrechen. Bevor es jedoch so weit ist, muß sich die ganze Westküste verabschieden. Sie bricht ab und verschwindet in den Meereswogen, so wie es seinerzeit war mit Atlantis [sic!]. Das letztgenannte wird erneut auferstehen. Sehr schnell wird es auch durch ehemalige Atlanter besiedelt werden [sic!]. [...] Nordamerika wird auseinanderbrechen. Schon in Bälde wird es kein Kalifornien mehr geben. Ganze Teile von Japan werden verschwinden. England ebenso. [...] In Kürze gibt es weder Holland, Belgien, Dänemark noch England. Diese Nationen versinken im Meer. [...] Sehr wohl müßt ihr Vorsorge treffen. Ihr wißt ja, daß Nord-Westdeutschland und das ganze Rheintal nicht mehr existieren werden.«[484]

»Sehr, sehr ernst« sollen wir diese Offenbarung nehmen, mit der Uriella »die Schweigemauer durchbricht«. All dies sollte 1998 bis 1999 geschehen, bis es im Jahr 1999 zum »Höhepunkt« kommt, dem in Endzeitkreisen sehr beliebten Polsprung, der Drehung der Erdachse um 180 Grad, nachdem Asteroiden eingeschlagen sind. Nach diesem Kippen wird es – schon im Jahr 2000 – keine Erde mehr geben, denn diese heißt nun »Amora« und befindet sich außerdem in einer anderen Umlaufbahn um unseren Fixstern. Wie dies aus astronomischer Sicht möglich sein soll, ist nicht zu erfahren.

In der Zeit, in der ein dritter Weltkrieg herrscht, in dem Bürgerkriege wüten, Seuchen die Menschen dahinraffen, Fluten die Länder vernichten, Atlantis wieder aufersteht, unsichtbare Strahlenwaffen und Atombomben benutzt werden, Insektenplagen die Welt überrennen, Hunger die Menschheit dezimiert, Atomkraftwerke überall explodieren, Vulkane ihr heißes Inneres ausschütten, feindliche UFOs umherschwirren, unfaßbar viele Flüchtlinge nach Europa strömen (soll dort nicht Krieg sein?) und rund vier Milliarden

Uriella erwartet die Ankunft außerirdischer Kugelraumschiffe. Kugelraumer sind eine Erfindung der Science-fiction-Serie Perry Rhodan.

Menschen sterben werden,[485] ist aber immer Jesus Christus bei uns. Die Anhänger von Fiat Lux sind davon überzeugt, daß sie in diesen Tagen von göttlichen Aliens gerettet werden. Sie nennen diesen Vorgang, ebenso, wie wir es beim Kommando um Ashtar Sheran gesehen haben, Evakuierung.

Die Evakuierung folgt einem Plan, den Fiat Lux in ihrer Publikation auf vier einfache Punkte zusammenrafft:

>»Rettung eines Drittels der Menschheit nach den drei dunklen Tagen kurz vor dem Kippen der Erdachse.
Evakuierung durch runde, unbemannte Miniatur-Flugraumkapseln, die für sechs Personen Platz bieten.
Ca. dreiwöchiger Aufenthalt auf den Mutterraumschiffen, während dem eine wundersame Schwingungserhöhung des Zellplasmas als Vorbereitung auf das ›Goldene Zeitalter‹ geschieht.
Rückkehr auf den transformierten Planeten namens ›Amora‹.«[486]

Dem aufmerksamen Leser wird es nicht entgangen sein: Diese Behauptungen von Uriella sind praktisch identisch mit der Philosophie über die kosmische Errettung durch das Ashtar-Command (s. Kapitel 9). Die Santiner des Ashtar-Command sprechen davon, daß sie in den Zeiten der Wandlungen, denen ein »Goldenes Zeitalter« folgen soll, in »Miniaturraumschiffe für 4 – 6 Personen, die als Zubringer für die Mutterschiffe dienen«, gebracht werden. In den UFO-Mutterschiffen werden auch die Ashtar-Gläubigen irgendwie »verändert«, um auf der neuen, paradiesischen Erde leben zu können. Es folgt ein Reich der Liebe und des Friedens. Ähnlichkeiten zwischen Fiat Lux und Ashtar Shera lassen sich auch darin erkennen, daß beide neureligiösen Gruppen von dem Aufsteigen von Atlantis sprechen. Laut Fiat Lux sollen nach dem Polsprung zehn Kontinente existieren. Doch Ähnlichkeiten auch hier: Das Ashtar-Command spricht von einem Kreuz aus UFOs, das am Himmel zu sehen sein wird. Und Uriella sagte in einer Botschaft vom 26. Januar 1980: »Die Mutterraumschiffe werden im All ein großes Kreuz bilden.« Oder am 7. November 1981: »Nur in der allerletzten Phase des jetzigen Äons wird es [das Kreuz, d. Autoren] Tag und Nacht als strahlendes Kreuz in einer Riesengröße sichtbar sein.« Und tatsächlich scheint Fiat Lux eine Art Splittergruppe des Ashtar-Command zu sein, denn wir erfahren in einer Nachricht vom 9. August 1992: »Diese Sternenbewohner, die auch als Santiner bezeichnet werden können [...]«.[487] Nach unserer Ansicht könnte es demnach sein, daß Uriella einst auch in Berührung mit den Lehren des Ashtar-Command kam und diese schließlich in ihre Weltanschauung einflossen.

Wenn nun tatsächlich all die prophezeiten Ereignisse eintreten und die gläubigen, sich durch enthaltsame Lebensweisen und Gebete vorbereitenden Menschen in den fliegenden Untertassen gerettet werden sollen (nach den drei Tagen der Finsternis), ertönt ein »Piepszeichen«, das in den Ohren der Menschen global zu vernehmen ist. In Volltrance machte Uriella hierzu am 27. Juli 1986 eine seltsame Bemerkung: »Er wirkt auch dann, wenn ihr weder Radio noch Fernsehen habt.«[488] Da Fiat Lux-Anhänger so oder so Radio und TV abschwören sollen, ist dieser von Jesus Christus via Uriella übermittelte Hinweis sicher überflüssig.

Jene Menschen, die es nach den Wandlungen geschafft haben, wieder auf die neue Erde, das Paradies, zurückzukehren, erwartet ein Leben der Freude. Es werden neue Tiere die Länder bevölkern, auch solche, die als ausgestorben galten. Die Verschmutzung der Erde ist besiegt. Selbstverständlich gibt es auch keine Atomtechnik mehr, und der Mensch hat durch die »göttliche Strahlenkraft« der UFOs »eine Erhöhung der physischen Schwingung«[489] durchlebt, was wiederum nach dem Ashtar-Command klingt.

Uriella und ihr Mann Icordo bedienen sich folglich bei ihren Botschaften, dies ist aus den Offenbarungen der Sekte klar erkennbar, geläufiger und oft verwendeter »Kernaussagen«, die auch bei anderen Gruppen immer wieder vorkommen: Katastrophen durch Asteroideneinschlag (oder andere Ursachen), Atlantis, das nach Fiat Lux sogar wieder »auferstehen« soll und von den ehemaligen Atlantern erneut besiedelt wird, der Polsprung, also das »Kippen« von Nord- und Südpol, die Rettung durch UFOs und die Idee des nach der Katastrophe entstehenden Tausendjährigen Reiches. Einfache Behauptungen, die von jeder Sekte entsprechend ihrer Weltanschauung zurechtgebogen werden.

Und doch sind die Uriella-Gläubigen scheinbar unbeirrt davon überzeugt, daß die Prophetin mit dem Kunsthaar und ihr immer jugendlicher Gemahl die wahrhaften Propheten der endzeitlichen Wahrheit sind. Die Anhänger von Fiat Lux sind gar dabei, Nahrung und allerlei überlebenswichtige Dinge mehr, etwa Uriellas selbstgemixtes Badewannen-Zauberwasser, zu hamstern, um die Zeit des Krieges und der Überflutungen sicher zu überleben. So auch der »UFO-Sepp«, der in einer TV-Dokumentation der Reporterin Sibylle Trost stolz seinen Bunker mit Vorräten für die Phase der Weltwandlung präsentierte.[490] Außerdem warnt der UFO-Sepp die Menschen des hohen Nordens in Deutschland: »Wandert alle nach Süden, weil da oben alles überschwemmt wird!«

Rund 700 Anhänger von Uriella bereiten sich also darauf vor, den »Weltuntergang« mit all seinen erschreckenden Begleitphänomenen zu überstehen. In Österreich, Deutschland und der Schweiz erwarten sie die Katastrophe. Im geistigen Zentrum in Ibach haben 300 Fiat Lux-Abhängige Decken, Wasser, Feldbetten und Nahrung bereitgestellt, um eventuelle Flüchtlinge aufzunehmen. So erklärt es Icordo.[491]

Fiat Lux zeigt wie kaum eine andere Gruppe, daß die Gläubigen tatsächlich bereit sind, für ein Leben in und mit der Gruppe alles aufzugeben. Es ist ihr vorrangiges Ziel, von den UFOs gerettet zu werden. Ein Rentnerehepaar aus der Eifel, dort, wo angeblich die Jahrmillionen alten Vulkane ausbrechen werden, gab seine Wohnung auf und zog in die Gegend von Ibach. Ebenso eine ganze Familie aus Berlin. Doch auch wer nicht willens ist, Haus und Hof,

Freunde und Bekannte aufzugeben, wird gerettet. So etwa ein Landwirt aus der Eifel, der nicht bereit war, fortzugehen, und den Uriella damit tröstete, daß es auch kleine UFOs gäbe, die in anderen Gegenden Menschen retten werden. Dies berichtete Hans Neusius, der Weltanschauungsbeauftragte des katholischen Bistums Trier.[492]

Den nahen Untergang der Welt schilderte bereits 1991 eindringlich Icordo seinen Anhängern. Am 2. November 1991 hielt er einen 32 Seiten umfassenden, hochesoterischen Vortrag mit dem Titel *Gottes Glocken läuten Sturm* in Ibach. In diesem Vortrag mischten sich wirre Offenbarungen von Uriella, Zitate aus biblischen Schriften und Verschwörungsthesen zu einem undurchschaubaren Ganzen. So will Icordo beispielsweise wissen, daß Papst Paul VI. vergiftet wurde. Sein Platz sei von einem Doppelgänger eingenommen worden.[493] Miniaturraumschiffe würden die Menschen »entrücken«, also wohl jene Objekte, die auch den Bauern aus der Eifel retten sollen.

Als der prophezeite Beginn des Unterganges der bekannten Welt nicht eintrat, war der Orden Fiat Lux gezwungen, in irgendeiner Form zu reagieren. In einem interessanten Zusatzschreiben von Uriella und Icordo an Lars A. Fischinger vom 3. September 1998, welches gleichzeitig als Pressemitteilung herausgegeben wurde, erklären die beiden, daß der Menschheit ein »Aufschub für die allerletzten Reinigungsphasen der Erde von Gott gewährt« worden sei. Neben einer durchaus beeindruckenden Liste von angeblich mit der göttlichen Wandlung in Zusammenhang stehenden Ereignissen im August 1998, die sich von den schrecklichen Fluten in China, Indien und Bangladesch über Tornados bis zum russischen Börsendesaster hinzieht, ist zu erfahren, daß Jesus Christus seine Mitteilung (Nr. 589) über die göttliche Galgenfrist am 30. August 1998 an Uriella in Volltrance gesendet habe. Tatsächlich war es auch der letzte Termin, zu dem der Orden reagieren konnte. Jedoch handelt es sich nur um eine wenige Monate andauernde Frist, die vor allem Europa betrifft. Dann aber werde das Ende mit unvermittelter Härte zu erwarten sein. Mit UFOs und Katastrophen.

Fiat Lux hat nach dem nicht eingetroffenen Weltuntergang erneut Probleme mit der irdischen Justiz bekommen, denn seit 1997 läuft beim Landgericht Mannheim ein Verfahren gegen die Sekte. Der Vorwurf: Steuerhinterziehung in Millionenhöhe. Nach Informationen des Staatsanwalts Hubert Jepski haben Sektenanhänger mit Naturmedizin einen »schwungvollen und gewinnbringenden Versandhandel« unterhalten. Im Juni 1998 wurde das Fiat Lux-Anwesen Ibach von 40 Steuerfahndern durchsucht.[494] Auch ein Anwesen in Rickenbach entging nicht dem Auge des Gesetzes.[495] Tatsächlich haben die Untersuchungen ergeben, daß Fiat Lux rund eine Million DM durch ihren Handel und nochmals 800 000 Mark durch Einnahmen der Sektenanhänger nicht versteuert zu haben scheint. Deshalb mußte Uriella am 7. September 1998 erneut vor Gericht erscheinen.[496] Zehn Verhandlungstage setzte der Richter Karl-Christian Kubitz von der 5. Wirtschaftskammer des Landgerichts Mannheim an.

Begonnen aber hatte diese Ermittlung gegen die UFO-Gruppe bereits im Februar 1993. Damals hatte die Staatsanwaltschaft Waldshut 210 Häuser und Wohnungen verschiedener Sektenmitglieder durchsucht und dabei Kartons voll Material sowie eine sechsstellige Geldsumme beschlagnahmt. Schon bei dieser Fahndung wurde der Verdacht laut, daß die Fiat Lux-Anhänger von 1988 bis 1993 illegale Geschäfte machten.[497]

In einer weiteren Zusatzmitteilung von Icordo an Lars A. Fischinger vom 3. September 1998 nimmt der Vizeguru auch hierzu Stellung. Er schreibt, daß neben Uriella auch die Anhänger Birgit Würth alias Lumiera und »der frühere Gesellschafter sowie Geschäftsführer« Carlo Hörrmann alias Amonius angeklagt seien. Er weist aber jede Schuld von Uriella von sich, denn die am 23. April 1986 gegründete FIAT LUX-Haus GmbH sei »bereits am 9. 7. 1992 liquidiert« worden »und hatte mit Uriella nichts zu tun«. Icordo schreibt auch, daß seine Frau »Naturärztin, Heilpraktikerin und Geistheilerin« sei, die »seit Jahrzehnten völlig honorarlos« arbeitet. Alle Heilmittel seien außerdem ohne jedwede Nebenwirkungen, und die Tausende von Dankesbriefen von ehemals Kranken an Uriella bestätigten dies zusätzlich.[498]

Der Prozeß in Mannheim stand ganz im Zeichen von Fiat Lux und ihren religiösen Anhängern. Uriella ergriff umgehend das Wort und huldigte erst einmal ihren Gläubigen, die sie für ihren liebevollen Beistand lobte. Sie saß andächtig im Saal und pries den Herrn und ihre friedliche Organisation.[499] Doch verschiedene Aussagen belasteten die Chefin schwer, so daß sie gezwungen war, wenigstens mehr oder weniger deutlich ihre Schuld zuzugeben.[500]

Beispielsweise sagte am 29. September 1998 eine ehemalige Sektenanhängerin, die durch ihre Mutter als 18jährige in den Kreis von Fiat Lux gelangte, vor dem Landgericht Mannheim aus, daß Uriella ihre Anhänger einer »Gehirnwäsche« unterziehe. Dies zeigte sich bei ihr auch dadurch, daß sie nach dem schwierigen Austritt aus der Gemeinschaft Angst hatte, sie würde »von oben« bestraft werden. Außerdem soll Uriella ihren Anhängern Krankheiten und Leiden angedichtet haben, um ihre ominöse Medizin zu verkaufen. Die Mutter der heute 31jährigen Aussteigerin zahlte rund 1000 DM im Monat an die Chefin. Und: Uriella soll bei Messen in der Schweiz ihren Gläubigen geraten haben, die Zöllner beim Grenzübertritt »anzulügen«, um die falsch oder gar nicht deklarierten Mittel von Fiat Lux sicher und steuerfrei an ihnen vorbeizuschmuggeln. Am 23. Dezember 1998 befand das Landgericht Mannheim Uriella schuldig der Steuerhinterziehung in 286 Fällen, außerdem in vier Fällen der versuchten Steuerhinterziehung. Das Urteil lautete: 22 Monate auf Bewährung und eine Geldstrafe von 100.000 DM für wohltätige Zwecke.[501]

KAPITEL 15

Dämonen gegen Christus –
das fundamentalistische Christentum

Bei den fundamentalistischen Christen, die die Bibel wortwörtlich nehmen, steht der UFO-Kult weder im Mittelpunkt des Glaubens, noch gibt es Tendenzen zu Massenselbstmorden. Im Gegenteil: Selbstmord gilt als Schändung der Schöpfung Gottes – in diesem Fall des eigenen Körpers. Ähnlich sieht es auch die Sekte Ashtar-Command, nach deren Ideologie man sich bei der Evakuierung durch die Aliens in das All nicht umbringen darf (s. Kapitel 9). Viele Bibelfundamentalisten haben allerdings die UFO-Problematik fest in ihr Endzeit-Szenario eingebaut. Sie sind überzeugt, daß wir in der Endzeit leben.

Nach einer Stelle aus dem Lukas-Evangelium halten viele Fundamentalisten den 6. Juni 1967 – den Zeitpunkt der Wiedervereinigung Jerusalems unter israelischer Hoheit – für den Beginn der Endzeit:

> »[ ] …und sie werden durch die Schärfe des Schwertes fallen und in die Gefangenschaft unter die Heidenvölker weggeführt werden, und Jerusalem wird von den Heiden zertreten werden, bis die Zeiten der Heiden abgelaufen sind. Dann werden Zeichen an Sonne und Sternen in Erscheinung treten, und auf der Erde wird Verzweiflung der Völker in ratloser Angst beim Brausen des Meeres und seiner Wasserwogen herrschen, indem Menschen den Geist aufgeben vor Furcht und in banger Erwartung der Dinge, die über den Erdkreis kommen werden, denn (sogar) die Kräfte des Himmels werden in Erschütterung geraten. Und hierauf wird man den Menschensohn in einer Wolke kommen sehen mit großer Macht und Herrlichkeit. Wenn dies nun zu geschehen beginnt, dann richtet Euch auf und hebt Eure Häupter empor; denn Eure Erlösung naht.«[502]

Die wenigen Fundamentalisten, die den Beginn der Endzeit nicht auf 1948 (Wiedererrichtung des Staates Israel) oder auf 1967 legen, gehen vom ersten Weltkrieg, genauer gesagt, von dessen Beginn im Jahre 1914 aus; sie betonen die Bibelstellen, an denen von noch nie dagewesenen Kriegen die Rede ist und beziehen diese auf den ersten Weltkrieg:

> »[ ] ›Wenn ihr ferner von Kriegen und Aufständen höret, so laßt Euch dadurch nicht erschrecken! Denn das muß zuerst kommen, aber das Ende ist dann noch nicht sogleich da.‹ Hierauf fuhr er fort: Ein Volk wird sich gegen das andere erheben und ein Reich gegen das andere; auch gewaltige Erdbeben werden stattfinden und hier und da Hungersnöte und Seuchen; auch schreckhafte Erscheinungen und große Zeichen vom Himmel her werden erfolgen [...]«[503]

Zu diesen schrecklichen Erscheinungen und Zeichen am Himmel werden von manchen christlich-fundamentalistischen Autoren die UFOs gezählt.

Sind Gottes Engel in Wirklichkeit Raumfahrer von fernen Planeten?
(Stich von G. Doré)

Wir wollen in diesem Zusammenhang das Autorenteam John Weldon und Zola Levitt zitieren, denn diese schreiben:

>>Es ist erstaunlich, daß sich nahezu alle siebzig seltsamen Kräfte und Fähigkeiten, die in der Bibel den (meist gefallenen) Engeln zugeschrieben werden, auch bei den UFOs und ihren Insassen finden.<<[504]

Direkt im Anschluß an dieses Zitat wird der amerikanische UFO-Autor John A. Keel aus seinem Buch *UFO – Operation Trojan Horse* zitiert, von dem es heißt:

>>Der leichtfertige Umgang mit UFO-Erscheinungen kann genauso gefährlich werden wie die Beschäftigung mit der Schwarzen Magie. Das Phänomen zieht Neurotiker, Leichtgläubige und Unreife gleichermaßen in seinen Bann. Die Folge sind häufig paranoide Schizophrenie, Dämonomanie (Besessenheit), ja sogar Selbstmord. Belege dafür ließen sich in einer Reihe von Fällen erbringen. Eine oberflächliche Neugierde für die geheimnisvollen UFOs kann in eine zerstörerische Manie umschlagen. Aus diesem Grunde möchte ich Eltern mit Nachdruck empfehlen, ihren Kindern jede Beschäftigung damit ernstlich zu verbieten. Lehrer und andere Erzieher sollten die Jugendlichen nicht dazu anregen, sich für dieses Thema zu interessieren.<<

Für das christlich-fundamentalistische Autorenteam steht fest: >>UFOs sind real – und sie sind ein Zeichen der Endzeit: Dämonen, die gegen die baldige Wiederkunft Jesu Christi demonstrieren.<< Die Dämonentheorie versuchen sie beispielsweise dadurch zu stützen, daß sie behaupten, Piloten kämen bei der Verfolgung von UFOs häufig ums Leben und UFO-Forscher würden häufig ermordet bzw. begingen Selbstmord. Auch die UFO-Entführungen und die geheimnisvollen Männer in Schwarz (MIB) werden aufgeführt, die uns im Zusammenhang mit Billy Meier bereits begegnet sind. Eine Verbindung der >>UFO-Szene<< zur >>antichristlichen Esoterik<< wird als weiterer Beweis angeführt. Die Fundamentalisten zitieren zahlreiche Bibelstellen, die vor dem Satan warnen, der sich zum >>Engel des Lichts<< verstellt.

Der mittlerweile verstorbene evangelische Pfarrer Kurt Koch führt einen UFO-Entführungsfall aus Südafrika an – und das zu einer Zeit, in der hierzulande noch niemand von diesem Phänomen sprach:

>>Eine weiße Frau war auf Sizabantu zu Besuch. Die Verkündigung von Erlo und den anderen Brüdern traf ihr Gewissen. Sie entschloß sich zur Beichte. Ohne Namensnennung darf ihre Geschichte weitergegeben werden. In der Aussprache berichtete sie, daß ihre Eltern Spiritisten waren. Sie selbst hatte von Jugend auf ebenfalls spiritistische Sitzungen

besucht. 1972 wurden in Südafrika und in Südwestafrika viele UFOs gesichtet. An einem solchen Platz gehäufter UFO-Erscheinungen hatte die Berichterstatterin ein aufwühlendes Erlebnis. Es war jahrelang ihr Wunsch gewesen, einmal mit den UFOisten in Verbindung zu kommen. Dieser Wunsch sollte sich in nicht erwarteter Weise erfüllen. In einer Nacht spürte sie einen Wirbelwind, als ob ein Helikopter über ihrem Kopf stünde. Sie wurde aus ihrem Haus herausgeholt. Sie wußte nicht, wie das geschah. Ihr war das ein Rätsel. Sie fragte sich, ob das nur eine Exkursion der Seele sei. Diese meistens spiritistischen Praktiken waren ihr ja nicht nur bekannt, nein, sie hatte das zuvor praktiziert.

Im Inneren der UFOs sah sie Gestalten wie Roboter. Sie untersuchten mit vielen Instrumenten ihren Körper. Die ganze Prozedur erfolgte nicht ohne Schmerzen. Ein Roboter sagte: ›Ihr seid noch nicht ganz entwickelt, daß ihr noch Schmerzen habt. Wir sind weiter als ihr.‹ Die Unterhaltung erfolgte telepathisch. Es wurde nicht die Sprache der Frau benutzt. Bevor sie in ihr Haus zurückgebracht wurde, erklärten die Roboter: ›Du darfst Dir etwas wünschen. Bitte, was Du willst. Wir wollen es Dir geben. Gott wird ja Dein Gebet nicht erhören. Aber wir können Erfüllung schenken.‹ Die Frau antwortete: ›Ich möchte gern heiraten.‹ Die UFO-Besatzung erwiderte: ›So etwas Geringes erbittest Du, nichts Größeres? Du hättest mehr verlangen können.‹

Nachdem die Instrumente abgenommen worden waren, brachte ein Roboter die Frau zurück in ihr Haus. Sie war immer noch nicht frei von Schmerzen. Kurze Zeit später kam der Roboter nochmals zurück und sagte: ›Wir haben ein Instrument vergessen.‹ Er montierte es ab und verschwand. Da die Schmerzen nicht nachließen, sah die Frau nach, warum ihr Bein so weh tat. Da entdeckte sie einen großen blauen Fleck, wo vorher das Instrument angemacht worden war. Die Stelle war noch tagelang blau.

Die UFO-Besatzung hielt Wort. Sie bekam eine Chance zu heiraten. Die Ehe wurde allerdings nicht glücklich.«[505]

Koch sieht also offenkundige Zusammenhänge zwischen UFOs und dem Okkultismus. Interessanterweise hielten die Südafrikaner die Aliens nach ihrer Naturreligion für die Geister ihrer Vorfahren. Kurt Koch konnte im Rahmen seiner missionarischen Tätigkeit einige Südafrikaner für die »Dämonentheorie« erwärmen, doch war dies nur ein Nebeneffekt seiner Tätigkeit. Tatsächlich gibt es eine ganze Reihe von Erklärungsmöglichkeiten für die UFO-Entführungen, wobei der Eingriff außerirdischer Wesen die beliebteste Theorie ist. In dem Buch *In den Händen fremder Mächte*[506] von Roland M. Horn sind noch eine ganze Reihe weiterer potentieller Erklärungen für dieses Phänomen beschrieben und kommentiert.

Während tatsächlich immer mehr UFO-Fälle ans Licht kommen, in denen paranormale Phänomene (PSI) eine Rolle spielen,[507] sind offensichtliche Zusammenhänge zum Okkultismus oder zu »antichristlichen Aliens« eher selten zu finden. Aber für die Bibel-Fundamentalisten ist das ohnehin alles das gleiche. Wir unterscheiden allerdings – im Gegensatz zu den Bibel-Fundamentalisten – zwischen Telepathie und anderen paranormalen Phänomenen auf der einen und dämonischen Erscheinungen (sprich okkulten Phänomenen) auf der anderen Seite, wobei sich jedoch die Frage stellt, ob letztere nicht auch zum parapsychologischen Themenkomplex gehören.

Auf jeden Fall halten wir es nicht für richtig, aus einer Handvoll von Einzelfällen und einem hin und wieder erkennbaren Zusammenhang zu Phänomenen des Okkultismus (zu denen der christliche Fundamentalismus und – wie bereits angedeutet – auch die Telepathie zählt) einen deutlichen Hinweis auf die Dämonenthese, nach der letztendlich der Teufel für die UFO-Erscheinungen verantwortlich ist, zu sehen. Die »gläubigen« Autoren, wie sie sich gegenseitig nennen, picken hier lediglich die Rosinen aus dem Brot, um ihre These zu stützen; leider findet aber das »Brot« selber hierbei keine Beachtung. Es gibt bei den Bibel-Fundamentalisten noch andere Auffassungen zu UFOs. So bezieht sich Wim Malgo, der mittlerweile verstorbene Leiter des »Missionswerk Mitternachtsruf«, in seinem Buch *Heilsgeschichtliche Konstellationen von 1948 bis 1982* zunächst auf einen Auszug aus dem Buch *Das UFO-Phänomen*[508] des bekannten Autors Johannes von Buttlar, in dem die bekannte UFO-Sichtung des Piloten Thomas Mantell[509] wiedergegeben wird.

Später schreibt Malgo:

> »Im übrigen ist die Tatsache, daß die UFOs bei jedem Nahostkrieg vermehrt in Erscheinung traten, unbestreitbar, sagt doch ein Pressebericht von Cape May, der zwar zum Teil etwas ironisch abgefaßt ist:
> ›Gott und seine Ufos, gesteuert von Engelspiloten, sollen Israel in den vier Kriegen von 1947/48, 1956, 1967 und 1973 gegen die Araber zum Sieg verholfen haben. Diese für Militärexperten verblüffende Erklärung gab Robert Barry, der Chef des Ufo-Büros einer Radiostation in Yoe (Pennsylvania), in einem Vortrag in Cape May (New Jersey) mit dem Titel *Die Unbesiegbarkeit Israels und die UFOs*‹.
> Bei jedem israelisch-arabischen Krieg, konstatierte Barry, sind UFOs in der Luft beobachtet worden, die für die Israelis wahre ›Wunder‹ vollbrachten. Als Beispiel erinnert er an jene 1000 ägyptischen Soldaten, die sich ihren hundert Gegnern ergaben, weil sie sich von Tausenden von Israelis und 100 Panzern angegriffen sahen. Für Barry ist das kein Wunder, denn schon im Evangelium des Lukas sei von furchterregenden Objekten in der Luft die Rede. Daher sei ihm für Israel nicht bange: ›Israel ist der Staat Gottes, und Gott wird auf irgendeine Weise für sie sorgen.‹«[510]

Die Zeugen Jehovas nehmen – im Gegensatz zu anderen christlichen Fundamentalisten – die Prophezeiungen um die Wiederherstellung Israels nicht wörtlich. Sie glauben, daß sie selbst das neue Israel seien. Aber auch sie glauben, daß wir in der Endzeit leben, und dabei stützen sie sich auf die Prophezeiungen von großen Kriegen, während derer sich ein Volk wider das andere erheben soll, und somit kommen sie auf 1914 – das Jahr, in dem der erste Weltkrieg begann – als den Beginn der Endzeit. In diesem Jahr soll nämlich Jesus Christus in das himmlische Königreich eingezogen sein. Satan, der Beherrscher der Erde, soll dagegen protestiert haben, indem er den ersten Weltkrieg auslöste.

Was die UFOs betrifft, so wurde diese Thematik in den siebziger Jahren von den »Zeugen« ignoriert, mittlerweile scheinen sie jedoch ebenfalls – wie die christlichen Fundamentalisten – dämonische Aktivitäten hinter dem Phänomen zu wittern. Hier herrscht einmal Einigkeit zwischen den Zeugen Jehovas und dem fundamentalistischen Christentum: Der Teufel nutzt den Luftraum der Erde, der ihm schon seit der Zeit vor seinem Fall aus dem Himmel gehört, um in seinem Machtbereich gegen die baldige Wiederkunft Jesu Christi zu demonstrieren. Und diese Machtdemonstration ist das, was wir hin und wieder in Form von UFO-Erscheinungen wahrnehmen können.

Wir müssen folgerichtig feststellen, daß UFOs und esoterische Thesen über Außerirdische auch in »gewöhnlichen« Sekten ihren festen Platz haben.

KAPITEL 16

Die Sonnentempler – Reiseziel: Sirius

Im Herbst 1994 berichteten die Medien weltweit über einen Massensuizid, in dem auch kaltblütiger Mord eine Rolle spielte. Mitglieder einer Sekte mit dem Namen Sonnentempler – der englische Name der Sekte lautet »Order of the Solar Temple« – hatten sich sowohl in der Schweiz als auch in Kanada gemeinschaftlich das Leben genommen.

Der bekannte »Orden des Sonnentempels« mit seinen Symbolen Kreuz und Rose spaltete sich einst von den »Rosenkreuzern« ab, die im 17. Jahrhundert als Reformbewegung des Protestantismus entstanden waren. Sonnentempler hingegen haben eine völlig andere Philosophie.

In der Nacht zum 5. Oktober 1994 verbrannten 22 Mitglieder des Sonnentempler-Ordens in ihren Häusern in dem Schweizer Dorf Cheiry, und gleichzeitig starben fünf Sonnentempler in Kanada. Darunter waren auch die Sektenführer Luc Jouret (der Hauptgründer) und Joseph di Mambro. Einige Stunden später wurde von der Polizei in Martigny im Wallis ein Feuer über dem Rhonetal gemeldet. Der Brand wütete im Dorf Granges-sur-Salvan in einem Chalet am Berghang. Die herbeigeeilte Kriminalpolizei und die Feuerwehr fanden auch dort Leichen: 25 Menschen, darunter fünf Kinder.

Nach den Polizeiermittlungen sind von allen Toten lediglich fünfzehn Menschen freiwillig aus dem Leben geschieden. Die anderen wurden ermordet, offenbar von den höhergestellten Sektenmitgliedern.[511] Denn Untersuchungen ergaben, daß die verkohlten Leichen teilweise sowohl Einschüsse als auch Injektionsspuren von Spritzen aufwiesen,[512] also eindeutige Hinweise auf ein unfreiwilliges Dahinscheiden. Die Leichen wurden in einer Art Kapelle entdeckt, die mit hellroten Stoffen, einem Bild von Jesus Christus und großen Wandspiegeln geschmückt war und in deren Mitte die Leichen in Form eines Sterns am Boden lagen.

Am 23. Dezember 1995 wurden weitere sechzehn tote Sonnentempler gefunden, diesmal in den französischen Ostalpen. Sie wurden wahrscheinlich bereits am 16. Dezember ermordet.[513] Die Leichen wurden in einem Waldstück oberhalb des Weilers St.-Pierre-de Chérennes bei Grenoble entdeckt, waren verbrannt und wiesen Schußverletzungen auf. Die Suchtrupps, alarmiert durch den Jäger Robert Arnaud, der in der Gegend verbranntes Fleisch und Haare gerochen hatte, aber nicht die Quelle des Gestankes ausfindig machen konnte, fanden 14 der 16 Jünger in Sternenform verkohlt um einen erloschenen Scheiterhaufen liegend.[514] Die bei den Leichen entdeckten zwei Gewehre und zwei Pistolen stellten sich im nachhinein als die Dienstwaffen zweier Polizisten heraus, die wahrscheinlich ebenfalls unter den Toten waren.[515]

Auch bei dieser zweiten Tat schloß die Polizei einen gemeinschaftlichen Massenselbstmord aus: »Es könnte sich vielmehr um mehrfachen Mord und zwei oder drei Selbstmorde gehandelt haben«, sagte der zuständige Staatsanwalt. Die verkohlten Leichen wiesen ebenfalls Schußwunden auf, und teilweise wurden ihnen vor der Tötung dunkle Plastiksäcke über den Kopf gestülpt. Die Sektenmitglieder waren alle der Meinung, der Tod sei eine reine

Illusion, und durch die gemeinschaftliche Selbsttötung könne man sich einer unmittelbar bevorstehenden Apokalypse entziehen und einen »Transit zum Sirius« antreten.

Bei einer landesweiten Razzia, die Mitte März 1996 durchgeführt wurde, nahm die Polizei dreißig Sektenanhänger fest, um einen weiteren Massensuizid zu verhindern.[516]

Nach der für alle überraschenden Tat der zuvor als »unauffällig« eingestuften Sonnentempler begann das Rätselraten: Wollten sie freiwillig auf körperlose Art zum Sirius reisen, wie es zuerst hieß?

Oder steckte hinter dieser Tragödie doch ein wohldurchdachter Plan? Vieles scheint eher für die zweite Möglichkeit zu sprechen, zumal einige der Toten klar durch Mord aus dem Leben geschieden waren. Waren es nur einige wenige, die die anderen und später sich selbst getötet hatten? Aber was war das Motiv der Mörder? Wer waren sie? Hier tappt die Polizei bis heute bei ihren Ermittlungen im dunkeln.

Auch Eric Bergkraut, der versucht hatte, Hintergründe und Ablauf des Dramas näher auszuleuchten, konnte in seiner für das Schweizer Fernsehen aus bestehendem und neu aufgenommenem Material angefertigten Collage *Die Sonnentempler – eine Reise in den Tod* keine neuen Erkenntnisse vermitteln, da seine Recherchen im Sand verlaufen waren.

Der Schlußbericht der zuständigen Untersuchungsbehörde fiel entsprechend dünn aus, und zudem wurde er verzögert publiziert. Der Staatsanwalt aus dem Schweizer Freiburg mußte herbe Kritik einstecken, da sich mittlerweile im französischen Vercors ein weiteres Drama nach ähnlichem Muster abgespielt hatte. Vielleicht hätten die Behörden – hätte man sich eingehender mit dem Sonnentempler-Drama beschäftigt – die Tat verhindern können, so lautete der Kernpunkt der Kritik.

Besonders die französischen Behörden und Sektenforscher kritisierten die Arbeit, da die Schweiz die Sonnentempler nicht als »kriminelle Gruppe« verfolgte und nicht einmal das Telefon überwachte.

Tatsächlich waren fast alle von Behörden in Freiburg und im Wallis befragten Personen aus dem Umfeld des Ordens beim zweiten rituell inszenierten Mord am 23. Dezember 1995 umgekommen. Unter ihnen waren auch Patrick Vuarnet, der Sohn eines Olympiasiegers von 1960, und seine Frau. Patrick Vuarnet wurde ausgiebig von dem Untersuchungsrichter André Piller zusammen mit den Polizeibeamten Patrick Rostand und Jean-Pierre Lardanchet vernommen und danach wieder auf freien Fuß gesetzt. Alle drei kamen am 23. Dezember 1994 bei dem neuerlichen Brand um. Und der Gendarm Lardanchet war mit einem Gehilfen für das Drama verantwortlich, bei dem unter den 16 Opfern auch drei Kinder waren. Alle wurden noch am Tag vor der Tragödie von Zeugen gesehen.

Eine Person entkam (obwohl sie durch Freundschaft den Sonnentemplern nahestand) ihrem Schicksal: der Komponist und Dirigent Stefan Tabachnik, obwohl er im September 1994, also kurz vor der ersten Wahnsinnstat, an einem Treffen der Ordensführer in Avignon teilgenommen hatte. Bei der Befragung durch die Untersuchungsrichter soll er geweint haben, nachdem er erfuhr, was sein Freund Joe di Mambro und andere Mitglieder hinter seinem Rücken alles getan hatten.

Stefan Tabachnik war einer der wenigen Informanten, die etwas Konkretes über die Sonnentempler hätten aussagen können. Doch er – der Urheber der esoterisch inspirierten Komposition *Cosmosgonie* – äußerte sich nur vage. Es gab noch eine andere Zeugin: die Mutter der Geliebten di Mambros, die ihm das »heilige Kind« Emmanuelle geboren hatte. Diese Zeugin besuchte zwar di Mambros Stiftung »Golden Way« mehrmals, um ihre Tochter und ihre Enkelin zu sehen, schloß sich jedoch nicht der Sekte an.

Eric Bergkraut erhob den Vorwurf, daß die Untersuchungsbehörden an der Geschichte des Sonnentempler-Ordens überhaupt nicht interessiert seien. Er deutete an, daß Luc Jouret und Joe di Mambro die Leitung des »Ordre Rénové du Temple« von einem »Priester« übernommen hätten, der dem Faschismus nahestand. Der Abenteurer und Gesundheitsapostel Luc Jouret, geboren 1947 in Belgisch-Kongo, ließ sich nach Bergkraut von einer fundamentalistischen Gruppe, die sich von der katholischen Kirche abgespalten hatte, zum Priester weihen. Auch interessierte er sich schon sehr früh für Yoga, Geistheiler, Astrologie, Gurus und »Geheimwissenschaften« und zog Anfang der achtziger Jahre als angeblicher Heiler durch die Schweiz, Frankreich, Kanada, Belgien und Luxemburg.

Daß in der Sekte rassistische Tendenzen herrschten, wurde auch von einer früheren Anhängerin aus Frankreich bestätigt. Sie sagte aus, daß der Orden die weiße Rasse als überlegen gefeiert habe, während Maghrebiner und Schwarze als »weniger entwickelte Leute« galten.

In einem in Kanada eingesetzten Werbefilm der Sekte konnte man gut die paranoiden Züge des Ordens erkennen: Sie bezeichneten sich als »Auserwählte«, und das im lichtdurchfluteten und von Kindern bevölkerten Treibhaus gezüchtete Gemüse wurde in einem geweihten, himmlischen Javelwasser gewaschen. Auch im Umgang mit dem erwähnten »heiligen Kind« Emmanuelle zeigte sich eine übertriebene Hygieneauffassung: Die Großmutter durfte es nicht berühren.

Eric Bergkraut machte in seiner Reportage, die am 3. Oktober 1996 vom Fernsehsender *DRS* ausgestrahlt wurde, deutlich, daß die Gruppe die Erde in ihrem heutigen Zustand für nicht mehr bewohnbar hielt, und daß dies das einzige Motiv für die Tat gewesen war. Licht in die finanziellen Hintergründe und in die Geschäftspraktiken der Führungspersonen konnten Eric Bergkrauts Recherchen leider nicht bringen. Er beendete seine Reportage jedoch mit einer Sensation:

»In Kanada wartet man auf Teil drei des Dramas, denn in Quebec leben noch Anhänger, die bedauerten, beim Transit zum Sirius nicht dabeigewesen zu sein.«[517]

Recherchen des Nachrichtenmagazins *Spiegel* ergaben, daß zu Lebzeiten des Sektenchefs di Mambro 20 Millionen Franken an die Sonnentempler überwiesen worden sein sollen, die sich immer weiter aus der Kasse »verflüchtigten«, je näher die Jahrtausendwende und der damit verbundene Weltuntergang kamen.[518]

Die Reporter des *Stern*[519] folgten Hinweisen auf einen rechten Hintergrund der Sonnentemplersekte. In dem Artikel *Die Hintermänner laufen frei herum* heißt es, die Sekte sei in ein ganzes Netz von konspirativen Gruppen eingebettet gewesen. Die Sonnentempler entstanden teilweise aus der Gruppe »Souveräner und militärischer Orden des Tempels von Jerusalem«, Frankreich, in den ab 1970 Mitglieder des rechtsradikalen und geheimen Verschwörungsbundes »Service d'Action Civique« (SCA) einstiegen. Der Turiner Sektenexperte Professor Massimo Introvigne vermutete gegenüber dem *Stern,* daß so eine verschwörerische Gemeinschaft aus rechter Politik und Templern entstand.

Die als gefährlich einzustufende militärische Gruppe SCA hatte, so heißt es im *Stern* weiter, nachweislich Verbindungen zu rechten Aktivisten. 1972 wurde ihnen Waffenhandel vorgeworfen, in den unter anderen auch die italienische Freimaurer-Organisation »P2« von Licio Gelli verstrickt war. Zudem hatte der belgische Sonnentempler-Gründer Luc Jouret zwischen 1981 und 1983 regen Kontakt mit dem französischen Neonazi Julien Origas (dem Gründer einer eigenen Gruppe) unterhalten. Nach Professor Introvigne waren die Gründer der Sonnentempler »lange genug mit Origas Orden assoziiert, um in den Einfluß politischer Gruppen und von Geheimdiensten zu geraten«. Nach dem Tod Origas 1983 wurden die Sonnentempler gegründet. Die Sonnentempler rekrutierten sich letztlich aus Polizisten, Managern, Regierungsbeamten, Bürgermeistern, Künstlern und Millionären. Sie hatten ihre Hände in Immobiliengeschäften, besaßen ein verschlungenes Firmenimperium und verfügten über dunkle und ungeklärte Geldquellen.

Im Frühjahr 1996 wurde Genaueres über den Tathergang vom Oktober 1994 bekannt. Der Fernsehsender *RTL* meldete am 7. April 1996, daß es im Abschlußbericht der Schweizer Polizei, der Anfang April vorgelegt wurde, hieß, daß definitiv nur bei fünfzehn der vierundfünfzig getöteten Sonnentemplern von Selbstmord auszugehen sei. Die restlichen neununddreißig Sektenmitglieder weigerten sich offensichtlich, am kollektiven Selbstmord teilzunehmen, und wurden ermordet.[520]

Doch bereits zwei Jahre früher äußerte der Schweizer Sektenkenner Jean-Francois Meyer Zweifel an den Dokumenten, die als Abschiedsbriefe der Sonnentempler ausgegeben wurden. Die Echtheit der Unterlagen sei zwar nicht anzuzweifeln, aber alle gingen auf Luc Jouret persönlich zurück.[521]

Die Sonnentempler bzw. einige von ihnen dachten, nach ihrem Tod würden sie zum Sirius reisen. Nur durch das Überstehen eines »feurigen Todes« und die Ausführung der rituellen Tötung eines Säuglings, der als Antichrist galt, sei der körperlose Transit zum Sirius möglich. Diese grausamen und erschreckenden Informationen stammen von der kanadischen Polizei. Die Sektenführer Joseph di Mambro und Luc Jouret wählten den drei Monate alten Christopher Emmanuelle Dutoit als Opfer aus und trieben ihm einen Holzpfahl durch das kleine Herz. Die Eltern des Säuglings – Antonio Dutoit und Nicky Dutoit – wurden erstochen, danach das Haus abgebrannt. Nicky Dutoit wurde mit acht Messerstichen niedergemetzelt, möglicherweise symbolisch für die acht Regeln des Ordens. Vier der Stiche gingen in den Hals, da die Sonnentempler glaubten, die Empfängnis erfolge durch den Hals einer Frau.[522]

Das Sonnentempler-Drama war nicht der erste Massenselbstmord einer Sekte. Ein vergleichbares Geschehen fand im November 1978 statt. Damals brachten sich 923 Mitglieder der amerikanischen Volkstempler-Sekte in der Siedlung Jonestown im Dschungel Guayanas in Südamerika um: vermutlich der größte Massensuizid der Geschichte.

Im April 1993 verbrannten mindestens 81 Menschen im Anwesen der Davidianer-Sekte im texanischen Waco, USA. Ihr Führer hielt sich für Jesus Christus. Es ist anzunehmen, daß die Sektenmitglieder das Feuer selbst gelegt hatten, als die Polizei und das FBI das Anwesen nach 51 Tagen Belagerung stürmten.[523]

Das Sonnentempler-Drama war also nicht das erste seiner Art, und leider sollten die beiden Wahnsinnsaktionen im Oktober 1994 und im Dezember 1995 nicht die letzten bleiben.

Auch wenn die Fernsehnachrichten und die großen Magazine und Zeitungen nach den Sonnentempler-Dramen immer davon sprachen, daß die Mitglieder geistig zum Sirius schweben wollten, um dem Weltuntergang zu entgehen, so haben nähere Recherchen gezeigt, daß die Gruppe offensichtlich in dunkle Geschäfte verwickelt war. Geheimdienste, Waffengeschäfte und nicht bekannte »Hintermänner«, die nach Professor Introvigne dem Tod entkamen, sowie scheinbar einflußreiche politische Verbindungen legen auch nahe, daß die getöteten Sonnentempler nicht der Kern der Sekte waren.

Und doch scheint zumindest der Gründer Luc Jouret von einem kommenden »Wassermannzeitalter« und dem Untergang der Erde überzeugt gewesen zu sein. So schildert es Thomas Gandow im Internet in seiner Zusammenstellung der Lebensstationen Jourets, *Das Geheimnis des Sonnentempels*[524]. Als Jouret 1987 in Kanada lebte, warnte er vor dem Weltuntergang. Seine Anhänger bauten deshalb einen Atomschutzbunker auf seinem Anwesen, in dem Lebensmittel und 45 Kilogramm Schweizer Schokolade gelagert wurden. Später verkam das rettende Gemäuer zu einem Lagerraum mit Bäckerei.

Jouret gab seinen Mitgliedern den Befehl, sich Waffen zu kaufen, was die kanadischen Behörden veranlaßte, die Gruppe zu überwachen. Am 30. Juni

1993 kam es deshalb zu einem Gerichtsverfahren. Da aber die Mitglieder bestritten, der Gruppe überhaupt noch anzugehören, wurde das Verfahren gegen Jourets Orden eingestellt und er selber gegen 1000 Kanadische Dollar mit einem Jahr auf Bewährung freigelassen. Er reiste umgehend in die Schweiz. Ehemalige Mitglieder sagen jedoch, daß es normal sei, daß die Mitglieder eine Austrittsbestätigung bei sich tragen. »In Wirklichkeit«, so heißt es, gehören diese dann aber »einem höheren, streng geheimen Rang« an.[525]

Es gibt aber auch Fälle in der Sektengeschichte, in denen ein möglicher Massenselbstmord verhindert werden konnte. Eine solche von Anhängern einer Endzeitsekte auf den Philippinen geplante Aktion konnte von den Behörden in letzter Minute abgewendet werden. Ponciano Lumboy – der Führer einer Gruppe, die sich »Pfingstliche Internationale Christengemeinschaft« nannte (sicherlich hat sie nichts mit der auch in Deutschland verbreiteten evangelischen Freikirche ähnlichen Namens zu tun) – konnte jedoch untertauchen und sich so dem Zugriff der Polizei entziehen. Die Anhänger der Sekte hatten sich am 31. Dezember 1995 auf einem Gelände in Isabela, das 265 Kilometer nördlich der philipinischen Hauptstadt Manila liegt, eingeschlossen, um den Weltuntergang zu erwarten. Die Polizei berichtete, daß die Sektenmitglieder sogar mit Gewehren bewaffnet waren. In Anbetracht des unmittelbar bevorstehenden Weltunterganges hatten die Gläubigen der Gemeinschaft ihren gesamten Besitz verkauft und ihr Geld dem Sektenführer übergeben,[526] wie so oft in der Geschichte des Sektierertums.

Leider ist bisher kein Hinweis darauf zu finden, ob es dem Sektenführer gelungen ist, das ihm ausgehändigte Geld bei seiner Flucht mitzunehmen. Auf jeden Fall aber fand der Weltuntergang nicht statt, der Sektenführer ist verschwunden, und seine ernüchterten Anhänger stehen nun mittellos da.

KAPITEL 17

Die Botschaften der Trigonier und »Außerirdische raus!«

In zahlreichen Talk-Shows waren sie bereits zu Gast, um über die Botschaften des außerirdischen Trigoniers »Jimmy« zu berichten: das Esoterikpaar Erika und Wolfgang Ressler. Die Parapsychologin Erika Ressler spricht im Fernsehen mit der Stimme von Jimmy, als Medium eines Aliens. Und doch: Für die beliebten Talk-Shows, in denen sie auftraten, haben die Resslers kein Geld gefordert – sie scheinen selbst an ihre Story zu glauben.

Schon Anfang 1995 wurde die Presse auf das Paar aufmerksam. »Forscher sicher: Bald landen Ufos im Tegeler Fließ«, berichtete beispielsweise die *Bildzeitung* aus Berlin am 2. Januar 1995. Dort erfahren wir, daß Wolfgang Ressler ein Jahr zuvor seine Heimat bei Detmold verlassen habe, um sich in Seifhennersdorf in Sachsen anzusiedeln. Als Grund gab er an: »Weil hier in Kürze erstmals UFOs landen. Bei einem telepathischen Kontakt 1993 haben sie's mir verraten.«

In klaren Vollmondnächten stand Wolfgang Ressler auf dem Westhang des 43 Meter hohen Jockelberges. Er verwendete 50 Meter lange Aluminiumstreifen, um die Einflugschneise der Raumschiffe zu markieren. »30 Jahre spüre ich schon Kraftfelder von Außerirdischen auf«, sagte Ressler gegenüber *Bild*. Ressler ist sich sicher, daß Außerirdische seit 15 Millionen Jahren die Erde besuchen. Neben Seifhennersdorf sollen auch Collmberg bei Oschatz und das Tegeler Fließ potentielle UFO-Landestellen sein. Der Bergsporn nahe Heftstett in Sachsen-Anhalt werde seit mindestens 8000 Jahren von UFOs angeflogen. Im Boitiner Wald bei Bützow in Mecklenburg-Vorpommern sollen fünf Steinringe die Landestelle eines UFOs aus dem Jahr 600 vor Christus markieren. Wolfgang Ressler weiß auch Interessantes über die »wahre Entstehung« des Riesenkraters »Nördlinger Ries« (rund 25 Kilometer Durchmesser) in der Fränkischen Alb zu berichten. Vor vierzehn Millionen Jahren sollen Außerirdische ihn als Platz für eine ganze Raumflotte in die Erde gesprengt haben.[527] Heute weiß jeder: Hier schlug ein gigantischer Meteorit aus den Tiefen des Alls ein, was der bekannte Geologe Eugene M. Shoemaker – der Mitentdecker des sensationellen Kometen Shoemaker-Levy 9, der 1994 auf Jupiter einschlug – bereits in den sechziger Jahren nachweisen konnte.[528]

Auffallend ist, daß in diesem ersten Zeitungsbericht ausschließlich von Wolfgang Ressler gesprochen wird, während spätere Meldungen immer angeben, seine Frau Erika sei das eigentliche Medium.

So trat Erika Ressler etwa in der Talk-Show *Vera am Mittag* des Senders SAT1 als telepathische Kontaktperson auf. Die hypnotische Kontaktaufnahme zu dem in Oregon lebenden Trigonier Jimmy sei sicherer und billiger als ein Telefonat.[529]

Dann kam die Stunde, zu der sich die Prophezeiung von der Ankunft der UFOs erfüllen sollte: die Nacht vom zwölften auf den dreizehnten April des Jahres 1997. Die Bewohner des Planeten Trigon wollen zufolge des angeblich durch Erika Ressler sprechenden Jimmy im Lausitzort Seifhennersdorf landen. 400 Schaulustige warten auf das UFO. Doch es kommt nicht. Die Anwesenden werden unruhig. Es kommt zu Gewalttätigkeiten. Fünfzehn Jugendliche machen sich auf, um das Haus des Ehepaares Ressler zu stürmen. Sie werfen Fenster ein und brechen die Tür auf. Es dauert nicht lange, bis die Polizei eingreifen muß und der Bundesgrenzschutz vorfährt. Es kommt zu einem Großeinsatz der Ordnungskräfte wegen der »UFO-Landung«, die aber bleibt aus.

Als alle noch auf das UFO warteten, liefen Verhandlungen zwischen den Resslers und Fernsehsendern: RTL erhielt wie PRO7 eine Absage, aber SAT1 kaufte die Exclusivrechte für die kommende Landung der Außerirdischen. Der Sender erhielt den Zuschlag aufgrund seiner schnellen und unbürokratischen Reaktion. Der zuständige SAT1-Redakteur soll gleich einen Vertrag über die Summe von über fünf Millionen sowie einen Verrechnungsscheck über 1000 DM dabeigehabt haben. Bedingung war allerdings, daß die Trigonier auch wirklich landen würden. Wäre es tatsächlich zur Landung der Außerirdischen gekommen, dann wären die Bilder des ersten Kontaktes zwischen Menschen und außerirdischen Besuchern selbstverständlich weit mehr wert gewesen, was die Sender natürlich wußten.

Die ungewöhnlich gute Zusammenarbeit zwischen SAT1 und RTL ließ jedoch darauf schließen, daß beide Sender nicht so recht an die bevorstehende Landung glaubten. Man half sich gegenseitig bei der Ausleuchtung des Grundstücks, und SAT 1 pochte nicht auf die Exclusivrechte, die es sich zuvor vertraglich gesichert hatte.

RTL tat alles, um die Stimmung anzuheizen. Man warf eine Nebelmaschine an und führte diverse Interviews in mystisch-esoterischer Atmosphäre. Junge Mädchen mit Plakaten, die die Aufschrift »Herzlich willkommen, Jimmy« trugen, fielen in der Menge auf. Die Menge skandierte »UFO-UFO«.

Kurz nach Mitternacht zogen fünfzehn grün gekleidete Männchen mit Gasmasken vor Resslers Grundstück auf. Es war der Karnevalsverein, der mit einem selbst gebastelten Blech-UFO anrückte. Unter den Schaulustigen herrschte Volksfeststimmung. Als das echte UFO jedoch ausblieb, konnten auch sie die Stimmung nicht mehr retten.

Der Außerirdische Jimmy nach einer Darstellung
des Ehepaars Ressler.

Warum kamen die Außerirdischen nicht? In der *Dresdner Morgenpost* vom 14. April 1997 finden wir die Auskunft, die »Jimmy« durch Frau Ressler gab, als Protokoll abgedruckt:

»13.07 – Okay – Anflug 0.00 Uhr
21.37 – Vorschau auf das bevorstehende Ereignis:
Zigarrenförmiges, mehrere hundert Meter langes Mutterschiff (ca. 100 Trigonier an Bord) tritt in den Luftraum ein. Kleines rundes Boot (Durchmesser zwölf Meter) löst sich, parkt über Resslers Grundstück. Kraftfeldtreppe (gleißendes Licht) wird zu Resslers Terrasse aufgebaut. Luke öffnet sich, ein Trigonier steigt aus. Jimmy folgt in menschlicher Gestalt, für Interviews 60 Minuten Zeit.
22.38 – Anweisung an TV-Teams: »Gegenlicht aufstellen, bessere Aufnahmen möglich.«
22.58 – »Gehe soeben in Oregon/USA an Bord eines Shuttles.«
23.01 – »Bin im Anflug!«
23.06 – »Ja, unsere Waffen sind euren weit überlegen. Wir haben kein Interesse, sie einzusetzen.«
23.18 – »Viele Menschen auf dem Weg zu Euch.«
23.53 – »Alles o.k., 40 Minuten.«
0.13 – »Ich bin so aufgeregt, ein wichtiges Ereignis für Euch und unsere Geschichte.«
0.37 – »Leiten Countdown ein. Etwa zehn Minuten.«
0.47 – »Stellt bitte ein Glas Leitungswasser bereit.«
0.53 – »Die Leute vorm Haus werden sich gleich beruhigen!«
0.57 – »Fragt mich nicht nach Minuten. Für uns ist das eine schwierige Operation.«
0.59 – »Wir stehen jetzt Südost.«
1.03 – »Müssen stoppen. Zuviel negative Energie bei Euch!«
1.05 – »Negative Energie!«
1.06 – »Sorry, wir können das Volk da unten nicht beruhigen!«
1.09 – »Sichert Euch selbst!«
1.23 – »Wir drehen kurz ab.«
1.39 – »Gleich wird sich das bei Euch beruhigen, wir warten.«
1.50 – »Kann bis sechs dauern, es muß Ruhe herrschen.«
2.03 – »Sorry, was bei Euch passiert ist. Es ist mir entglitten.«
2.59 – »Wir warten noch!«
3.22 – »Gut, daß Polizei da ist. Sind aber bewaffnet. Wir prüfen.«
3.25 – »Würden wir unsere Waffen einsetzen, wäre euer Garten ein riesiger Aschenbecher.«
3.37 Uhr – »Heute nicht mehr berechenbar. Es sieht schlecht aus.«
3.53 – »Zuviel negative Energie. Tut mir leid, es ist gelaufen.«

»Die Leute vorm Haus werden sich schon beruhigen«, meinte Jimmy alias Erika Ressler. Leider beruhigten sie sich nicht. Bereits um 0.43 Uhr, als die Resslers von der Masse noch stürmisch gefeiert wurden, flog die erste leere Flasche, die von einem Skinhead geworfen worden war. Später eskalierte die Situation mehr und mehr: Noch harmlose Zurufe wie »UFO vor, noch ein Tor!« wurden von Parolen wie »Hängt die Lügenschweine!« abgelöst. »Sieg Heil!« tönte es zum Hitlergruß, und mit den Worten »Reißt die Bude ein!« warfen die offensichtlich alkoholisierten Rechtsradikalen drei Fensterscheiben der Resslers ein. Die Scheinwerfer wurden nach und nach auf dieselbe Art »ausgeschlossen«. »Deutschland den Deutschen – Außerirdische raus!« brüllten die Skinheads im Chor.

Als Erika Ressler die Polizei anrief, wurde sie zunächst nicht ernst genommen. So mußte Christian Görzel von RTL die Polizei beschwören, hier doch einzugreifen. Als die Polizei um 1.30 Uhr endlich mit Blaulicht, Kampfausrüstung und fünfzehn Beamten eintraf, war nur noch der harte Kern der fünfzehn Randalierer anwesend, und so konnte es schnell zur Deeskalation kommen. Der diensthabende Leiter der Polizeidirektion Görlitz fuhr sogar persönlich zum Einsatzort, um Ermittlungen wegen Landfriedensbruchs einzuleiten. Nachdem die Geschichte von Polizei-Obermeister Eichner aufgenommen und mit einem schlichten »Na ja!« kommentiert worden war, löste der Polizeidirektionsleiter Reinhard Herwig die Menge auf und bat die Presse, nach Hause zu gehen. Mittlerweile war es zehn Minuten vor vier Uhr morgens. Resultat der ufologischen Aktion: 3000 DM Sachschaden und 15 Ermittlungsverfahren (hauptsächlich wegen Landfriedensbruchs).[530]

Der Planet Trigon, von dem »Jimmy« und sein Volk stammen sollen, hat laut Erika Ressler ein Zwölftel der Erdmasse und soll sich in der »übernächsten Galaxie« befinden. Innerhalb der nächsten zehn Jahre wird das Leben auf Trigon unmöglich sein, denn eine Klimakatastrophe bedroht Jimmys Heimatplaneten. Da sich die Trigonier mit einem Vielfachen der Lichtgeschwindigkeit fortbewegten, brauchten sie für die Strecke Trigon – Erde lediglich fünf Jahre. Außer den Trigoniern soll es derzeit vier weitere Zivilisationen geben, von denen zwei feindlich gesinnt und aggressiv seien. Die Trigonier suchen auf der Erde Asyl, weil die Erde ihrem Heimatplaneten klimatisch am ähnlichsten sei. Siebzig Trigonier leben nach Erika Ressler bereits getarnt auf der Erde, davon zwei in Deutschland. »Jimmy« – ein Farmer aus Oregon, USA – ist der Sprecher dieser intergalaktischen Agentengruppe. Er ist mit einer menschlichen Frau verheiratet und hat zwei Kinder. Allerdings mußte er sie aus der Schule nehmen, weil sie zu klug waren und so die Tarnung gefährdeten.

Die Kommunikation unter den Trigoniern verläuft telepathisch. Die Verwendung von Sprachen ist nicht nötig. Jeder kann mit jedem – auch über größere Entfernungen hinweg – Kontakt aufnehmen. Die Trigonier sind etwas kleiner als Menschen und haben einen größeren Kopf; unklar also, wie sie sich eigentlich tarnen. Es gibt zwei Geschlechter, und die Lebenserwartung der Trigonier beträgt zwischen 150 und 180 Jahre.

Auf Trigon gibt es keinerlei Hierarchie. Entscheidungen werden durch das »Trigon-Network« getroffen – es besteht aus den gesammelten Gedanken aller fünf Millionen Bewohner. Aufgrund der Klimakatastrophe ist die Bevölkerungsdichte rückläufig, vermutlich werden nur noch drei Millionen übrigbleiben, die auf der Erde Asyl beantragen können.

Nach der Landung in Seifhennersdorf hätten die Trigonier ein Jahr lang die Reaktion der Menschheit beobachtet, und nach dieser Phase sei ein Folgetreffen auf Regierungsebene eingeleitet worden. Ein Forschungszentrum im Zittauer Gebirge hätte die Menschen dann auf die geistigen Fähigkeiten der Trigonier eingestellt.

Die Resslers, die diese Geschichte verbreiten, bezeichnen sich selbst als »stinknormale Leute«. Erika Ressler war zum Zeitpunkt des Geschehens 42 Jahre alt, ihr Mann zwei Jahre älter. Bereits 17 Jahre vor der nicht erfolgten UFO-Landung begannen sich die beiden mit den Fähigkeiten des Geistes, Parapsychologie, Hypnose und Heilpraktiken zu beschäftigen. Sie hatten eine wachsende Fangemeinde, doch in ihrem kleinen Dorf in Sachsen galten sie schlicht als Spinner. Sie trösteten sich jedoch – insbesondere nach dem Fiasko jener denkwürdigen Nacht – damit, daß Galilei und Kopernikus auch auf Unverständnis gestoßen waren.

Der angebliche Kontakt zu »Jimmy« besteht bereits seit fünf Jahren. Er war es, der ihre Geisteskräfte entdeckte, als sie sich ins Trigon-Network einklinkten. Die Fähigkeiten ihres Geistes sollen denen der meisten Menschen überlegen sein. Jimmys Landung war für die Resslers die Hoffnung schlechthin: Mit den Worten »Wenn Jimmy nicht kommt, können wir uns erschießen oder nach Arnsdorf in die Klapse begeben«, werden sie von der *Dresdner Morgenpost* zitiert.

Tatsächlich erlitt Erika Ressler nach der ausgebliebenen Landung einen Nervenzusammenbruch. Ihr Mann meinte, die Trigonier würden jetzt vermutlich nach einem Ort suchen, an dem sie von den Menschen friedfertiger empfangen würden.

Die Redakteure der *Dresdner Morgenpost* sind der Meinung, daß die Geschichte der Trigonier unglaubhaft, aber auch nicht auszuschließen sei. Sie schreiben außerdem, daß die Angaben der Resslers von Wissenschaftlern weder bestätigt noch widerlegt werden konnten.[531]

Das ist zu einfach. Natürlich ist es für die Wissenschaft schwierig, mit äußerst laienhaften Angaben wie »übernächste Galaxie« etwas anzufangen, und so kann sie natürlich nichts widerlegen. Derart ungenaue Angaben sind nicht verwert- und verwendbar. Allerdings scheint uns sehr unglaubwürdig, daß ein mit Überlichtgeschwindigkeit Raumfahrt betreibendes, hochintelligentes und sich mit Telepathie verständigendes Volk Ausdrücke wie »übernächste

Galaxie« verwendet. Zumal es eine übernächste Galaxie nicht gibt, da es immer auf den Standpunkt des Beobachters ankommt.

Wenn man sich die gesamte Geschichte ansieht, dann scheint es sich hier um ein psychologisches (vermutlich sogar psychiatrisches) und soziologisches Phänomen zu handeln, das – daran kommen wir leider nicht vorbei – auch eine politische Komponente hatte.

Die Beobachtung der *Dresdner Morgenpost*, daß die Resslers »eine anwachsende Fan-Gemeinde« hatten, deutet auch in diesem Fall auf die Entwicklung zu einer sektenartigen Gemeinschaft hin. Sollten die Resslers tatsächlich in Zukunft »Gläubige« um sich scharen können?

Eine Woche nach der Nacht, in der die »Trigonier« hätten landen sollen, waren die Resslers übrigens schon wieder voller Hoffnung: »In drei Monaten kommen die wieder. Hundertprozentig! Wir haben Bescheid gekriegt.«[532] Aber auch diese Frist verstrich ereignislos. Das UFO kam nicht. Und doch hatte das Ehepaar Ressler seine Publicity und stand für einen kurzen Augenblick im Mittelpunkt des (lokalen) Geschehens.

Auch Paul Kuhn – ein selbsternannter Prophet aus der Schweiz – sagte den Weltuntergang voraus. Für den Muttertag des Jahres 1988. Paul Kuhn nannte wie die Resslers einen festen Termin für die UFO-Landung. UFO-Mutterschiffe hätten damals in dem Schweizer Dorf Dozwil, Thurgau, landen und die Kinder der Sekte an einen »wunderschönen Ort« bringen sollen.[533]

Schon dreißig Jahre vor dem Muttertag des Jahres 1988 hatte der 68-jährige »ehemalige Gärtner und Gemüsehändler, Hypnotiseur, Telepath und Magier« seine »St. Michaels-Vereinigung« gegründet. Seine Eingebungen will er durch ein zwischenzeitlich verstorbenes Medium erhalten haben. Später verwendete er eine Sekundarschülerin als Medium. Paul Kuhn hielt sich für einen »vom Himmel geweihten Priester«, und seine »Gemeinde« bestand immerhin aus rund 3000 Anhängern in der Schweiz und in Süddeutschland. Als Zweck der Bewegung wurde »Vereinigung, Versöhnung und Toleranz auf ökumenischer Basis« angegeben. Seine Aufgabe sah Kuhn darin, »vor kommenden Ereignissen zu warnen«, und seine aufsehenerregendste Prophezeiung war die, daß an jenem Muttertag alle Kinder »abgeholt« würden.

Rund ein Drittel der Dozwiler galten als Anhänger Paul Kuhns, und die übrigen Einwohner hatten sich entweder arrangiert oder Gegentreffen abgehalten.

Die offiziellen Geistlichen des Ortes störten sich an der Panikmache, die von Paul Kuhns Prophezeiungen ausging, denn er sagte für den Sommer 1988 kriegerische Auseinandersetzungen voraus, die von Rußland, China und den anderen Ostblockstaaten ausgehen würden. Nur ein elitärer Kreis sollte gerettet werden. Über die Kinder hatte Paul Kuhn gesagt:

>»Diese reinen und unschuldigen Geschöpfe Gottes werden nicht den Heuschrecken und den Skorpionen ausgesetzt werden, die euch

quälen werden, fünf Monate lang. Die Auserwählten unter euch, die mit den Kindern geholt werden, werden mit unseren Helfern für sie sorgen.«

Die Kinder erzählten nun in der Schule begeistert, daß ihnen nichts geschehen würde, und der örtliche Pfarrer befürchtete, sie könnten Paul Kuhn – der eine wahnsinnige Macht und eine große magische Kraft habe – mittlerweile hörig sein. Möglicherweise sei er dazu fähig, eine Massenhysterie zu erzeugen, die zum Tod führen könnte. Und tatsächlich waren nicht alle Kinder entzückt ob Kuhns Botschaft. Ein Mädchen verfiel beim Lesen der Botschaften des Gurus in einen schüttelfrostähnlichen Zustand.

Vorsorglich wies Paul Kuhn darauf hin, daß er keine Drohungen, sondern Botschaften – die übrigens an alle Schweizer Pfarrer gingen – verschickt habe, und Warnungen seien ja auch schon von den biblischen Aposteln ausgesprochen worden. Es ginge ihm nicht um Leiden, sondern um die »Hoffnung, die Reinigung und die Erlösung.« Derartige Erklärungen ließ Paul Kuhn grundsätzlich von seinem Rechtsanwalt verbreiten. Vom Weltuntergang habe er nie gesprochen, betonte der ehemalige Gemüsehändler. Der Esoterik-Ufologe verwies darauf, daß der Papst schließlich auch einst gesagt habe, der Mensch müsse sich auf große Prüfungen gefaßt machen, und er betonte ausdrücklich: »Nach Gottes Plan sollen alle Kinder gerettet werden, auch die hoffnungslosen.«[534]

Nach Polizeiangaben kam es am vormuttertäglichen Samstag – dem 7. Mai 1988 – zu Ausschreitungen gegenüber Angehörigen der St. Michaels-Vereinigung. Sogar Sachbeschädigungen wurden gemeldet.

Am selben Tag verbreitete die Sekte ein Kommuniqué, in dem es hieß, daß nie ein bestimmter Tag für das prophezeite Ereignis genannt worden sei. Vielmehr sei der 8. Mai als »ein internes Datum« zu betrachten, an dem Paul Kuhn »mit dem Verschwinden der Kinder rechne«. (Ein alter »Trick«, der bereits von den Zeugen Jehovas mit Erfolg angewendet worden war. Zunächst macht man durch die Nennung eines Datums auf sich aufmerksam, und wenn sich das Datum nähert, weist man darauf hin, daß man ja nie ein konkretes Datum genannt habe. Diesbezügliche Aussagen werden relativiert.)

Wie dem auch sei, am darauffolgenden Sonntag reisten Hunderte von Ausflüglern aus der gesamten Schweiz nach Dozwil. Die Besucher warteten auf das angekündigte Raumschiff von den Sternen, das die Kinder in ein UFO-Mutterschiff im Erdorbit bringen sollte, bevor sie an dem »wunderschönen Ort« landeten, wo sie dann auf ihre Eltern warten könnten.

Für die Dozwiler Kinder war klar: Nach dem 8. Mai würden sie nicht mehr zur Schule gehen. Bis zum Sonntagmittag war Dozwil überlaufen. Die Feuerwehr hatte die Straße zu dem turnhallenähnlichen Sektentempel mit einem Scherengitter abgesperrt, und ein Feuerwehrmann sorgte dafür, daß nur Fußgänger passieren konnten. Und die sammelten sich auch zahlreich um den

Tempel. An der Hauptstraße wurden Bratwürste verkauft, und die Dorfstraßen waren komplett zugeparkt. Es herrschte Jahrmarktsatmosphäre.

Am Abend kam es zu Ausschreitungen: Angetrunkene Jugendliche warfen mit Flaschen nach den Sektenanhängern – ähnlich wie es die Resslers zu spüren bekamen. Das Sektenanwesen wurde verwüstet und Autos der St. Michaelaner wurden zum Teil schwer beschädigt. Vier Sektengegner wurden festgenommen und eine Eskalation der Ereignisse verhindert. Die Sektenanhänger hätten sich nach Polizeiangaben ruhig verhalten und lediglich mit Menschenketten und quergestellten Autos den Zugang zum Kirchenareal verbarrikadiert.[535]

Nach dem Wochenende – die Raumschiffe waren natürlich nicht erschienen – entspannte sich die Lage in Dozwil. Die Festgenommenen wurden auf freien Fuß gesetzt, und der Prophet Paul Kuhn hielt keine weiteren Messen mehr ab, da er neue Ausschreitungen befürchtete. Der Dodzwiler Gemeindeamtmann Alfred Bauman erklärte gegenüber der schweizerischen *Bodenseezeitung:* »Ich habe bei weitem nicht damit gerechnet, daß es soweit kommen würde und daß das Volk so dumm sein kann.«[536]

Wie wir wissen, war diese Geschichte jedoch nicht die einzige ihrer Art. Alfred Baumann kann folglich beruhigt sein. Nicht nur die Schweizer sind so »dumm«. Auch in Deutschland, den USA und in vielen anderen Ländern der Welt spielen sich ähnliche Geschichten ab. Und: Das Ehepaar Ressler ist der festen Überzeugung (zumindest behaupten sie es), daß Jimmy nur wegen der unglücklichen Situation am Tag der vermeintlichen Landung nicht kam. Er wird aber sicher kommen, später, »im Frühjahr« 1999, sagten sie in einem Interview mit RTL2.[537]

Doch wo die Aliens landen werden, scheint eher in den Sternen zu stehen. Nach den Ereignissen am Haus der Resslers meldete die *Bildzeitung* Hamburg[538] unter der Überschrift *Abkassiert und in Luft aufgelöst,* daß die Resslers ihren ufologischen Heimathafen verlassen haben. Obwohl die Resslers angebliche Heilseminare für bis zu 2000 DM veranstalteten, hatten sie 10 000 DM Mietschulden und verschwanden, bevor der Gerichtsvollzieher kam. Grund waren sicher auch gegen die selbsternannten UFO-Kenner gerichtete Drohbriefe, die nach dem 12./13. April 1997 bei dem Ehepaar eingingen.

KAPITEL 18

UFO-Esoterik, Wahn oder Wirklichkeit?

Fragen an die UFO-Forschung

Haben die in diesem Buch vorgestellten Gruppen und Personen überhaupt etwas mit UFO-Forschung zu tun? Gibt es Überschneidungen zwischen dem, was die Esoteriker denken, und den Ansichten der UFO-Forscher?

Mario Ringmann von der Redaktion des Magazins *Unknown Reality*[539] hat verschiedenen UFO- und Paläo-SETI-Forschern zum Thema »UFO-Sekten« folgende sechs Fragen gestellt:

1. Sie beschäftigen sich nun schon seit vielen Jahren mit der UFO-Forschung. Haben Sie in diesem Zusammenhang bereits Begegnungen mit Anhängern der esoterisch-sektiererischen Sparte gehabt, und zählen Sie diesen Bereich auch zur UFO-Forschung?
2. Kann man UFO-Sekten zu den seriösen UFO-Forschern zählen?
3. UFO-Esoteriker haben praktisch keine Beweise für ihre Behauptungen. Warum ignorieren die Gläubigen die seriöse UFO-Forschung?
4. Der gemeinsame Nenner aller UFO-Sekten und Kontaktler ist der Glaube an eine Hilfe aus dem All. Sehen Sie hier einen boomenden Markt am Ende des 20. Jahrhunderts, der immer mehr leichtgläubige Menschen in seinen Bann zu ziehen droht?
5. Die UFO-Esoteriker haben sich zahlreiche Ideen der Paläo-SETI-These angeeignet. Ist also diese Theorie ein Sprungbrett ins Irreale, oder nehmen die Esoteriker einfach die Ansichten an, die in ihr Weltbild passen?
6. Es wurde wissenschaftlich bewiesen, daß es auf den Planeten unseres Sonnensystems kein intelligentes Leben gibt. Warum wird weiter daran geglaubt?

Interview mit Klaus Richter

Klaus Richter, 1965 in Saarbrücken geboren, wissenschaftlicher Mitarbeiter am Lehrstuhl für Deutsche Rechtsgeschichte und Bürgerliches Recht an der Universität des Saarlandes, ist Mitglied der Forschungsgesellschaft für Archäologie, Astronautik und SETI (A.A.S) und der Gesellschaft zur Erforschung außerirdischer Spuren, wo er als Redakteur des *G.E.A.S. FORUM* zum Themenbereich Astronomie tätig ist. Richter hielt zahlreiche Vorträge und ist Autor etlicher Fachartikel.

1. Ja, ich hatte Kontakt mit Anhängern der esoterisch-sektiererischen Sparte (GAP-Germany, MAA); nein, zur UFO-Forschung zähle ich nur die seriöse UFO-Forschung, wie sie z. B. Dr. Johannes Fiebag, MUFON und in gewissen Grenzen sogar CENAP betreiben. Man muß solche Gruppen im übrigen strikt fernhalten von der seriösen UFO-Forschung, will man, daß sie eines Tages von der »etablierten« Wissenschaft doch akzeptiert wird.

2. Diese »Kontaktler« sind in meinen Augen kein Bestandteil der seriösen UFO-Forschung. Ihre angeblichen Kontakte beruhen entweder auf krankhafter Psyche oder dem Gefühl, sich wichtig machen zu müssen; Voraussagen, die angeblich von Außerirdischen gemacht wurden, sind nicht eingetroffen. Johannes und Peter Fiebag haben hier ja ausführliche Untersuchungen vorgenommen.

3. Ihnen sind vielleicht im Leben gewisse Orientierungspunkte abhanden gekommen und sie suchen nun Halt in einem neuen Glauben – denn nichts anderes ist es. Was Wissenschaft und seriöse Forschung ermitteln, interessiert diese Leute nicht. Bestes Beispiel: Das Marsgesicht und sogar die Hohlerde haben heute noch ihre Anhänger. Oder man denke an das Turiner Grabtuch: Wenn wirklich feststeht, daß in diesem Tuch Jesus lag und er die Kreuzigung überlebt hatte, wird das die Leute keinesfalls daran hindern, weiterhin an die Auferstehung von den Toten zu glauben, und es wird auch weiterhin Ostereier geben.

4. Am Ende des 20. Jahrhunderts sehe ich hier tatsächlich einen »kommenden Markt« für das nächste Jahrhundert, zumindest in der ersten Phase. Das Ende des Jahrtausends ist nun mal von zahllosen unheilvollen Prophezeiungen begleitet, und viele Menschen springen in ihrer Angst darauf an, manche sind sogar bereit, dafür ihr Leben wegzuwerfen. Außerdem haben viele Menschen den christlichen Glauben verloren und sind orientierungslos, sind demnach leicht von Gruppen zu beeindrucken, die ihren Ängsten am ehesten entgegenkommen.

5. Letzteres ist meines Erachtens zutreffend. Außerirdische bieten sich natürlich besonders gut an, weil dieses Gebiet bislang noch keine greifbaren und unwiderlegbaren Forschungsergebnisse mit sich gebracht hat und demnach viel Platz für Phantastereien bietet. Aber es gibt offenbar Leute, die auf der Suche nach einem neuen Heil für sich selbst alles glauben, was ihnen »in den Kram paßt«. Es müssen nicht Außerirdische sein – man denke nur einmal an die unbefleckte Empfängnis oder den Glauben, der Anblick eines Kometen bringe Unheil mit sich.

6. Für Adamski waren Träumereien über die Venus in den Fünfzigern ohne Probleme möglich, weil damals kein Wissenschaftler wußte, wie es auf der Venus wirklich aussieht. Als uns dann die Bilder der ersten Raumsonden zeigten, wie es wirklich auf der Venus aussieht, hat man das Ganze kurzum auf andere »Dimensionen« verlegt und Geschichten von Vertuschungen und so fort erfunden, um die Klientel bei der Stange zu halten. Am übelsten ist in dieser Hinsicht die MAA.

Interview mit Ulrich Dopatka

Ulrich Dopatka, Schweiz, ist Diplombibliothekar an der Stadt- und Universitätsbibliothek Bern. Dopatka beschäftigt sich seit vielen Jahren mit den Thesen der Paläo-SETI und ist Autor zahlreicher Bücher zum Thema. Ulrich Dopatka war der erste, der zu den Ideen Erich von Dänikens ein umfangreiches Lexikon[540] veröffentlichte, das mittlerweile auch aktualisiert und erweitert vorliegt[541].

1. Nein, Gott sei Dank!
2. Nein, klar.
3. Es gibt mehr Idioten auf der Welt, als wir annehmen.
4. Ja, aber es werden weniger Prozent sein, uffffff, Gott sei Dank!
5. Die Antwort würde Bände füllen. Doch ich glaube, die Prä-Astronautik kann sich durch Argumente sauber- und realitätsbezogen halten.
6. Als Antwort könnte man wieder Bände schreiben. Sicher ist, daß leider Geheimhaltungen Tatsache sind. Der Fluch ist nur, daß darin ALLES hineininterpretiert wird...

Interview mit Ernst Meckelburg

Ernst Meckelburg ist einer der bekanntesten »grenzwissenschaftlichen« Autoren Deutschlands. Der Bestsellerautor und Wissenschaftsjournalist beschäftigt sich intensiv mit der UFO-Forschung und paranormalen Phänomenen, worüber er in zahlreichen Büchern berichtete. Seine beeindruckenden Arbeiten erregten große Aufmerksamkeit. Bekannt sind besonders *Besuch aus der Zukunft*[542], *Zeittunnel*[543], *Traumsprung*[544], *Zeitschock*[545] und *Hyperwelt*[546].

1. Ich habe viele »Phantasten« erlebt und kann beim besten Willen diese Leute nicht der wissenschaftlichen Ufo-Gemeinde zurechnen.
2. Ich kann leider nicht feststellen, daß die »Ufo-Forschung« (wer oder was ist das?) seit Jahren um Redlichkeit bemüht ist. Jedes Jahr ein neues Sensatiönchen, das schon bald darauf wie eine Seifenblase platzt: Roswell[547], die angebliche Ufo-Leiche[548], Area 51[549], Lazar[550], angebliche Abduktionen[551], Aliens unter uns usw. Dies ist alles nur Geschäftemacherei und hat nichts mit Seriosität zu tun.
3. Gegenfrage: Wie konnten so viele Menschen all diesen unappetitlichen Parteien seit den dreißiger Jahren folgen? »...Tausende von Schmeißfliegen können sich nicht irren!«
4. Ja, den sehe ich. Die menschliche Dummheit ist unausrottbar!
5. Im Prinzip habe ich nichts gegen die Prä-Astronautik. Nur habe ich meinem Freund Erich von Däniken schon vor Jahren gesagt, daß ich weniger an ausgesprochene Außerirdische, sondern mehr an Außerzeitliche glaube. Die

jüngste Ufo-Konferenz in New York scheint mir recht zu geben. Niemand glaubt mehr so recht daran, daß es sich bei Ufos um Außerirdische handelt. Und das behaupten wissenschaftlich argumentierende Ufologen mit ihren unwiderlegbaren Beweisen, die selbst dort beteiligte Top-Kritiker beeindruckt haben. Viele waren der Meinung, das Ufo-Phänomen existiere und müsse wissenschaftlich untersucht werden, aber es seien keine Außerirdischen. Das Phänomen wurzelt tiefer... und ich habe das besonders in meinen Büchern »Zeittunnel« und »Zeitschock« angesprochen.

6. Weder die Vertreter der sogenannten »wissenschaftlichen Lehre« noch die Esoteriker haben recht, da alle von der falschen Einstellung zur Realität ausgehen. NASA-Mathematiker wollen aufgrund gewisser Anomalien auf den Planeten unseres Sonnensystems festgestellt haben, daß diese, die Sonne und offenbar alles Materielle nur Projektionen aus einer höheren Dimensionalität sind. Wir leben offenbar in einer Scheinwelt oder »Traumwelt«, und hier findet man wiederum Anknüpfungspunkte zur Paraphysik. Ich werde hierüber demnächst in einer neuen, umfassenden Publikation berichten.

Interview mit Dr. Helmut Lammer

Dr. Helmut Lammer ist studierter Astronom und Geophysiker, arbeitet in der Weltraumforschung und publiziert international. Dr. Lammer ist Mitglied der UFO-Forschungsorganisation MUFON-CES (»Mutual UFO Network-Central European Section«, etwa: UFO – Austauschnetz – mitteleuropäische Sektion). Von ihm sind bisher die vielbeachteten Bücher *UFO Geheimhaltung*[552], *UFO Nahbegegnungen*[553] (beide zusammen mit Dipl.-Ing. Oliver Sidla) und *Verdeckte Operationen*[554] (zusammen mit Marion Lammer) erschienen.

1. Wenn man sich mit UFOs beschäftigt, kommt man zwangsläufig mit Anhängern der esoterisch-sektiererischen Sparte des UFO-Phänomens in Berührung. Leider treten solche Personen immer häufiger in TV-Talk-Shows auf, da die TV-Verantwortlichen keine Unterschiede zwischen Personen mit UFO-Entführungserlebnissen und Kontaktlern machen bzw. kennen. Aufgrund dieser Tatsache werden Talk-Shows immer öfter für die Verbreitung von Kontaktler-Irrlehren verwendet, wobei sich die Programmgestalter nicht bewußt sind, daß es sehr viele Zuschauer gibt, die diese Kontaktlergeschichten für wahr halten. Ich zähle diese UFO-Anhänger nicht zur wissenschaftlichen UFO-Forschung, da sie ein gesellschaftlich-soziologisches Phänomen darstellen und den Sinn des Lebens im UFO-Glauben suchen.

2. Die Geschichten der UFO-Kontaktler haben ihren Ursprung in ihren persönlichen Sehnsüchten und Wünschen. In einer immer komplizierter werdenden technisierten, von der Wissenschaft geprägten High-Tech-Welt finden diese Bewegungen einen starken Zulauf, da viele Menschen den Anschluß in dieser

Welt verloren haben. Umweltzerstörung und ein von Materialismus geprägtes Weltbild tragen ebenfalls dazu bei, daß viele Leute ihre innersten Wünsche zu Botschaften formulieren, nach außen kehren und als die Lehren der Weltraumbrüder verkaufen. Diese Wünsche und Botschaften haben natürlich mit seriöser UFO-Forschung nichts gemeinsam, da die Anschauung dieser Anhänger dogmatisch orientiert und glaubensbedingt ist.

3. Viele Anhänger der UFO-Kontaktler haben nicht die nötige Bildung und fallen deshalb immer wieder auf geschäftstüchtige Scharlatane herein, die in ihren Büchern und Magazinen die Aufdecker der Fälschungen als die Bösen darstellen, die verhindern möchten, daß die Welt die Botschaften der Weltraumbrüder erfährt.

4. Diese Frage kann man mit einem klaren Ja beantworten.

5. Für diese Entwicklung – die Naturwissenschaft ablehnt – kann man die Naturwissenschaften mitverantwortlich machen, weil man einige sehr wohl existierende gegenwärtig nicht erklärbare Phänomene und archäologische Rätsel in unserer Vergangenheit ignoriert. Aufgrund dieser Ignoranz beginnen viele Menschen, unterstützt durch skrupellose Geschäftemacher, ein wissenschaftsfeindliches Weltbild aufzubauen, in dem wie in den mittelalterlichen Weltanschauungen jeder Zauber erlaubt ist.

6. Bevor die Raumsonden unser Sonnensystem erforschten, behaupteten die Kontaktler, daß sie Wesen von der Venus und anderen Planeten trafen. Diese Geschichten wurden publiziert und fanden ihre Käufer und Anhänger. Als man wußte, daß die Planeten unbewohnt und nicht lebensfreundlich sind, führte man unüberprüfbare zusätzliche Dimensionen ein, um die Geschichten weiter verbreiten zu können.

Interview mit Uli Thieme

Uli Thieme, Dipl.-Graphiker, ist Mitglied der G.E.P. e.V. und der skeptischen UFO-Forschungsorganisation CENAP. Thieme ist Autor mehrerer Artikel zum UFO-Phänomen und Verfasser der beachtenswerten Publikation *50 Jahre Roswell – Ein UFO-Mythos stürzt ab*[555], in dem der Autor den Fall Roswell kritisch analysiert.

1. Zu den Anhängern der esoterisch-sektiererischen Sparte hatte ich bislang noch keinen Kontakt. Meiner Meinung nach zählt diese Sparte auch zu der UFO-Forschung, allerdings im erweiterten Sinne. Denn die Forschung sollte sich hierbei auf das Phänomen der UFO-Sektenbildung konzentrieren und weniger darauf, ob ein vom Sektenmitglied X fotografiertes UFO irgendwelchen außerirdischen Antrieb besitzt. Oder darauf, wie die Fotofälschung bewerkstelligt wurde.

2. Ein klares Nein!

3. Es wäre eigentlich eine interdisziplinäre Aufgabe, dies zu analysieren. Da ich hier kein Experte bin, kann ich nur vermuten, daß Personen mit einer gestörten Psyche versuchen, ihren Problemen auf diese Art zu entkommen. Sie suchen ihr Heil und ihren Halt darin, daß Außerirdische sie erlösen, bzw. ihnen »den Weg« zeigen werden. Der spürbare Vertrauensverlust und der (berechtigte) Zweifel an überholten klerikalen Dogmen und Weltanschauungen hinterläßt bei vielen labilen Menschen ein Vakuum bei der Frage nach dem »Sinn des Lebens«. Anstelle herkömmlicher »Seelenauffanglager«, wie z. B. der Kirchen, übernimmt bei diesen Menschen die »ufologische Sekte« den Part des Spenders von Geborgenheit und Zuversicht.

4. Ich glaube nicht, daß der Markt noch weiter boomen wird, da zwischenzeitlich doch die Aufklärung über all den UFO-Nonsens die ersten Früchte trägt. Das heißt allerdings nicht, daß das Interesse an UFOs verschwinden wird, denn die Yellow Press, diverse private TV-Sender und unseriöse UFO-Verlage werden schon dafür sorgen, daß »ungewöhnlich finanzkräftige Objekte« weiterhin am business-Himmel auftauchen.

5. Ich glaube schon, daß die prä-astronautische These ein Sprungbrett zu ufologischem Irrglauben sein kann, wenn alles kritiklos übernommen wird. Ich selbst bin ja auch über die Thesen von Charroux[556] und von Däniken bei der Ufologie gelandet und weiß aus eigener Erfahrung, wie leicht man als unerfahrener, gutgläubiger Jugendlicher auf irgendwelche »Forscher« hereinfällt. Für mich stellt sich hier deshalb nicht die Frage, ob die »Konsumenten« der prä-astronautischen Thesen selbst schuld haben, ob sie darauf hereinfallen oder nicht, und somit aus Opfern Täter werden. Nein, es sollten vielmehr die nachgewiesenen Falschmeldungen und vor allem die Scharlatane, die diese Falschmeldungen skrupellos verbreiten, in der Öffentlichkeit angeprangert werden – und zwar knallhart und nicht nach dem Motto »Aber irgendwie ist er doch ein ganz netter Bursche«. Denn diese Scharlatane sind ja schließlich die »Täter«, die durch die Veröffentlichung der Falschmeldungen dazu beitragen, daß Leute in einen ufologischen Irrglauben abheben.

6. Ich bezweifle, daß diejenigen, die die Themen der Esoteriker und die eines weltumspannenden »Cover-up« verbreiten, überhaupt so weit denken, um taktisch oder strategisch vorzugehen, und so der irdischen Wissenschaft das Vertrauen entziehen wollen. Ich glaube eher, daß das primäre Interesse dieser Leute ein ganz banales ist: der eigene finanzielle und/oder persönliche Profit. Entweder handeln diese Personen aus rein wirtschaftlichem Interesse, weil sie von dieser profitablen Einnahmequelle ganz gut leben können, oder produzieren sich aus rein narzißtischen Beweggründen oder aufgrund irgendwelcher Minderwertigkeitskomplexe gerne in der Öffentlichkeit und treten deshalb selbstverliebt auf Veranstaltungen, Konferenzen oder im TV auf.

Interview mit Peter Krassa

Peter Krassa, Österreich, ist seit ca. 30 Jahren im grenzwissenschaftlichen Bereich forschend und schreibend tätig. Der Schriftsteller veröffentlichte über seine Arbeiten etwa 20 Bücher, in denen er sich mit den Thesen der Paläo-SETI und anderen Bereichen beschäftigt. Zu den letzten Arbeiten von Krassa zählen *Das Licht der Pharaonen*[557], *Die Palmblatt-Bibliothek*[558] (zusammen mit Reinhard Habeck), *Tunguska*[559], *Satelliten der Götter*[560] (zusammen mit Hartwig Hausdorf), *Gott kam von den Sternen*[561], und *Dein Schicksal ist vorherbestimmt*[562].

1. Begegnungen mit Verfechtern der »reinen UFO-Lehre«, sprich: esoterisch-sektiererischer Art, hatte ich im Laufe der vergangenen Jahre immer wieder. Nicht zuletzt ließ ich mir seinerzeit (ist schon viele, viele Jahre her) die Gelegenheit nicht nehmen, auch das »Guru-Ehepaar« Karl und Anny Veit in Wiesbaden-Schierstein aufzusuchen, die damals ja noch als Herausgeber und Verleger der *UFO-Nachrichten* fungierten. Generell aber (und darum geht es ja bei der Frage 1) halte ich diese religiös-verbrämte Abart des »UFO-Glaubens« natürlich nicht für einen Beitrag zu der seriösen UFO-Forschung.

2. Daß sich nicht wenige naive Menschen der sogenannten Kontaktler-Szene zuwenden bzw. zugewandt haben, läßt sich dahingehend erklären bzw. deuten, daß derartige »Beweise« von angeblichen Begegnungen mit Venusiern oder sonstigen Planetenbewohnern am ehesten dem Verständnis der einfach gestrickten Vorstellungen der davon angesprochenen Gläubigen zu entsprechen vermag. Für solche Mitmenschen bedeutet diese in den meisten Fällen eine Art Ersatz-Religion. Sie wollen ja an etwas glauben, und wenn schon konfessionelle Vorstellungen womöglich irgendwann einmal enttäuscht wurden (die Kirche also versagt hat) – warum dann nicht auf außerirdische »Heilbringer« warten und hoffen?

3. Frage 3 ist faktisch bereits mit Frage 2 beantwortet.

4. Bezüglich des anscheinend festen Kerns von UFO-Sekten und Kontaktlern scheint es mir angebracht, auf einen für diese Kreise wesentlichen Umstand hinzuweisen: Nur noch 18 Monate trennen uns heute von der Jahrtausendwende. Damit einher gehen für diese naiven Leichtgläubigen zwei ihrer Meinung nach epochale Ereignisse – entweder der unaufhaltsame Weltuntergang oder aber die uns »von oben« beglückende »Erlösung« von allem Übel! Wir gleiten nunmehr in nicht mehr ganz zwei Jahren vom 20. ins 21. Jahrhundert – somit also ins 3. Jahrtausend – hinüber. Zu allen Zeiten bedeuteten solche Übergänge scheinbar Gravierendes. Untergangspropheten erhoben ihre Stimme, religiöse Fanatiker verkündeten die Ankunft Jesu und den Beginn eines neuen »himmlischen« Zeitalters. Tatsächlich aber wird alles so kommen wie gehabt: Wie schon bisher wird sich die Welt weiterdrehen, und wir Menschen werden auch weiterhin in Unvernunft ver-

harren. Es wird größere und kleinere Kriege geben, Neid, Mißgunst und Haß – aber auch erfreuliche Geschehnisse da und dort. Wie schon bisher. Vielleicht wird es einmal den so hartnäckig behaupteten »Weltuntergang« irgendwann tatsächlich geben – nur: wann das sein wird, wissen wir nicht. Und sollte es eintreten, werden wir darauf mit großer Wahrscheinlichkeit nicht vorbereitet sein.

5. Daß sich die Verfechter derartiger pseudo-religiöser Hirngespinste jedweden Gedankengutes bemächtigen, das ihrer Sache – wie sie meinen – nützlich sein kann, läßt sich (aufgrund gemachter Erfahrungen) nicht leugnen. Natürlich machen diese Fanatiker auch vor Überlegungen der sogenannten Prä-Astronautik nicht halt. Deshalb sollten wir, die wir uns ernsthaft und mehr oder minder seriös mit der Möglichkeit auseinandersetzen, wonach uns intelligenzmäßig überlegene außerirdische Raumfahrer irgendwann einmal bereits besucht haben könnten, alles tun, um uns 1. von jenen »Channelern« und »Kontaktlern« deutlich zu distanzieren und 2. deutlich gegenüber der zumeist ahnungslosen Öffentlichkeit aufzuzeigen, daß weder wir noch die hierfür geschaffene »Forschungsgesellschaft für Archäologie, Astronautik und SETI (A.A.S.)« uns in das »Fahrwasser« solcher »Weltraumspinner« begeben werden. Auch hier erscheint es mir nützlich, nach einer die anderen überzeugenden Methodik vorzugehen, die da lautet: »Der Ton macht die Musik.«

6. Auch wenn ich davon überzeugt bin, daß verschiedene Regierungen in Verbindung mit ihren Geheimdiensten manche, vielleicht überraschende Wahrheit »unter den Teppich gekehrt« haben (was durchaus, z. B. Roswell, auch »außerirdische Ereignisse« enthalten könnte), bin ich im Grunde keineswegs der »Lehrmeinung«, wonach es auf fast allen Planeten unseres Sonnensystems keinerlei Anzeichen für intelligentes Leben gibt, und auch Mars und Venus – zumindestens jetzt – unbesiedelt sind. Wie es dort vor Jahrhunderttausenden oder gar Jahrmillionen ausgesehen haben mag, bleibt in diesem Zusammenhang allerdings dahingestellt. Vielleicht gab es dort Leben. Für pseudo-religiöse Spinner und »Wunschdenker« ist dies bekanntermaßen jedoch kein Hindernis. Sie »transferieren« bzw. »ferierten« ihre »Weltraumbrüder« und »-schwestern« einfach auf eine höhere »Daseinsebene«, die wir »gewöhnlichen Sterblichen«, mangels Intellekt, nun einmal nicht zu erkennen vermögen. So einfach ist das. Wer solchen Unsinn verkündet, ist aber, wie jederzeit in diversen okkultistisch und esoterisch verbrämten Gazetten nachgelesen werden kann, sehr hartnäckig. Das Motto lautet: Wenn man eine Sache nur oft und laut genug – und in beharrlicher Weise – verkündet, wird davon schon irgend etwas bei den (vorderhand noch) »Ungläubigen« hängenbleiben. Die engstirnigen Anhänger und Verfechter solcher »Wahrheiten« sind für wissenschaftlich fundierte Erkenntnisse ohnehin nicht empfänglich. Sie wollen nichts weiter als glauben.

Interview mit Viktor Farkas

Viktor Farkas, Österreich, ist freischaffender Schriftsteller, Journalist und in der internationalen Werbebranche tätig. Farkas ist Autor zahlreicher erfolgreicher Bücher zu paranormalen Phänomenen und der Paläo-SETI wie *Lasset uns Menschen machen...*[563] (zusammen mit Peter Krassa), *Wer beherrscht die Welt?*[564], *Rätselhafte Wirklichkeiten*[565] und *Jenseits des Vorstellbaren*[566].

1. Wer hat noch keine Begegnungen mit UFO-Sektierern gehabt, wenn er sich mit der Materie beschäftigt? Da ich die Sache wie in meinen Büchern primär rational-naturwissenschaftlich angehe (was kühne Spekulationen bis tief in den Bereich des Phantastischen – aber nicht Absurden – beinhaltet), rangieren für mich gechannelte Botschaften von Lichtschifflenkern oder Raumbrüdern fast schon im Bereich des Religiösen, den ich selbst bei der UFO-Forschung ausklammere.

2. Berichten von persönlichen UFO-Kontakten stehe ich aufgeschlossen gegenüber, allerdings mit der Einschränkung, daß beispielsweise Begegnungen mit Venusiern sich einer »materiellen« Analyse entziehen, da dort ja bekanntlich 500 Grad Oberflächentemperatur herrschen. Daß Aliens die Menschheit vor ihrem globalen Totentanz warnen, ist sicher denkbar (abgesehen davon, daß es für uns selbst ohnedies erkennbar ist, wie verbissen wir auf unseren Untergang hinarbeiten). Weitergedacht wäre es vorstellbar, daß Aliens wissen, daß unsere Zivilisation in ihrer gegenwärtigen Form nicht überleben kann, und möglicherweise mit Regierungen oder sonstwem geheim kooperieren, um zu retten, was zu retten ist (eine Überlegung, die ich in meinem Buch *Wer beherrscht die Welt?* umfassend ausgeführt habe).

3. Die katastrophale menschliche Geschichte ist eine derartige Kette von Beweisen für die irrationale Begeisterung, mit der geglaubt wird, was man glauben will – egal wie offensichtlich falsch es auch sein mag –, daß sich jeder weitere Kommentar erübrigt. Vielleicht nur der, daß der Homo sapiens eben eine fehlerhafte Spezies mit eingebautem Selbstzerstörungsmechanismus zu sein scheint.

4. Wie groß das Bedürfnis nach »Hilfe aus dem All« an der Schwelle zum einundzwanzigsten Jahrhundert ist – verglichen mit dem sich das unglaublich bluttriefende zwanzigste Jahrhundert geradezu als idyllisches Schäferspiel erweisen dürfte –, zeigt nicht nur der boomende Esoterik-, UFO-, etc. -Markt. Man muß wahrscheinlich nicht einmal extrem leichtgläubig sein, um jedes noch so schwache Indiz begierig aufzugreifen, daß Außerirdische herbeieilen könnten, um den Karren aus dem Dreck zu ziehen, in den wir ihn nach wie vor hineinfahren. Dessenungeachtet gibt es natürlich Grenzen zwischen Wunschdenken und Unsinn.

5. Der Bereich der Prä-Astronautik ist ein weites Feld, auf dem sich – wie anderswo auch – seriöse Forscher neben Wirrköpfen tummeln. Erstere weisen auf Ungereimtheiten in der menschlichen Frühgeschichte hin und bieten

Interpretationen an, die oft genug weniger gekünstelt sind als die der offiziellen Wissenschaftsdisziplinen. Daß eine Verwandtschaft zwischen Prä-Astronautik und UFOlogie besteht (einschließlich der These, Außerirdische könnten uns überhaupt »gemacht« haben), liegt auf der Hand. Diese Verbindung hat sich immer schon auch in der Science-fiction-Literatur niedergeschlagen. Anhänger der Prä-Astronautik wie UFOlogen müssen sich wohl den Vorwurf der Realitätsverweigerung gefallen lassen, wenn sie sich verbissen an bereits widerlegte Thesen klammern, wobei allerdings anzumerken ist, daß dergleichen auch bei seriösen Wissenschaftlern immer wieder anzutreffen war und ist, denen man das allerdings weit weniger ankreidet als Erforschern des Unbekannten.

6. Es ist unbestritten, daß in unserem Sonnensystem nur die Erde intelligentes Leben, wie wir es verstehen, hervorgebracht hat (andere Dimensionen, Seinsebenen oder ähnlich Unbegreifbares einmal beiseite gelassen). Was nun die Vermutung betrifft, einige Regierungen würden Desinformationskampagnen betreiben, um eine Zusammenarbeit mit Aliens zu vertuschen, um einen Vertrauensverlust in die klassische Wissenschaft zu bewirken oder um andere sinistre Absichten zu verfolgen, so wird wahrscheinlich bereits die nahe Zukunft eine definitive Antwort geben. Wie sie aussehen könnte, versuchte ich übrigens in meinem Buch *Wer beherrscht die Welt?* vorwegzunehmen – neben der Beantwortung vieler anderer verwandter Fragen.

Interview mit Walter-Jörg Langbein

Walter-Jörg Langbein, studierter Theologe, beschäftigt sich seit rund 20 Jahren mit der Idee der Paläo-SETI. Langbein hält hierüber im In- und Ausland zahlreiche Vorträge und ist Autor vieler erfolgreicher Sachbücher. Die bekanntesten Titel des Bestsellerautors sind *Astronautengötter*[567], *Die großen Rätsel der letzten 2500 Jahre*[568], *Das Sphinx-Syndrom*[569], *Bevor die Sintflut kam*[570] sowie die Neuerscheinungen *Geheimnisse der Bibel*[571], *Götter aus dem Kosmos*[572], *Magische Welten* und *Geheimnisvolles Wissen*[573].

1. Im Verlauf meiner schriftstellerischen Tätigkeit begegneten mir immer wieder Menschen, für die ganz ohne Zweifel die Frage nach außerirdischen Besuchern geklärt ist – und zwar in geradezu religiösem Sinne. Sie erwarten schlichtweg das Heil von den Besuchern aus dem All. 1979 etwa hielt ich einen Vortrag in Wiesbaden und erschrak angesichts der Verblendung relativ vieler Menschen, die entsetzt sind ob der Probleme, die wir Menschen auf unserem Planeten haben, und die glauben, daß engelartige Außerirdische uns beistehen, ja alle unsere Probleme lösen werden. Ich zähle diesen Bereich nicht zur seriösen UFO-Forschung. Esoterisch-sektiererisches UFOtum aber

ist eine Herausforderung an uns, die wir uns ernsthaft mit dem Thema »Wird die Erde von fremden Intelligenzen besucht?« beschäftigen. Wir dürfen weder verdammen noch lächerlich machen. Wir müssen informieren. Wir müssen klarmachen, daß nichts dafür spricht, daß die außerirdischen Besucher aus den Tiefen des Alls gekommen sind, um für uns »Erdlinge« die Probleme zu lösen. Das müssen wir schon selbst tun!

2. Nein. Aber die seriöse UFO-Forschung muß auf derlei Behauptungen eingehen – mit klar formulierten, logischen Argumenten. Es geht dabei nicht darum, ob wir glauben, daß die Erde von Außerirdischen besucht wird. Wir müssen ernsthaft den Versuch unternehmen, mit seriösen Mitteln Fakten zu erkennen. Meiner Meinung nach ist die totale Anti-Haltung (»Ich glaube nicht an UFOs, also gibt es keine!«) in ganz ähnlicher Weise sektiererhaft wie die Pro-Haltung, die in jedem Leuchtkäfer in der Nacht ein UFO erkennen will.

Wenn wir von Sektierertum im Zusammenhang mit der UFO-Forschung sprechen, dann darf nicht nur in die eine Richtung gesehen werden. Totale Ablehnung mißachtet Fakten und ist nicht seriös. Wenn Professor Kaminski gar behauptet, daß es nur auf der Erde Leben gibt und sonst nirgendwo im Universum, dann ist das genauso unwissenschaftlich wie zu sagen: »Die Sonne dreht sich um die Erde.«

3. Grundsätzlich möchte ich unterschieden wissen zwischen Channelling und Kontaktlern. Channelling spielt sich nur im Kopf ab und läßt sich letztlich nicht beweisen. Außerdem wurde schon unglaublicher Blödsinn »gechannelt«, so daß höchste Vorsicht angeraten werden muß. Kontaktler müßten theoretisch ihre Begegnungen schon eher beweisen können. Tatsächlich kann man darüber streiten, welche Kontaktler glaubhafter sind als andere. Nun zu der eigentlichen Frage. Wir leben in einer Zeit, in der – und das ist erfreulich – mehr Wissen über mehr Themen denn je zuvor angehäuft wurde und wird. Bloß kann der Laie mit diesem Wust an Fakten nichts mehr anfangen, er ist überfordert. Er fühlt sich leicht verunsichert, weil er die Welt nicht mehr zu verstehen meint. Aus dieser Unsicherheit heraus wird er anfällig für Ideologien, die ganz einfache »Wahrheiten« anbieten. Solche Menschen sind dann auch für simpel gestrickte UFO-Sektierer anfällig – oder für religiöse oder politische Fanatiker.

4. Es ist eine Tatsache, daß die Menschen zunehmend nicht mehr an die Autoritäten von früher glauben. Viele Menschen trauen etwa weder den Kirchen noch den Politikern zu, daß sie Menschen aus mißlichen Situationen helfen können. In dieser Situation haben alle Zulauf, die autoritär »einfache Lösungen« bieten: autoritäre, fundamentalistische religiöse Sektierer, politische Extremisten und auch UFO-Sektierer. Solchen Rattenfängern kann man nur auf eine Art begegnen: mit Informationen dazu beitragen, daß sie erst gar keinen Zulauf bekommen. Wichtig ist es, den Möchtegern-Sektenführern jeder Art mit Informationen zu begegnen.

Wer etwa aus Prinzip behauptet, daß es keinerlei Besuche von Außerirdischen auf der Erde gibt, weil es solche Kontakte nicht geben darf, der trägt letztlich dazu bei, daß die UFO-Sektierer erstarken. Wer stark vereinfachte Weltbilder anbietet, der darf sich nicht wundern, wenn das dazu beiträgt, daß andere, gleichfalls extrem simplifizierte Weltbilder für viele akzeptabel werden. Konkret: »Es gibt auf der Erde keine Besucher aus dem All, weil ich daran nicht glauben will« und »Die UFO-Leute werden uns, die wir daran glauben, retten – weil ich das so glauben will« sind Aussagen, die beide geeignet sind, zur Bildung von sektiererhaften Gruppen zu führen.

Ja, wir leben in einer Zeit, in der verunsicherte Menschen verzweifelt nach Antworten suchen. Die »alten Autoritäten« haben an Glaubwürdigkeit verloren. Auf allen Gebieten – auch in der UFO-Szene – muß durch Informationsverbreitung alles dafür getan werden, damit Sektierer und Demagogen jeder Art keine Chance haben.

5. Seriöse Prä-Astronautiker bieten keinen sektiererhaften Religionsersatz an. Im Gegenteil, sie wirken einem solchen Treiben bewußt entgegen – etwa den UFO-Heilslehren. So schrieb ich im Nachwort meines Buches *Bevor die Sintflut kam*: »Irdische Probleme gibt es ja auch genug. Nur: Wir müssen sie selbst aus der Welt schaffen, dürfen uns nicht auf angebliche Heilsbringer aus dem All verlassen. Denn die kosmischen Besucher haben, das zeigt die Jahrtausende währende Geschichte ihrer Präsenz auf der Erde, nie helfend eingegriffen. Sie haben stets nur beobachtet.«

Prä-Astronautische Erkenntnisse werden allerdings gelegentlich mißbraucht, von Menschen, die sektiererhaft Anhänger um sich scharen wollen. Ich denke dabei zum Beispiel an den Franzosen Claude Vorilhon, der sich als eine Art Prophet berufen fühlt. Ich habe mit dem Herrn am 24. 4. 1985 diskutiert. Ich habe klar gemacht, daß er meiner Meinung nach Prä-Astronautik mißbraucht, um Anhänger um sich zu scharen. *Radio 1*, München, hat damals live übertragen.

Ich habe in den vergangenen zwanzig Jahren immer wieder deutlich gemacht, daß ich von der sektiererhaften »Verwertung« prä-astronautischer Ideen überhaupt nichts halte. Nur: Es geht hier um einen Mißbrauch der Prä-Astronautik. Falsch wäre es, die Prä-Astronautik zu verdammen, weil manche ihrer Thesen mißbraucht werden. Wir Prä-Astronautiker müssen aber immer wieder darauf hinweisen, daß unser Gedankengebäude – unvoreingenommen betrachtet – nicht dazu geeignet ist, irgendwelche Heilslehren zu begründen. Wer das dennoch tut, der hat vielleicht keine Ahnung. Oder, was schlimmer wäre, er treibt Schindluder mit einer meiner Ansicht nach wichtigen Idee.

Man darf aber den Mißbrauch nicht der Prä-Astronautik anlasten. Prä-astronautische Gedanken können verfälscht werden. Das heißt aber noch lange nicht, daß die Prä-Astronautik selbst falsch ist. Wir wissen alle, daß es echte

Geldscheine und gefälschte gibt. Niemand käme auf die Idee, man müsse jegliches Geld abschaffen, weil es Blüten gibt.

6. Vor Jahrzehnten, als es noch keine durch die Raumfahrt bewiesenen Erkenntnisse über die anderen Planeten unseres Sonnensystems gab, war es leicht, Behauptungen über Lebewesen auf diesen Welten aufzustellen. Das taten auch – meine ich – einige Wichtigtuer und Betrüger. Als ihre Märchen eindeutig widerlegt wurden, als eindeutig erwiesen war, daß etwa auf der »Hölle« Venus kein Leben existieren kann, wurde ein Ausweg gefunden. Man ersann »andere Dimensionen«, die ja in keiner Weise wissenschaftlich-materiell erfaßt werden können. So war es möglich geworden, selbst absurdeste Behauptungen aufzustellen, die einfach nicht widerlegt werden können.

Die absurden Behauptungen werden weiter aufrechterhalten. Warum? Schwer zu sagen. Es gibt wohl die unterschiedlichsten Motive. Manche Sektierer mögen inzwischen selbst an die Produkte ihrer blühenden Phantasie glauben. Andere lügen vielleicht bewußt weiter, um ihre Anhängerschaft nicht zu verlieren. Darüber kann man letztlich nur spekulieren. Ich glaube aber nicht, daß hier der bewußte Versuch gezielt unternommen wird, esoterischen Anhängern endgültig das Vertrauen in die irdische Wissenschaft zu nehmen. Meiner Meinung nach ist vielmehr fehlendes Vertrauen in die herkömmlichen Wissenschaften erst die Voraussetzung dafür, daß man etwa an Leben auf anderen Dimensionsebenen der Venus glaubt.

Jetzt muß ich aber einem drohenden Mißverständnis vorbeugen: Natürlich ist es nicht auszuschließen, daß es tatsächlich andere Dimensionen als die unsere gibt, die wir freilich nicht wahrnehmen können. Sie lassen sich streng wissenschaftlich weder beweisen noch widerlegen. Vielleicht gibt es sogar tatsächlich Menschen, die solche Dimensionen, die dem Rest der Menschheit verschlossen bleiben, wahrnehmen können. Insekten und Fledermäuse sehen die Welt ja auch ganz anders als wir. Also darf man trotz allem nicht behaupten, daß nur die Welt, so wie wir sie wahrzunehmen in der Lage sind, die einzig wahre Welt ist.

Wenn es diese anderen Dimensionen gibt, dann sind wir nicht dazu in der Lage, gesicherte Erkenntnisse darüber zu gewinnen. Speziell in Amerika gibt es zahlreiche Anhänger von Verschwörungstheorien. Böse Mächte belügen demnach aus bösen Motiven die Weltöffentlichkeit. Teilweise weisen manche Vertreter solcher Thesen schon psychopathische Störungen auf. Dessenungeachtet läßt es sich aber nicht bestreiten, daß immer wieder gezielt gelogen und vertuscht wurde. So gibt es für mich keinen Zweifel, daß in Sachen UFOs seit Jahrzehnten eine Politik der Geheimniskrämerei und der Vertuschung praktiziert wurde und wird.

Warum? Darüber kann man nur spekulieren. Zu Zeiten des kalten Krieges zwischen Ost und West waren beide Seiten daran interessiert, in den Besitz außerirdischer Technologie zu kommen. Es ging konkret um militärische

Vormacht. Und wer in den Besitz außerirdischer Technologie kommen würde, der mußte doch der anderen Seite überlegen sein. Wenn dies 1947 den Amerikanern gelungen sein sollte, dann kann ich es gut nachvollziehen, daß man das vor den Russen geheimhalten wollte. Oder man hat's den Russen diskret mitgeteilt, der Öffentlichkeit aber verschwiegen – warum auch immer. Um eine Panik zu vermeiden oder aufgrund von Gefahren, die von außerirdischer Technologie in Menschenhand ausgehen mag.

Die aktuelle UFO-Forschung hat hinlänglich bewiesen, daß viele Erkenntnisse über das UFO-Phänomen der Öffentlichkeit vorenthalten wurden und auch noch werden. Daran gibt es für mich keinen Zweifel. Daran ändert auch keine Diskussion über die möglichen Motive der Geheimniskrämer etwas. Wichtig ist nur, daß endlich die Fakten über UFOs publiziert werden, etwa von den US-Behörden. Denn solange diese Politik der Volksverdummung praktiziert wird, so lange wird es die absurdesten Theorien über Verschwörungen geben.

Interview mit Reinhard Habeck

Reinhard Habeck, Österreich, ist Illustrator, Karikaturist und Autor mehrerer Sachbücher und Buchbeiträge zu UFOs und grenzwissenschaftlichen Themen. Der Autor legte neben *Das Licht der Pharaonen* und *Die Palmblattbibliothek* (beide zusammen mit Peter Krassa) zuletzt seine Arbeiten *UFO – Das Jahrhundertphänomen* und *Das Unerklärliche*[574] vor.

1. Die Beschäftigung mit UFO-Erscheinungen ist zu einer Art Glaubenskrieg geworden. Endzeitpropheten haben Hochkonjunktur. Esoterische UFO-Zirkel versprechen die Rettung vor der Apokalypse. Ich bedaure diese Entwicklung sehr, denn die wissenschaftliche Erforschung rätselhafter Himmelserscheinungen gehört keineswegs in den esoterischen Bereich. Mir ist das Thema zu wichtig, um es fanatischen UFO-Sekten oder religiösen Eiferern zu überlassen. Man kann vor solchen Gruppierungen nur warnen. Sie behindern und erschweren leider eine wissenschaftliche UFO-Untersuchung, da in der Öffentlichkeit der falsche Eindruck entsteht, jeder, der sich um die Klärung der UFO-Frage bemüht, müsse automatisch ein Spinner sein. Natürlich habe auch ich, etwa bei Vortragsveranstaltungen oder durch dubiose Briefe, unliebsame Bekanntschaft mit Apokalyptikern und Sensationssuchern machen müssen. Ein Beispiel möchte ich Ihren Lesern nicht vorenthalten. So heißt es auszugsweise in einem reizenden Schreiben (der Verfasser ist mir namentlich bekannt), das mich kürzlich erreichte, wörtlich inklusive sprachlicher Fehler:

»...Sie sind ein Gefallener, den nur das könnte für mich erklären, was sie beabsichtigen, Sie sind einer der Heuchlerischen Individuen der Venusier, kurz Sie sind ein HIV! Ja, das sind Sie und geben Sie es doch zu, daß Sie ein Manipulator sind, der nichts Gutes im Sinne hat und die Menschheit weg vom Wahren Weg der kosmischen Aufseher hin zum Falschen Weg der Bösen treiben wollen. Aber noch gibt es Rettung für Sie! Wollen Sie den Untergang der Menschheit auf Ihrem Gewissen haben? Wollen Sie, daß sich die Meere auftun? Wollen Sie, daß die Berge sich erheben? Wollen Sie, daß sich die Flüsse ändern? Wollen Sie, daß die Sterne erlöschen? Wollen Sie das, frage ich Sie? Gibt es noch Rettung für Sie? Schauen Sie in sich hinein, gibt es noch Hoffnung für Ihre verseuchte Seele? Rührt sich da noch etwas, wenn Sie den kosmischen Aufsehern gegenüberstehen, denn unsere Freunde sind bei Ihnen und versuchen Sie auf den wahren Weg zu bringen! Und hören Sie auf, mein Wissen anzuzapfen, falsch abzuschreiben und die Menschheit in das Verderben zu publizieren! Nutzen Sie Ihre Zeit, die Sie noch haben! Sollten Sie sich nicht begehren lassen, muß ich Schritte gegen Sie einlenken! Ich habe Sie im Visier, Herr Habeck, ich weiß es! Wenn Sie nicht sofort sich begehren, muß ich Schritte gegen Sie beim obersten Gerichtshof – bei den kosmischen Aufsehern – anklagen. Die Strafe, mögen Sie sich doch begehren, wird furchtbar. Noch nie haben Sie derart Leid verspürt, wenn die Aufseher Sie bestrafen.«

Und im Schlußsatz heißt es dann tröstlich in großen Lettern: »KEHREN SIE UM, ES IST NOCH ZEIT; ES IST NOCH NICHT ZU SPÄT, BEKENNEN SIE SICH ZUM WAHREN GLAUBEN DEM WISSEN DER WISSENDEN DER KOSMISCHEN AUFSEHER.«

Glücklicherweise sind solche hilfreichen Briefe die Ausnahme. Das Beispiel macht aber deutlich, daß im Umfeld mancher UFO-Kulte offenbar ein paar völlig durchgeknallte Erdlinge völlig frei herumlaufen. Nicht gerade ermutigend. Sollten sich derlei Zuschriften häufen, müßte ich mir als UFO-Autor ernstlich überlegen, ob es nicht doch ratsamer wäre, tatsächlich per Raumschiff schnellstmöglich ins All zu flüchten – hin zu einem friedlichen Stern mit intelligenteren Planetenbewohnern

2. Millionen Menschen in aller Welt behaupten, sie seien mit außerirdischen Wesen in Kontakt getreten. Die Suche nach Beweisen für solche Begegnungen ist sicher ein wesentlicher Bestandteil des verwirrenden UFO-Mythos. Es gibt aber bis heute noch keine hundertprozentigen Beweise für die Richtigkeit dieser Hypothese. Vieles mag für das Eingreifen außerirdischer Intelligenzen sprechen, ebensoviel auch dagegen. Aliens sind nur ein Bestandteil der facettenreichen UFO-Erscheinungen. Wir wissen heute

noch nicht, was UFOs wirklich sind. Ich jedenfalls würde Kontaktberichte mit »Venusiern«, »Marsianern«, »Reisen in Strahlschiffen« und »Captain Ashtar samt Kommando« sicher nicht als Belege für die ETH (Extraterrestrische Hypothese) anführen. Meist stammen derartige Schilderungen von Personen, die angeblich im Auftrag höherer Wesen handeln und die sich im missionarischen Eifer gerne selbst ins Rampenlicht stellen, um ihre Heilslehren und Botschaften der »Erd-Evakuierer« zu verbreiten. Glaubwürdiger scheinen mir jene Berichte zu sein, wo Menschen behaupten, sie seien in rätselhafte Lichter entführt und von fremden Wesen untersucht worden. Die bisherigen Untersuchungen zeigen jedenfalls, daß es sich hier keineswegs um Alpträume, Halluzinationen, Wichtigtuer oder Selbstdarsteller handelt, sondern um Menschen, denen tatsächlich etwas Unheimliches zugestoßen ist. Ob für das Besucherphänomen (Unheimliche Begegnungen der Vierten Art) außerirdische Experimenteure verantwortlich sind, wie manche UFO-Forscher vermuten, bleibt vorderhand ebenfalls offen. Was immer letztlich dahintersteckt, die Berichte sind beunruhigend genug und sollten weiter untersucht werden, ohne jedoch mit den »Kontaktler«-Geschichten und »Auserwählten« à la George Adamski in einen Topf geworfen zu werden.

3. Die Prophezeiungen der Channel-UFO-Gläubigen sind unterschiedlich und doch ähnlich. Manche warten auf ein überdimensionales Raumschiff, andere auf eine ganze »Sternenflotte«. Manche »Kontaktler« wollen »einfach einsteigen«, andere arbeiten an der »Erhöhung ihrer Schwingungsenergie«, um sich an Bord beamen zu lassen. Dann, wenn es soweit ist. Mit der magischen 2000-Jahr-Marke wächst die Sehnsucht nach einer besseren Welt und die Angst vor dem nahen Weltuntergang. Da wir Erdlinge scheinbar mit unserem selbstproduzierten Chaos nicht mehr fertig werden, von der ökologischen Zerstörung, dem Wirtschaftsdilemma bis hin zum Atommüllproblem, bleiben scheinbar nur noch die »Retter aus dem All«. Die Urangst vieler Menschen vor der Jahrtausendwende machen sich nun vermehrt Endzeitpropheten und Geschäftemacher zunutze. Viele Menschen suchen, enttäuscht von Kirche und Staat (irgendwie menschlich verständlich, aber letztlich irregeleitet), ihr Heil bei esoterischen UFO-Zirkeln und anderen sektenhaften Gruppierungen, die entweder einen End- oder Wendepunkt erwarten. Das löst Ängste im Menschen aus. Sektengurus versprechen durch verschiedene esoterische Techniken oder Heilsverkündigungen von »oben«, dem entgegenzuwirken. Die Angst davor, was mit unserer Welt passiert, spielt immer eine massive Rolle dabei, weshalb sektenartige Gruppierungen einen starken Zustrom verzeichnen. Viele Menschen glauben, dort die Fragen nach dem Sinn des Lebens beantwortet zu bekommen. Nicht ganz unschuldig an dieser bedenklichen Entwicklung ist unsere Gesellschaft. Wenn nämlich in Europa 18 Millionen Menschen ohne Beschäftigung sind und die Jugendarbeitslosigkeit in manchen Ländern über 20% liegt, dann, so denke ich mir, haben unsere Politiker versagt. Es

darf also nicht ganz verwundern, daß immer mehr Menschen bei Sekten und Heilsversprechungen ihr Glück suchen. Noch etwas scheint eine Rolle zu spielen: »verkrachte Existenzen«, Familien, die auseinanderbrechen, Menschen, die ihren Halt verlieren – sie suchen im Meister oder Guru den Ersatz für die nicht vorhandene Vater- oder Mutterfigur. Viele Menschen zieht es in den Bann von UFO- und anderen Sekten, weil sie sich dort das Gefühl von Geborgenheit in einer Gemeinschaft von Gleichgesinnten erhoffen. Hingegen ist die Beschäftigung mit dem UFO-Thema im streng wissenschaftlichen Sinn eher eine »trockene« Angelegenheit, wo Statistiken, Daten, Fakten und Analysen in mühevoller Kleinarbeit zusammengetragen und ausgewertet werden müssen, bevor dann eine Hypothese erstellt wird. UFO-Sektierer »überspringen« diese Untersuchung, setzen – ihren Sehnsüchten und ihrem Wunschdenken entsprechend – etwas als gegeben voraus, was keineswegs bewiesen ist.

4. Die UFO-Sekten und andere Gruppierungen werden wohl weiter Zulauf erhalten, zumindest bis zum 31. 12. 1999. Droht die Massenpsychose? Ich denke, die Zukunftsangst wird uns ausgeflippt ins nächste Jahrtausend bringen. Niemand wird sich diesem magischen Datum ganz entziehen können. Aber die »Retter aus dem All«, da bin ich mir sicher, werden nicht kommen. Alle bisherigen Ankündigungen über ihre bevorstehende Landung haben sich als Seifenblasen erwiesen. Mit den Problemen, von uns Menschen selbst verursacht, müssen und werden wir auch selbst fertig werden. Was sagt man nun ängstlichen Gläubigen, die den nahen Weltuntergang befürchten? Vielleicht sollte man ihnen erklären, daß das Jahr 2000 nur ein von Menschen gemachtes Datum ist. In allen Fällen wird das freilich nichts nützen, wie schon bisher die Selbstmorde fanatischer UFO-Sektenanhänger, darunter »Heaven's Gate« und »Sonnentempler« in Europa und den USA, zeigten. Angst vor dem nahen Weltuntergang gab es auch vor Silvester 999. Die Chronik des Rudolf Glaber berichtet von einer Welle der Häresien (durchaus unseren modernen Sekten vergleichbar) und einer schweren Hungersnot. Der Mönch Abbo von Fleury berichtet ebenfalls von der Angst vor dem göttlichen Gericht zur Jahrtausendwende. Alles in allem verlief das Jahr 999 jedoch für mittelalterliche Verhältnisse ziemlich ruhig. Die große Panik blieb aus. Vermutlich schon deshalb, weil ein großer Teil der Bevölkerung nicht die geringste Ahnung hatte, welches Datum man gerade schrieb. Die Glücklichen.

5. Niemand kann verhindern, daß eine Idee, Theorien oder Forschungsergebnisse mißverstanden oder bewußt mißbraucht werden. Die Paläo-SETI-Forscher suchen nach Belegen für mögliche außerirdische Eingriffe in der Vorzeit. Beweisen ließ sich diese These bisher ebensowenig wie die Behauptung, UFOs kämen von den Plejaden. Und doch sind, jedenfalls für mich, die Indizien der Prä-Astronautik überzeugender. Wenn mir jemand erzählt, er hatte Kontakt mit einer UFO-Besatzung, kann ich das glauben

oder nicht. Wenn aber archäologische Rätsel vorliegen, die man besichtigen und daher nicht wegdiskutieren kann, oder noch heute lebende Naturvölker in ihren Traditionen von einem Sternenbesuch erzählen, dann macht mich das stutzig. Ob nun diese Indizien für mögliche außerirdische Eingriffe in die irdische Evolution eine Art »Sprungbrett« für einen ufologischen Irrglauben darstellen, vermag ich nicht zu beantworten. Es wird Menschen geben, die halten »Astronautengötter« und UFOs gleichermaßen für Unsinn. Ebenso wird es auf der anderen Seite wiederum übereifrige Phantasten geben, die vielleicht in jedes Artefakt etwas »Außerirdisches« hineininterpretieren oder jeden Lichtpunkt am Firmament als Raumschiff der galaktischen Konföderation deuten. Was soll's? Es gibt Menschen, die – ohne Überprüfung – so ziemlich alles glauben, was man ihnen erzählt, und es gibt ebenso Menschen, die – ohne sich wirklich mit dem Thema beschäftigt zu haben – alles kategorisch ablehnen, was auch nur den leisesten Verdacht auf Außerirdische aufkommen läßt. Sektierer, religiöse Eiferer und Scharlatane sorgen für berechtigte Skepsis, wenn von Übernatürlichem und Außerirdischem die Rede ist. Wir sollten uns dennoch bemühen, diese erstaunlichen Erscheinungen nach wissenschaftlichen Kriterien zu untersuchen. Dazu aber wäre es notwendig, sich dem Thema vorurteilsfrei zu widmen. Das hieße: Nicht vorweg ein Phänomen als Spintisiererei oder Täuschung abzuqualifizieren, nur weil ein paar religiöse UFO-Sektierer Ideen und Ansichten für ihre Zwecke mißbrauchen.

6. Hier knüpfen die verschiedenen Verschwörungstheorien an. Es ist schwer, den Wahrheitsgehalt zu überprüfen. Wird uns Wissen über Kontakte mit Außerirdischen verheimlicht? Gibt es gute Gründe, warum UFO-Akten von Regierungsstellen und Militärs zurückgehalten werden? Daß Behörden mehr über das Phänomen wissen, als offiziell zugegeben wird, läßt sich anhand von UFO-Dokumenten belegen, die erst im Laufe der letzten Jahre freigegeben wurden. Die Gründe der Geheimhaltung mögen vielschichtig sein. Was würde geschehen, wenn der Kontakt mit Außerirdischen offiziell publik gemacht würde? Wäre Panik die Folge? Müßten wir mit einem Kulturschock rechnen? Erinnern wir uns an das Jahr 1938. Amerikanische Rundfunkhörer wurden über eine Landung von Marsmenschen im Bundesstaat New Jersey bei New York unterrichtet: Wilde Schreie und Todesröcheln drangen in die Wohnstuben. Während der Reporter mit sich überschlagender Stimme von den überraschten Angriffen der Außerirdischen berichtete, wurden Gasmasken aus den Schränken, Priester aus den Betten geholt. Menschen flüchteten in Panik auf die Straße und überhörten so die mehrfachen Hinweise, daß es sich um ein Hörspiel handelte. Das Chaos war perfekt. Erfunden hatte die Marsinvasion ein damals 23jähriger Niemand namens Orson Welles, der auch dann noch seine fiktive Sendung zu Ende führte, als die Polizei schon ins Rundfunkstudio vordrang. Am nächsten Tag war Welles berühmt und wurde bald auch ein Weltstar. Spätere Untersu-

chungen haben ergeben, daß von den etwa sechs Millionen Zuhörern mindestens 1,2 Millionen glaubten, die Invasion vom Mars sei real. War das ein Vorgeschmack darauf, was passieren würde, wenn die Aliens leibhaftig auf der Erde erscheinen würden? Werden deshalb mögliche Beweise in Geheimarchiven versteckt?

Verschwörungstheoretiker sind davon überzeugt, vermuten aber die Panik eher bei den Militärs. Das Wissen um kosmologische Zusammenhänge und die mögliche Visite außerirdischer Intelligenzen ist ebenso verbunden mit der Frage nach Einfluß, Macht und technologischem Vorsprung. Alle Mächtigen dieser Erde hätten etwas davon, wenn UFOs und außerirdische Kontakte nicht existieren. Und umgekehrt, wenn sie existieren, hätten sie womöglich mit einem Machtverlust zu rechnen, weil es da »jemanden« gibt, der offenbar noch mächtiger ist. Die Wege zur Wahrheit sind immer gepflastert mit Spekulationen. Leider ist das auch der Nährboden für so manche verworrene These. Wird profundes Wissen verheimlicht, werden Forschungsergebnisse bewußt gefälscht? Was wissen die Mächtigen? Bill Clinton, 42. US-Präsident, auf die Frage nach UFO-Beweisen: »Nein, soweit ich weiß, stürzte 1947 in Roswell, New Mexico, kein außerirdisches Raumschiff ab. Sollte die US-Luftwaffe tatsächlich die Leichen von Außerirdischen geborgen haben, hat man mir bislang nichts davon erzählt.« Vielleicht mag es gute Gründe dafür geben, wer weiß?

KAPITEL 19

Anhang

Nachwort von Hans-Werner Peiniger, G.E.P. e.V.

Seit dem 23. Mai 1997 ist die 31jährige Monika S. aus Forstern in Oberbayern verschwunden. Bis zu diesem Zeitpunkt führte sie ein geregeltes Leben, war seit sechs Jahren glücklich verheiratet und ging ihrem Beruf als Kindergärtnerin nach. In der Vermißtenkartei der Polizei wird sie jedoch nicht geführt, da sie aus freiem Willen aus ihrem geordneten Leben ausstieg. Es begann, als sie Ende 1995 Kontakt zu einer UFO-Sekte bekam, die sich »Interplanetare Bruderschaft« nennt. Seitdem hat sie ihre Ernährung auf vegetarische Kost umgestellt und besuchte immer öfter einen abgelegenen bayerischen Bauernhof, um dort mit Gleichgesinnten an Meditationskursen teilzunehmen. Sie verstrickte sich immer mehr in diesen esoterischen und weltanschaulich-verschrobenen Sumpf, bis sie sich schließlich ganz der Sekte anschloß. In einem letzten Schreiben teilte sie ihren Angehörigen mit: »Da ich Euch mit meinem Gedankengang nicht erreichen kann, habe ich beschlossen, meinen Weg zu gehen.« Die Sekte, an die sie geriet, propagiert die Wahnvorstellung eines bevorstehenden Weltuntergangs. Nur wenige Auserwählte sollten durch Außerirdische evakuiert werden, um an einem anderen Ort eine neue Gesellschaft zu gründen. Warum Monika S. jedoch ihr Familienstammbuch mitnahm und das Sparbuch über 15 000.– DM auflöste, wird wohl ein Rätsel bleiben. Oder mußte sie für ihre Evakuierung eine Gebühr an den außerirdischen Raumschiffkommandanten entrichten? Wohl kaum. Offensichtlich finanziert sich die Sekte durch »Spenden« und Zuwendungen. Und hier könnte meiner Meinung nach schon ein Ansatz für polizeiliche Ermittlungen sein, da offenbar jemand den Aberglauben bzw. das verzerrte Weltbild eines einzelnen zum eigenen Vorteil mißbraucht. Auf der Suche nach ihrer Tochter konnten übrigens ihre Eltern nur ermitteln, wo sie sich in der Vergangenheit aufgehalten hatte. Gegenüber der in Hamburg erscheinenden Zeitschrift *tina*[575] nannten sie: vier Wochen in Graubünden in der Schweiz, dann in Bregenz in Österreich, in Regensburg und in Wasserburg am Inn. Wo sie sich heute aufhält, ist nicht bekannt.

Es gibt sicher viele tragische Umstände, unter denen Familien einen Angehörigen verlieren können. Unfall, Krankheit und vergleichbare Ursachen finden jedoch meistens ihr Verständnis. Die Tochter und Ehefrau an eine UFO-Sekte verloren zu haben, ist zwar ebenso schmerzhaft, aber viel unverständlicher. Ein Einzelfall? Sicher nicht. Wenn man als Insider die letzten Jahre überblickt, dann fällt einem auf, daß sich inzwischen einige solcher UFO-Sekten gebildet haben. Es sind zunächst nur kleinere Zirkel, die sich als Kontaktstationen kosmischer Retter verstehen. Sie verbreiten Botschaften, die meist ein der Gruppe zugehöriges Medium per Channelling von den Außerirdischen erhält. Rhetorisch geschickte Vertreter dieser Gruppen verstehen es gekonnt, diese Botschaften an leichtgläubige Anhänger zu »verkaufen«. Einige überzeugen ihre »Jünger« sogar durch Hypnoseregression, sie seien auf der Erde inkarnierte Außerirdische, sogenannte Starpeople oder Walk-Ins, die die bevorstehende Evakuierung vorbereiten sollen. Wenn man der deutschen Promoterin der Starpeoplebewegung, Eva G. aus Hamburg, Glauben schenken will, dann läßt sich auch ohne Hypnose erkennen, ob man ein reinkarnierter Außerirdischer ist. In einer ihrer Schriften heißt es:

> »Sie fühlen sich hier nicht zu Hause, fühlen sich fremd und leiden unter Fernweh;
> – Sie haben das Gefühl, ihre Eltern seien nicht ihre wirklichen Eltern;
> – Sie hatten ca. im Alter von fünf Jahren ein ungewöhnliches Erlebnis;
> – Ihre Augen haben eine besondere Ausstrahlung, und Tiere und Kinder fühlen sich zu ihnen hingezogen;
> – Sie sind psychisch und physisch sensibel und empfindlich;
> – Sie fühlen sich den Außerirdischen und ihren Botschaften sehr verbunden;
> – Sie träumen oft von Raumschiffen und Außerirdischen, obwohl sie keinen Anlaß dazu hatten;
> – Sie haben das Gefühl, eine Aufgabe zu haben, oder warten auf eine bestimmte Zeit.«

Wenn diese Kennzeichen zutreffen, könnten Sie ein reinkarnierter Außerirdischer mit Missionsauftrag sein. Wenn nicht, dann auf jeden Fall ein leichtes psychisches Opfer, da »psychisch und physisch sensibel und empfindlich«. Von einer ebenfalls besorgniserregenden Vorgehensweise konnte ich mich selbst einmal überzeugen. Mitte 1985 wurde die »Internationale Union zur Erforschung außerirdischen Lebens (IUEL)« gegründet. In einer Informationsveranstaltung, an der u. a. Vertreter der kritischen UFO-Gruppen G.E.P. e.V. und CENAP teilnahmen (ohne sich als Kritiker zu erkennen zu geben), präsentierte der rhetorisch geschulte Peter T. dem willigen Publikum ein Sammelsurium an esoterischen, religiösen und okkulten Ideen. In einem Tempo, das an die Werbeverkaufsveranstaltung einer Kaffeefahrt erinnerte, ging T., begleitet vom zustimmenden Gemurmel des Publikums, die ganze Palette esoterischen Gedankengutes durch, bis er schließlich auf den eigentlichen Zweck dieser Veranstaltung zu sprechen kam, die Reinkarnationsforschung. Der Proband wird nach seinen Vorstellungen in der Hypnose oder in einem veränderten Bewußtseinszustand durch geschicktes Fragen bis zu seiner Geburt und noch darüber hinaus zurückgeführt. Durch diese Technik soll es möglich sein, bestimmte Leiden zu therapieren, deren Ursachen angeblich in einem früheren Leben zu suchen sind. Gleichzeitig erfährt der Proband, wo und als was er gelebt hat. Vorzugsweise scheinen bei T.'s ersten Rückführungen die Probanden außerirdische Raumfahrer gewesen zu sein.

Dies ist ein brauchbarer Ansatzpunkt, um den Betroffenen eine Ausbildung zum UFO-Kontaktler anzubieten. Gegen Cash natürlich – eine Ausbildung sollte damals mindestens 1400.- DM kosten. Eine Weiterbildung zum Reinkarnationstherapeuten war dann auch noch für 2400.- DM möglich.

Die Art der Präsentation und andere Auffälligkeiten ließen die Vermutung aufkommen, daß hinter der IUEL die Scientology-Kirche stecken könnte. Vermutlich versuchte man über die Ufologenschiene neue Anhänger und Mitarbeiter zu rekrutieren.[576] Was inzwischen aus der IUEL geworden ist und ob diese Gruppe auch heute noch existiert, ist nicht bekannt. Auf jeden Fall steckte in diesem »Unternehmen« genügend Potential, um daraus eine bedenkliche Psycho- oder UFO-Sekte entstehen zu lassen. Dieser ganze »Ufonen-Mystizismus«, wie der inzwischen verstorbene Sektenbeauftragte Pfarrer Friedrich-Wilhelm Haack in seinem Lexikon *Findungshilfe Religion 2000*[577] derartige Gruppenaktivitäten nennt, bleibt dem Normalbürger meist verborgen; in der ufologischen Szene haben sie jedoch derzeit Hochkonjunktur.

Wer bisher geglaubt hatte, es sei harmlos und ungefährlich, eine andere Weltanschauung zu vertreten und sich mit Gleichgesinnten in sektenähnlichen Kreisen zu treffen, der irrt. Seit dem Massenselbstmord der Sonnentempler und der Heaven's-Gate-Anhänger in den USA hat der Ufonen-Mystizismus eine andere Qualität erhalten. Und ich erinnere noch einmal an den, wenn man den Zeitungsmeldungen Glauben schenken will, im Januar 1998 vereitelten Massenselbstmord auf Teneriffa. Nach den Erkenntnissen der Polizei hatte die 56jährige Berliner Psychologin Heide F., die auf Teneriffa eine UFO-Sekte gegründet hatte, ihre Anhänger zum Massenselbstmord aufgefordert. Etwa 30 Personen beabsichtigten, sich auf dem Gipfel des Vulkans Teide mit einer Giftspritze das Leben zu nehmen. Man wollte so dem demnächst bevorstehenden Weltuntergang entgehen und mit einem außerirdischen Raumschiff in eine bessere Welt gebracht werden. Heide F. bestreitet diesen Vorwurf.

Solche Entwicklungen sind schwer zu erklären. Es ist unverständlich, daß einstmals in geordneten Verhältnissen stehende Menschen ihr Leben und ihre Zukunft in die Hände skrupelloser »Menschenfänger« legen. Vielleicht werden diese Menschen durch einen religiösen Impuls geleitet und vielleicht ist für sie der intensive Kontakt zu einer UFO-Sekte, die Abkehr vom Materialismus und der Abbruch normaler sozialer Beziehungen die letzte Hoffnung auf ein sorgloses Weiterleben in einer besseren Welt.

Die Schar derer, die sich in UFO-Sekten verstricken, wird immer größer.

UFO-Gläubige, die für esoterische und okkult-spiritistische Inhalte empfänglich sind und im Leben möglicherweise keinen starken Halt finden, können leicht in die Fänge einer UFO-Sekte geraten. Ohne fremde Hilfe ist ein rechtzeitiger Ausstieg kaum möglich. Daher ist Aufklärung vonnöten. Offenbar hat es in der Vergangenheit daran gemangelt, obwohl die kritische UFO-Forschung und deren Vertreter immer wieder auf solche Gruppierungen und ihre verwirrenden und oft widersprüchlichen Behauptungen hinweisen. Leider finden sie aufgrund des relativ geringen Bekanntheitsgrades und der nur in Insiderkreisen verbreiteten Publikationen in der breiten Öffentlichkeit kaum

Gehör. Und bisher scheuten sich gar populäre Großverlage, kritisches Material zur UFO-Sektenproblematik zu veröffentlichen. Da sind schon abgestürzte fliegende Untertassen und von Außerirdische entführte Menschen interessanter. Deshalb ist es zum einen dem Verlag zu verdanken, daß er es den Autoren ermöglicht, ihre Arbeit zu veröffentlichen, und zum anderen natürlich den Autoren selbst, die sich dieser unbequemen Thematik angenommen haben, um dem Leser einen ersten Einblick in die Entstehung von UFO-Kulten und -Sekten zu gewähren sowie deren Gefahrenpotential auf leichtgläubige Menschen aufzuzeigen. Wir haben nun gesehen, wie die ersten UFO-Kulte aus den vermeintlichen Kontakten der fünfziger Jahre entstanden sind, daß der Schritt zu einer UFO-Sekte nur sehr kurz ist und daß es selbst heute noch, in unserer technisierten und scheinbar aufgeklärten Welt, Gruppierungen gibt, die arglose Menschen in ihren Bann ziehen, ausnutzen und psychisch schädigen. Dieser Entwicklung muß man entschieden entgegensteuern, und ich meine, daß mit der vorliegenden Arbeit einer der ersten notwendigen Schritte getan ist.

Hans-Werner Peiniger, G.E.P. e.V.

Persönliches Nachwort von Lars A. Fischinger

Dieses Buch handelte von Menschen und Gruppen und deren Anhängern, die nach meiner Meinung ohne jeden Zweifel Unsinn verbreiten. Es sind Personen, die offensichtlich aus finanziellen Gründen Phantastereien an die Öffentlichkeit tragen, sich so wichtig machen und wahrscheinlich hierdurch eine innere Befriedung erlangen.

Diesen Menschen ist es ganz gleich, was sie berichten. Sie erfinden Geschichten, die nicht nachprüfbar sind und nur von leichtgläubigen Menschen wirklich als real angesehen werden. Seriöse Forscher und kritische Informationen stören diese esoterisch verblendeten Irrläufer nicht. Sie lieben es, den Medien ihre Lügengeschichten aufzutischen, und freuen sich wahrscheinlich tief in ihrem Innersten, daß es tatsächlich Menschen auf dieser Welt gibt, die einen solchen wirren Mumpitz für bare Münze nehmen.

Die Organisatoren der esoterischen Channel-UFOlogie, die in keinem Fall auch nur annähernd etwas mit der seriösen Erforschung des unbekannten Phänomens zu tun haben, werden sich sicher auch des lieben Geldes wegen entschlossen haben, die Menschheit mit wahnwitzigen Philosophien zu foppen. Ich selber könnte leicht ein Buch schreiben, das ich einfach *Sternenfreunde sind hier! / Der Kontakt mit einer außerirdischen Zivilisation* nennen würde. Ich könnte das Buch mit wirren Channel-Botschaften füllen, die ich mir bei einem Glas Bier vor dem Fernsehen ausdenke, einige hübsche Namen für meine Aliens erfinden, die Paläo-SETI-These in mein »Werk« einbinden, mir selber einen Künstlernamen geben, Themen der aktuellen Weltpolitik aufgreifen und mir zu guter Letzt eine Kernbotschaft des Buches ausdenken, die ruhig schon von anderen Esoterikern verbreitet wurde. Ich würde in meinem Buch ein wenig über die Gefahren der Atomnutzung berichten, vor der mich meine außerirdischen Freunde gewarnt haben, und schriebe außerdem noch etwas über Gentechnik. Fertig. Ein Verlag (es gibt spezielle Häuser für solche Literatur) wäre binnen kurzer Zeit ausfindig gemacht, und mein Konto würde wahrscheinlich anschwellen.

Es würde nicht lange dauern, und die hinten in meinem »wahren« Buch zu findende c/o-Adresse würde mit Post von Gleichgesinnten überschüttet. Ich wäre nun ein Botschafter, einer, der mehr weiß; einer, der die Wahrheit erkannt hat.

Nun, so etwas liegt mir nicht. Aber wie dieser Band deutlich gemacht hat, ist es belanglos, was genau ich verbreiten würde. Einige esoterische Wirrwarr-Erläuterungen mit möglichst komplizierten und vor allem nicht verständlichen Ausdrücken und Aussagen machen den hypothetischen Band zu einer Bibel. »Rückgrat« vieler UFO-Sektierer und -Esoteriker ist die Atomtechnik. Immer wieder sollen die Aliens vor den Gefahren dieser Erfindung gewarnt haben, und sie tun es auch heute noch eifrig. Dabei weiß jedes Kind, daß atomare Techniken Gefahren bergen. Muß das ein Außerirdischer berichten? Warum keine Warnungen vor bislang unbekannten Problemen? Die Antwort ist einfach: Sie sind auch den ufologischen Kontaktlern unbekannt, können also nicht geschildert werden. Die Analyse der UFO-Esoteriker und ihrer Pseudobotschaften belegt deutlich, daß aktuelle Themen aufgegriffen werden. Man braucht aber keine Aliens, wir haben die täglichen Fernsehnachrichten. Aber kommerziell macht es sich gut.

So und nicht anders interpretiere ich die UFO-Kulte. Den Menschen, die an diese Kontaktler glauben, gilt mein tiefstes Bedauern.

Als ich an meinen Freund und nun auch Koautor Roland M. Horn herangetreten bin, um ihn für mein Buchkonzept *UFO-Sekten* zu gewinnen, hatte ich mich schon seit Jahren auch mit der esoterischen UFO-Gemeinde befaßt. Ich bin überzeugt, daß es andere Wesen gibt (deren Herkunft ich nicht kenne), und ich bin ein überzeugter Vertreter der prä-astronautischen Idee, also für alle Meinungen offen. Es liegt mir aber fern, bei der Interpretation der Rätsel der Vergangenheit auf Gedeih und Verderb Aliens einzusetzen.

Doch der Glaube an Channelling, UFO-Esoterik und die in diesem Buch diskutierten Themen ist für mich Zeitverschwendung. Niemand kann diese Aussagen nachprüfen. Und genau das ist die Grundvoraussetzung bei einer wissenschaftlichen Diskussion in der sogenannten Grenzwissenschaft. Auch wenn die grenzwissenschaftliche Diskussion praktisch ausschließlich spekulativ ist und sich auf Indizien beruft, so sind doch die Vertreter im Gegensatz zu den UFO-Gurus um Fakten und nachvollziehbare Ideen bemüht. Denn: ein rein spekulativer Gedanke, der sich auf rein spekulative Ideen beruft, wird auch in der seriösen Grenzwissenschaft nicht lange Bestand haben.

Doch, so könnte man es auch sehen, die Erfinder der UFO-Esoterik und Gründer der verrücktesten Kulte sind wirklich von dem überzeugt, was sie den Menschen berichten. Sie denken tatsächlich, daß Aliens zu ihnen sprechen. Das ist dann ein Fall für die Psychologie.

Esoterische UFO-Ideologien können auch Gefahren bergen. Gemeint sind nicht unbedingt die Endzeit-Kulte, sondern jegliche Gruppen, die ihre Weltanschauung am Außerirdischen orientieren. Sehr schnell kann es zu einem Realitätsverlust kommen, und wenn dann auch noch Verschwörungsideen darin einfließen, stehen diese Menschen meiner Meinung nach schnell abseits der Gesellschaft. Auch ich habe eine andere Weltsicht durch meine Beschäftigung mit der Paläo-SETI-These erhalten. Doch diese neue »Weltsicht« hat mich dazu gebracht, fest an einen realen Schöpfergott zu glauben, den ich vorher nicht hatte bzw. über den ich schlicht nie nachdachte. Beweise habe ich nicht für diesen Gott, aber ich habe keinen Glauben an die Aliens erlangt.

Wenn die Medien das Thema »Sekten« aufgreifen, werden fast immer die gleichen Gruppen ins Licht der Öffentlichkeit gezerrt. Esoterische UFO-Kulte sind praktisch unbekannt, und doch sind sie in unserer Gesellschaft weit verbreitet. Sie sind »im Hintergrund« des öffentlichen Interesses vertreten und könnten potentielle Gefahren bergen; nicht unbedingt für Leib und Leben, aber doch immerhin für den gesunden Menschenverstand.

Der Fall des Gurus Billy Meier hat außerdem gezeigt, daß Meier und seine Gruppe F.I.G.U. sich – nur sich – offensichtlich als wahr, real oder authentisch ansehen. Billy Meier sieht in dem Kontaktler George Adamski einen Schwindler und in Rael sogar einen »Lügner, Schwindler und Betrüger«. Des weiteren sind die Forscher Luc Bürgin und Kal K. Korff hinterhältige Menschen, die gegen ihn arbeiten und sogar von bösen Aliens »beeinflußt« werden. Und: Billy Meier wird angeblich von feindlichen Aliens und den Men in Black verfolgt. So blockt sich eine Gruppe gegen Kritik ab. Der Esoteriker und »wahre« Alien-Kanal Billy Meier sieht in allen, die nicht für ihn sind und die nicht seine Ansicht teilen, Widersacher. Er ist also Herrscher einer UFO-Gruppe, die allein sich als korrekt ansieht.

Die Publikationen der channelnden UFO-Bewegung enthalten nichts außer unüberprüfbaren Sensationen. Die Leser glauben einfach, ohne kritische Hinterfragung. Ich erinnere mich noch gut: Als ich um die sechs Jahre alt war, kamen meine Familie und ich an einer großen Sandkuhle in einem nahen Wald vorbei, und mein Cousin Daniel Boer erzählte mir, er habe dort des Nachts ein UFO mit einer roten Blinklampe stehen sehen. Dies glaubte ich, entgegen den Beteuerungen meines Vaters, Wort für Wort. Heute, da ich immer noch beim Spaziergehen an diesem schönen Waldstück – an dem mit Sicherheit mein UFO-Interesse geweckt wurde – vorbei komme, denke ich anders. Meine kindliche Leichtgläubigkeit ist nüchternen Erkenntnissen gewichen. Aber ist dies bei allen Menschen geschehen?

Lars A. Fischinger, Sommer 1998

Persönliches Nachwort von Roland M. Horn

Sekten sind ein lästiges Übel. Das waren sie schon immer. Der Zweck dieser Gruppen ist es, Menschen davon zu überzeugen, daß gerade die jeweilige Lebensphilosophie – und keine andere – die richtige ist.

Dabei wird keine Rücksicht auf die Persönlichkeit jener Personen genommen, die sich den Sekten nähern. Im Gegenteil: Gewisse Persönlichkeitsstrukturen wie z. B. Sensibilität, ein bestimmtes Alter, eine Unzufriedenheit mit der Umwelt u.v.m. werden gerne angesprochen, um die potentiellen Opfer auf Sektenlinie einzuschwören. Viele – gerade junge Menschen – fragen sich: Was hat die Kirche uns denn noch zu bieten? Ja, was lehrt sie eigentlich? Wer ist Gott wirklich? Wo ist er? Welchen Sinn hat das Leben?

Und da ist der Punkt, an dem die Sekten einsetzen. Während »gewöhnliche« Sekten, wie z. B. die Zeugen Jehovas, hier noch versuchen, rational zu argumentieren, indem sie die Worte der Bibel in ihrem Sinne deuten und dem Fragenden so erklären, daß ihr Verständnis – beispielsweise von der Taufe – das einzig richtige ist und daß man der richtigen Religion angehören müsse, gehen immer mehr Sekten auf die Psyche des Menschen ein.

In evangelikalen Kreisen wird das Selbstvertrauen des einzelnen peu á peu abgebaut. »Jesus ist groß, und ich muß ganz klein werden«, lautet dort das Losungswort. So ist man sich mit der Zeit gewiß, daß man seinem Erlöser – Jesus – getreu nachwandelt, was einem ansatzweise von den Gemeindeältesten auch bestätigt wird. Aber nur ansatzweise, denn man darf ja den Zögling nicht zu »groß« werden lassen. In Wirklichkeit wird so ein Abhängigkeitsverhältnis zwischen den Gemeindeältesten (den Sektenführern) und den jüngsten Gemeindegliedern (Opfern) geschaffen. Letztere sind jedoch überzeugt davon, daß sie nur Jesus Christus dienen und seine Lehre verwirklichen.

Weitaus schlimmer sind jedoch die radikalen Guru-Sekten. Viele Menschen fragen heute nach Führung. Weniger im politischen, sondern mehr im religiösen Sinne. Und da kommt ein Guru, der in dieser reizüberfluteten Welt für einen denkt, gar nicht so ungelegen.

Er lehrt die Liebe – so scheint es – und verspricht, die Angehörigen der jeweiligen Sekte aus der schlechten Welt in eine bessere hinüberzuretten, aber wie wir gesehen haben, endet eine solche Sektenkarriere nicht selten im Selbstmord.

Die Sekten und Kulte, die Lars A. Fischinger und ich in diesem Buch beschrieben haben, sind die Weiterführung der typischen Sektenmethoden unter Einbeziehung der Science-fiction, des Weltraumzeitalters und der UFO-Erscheinungen.

Im 19. Jahrhundert trat der Prophet Jakob Lorber auf, der die Bibel nach einigem Gutdünken reformierte. Er deutete die Möglichkeit außerirdischen Lebens an. Eine Sekte in Wiesbaden – die »Christliche Urgemeinde« – war besonders aufgeschlossen gegenüber seinen Gedanken, und als George

Adamski auf der Bildfläche auftauchte, wurden seine Geschichten als die Erfüllung von Lorbers Prophezeiungen angesehen. Neben George Adamskis Märchenerzählungen wurden seine esoterisch anmutende Philosophie und seine pseudowissenschaftlichen Ausführungen mit ins Sektenkonzept aufgenommen. Um nicht mehr allzu sektiererisch zu klingen, nannte man sich nun »Deutsche UFO/IFO-Studiengesellschaft e.V.«.

In anderen Ländern verlief diese Entwicklung nicht viel anders, und während die UFO-Kontaktler und die Sekten, die sie verehrten, aus dem Boden schossen, wurde auf den Nebenschauplätzen verzweifelt versucht, eine seriöse UFO-Forschung zu etablieren. Diese ernsthaften Gruppierungen wurden nicht müde, zu erklären, daß sie lediglich das UFO-Phänomen untersuchen wollten, daß man herausfinden wollte, was hinter den einzelnen UFO-Sichtungen stecke. Von den sektiererischen UFO-Gruppen versuchte man sich zu distanzieren, doch es nützte nichts: Für die Öffentlichkeit gehörte alles in einen Topf. »Wer sich mit UFOs beschäftigt, ist ein Spinner«, so lautet die landläufige Meinung. Die Problematik wird auch dadurch noch erschwert, daß sich Angehörige von UFO-Sekten gerne »UFOlogen« oder »UFO-Forscher« nennen, um sich damit einen wissenschaftlichen Anstrich zu geben.

In den letzten Monaten hat sich die Problematik drastisch verschärft, denn Gurus, die eigentlich gar nicht aus der UFO-Szene kommen, nehmen neben ihren Weltuntergangsprophezeiungen und Selbstmorderlösungskonzepten noch die UFO-Thematik in ihr pervertiertes Weltbild auf. Damit hat man ganz schnell etliche UFO-Gläubige in die eigene Sekte mit eingebunden, und wohin das führen kann, haben wir ja am Beispiel von »Heaven's Gate« gesehen.

Ich kann nur dringend raten, die Augen offenzuhalten und kritisch zu sein gegenüber allem, was auch nur im entfernten nach »Sekte« klingt.

Ich glaube nicht, daß man einer bestimmten Richtung angehören oder ein bestimmtes Weltbild vertreten muß, um inneren Frieden zu finden oder um Seelenheil zu erlangen. Ich glaube auch nicht, daß Außerirdische gekommen sind, um uns aus der selbstverschuldeten Misere zu erretten, und ich glaube nicht, daß irgendein Guru in der Lage ist, uns in eine bessere Welt zu expedieren.

Seien Sie Ihr eigener Guru! Nehmen Sie Ihr Leben in die Hand. Es ist Ihr Leben, es darf nicht irgendeiner Sekte gehören, auch nicht, wenn sich die Sekte hinter dem Namen »Jesus Christus« verschanzt. Sie sind verantwortlich für Ihre Zukunft, und wir alle sind verantwortlich für die Zukunft dieses Planeten. Machen wir das Beste daraus!

Roland M. Horn, Sommer 1998

Zur Definition des Begriffs »Sekte«

Die heute ohne jeden Zweifel nicht mehr zu zählenden Gruppen, Gruppierungen, Kulte und religiös-esoterisch orientierten Gemeinschaften werden im Volksmund alle mit dem Begriff »Sekte« bezeichnet. Auch wir haben dies in der vorliegenden Arbeit öfters getan.

Doch gibt es keine allgemeingültige Definition des Begriffs Sekte. Als »klassische« Sekten gelten Gemeinschaften, die sich aus der christlichen Glaubenswelt abgespalten haben oder sich selbst als »wahres« Christentum bezeichnen, und solche, die sich aus anderen »großen« Religionen gebildet haben. Zu den großen »christlichen« Sekten zählen die Mormonen (die Kirche Jesu Christi der Heiligen der Letzten Tage[578]), die Zeugen Jehovas und die Neuapostolische Kirche. Doch der Übergang einer Gruppe zu einer Sekte, aber auch einer Sekte zu eben keiner Sekte, ist fließend. Beispielsweise haben sich angeblich die »Siebenten-Tags-Adventisten« seit einigen Jahren mehr und mehr aus dem sektiererischen Bereich herausgelebt. Erschwert wird eine verbindliche Aussage über gewisse Gruppen auch dadurch, daß Sekten in Untergruppen geordnet sind. Wir haben die sogenannten Psychosekten, die gerade durch die Scientology-Kirche bekannt wurden, dann die sogenannten Jugendreligionen, fernöstlich orientierte Meditationssekten, New-Age-Kulte und natürlich Okkultismus- und Satanismus-Gruppen mit oft gefährlichen Praktiken.

Die Aspekte, die eine Glaubensgemeinschaft und eben auch die UFO-Kulte zu einer Sekte im »klassischen« Sinne machen, sind weitverzweigt, fließend und uneinheitlich. Meistens werden Kulte, die folgende Kriterien erfüllen, zu den Sekten im klassischen Sinne gezählt:

- Die Gruppe bindet ihre Anhänger eng an sich.
- Wer die Gruppe verlassen will, wird unter Druck gesetzt.
- Wer sich gegen die Weltanschauung der Gruppe richtet, ist ein Abtrünniger der Gemeinschaft, ein »Irregeleiteter«.
- Die Gruppe hat ein offen erkennbares »Idol«, eine Art »Führer«.
- Kritik ist verboten.
- Sozial und kulturell engagiert sich diese Gruppe nicht.
- Alle Menschen, die ihre Ansichten nicht teilen, sind Feinde und gegen den echten Glauben.

Die »Eltern- und Betroffeneninitiative gegen psychische Abhängigkeit – für geistige Freiheit Berlin e. V.«[579] geht in den Klassifikationen von Gruppen als Sekte noch weiter und entwickelte die »EBI-Checkliste«, an deren 19 Punkten ein Betroffener eine Sekte erkennen soll. Doch im Grunde reichen schon die obigen sieben Punkte aus.

So hat beispielsweise die Rael-Bewegung einen klar erkennbaren »Führer«: den Kontaktler-Guru Claude Vorilhon. Auch zahlen die Mitglieder dieses Kultes drei bis zehn Prozent ihres Jahresnettoeinkommens als Mitgliedsbeitrag.[580]

Das Ashtar-Command hingegen hat einen »Führer«, der von den Sternen kommt – einen »Außerirdischen«. Bei Treffen des Ashtar-Command wird dann auch »Kontakt« zu diesem aufgenommen, und die Anhänger glauben die Botschaften, die wiederum mit christlichen Elementen vermengt sind und von irgendwelchen in Trance befindlichen Medien an die Gläubigen weitergegeben werden. Dennoch gilt das Kommando nicht als Sekte, wie man sie sich vorstellt. Auch wenn die Aussagen der Mitglieder, Menschen, die ihre Thesen nicht annehmen, arbeiteten gegen das Kommando, ohne Zweifel eines der Kriterien für eine Sekte erfüllt.

In den letzten Jahren hat sich gezeigt, daß viele in diesem Buch behandelten Gruppen und UFO-Propheten die Definitionen von Sekten erfüllen. In der Sektenarbeit der verschiedenen kirchlichen Organisationen werden sie als »Okkulte« oder »Esoteriker« geführt, vielleicht auch als »New Age«, teilweise auch direkt als »UFO-Kulte«. Diese Gruppierungen sind folglich unmittelbar bei den schon seit Jahrhunderten nachweisbaren Gemeinschaften der Tischerücker, Pendler und Schwarzmagier anzusiedeln; quasi eine moderne Form des Okkultismus.

Die UFO-Kulte der Neuzeit werden in der christlichen Sektenarbeit der deutschsprachigen Länder immer stärker diskutiert und beachtet. Und dennoch viel, viel zuwenig und leider nur am Rande, denn man konzentriert sich immer noch auf die »großen Sekten«. Wie wir in diesem Buch erfahren haben, erfüllen die Weltsichten, Glaubensideale und Zukunftsmeinungen zweifellos die Kriterien für eine Sekte. Am Beispiel des Ashtar-Command ist auch deutlich geworden, daß die Anhänger der Meinung sind, sie würden ebenso verleugnet und verschmäht wie einstmals Jesus Christus (das zumindest soll Ashtar gechannelt haben). Außerdem glauben sie, ihre Interpretation der biblischen Schriften sei die »wahre« Lehre. Das Alte Testament gilt gar als irreführendes Buch, dessen Aussage verfälscht worden sei. Dasselbe gilt auch uneingeschränkt bei der Rael-Bewegung. Fiat Lux wird sogar überall als Sekte bezeichnet. Auch wenn Uriella lieber das Wort »Orden« verwendet.

Es ist also an der Zeit, diese Kulte neu einzuordnen.

Dank

Diese Publikation, so wie jedes andere Sachbuch auch, ist keine Alleinarbeit jener, deren Namen sich auf dem Umschlag finden. Auch wir haben bei diesem Buch wieder einmal auf die tatkräftige Unterstützung zahlreicher Freunde und Kollegen zurückgreifen können, bei denen wir uns an dieser Stelle herzlich bedanken möchten. Bedanken für die Tips, für die Überlassung wichtiger Materialien, für kritische Anmerkungen und die zahlreichen Hilfen bei unseren Recherchen sowie für die Interviews.

Diesen Dank schulden wir besonders folgenden Menschen:Adrienne »Addi« Thiele, Andreas von Rétyi; Bettina Horn; Ulrich Dopatka; Gerd Wolfgang Höchsmann; Dr. h.c. Erich von Däniken; Dr. Hans-Joachim Zillmer; Dr. Helmut Lammer; Dr. Horst Friedrich; Dr. Johannes Fiebag; Ernst Meckelburg; Guido Böinghoff; Hans-Werner Peiniger; Kalliope Meier; Katja Wichmann; Klaus Richter; Luc Bürgin; Mario Ringmann; Marion Bayer; Michael und Monika Rother; Oliver Koch; Peter Krassa; Reinhard Habeck; Roland Roth, Rudolf Henke; Sandra Grabow; Silke Fischinger; Thorsten Wiedau; Uli Thieme; Ulrich Magin; Viktor Farkas; Walter-Jörg Langbein, Werner Walter, Ulrich Krechting, Nina und Ines Bökenkröger und Wladislaw Raab.

Adressen, empfehlenswerte Zeitschriften und interessante Internetseiten

NASA/JPL
Jet Propulsion Laboratory
4800 Oak Drive Grove
Pasadena, Kalifornien, 91109
USA
Internet: http://www.nasa.gov

Forschungsgesellschaft für Archäologie, Astronautik und SETI (A.A.S.)
Erich von Däniken
Postfach
CH-3803 Beatenberg
Internet: http://www.aas-fg.org

Deutschsprachige Anlaufstelle zur Präastronautik und Herausgeber der zweimonatlich erscheinenden Fachzeitschrift *Sagenhafte Zeiten.*

Forschungs-Gesellschaft Kornkreise e.V. (FGK)
Sekretariat
Ulrike Kutzer
Burgstr. 31
D-76846 Hauenstein
Internet: http://www.fgk.org

Organisation zur Erforschung des Phänomens der „Kornkreise". Umfangreiches Archiv und Herausgeber der vierteljährlich erscheinenden Fachpublika-
tion *FGK-Report.*

Wissenschaftliche Gesellschaft zur Erforschung paranormaler Phänomene (Para-WiGe) e.V.
Gerd W. Höchsmann
Brückwiesenweg 31
D-72160 Horb-Mühlen a. N.
E-Mail: para-wige@technologist.com

Jüngst gegründete Vereinigung, die Berichte aus dem PSI-Bereich seriös
erforschen will.

Unknown Reality
UFO-Interessengruppe Frankfurt/Oder (UIG)
Mario Ringmann
Hamburger Str. 11
15234 Frankfurt/Oder
E-Mail: Unknown.Reality@t-online.de
Internet: http://www.alien.de/Unknown.Reality

Zahlreiche Themen der Grenzwissenschaft und UFO-Forschung.
Unknown Reality erscheint vierteljährlich, eigene Sonderbände.

Skeptiker
Publikation der „Gesellschaft zur wissenschaftlichen Untersuchung von Para-
wissenschaften e.V." (GWUP)
Postfach 1222
D-64374 Roßdorf
E-Mail: info@gwup.org
Internet: http://gwup.org

Vierteljährlich erscheinendes Magazin. Der *Skeptiker* veröffentlicht
kritische Betrachtungen paranormaler Berichte und grenzwissenschaftlicher
Thesen.

Wissenschaft ohne Grenzen
Weisser Stein 11
07937 Greiz

Grenzwissenschaftliche Artikel aller Art. Erscheint vierteljährlich.

Omicron
Roland Roth
Rothwestenerstraße 9
34233 Fuldatal-Simmershausen

Grenzwissenschaftliche Themen und News aller Art. *Omicron* bietet ein weites
Spektrum von Themen. Eigene Sonderbände.

Journal für UFO-Forschung
Publikation der „Gesellschaft zur Erforschung des UFO-Phänomens e.V."
(G.E.P.)
Hans-Werner Peiniger und Gerald Mosbleck
Postfach 2361
D-58473 Lüdenscheid

E-Mail: gep.eV@t-online.de
Internet: http://home.t-online.de/home/gep.eV/

Interessantes rund ums UFO-Phänomen. Seriöse und ernste Meldestelle für
UFO-Sichtungen. Erscheint zweimonatlich. Viele Buchrezensionen.

UFO-Report
Publikation des „Independent Alien Network" (IAN)
Wladislaw Raab
Rumfordstr. 20
80469 München
Internet: http://ian.notrix.de

Anlaufstelle für Alien-Begegnungen. Der *UFO-Report* sieht das UFO-Phäno-
men als Teilaspekt eines größeren Phänomens und beschäftigt sich auch mit
Themen wie Fluggeräte und anderen technischen Errungenschaften in alten
Zeiten. Viele Buchrezensionen. Erscheint vierteljährlich.

Interessante Internet-Adressen

http://www.dreamscape.com/morgana/phoebe.htm
(Artikel zum Thema Prophezeiungen / englisch)

http://www.psyclops.com/hawking/
(Homepage von Prof. Dr. Steven Hawking / englisch)

http://www.gwup.org
(Homepage der kritischen „Gesellschaft zur wissenschaftlichen Untersuchung von Parawissenschaften e.V.")

http://www.lauralee.com/japan.htm
(Informationen zu „Unterwasserpyramiden" vor Japans Küste / englisch)

http://www.geocities.com/TheTropics/Shores/9173/tikal1.htm
(Informationen zur archäologisch interessanten Stätte „Tikal" / englisch)

http://home.t-online.de/home/S.Wandrei/
(zahlreiche Informationen aus allen Bereichen der UFO-Thematik)

http://www.freemind.de
(UFOs, Esoterik, Channel und Grenzwissenschaft)

http://www.ufomind.com/
(umfangreiche Informationen zu UFOs, Parapsychologie und Grenzwissenschaften / englisch)

http://www.alien.de
(umfassende Informationen zu UFO- und Grenzwissenschaften)

http://www.aas-fg.org
(Homepage der „Ancient Astronaut Society" / auch englisch)

http://www.ufos.de
(Seite des KOPP-Verlages und des Magazins UFO-Kurier)

http://www.alien.de/mystery
(UFO-Themen und Nostradamus)

http://home.t-online.de/home/gep.eV
(Homepage der „G.E.P.e.V.")

http://ian.notrix.de
(Homepage des „Independent Alien Network" sowie der „HUMDAT". Interessante Themen vor allem aus dem Bereich der UFO-Entführungsforschung.)

http://www.gwup.org/cenapnews.html
(sehr kritische Newsseite des „CENAP")

http://www.fgk.org
(sehr interessante Seite der „Forschungsgesellschaft Kornkreis e.V.")

http://www.alien.de/degufo/
(Homepage der DEGUFO e.V. mit sehr vielen Informationen zur Grenzwissenschaft und UFO-Forschung)

Die Autoren sind im Internet zu erreichen unter
E-Mail: Lars.A..Fischinger@t-online.de
http://fischinger.notrix.de
E-Mail: Roland.M.Horn@t-online.de
http://home.t-online.de/home/Roland.M.Horn

Anmerkungen:

[1] Nach Bord, Janet und Colin: *X-Akte: Außerirdische.* Rastatt 1997, S. 223 u. 224

[2] nach Adamski, George und Leslie, Desmond: *Fliegende Untertassen sind gelandet,* Wiesbaden 1962

[3] Die Bilder und Adamskis Interpretation finden Sie in: Adamski/Leslie 1962, S. 254

[4] Freiburg im Breisgau 1976, S. 136ff.

[5] Walter, Werner in: *CENAP-Report* Nr. 128 vom 11.Oktober 1986 (Bezugsadresse: Werner Walter, Eisenacher Weg 16, 68259 Mannheim)

[6] Sagan, Carl: *Der Drache in meiner Garage,* München 1997, S. 133

[7] http://www.alien.de/figu/de/kritik/kontra/adamski/down.htm, bezogen am 9. Juli 1998

[8] ebenda

[9] Spencer, John und Anne: *50 Jahre UFOs*, München 1998, S. 32

[10] Wiesbaden 1958

[11] Barker, Gray: *Das Buch über Adamski,* Wiesbaden 1967, S. 161 u. 162

[12] ETH = Extraterrestrische Hypothese. Die Vertreter dieser Theorie glauben, daß ein Teil der UFO-Sichtungen auf die Wahrnehmung künstlicher und bemannter Flugkörper außerirdischer Wesen zurückgeht.

[13] nach Bord 1997, S. 222

[14] Spencer 1998, S. 32

[15] Adamski/Leslie 1962, S. 270 u. 271

[16] Spencer 1998, S. 32

[17] Bord 1997, S. 226

[18] Barker 1967, S. 65

[19] Horn, Roland: *Leben im Weltraum,* Rastatt 1997, S. 51 ff

[20] Roth, Roland: *Faktor Mond,* Eigenverlag, Rothwestener Str. 9, 34233 Fuldatal-Sim-mershausen

[21] Barker 1967, S. 65 u. 66

[22] Barker 1967, S. 67 u. 68

[23] Barcelona 1974, Deutsch: *Heilige oder Kosmonauten?* Frankfurt a. M./Berlin 1997, S. 141f.

[24] Barker 1967, S. 68

[25] Barker 1967, S. 69 u. 70

[26] Barker 1967, S. 71 u. 72

[27] Barker 1967, S. 73 u. 74

[28] Barker 1967, S. 67 u. 68

[29] CENAP-Report-Special vom Sommer 1983

[30] Horn, Roland: *Wie die Untertassen fliegen lernten,* Plaidt 1998

[31] Barker, S. 91ff

[32] CENAP-Report-Special, Sommer 1983

[33] Bord 1997, S. 224 u. 225

[34] Alles nach: Williamson, George Hunt: *Other Tongues – Other Flesh,* Albuquerque, New Mexico, USA, 1954/1990

[35] Adamski/Leslie 1962, S. 296ff

[36] Bord 1997, S. 132 u. 133

[37] Dieser Film wurde auch von dem großen Medienhaus MTM, das Kriegs- und Waffen-bücher verkauft, angeboten, ist jedoch heute nicht mehr in dessen Prospekten zu finden.

[38] Adamski/Leslie 1962, S. 304

[39] Barker 1967, S. 57

[40] Barker 1967, S. 58f.

[41] Barker 1967, S. 59f.

[42] Barker 1967, S. 60f.

[43] Barker 1967, S. 79f.

[44] Nolan, Ray: *Die siebte Offenbarung,* München 1998, S. 55f

[45] Reeve, Bryant und Helen: *Flying Saucer Pilgrimage,* Amherst, Wisconsin, USA, 1957, S. 76

[46] ebenda, S. 77

[47] ebenda, S. 13

[48] Reeve, Bryant und Helen: *Auf den Spuren außerirdischer Weltraumschiffe,* Wiesbaden 1970, S. 72 ff

[49] Reeve 1970, S. 75

[50] Reeve 1970, S. 75 u. 76

[51] Reeve 1970, S. 76–79

[52] Reeve 1970, S. 79

[53] Reeve 1970, S. 79 und 80

[54] Reeve 1970, S. 81–86

[55] Reeve 1970, S. 87 u. 88

[56] *Dick Millers Kontakte mit Sternenmenschen,* Wiesbaden 1963, S. 8

[57] Miller, S. 14ff.

[58] Wiesbaden 1976, S. 489

[59] Miller, S. 15

[60] ebenda, S. 15f.

[61] ebenda, S. 15–17

[62] ebenda, S. 19

[63] ebenda, S. 20f.

[64] ebenda, S. 19–23

[65] *Die neue Scofield-Bibel mit Erklärungen* (Luthertext von 1914). Pfäffikon ZH, Schweiz 1978, S. 24

[66] Miller 1963, S. 25

[67] ebenda, S. 26f.

[68] ebenda, S. 37

[69] ebenda, S. 38

[70] ebenda, S. 38–44

[71] ebenda, S. 45–48

[72] ebenda, S. 50–56

[73] Bohnke, Ben Alexander: *Stichwort Esoterik,* München 1993; Ashtar: *Ein Geistlehrer des Wassermannzeitalters,* in: *Magazin 2000* Nr. 80 (1989), S. 66

[74] Evans, Christopher: *Kulte des Irrationalen,* Reinbek bei Hamburg 1976, S. 172ff.

[75] Z.B.: Tuella: *In Erdenmission,* Gütersloh 1988, oder: Ashtar: *In kommenden Tagen,* Gütersloh 1956

[76] Coudris, René: *Die Botschaft von Roswell,* München 1996

[77] ebenda, S. 197–227, S. 279ff.

[78] Evans 1976, S. 174f.

[79] ebenda, S. 176

[80] *Cosmic Voice,* Nr.5

[81] Köhler, Horst W.: *Der Mars – Bericht über einen Nachbarplaneten,* Braunschweig 1978

[82] Fiebag, Johannes und Sasse, Torsten: *Mars – Planet des Lebens,* Düsseldorf 1996; oder: Fiebag, Johannes: *Mission Pathfinder,* Düsseldorf 1997

[83] Vorilhon, Claude: *Das Buch, das die Wahrheit sagt,* Weiden 1992, S. 15

[84] Frankfurt a. M. 3. Auflage 1996

[85] So beschreiben Bryant und Helen Reeve Truman Bethurum in ihrem Buch: *Auf den Spuren außerirdischer Weltraumschiffe,* Deutsche Ausgabe, Wiesbaden 1970, S. 26

[86] Bord 1997, S. 246 u. 247

[87] Reeve 1970, S. 27

[88] Bord 1997, S. 147 u. 148

[89] Reeve 1970, S. 27

[90] Bord 1997, S. 248 u. 249

[91] Reeve 1970, S. 152 u. 153

[92] Reeve 1970, S. 154 u. 155

[93] Bord 1997, S. 217 u. 218

[94] Reeve S. 156 u. 157

[95] Bord 1997, S. 218–222

[96] Reeve 1970, S. 158

[97] Reeve 1970, S. 158 u. 159

[98] Bord 1997, S. 220–222

[99] Reeve 1970, S. 60

[100] Reeve 1970, S. 55

[101] Bord 1997, S. 274 u. 275

[102] Bord 1997, S. 276

[103] Bord 1997, S. 276 u. 278

[104] Bord 1997, S. 293 u. 294

[105] Bord 1997, S. 206–208

[106] Tatsache ist, daß solche Tests nur mit physisch und psychisch entspannten Probanden durchgeführt werden können. Bei Übermüdung oder Nervosität ist der Test nicht aussagekräftig.

[107] Bord 1970, S. 235–238

[108] Bord 1997, S. 238 u. 239

[109] hierzu: http://www.mnet.ch/RAEL

[110] Vorilhorn, Claude: *Das Buch, das die Wahrheit sagt,* Weiden 1992

[111] Jedes Handbuch der Bibelinterpretation, jedes Lexikon der Theologie und jedes Wörterbuch schreibt, daß elohim tatsächlich ein pluraler (Gottes-) Begriff ist, also »Götter«, »Götterwesen«, »Gottheiten« oder »göttliche Wesen« bedeutet. Hierzu: Fischinger, Lars A.: *Götter der Sterne,* Reifenberg 1997

[112] http://www.rael.net/web/dliste.html

[113] Internetseite der Sekte

[114] nach Werner Walter in: *JUFOF* 1/1993 (Bezugsadresse: G.E.P. e.V., Postfach 2361, 58473 Lüdenscheid)

[115] Vorilhon 1992, S. 12f.

[116] s. auch: Walter in: *JUFOF* 1/1993

[117] Walter in: *JUFOF* 1/1993

[118] Vorilhon 1991, S. 19ff

[119] ebenda, S. 30ff

[120] *JUFOF* 1/1993

[121] Vorilhon 1992, S. 36

[122] ebenda, S. 40

[123] s. Richter, Kapitel 13

[124] Vorilhon 1991, S. 44

[125] ebenda, S. 47ff

[126] Hierzu vor allem: Blumrich, Josef F.: *Da tat sich der Himmel auf,* Berlin 1994

[127] Woher Rael diese Übersetzung haben soll, ist nicht bekannt.

[128] http://rael.net/web/dameriqu.html

[129] nach Walter in: *JUFOF* 1/1993

[130] Vorilhon 1991, S. 61f

[131] Vorilhon beruft sich auf die Bibelübersetzung von Edouard Dhorme, Gallimard, Frankreich

[132] Vorilhon, 1991, S. 70

[133] Vorilhon 1991, S. 73ff

[134] ebenda, S. 91

[135] King, Francis X: *Nostradamus,* Stuttgart 1994

[136] Mann, A.T.: *Prophezeiungen zur Jahrtausendwende,* München 1993, S. 191 ff

[137] Vorilhon 1991, S. 91f.

[138] ebenda, S. 92

[139] Walter in: *JUFOF* 1/1993

[140] Vorilhon 1991, S. 95ff

[141] Walter in: *JUFOF* 1/1993

[142] zitiert aus Vorilhon, S. 114

[143] Vorilhon 1991, S. 110ff

[144] ebenda, S. 121ff

[145] Walter in: *JUFOF* 2/1993

[146] ebenda

[147] ebenda

[148] ebenda

[149] ebenda

[150] ebenda

[151] http://www.clonaid.com/

[152] Hier: *Westfälische Rundschau* vom 18. April 1997: Franzose will Menschen auf den Bahamas klonen

[153] Nr. 2078, S. 16

[154] http://www.figu.ch/.de/schriften/infoschriften/bulletin/11/klonen.htm, bezogen am 4. August 1998

[155] Walter in: *JUFOF* 2/1993

[156] Mehr zu derartigen Versuchen der Kontaktaufnahme mit anderen Menschen unseres Systems sind zu finden in: Drake, Frank und Sobel, Dave: *Signale von anderen Welten,* Essen 1994, S. 241ff.

[157] z. B.: Buschmann, Martin: *Lebensformen auf unseren Nachbarplaneten, Folge 2: Erforschung der Venus,* in: *UFO-Nachrichten* Nr. 6/1995, S. 5–6

[158] Omnec Onec: *Ich kam von der Venus,* Düsseldorf 1996

[159] Hierzu z. B.: Bord, Janet und Colin: *X-Akte: Außerirdische,* Rastatt 1997, S. 205ff.

[160] Omnec 1996, S. 14

[161] ebenda, S. 17

[162] ebenda, S. 15

[163] Die Autoren streiten nicht ab, daß verschiedene Regierungen weiterhin UFO-Akten geheimhalten; gleich welchen Inhalts sie sind. Die inzwischen frei verfügbaren Dokumente belegen dies. Lars A. Fischinger zum Beispiel liegen fast 2.000 Dokumente des FBI über UFOs, Tierverstümmelungen und UFO-Forschungen der USAF vor, die aufgrund des FOIA *(Freedom of Information Act)* im Juli 1998 freigegeben wurden.

[164] Omnec 1996, S. 18

[165] ebenda, S. 19ff.

[166] Zur seriösen Auseinandersetzung mit dem Thema Atlantis siehe: Roland M. Horn: *Das Erbe von Atlantis,* Suhl 1997

[167] Omnec 1996, S. 21f.

[168] Siehe hierzu z. B. verschiedene Beiträge in: Pritchard, Andrea und David E., Mack, John E., Kasey, Pam und Yapp, Claudia (Hrsg.): *Alien Discussion,* Frankfurt a. M. 1996

[169] Bord, S. 215ff.

[170] ebenda, S. 208f.

[171] Omnec 1996, S. 23

[172] ebenda, S. 24

[173] ebenda, S. 25

[174] ebenda, S. 26f.

[175] Ohne an dieser Stelle dessen Natur hinterfragen zu wollen.

[176] Omnec 1996, S. 28

[177] ebenda, S. 28f.

[178] Horn, Roland M.: *Leben im Weltraum,* Rastatt 1997., S. 63ff.

[179] Omnec 1996, S. 30ff.

[180] ebenda, S. 76

[181] ebenda, S. 77

[182] ebenda, S. 78f.

[183] ebenda, S. 152ff.

[184] Walter, Werner in: *CENAP-Report* Nr. 128 vom 11. Oktober 1986 (Bezugsadresse: Werner Walter, Eisenacherweg 16, 68259 Mannheim)

[185] Nach Omnec Onec war das Manuskript bereits ca. 1975 fertiggestellt.

[186] Omnec 1996, S. 182ff.

[187] ebenda, S. 188

[188] ebenda, S. 193

[189] ebenda

[190] ebenda, S. 198f.

[191] ebenda, S. 199

[192] Außerkörperliche Erfahrungen, auch ASW, sind die sogenannten Astralkörperaustritte, die besonders im Zusammenhang mit den Nah-Tod-Erfahrungen diskutiert werden, vgl. Högl.

[193] ebenda, S. 199f.

[194] Suche nach außerirdischer Intelligenz in der Vergangenheit

[195] Rottenburg 1996

[196] Berkeley, Kalifornien, USA, 1987

[197] Essen 1994

[198] z. B.: www.NASA.gov/marsnews/img; www.wissenschaft.de/bdw/ticker, beides bezogen am 7. April 1998

[199] Die Autoren weisen darauf hin, daß es noch andere Himmelsobjekte gibt, die bei einer Suche nach möglichen Hinterlassenschaften von Außerirdischen von Interesse sein könnten.

[200] Omnec 1996, S. 200

[201] hierzu die wissenschaftliche Dokumentation: *UFO-Welle über Belgien,* herausgegeben von der SOBEPS, Frankfurt a. M. 1993

[202] Omnec 1996, S. 200f.

[203] ebenda, S. 201ff.

[204] z. B.: Ludwiger, Illobrand von: *Der Stand der UFO-Foschung,* Frankfurt a. M. 1992

[205] Haidmühle, 8./9. Mai 1998

[206] schriftlich geschildert in einem Fax an Lars A. Fischinger vom 22. Mai 1998

[207] PRO7 TV

[208] Omnec 1996, S. 283

[209] Fax an Lars A. Fischinger vom 22. Mai 1998

[210] *Außerirdische auf Erdentournee / Omnec Onec in Deutschland,* in: Magazin 2000, Nr. 99 (3/1994), S. 16

[211] F.I.G.U./Eduard Meier: *Semjase-Kontakt-Berichte,* Block 1, S. 1

[121] ebenda, S. 2–3

[213] ebenda, S. 3–4

[214] ebenda, S. 5–6

[215] ebenda, S. 7

[216] ebenda, S. 7–8

[217] ebenda, S. 8–10

[218] ebenda, S. 11ff

[219] Vallée, Jacques: *Enthüllungen*, München 1997, S. 224

[220] Meier, Billy: *Die Wahrheit über die Plejaden*, Neuwied 1996, S. 161f.

[221] Vallée 1997, S. 223

[222] Angeblich stürzte am 8. Juli 1947 nahe der Ortschaft Roswell, New Mexico, USA, eine »fliegende Untertasse« ab, die von der Regierung der USA geborgen wurde. Hierzu: Hesemann, Michael: *Jenseits von Roswell*. Neuwied 1996

[223] Meier 1996, » S. 179–183

[224] ebenda, S. 186ff

[225] Meier 1996, S. 117

[226] ebenda, S. 206 u. 207

[227] Telefonat zwischen Kalliope Meier und Roland M. Horn am 24. März 1998

[228] Meier/F.I.G.U., S. 34ff

[229] ebenda, S. 36 u. 37

[230] Horn, Roland M.: *Planeten und Planetenmonde in Frage und Antwort*, Plaidt 1998

[231] Velikowski, Immanuel: *Welten im Zusammenstoß*, Berlin 1994

[232] Luce, J. V.: *The End of Atlantis*, Thames and Hudson, London 1969

[233] Meier/F.I.G.U., S. 34

[234] Moosbrugger, Guido: *...und sie fliegen doch!*, München 1991, S. 290

[235] Meier/F.I.G.U. 1975, S. 55

[236] ebenda, S. 54

[237] Matth. 1,23; Luthertext von 1914

[238] Meier/F.I.G.U., S. 78

[239] *Journal für UFO-Forschung* Nr. 3/1997 (Bezugsadresse: G.E.P. e.V., Postfach 2361, 58473 Lüdenscheid)

[240] Telefonat 24. März 1998

[241] ebenda

[242] ab Seite 1061 der Semjase-Berichte

[243] Ein Volk, das nach alten Mythen der Griechen »Jenseits der Nordwinde« wohnen soll. Der Gott Apollo besuchte es regelmäßig.

[244] Schulz, Paul: *Woher kommen wir, wo gehen wir hin?*, Berlin 1997, S. 368

[245] Schulz 1997, S. 348ff (Bevor Paul Schulz zum Billy-Meier-Fanatiker wurde, korrespondierte Roland M. Horn ausführlich mit ihm und war von seinem Buch *Die Menschheit und das Leben vor und nach der Sintflutkatastrophe am 5. Juni 8498 v. u. Z.* sehr beeindruckt. Leider verließ sich Schulz immer mehr beinahe ausschließlich auf die Durchgaben der Plejadier, und heute steht für ihn auch unzweifelhaft fest, daß die Gizeh-Intelligenzen, vielmehr die »Ashtaristen«, die unter dem Kommando von »Aru-

sek« alias »Ashtar Sheran« stehen, für die Krankheit »Paniksyndrom« von Roland M. Horn verantwortlich sind.)

[246] Schulz 1997, S. 355 (Schulz nennt als Quelle die Seiten 519ff der Semjase-Berichte.)

[247] Wiedau, Thorsten: *Vorsicht Falle!: Billy Meier und die Plejaden,* in: *G.E.A.S. Forum* Nr. 5/1997, S. 12

[248] Moosbrugger 1991, S. 191/192; Buchbesprechung durch Hans-Werner Peiniger in: *JUFOF (Journal für UFO-Forschung)* 1/1992

[249] Moosbrugger 1991, S. 253–255

[250] *JUFOF* 1/1992; Moosbrugger 1991, S. 263/264

[251] Moosbrugger 1991, S. 265/266

[252] *JUFOF* 1/1992

[253] *JUFOF* 3/1997

[254] Moosbrugger 1991, S. 274

[255] Moosbrugger 1991, S. 267

[256] ebenda, S. 268

[257] ebenda, S. 269 u. 270

[258] ebenda, S. 271–273

[259] beispielsweise im Internet-Diskussions-Forum der *Forschungsgesellschaft für Archäologie, Astronautik und SETI,* unter http://www.aas-Fg.org

[260] http://ourworld.compuserve.com/homepages/jkoch1, bezogen am 24. Mai 1998

[261] Hesemann, Michael: *Der Fall Meier: UFO-Kontaktler entlarvt?,* Teil 2, in: *Magazin 2000 plus* Nr. 132 (10/1998), S. 64ff.

[262] http://ourworld.compuserve.com/homepages/jkoch1, bezogen am 24. Mai 1998

[263] *Kalliope Meier bricht ihr Schweigen,* Interview in: *UFO Kurier* Nr. 30 (April 1997)

[264] http://www.figu.ch/de/schriften/wz107/down.htm, bezogen am 24. Mai 1998

[265] http://www.figu.ch/de/schriften/infoschriften/bulletin/17/mord.htm, bezogen am 12. Juli 1998

[266] E-Mail von Luc Bürgin an Lars A. Fischinger vom 26. Mai 1998

[267] http://www.alien.de/figu/de/billy/guru/down.htm, bezogen am 25. Mai 1998

[268] Prometheus Books, USA, 1995

[269] http://www.alien.de/figu/de/kritiker/kontra/korff/down.htm, bezogen am 9. Juli 1998

[270] *Süddeutsche Zeitung,* 8. Juli 1995

[271] Gauch-Keller, W. & Th.: *Aufruf an die Erdbewohner,* Biel 1992

[272] Gütersloh 1988

[273] Gütersloh 1982

[274] Gütersloh 1960

[275] Bürde, Hans-Jürgen: *UFOs eine Realität – Ein Wissen für die Öffentlichkeit,* in: Jenseits des Irdischen 5/1995, S. 17–20

[276] *Neue Jerusalemer Bibel,* Freiburg im Breisgau 1985, S. 1792

[277] ebenda, S. 18f.

[278] Gottesleben, Jürgen: *Außerirdische Weltraumschiffe sind gelandet,* Gütersloh 1996, S. 49

[279] An den Autor Lars A. Fischinger ausgehändigt.

[280] Bührke, Thomas: *299792,458 Kilometer in der Sekunde,* in: Bild der Wissenschaft Nr. 8/1997, S. 76–78

[281] Gauch-Keller 1992, S. 30

[282] Ashtar Sheran: *Energetischer Schock löst Polsprung aus,* in: *Stern der Endzeit* Nr. 4/1996, S. 16–20

[283] Gauch-Keller 1992, S. 28 u. S. 34

[284] ebenda, S. 40

[285] ebenda, S. 31

[286] Bergisch Gladbach 1995, S. 4

[287] *Schritte zur Vorbereitung für die Evakuierung,* Teil 4, Botschaft von Ashtar Sheran, 21. Januar 1996, im Internet verbreitet durch den Santiner-Kreis-Berlin

[288] *Schritte zur Vorbereitung für die Evakuierung,* Teil 14, Botschaft von Ashtar Sheran, 25. März 1996, im Internet verbreitet durch den Santiner-Kreis-Berlin

[289] Santiner-Kreis-Berlin 21. Januar 1996

[290] ebenda

[291] Nach einer Tonbandaufzeichnung durch die G.E.A.S. e.V. von der besagten UFO-Konferenz. (E-Mail von Thorsten Wiedau an Lars A. Fischinger vom 16. September 1998) s. auch Wiedau, Thorsten: *Vorsicht Falle: DU – Dialog mit dem Universum,* in: *G.E.A.S. Forum* Nr. 3/1997, S. 6–7

[292] Rhede 1993/1995

[293] nach: Goldner, Colin: *Psycho,* Augsburg 1997, S. 26ff.

[294] Sagan 1997, S. 132

[295] *Schritte zur Vorbereitung für die Evakuierung,* Teil 13, Botschaft von Ashtar Sheran, 24. März 1996, im Internet verbreitet durch den Santiner-Kreis-Berlin

[296] *Schritte zur Vorbereitung für die Evakuierung, Teil 19,* Botschaft von Ashtar Sheran, 5. Mai 1996, im Internet verbreitet durch den Santiner-Kreis-Berlin

[297] Indien hat tatsächlich im Mai 1998 die Welt mit mehreren Atombombentests schockiert.

[298] *Schritte zur Vorbereitung für die Evakuierung, Teil 5,* Botschaft von Ashtar Sheran, 28. Januar 1996, im Internet verbreitet durch den Santiner-Kreis-Berlin

[299] Santiner-Kreis-Berlin 25. März 1996

[300] Santiner-Kreis-Berlin 28. Januar 1996 & Gauch-Keller 1992, S. 42

[301] ebenda

[302] *Schritte zur Vorbereitung für die Evakuierung, Teil 10,* Botschaft von Ashtar Sheran, 3. März 1996, im Internet verbreitet durch den Santiner-Kreis-Berlin

[303] ebenda

[304] *Schritte zur Vorbereitung für die Evakuierung, Teil 11,* Botschaft von Ashtar Sheran, 10. März 1996, im Internet verbreitet durch den Santiner-Kreis-Berlin

[305] Santiner-Kreis-Berlin: *Lichtboten und Sternenschiffe,* in: *Jenseits des Irdischen* Nr. 1/1996, S. 34

[306] Santiner-Kreis-Berlin: *Friede über alle Grenzen,* in: Jenseits des Irdischen Nr. 6/1995, S. 28ff.

[307] Santiner-Kreis-Berlin: *Friede über alle Grenzen,* in: Jenseits des Irdischen Nr. 3/1996, S. 11

[308] Bamberg, Stefan: *Außerirdische Wesen senden Botschaften an die Menschen der Erde.* Bergisch Gladbach 1995

[309] *Schritte zur Vorbereitung für die Evakuierung, Teil 15,* Botschaft von Ashtar Sheran, 7. April 1996, im Internet verbreitet durch den Santiner-Kreis-Berlin

[310] ebenda

[311] *Schritte zur Vorbereitung auf die Evakuierung, Teil 19,* Botschaft von Ashtar Sheran, 5. Mai 1996, im Internet verbreitet durch den Santiner-Kreis-Berlin

[312] Fischinger, Lars A.: *Manipulationen!* Lübeck 1999

[313] Mitteilung an Lars A. Fischinger vom 9. September 1997

[314] Wiedau, Thorsten: *Vorsicht Falle!: Die Unarius Wissenschaftsakademie,* in: *G.E.A.S. Forum* Nr. 2/1998 (übernommen aus: *Spiegel Special* Nr. 8/1997), S. 15f.

[315] Gauch-Keller 1992, S. 29 u. S. 55

[316] Phyllis Virtue-Carmel: *Planet der Wandlungen,* Güllesheim 1997

[317] Lurker, Manfred: *Lexikon der Götter und Dämonen,* Stuttgart 1989, S. 53f.

[318] Phyllis 1997, S. 47ff.

[319] ebenda, S. 78

[320] ebenda

[321] ebenda

[322] ebenda, S.91

[323] ebenda, S. 79

[324] ebenda, S. 80f.

[325] ebenda, S. 82ff.

[326] Fischinger, Lars A.: *Göttliche Zeiten,* Münster 1996, S. 288ff.

[327] z. B.: Jebens, Holger: *Eine Bewältigung der Kolonialerfahrung,* Munds Reihe Ethnologie, Bd. 35, Bonn 1990

[328] Phyllis 1997, S. 95

[329] Dies ist beschrieben in Gen. 6,1ff. und in apokryphen Schriften wie etwa Henoch. Das hier wiedergegebene Zitat entspricht *nicht* dem biblischen Wortlaut, sondern ist verfälscht.

[330] Hierzu z. B.: Hesemann, Michael: *Kornkreise,* Neuwied 1996; Krönig, Jürgen (Hrsg.): *Spuren im Korn,* Frankfurt am M. 1992; Delgado, Pat und Andrews, Colin: *Kreisrunde Zeichen,* Frankfurt am M. 1990

[331] Phyllis, S. 100ff.

[332] Dudley, Marshall & Chorost, Michael & Folta, Kevin: *Künstliche Radioaktivität in Kornkreisen.* Beilage zu: Krönig, Jürgen (Hrsg.): *Spuren im Korn.* Frankfurt a. M. 1992

[333] Phyllis, S. 103ff.

[334] ebenda, S. 173ff.

[335] Zahlreiche grenzwissenschaftliche Autoren haben diesen Fall veröffentlicht. Genannt seien hier stellvertretend: Fischinger, Lars A.: *Göttliche Zeiten,* Münster 1996; Langbein, Walter-Jörg: *Das Sphinx-Syndrom,* München 1995; Langbein, Walter-Jörg: *Geheimnisvolles Wissen.* Rastatt 1998; Hausdorf, Hartwig: *Die weiße Pyramide,* München 1994; Krassa, Peter: *Als die gelben Götter kamen,* München 1995 (Reprint durch die IPE)

[336] Phyllis 1997, S. 174

[337] den Beginn machte: Charroux, Robert: *L'énigme des Andes, Les Pistes de Nazca, La bibliothèque des Atlantis,* Paris, Frankreich, 1974

[338] Einen guten Überblick darüber gibt: Petratu, Cornelia und Roidinger, Bernard: *Die Steine von Ica,* Essen 1994

[339] Einer der wenigen ist Dr. Hans-Joachim Zillmer: *Darwins Irrtum.* München 1998

[340] Hausdorf, Hartwig: *Wenn Götter Gott spielen,* München 1997, S. 237ff.

[341] Der Abschlußbericht der Analysen von E. W. Matwejewa vom 29. November 1996 liegt Lars A. Fischinger in Russisch und Deutsch vor. Dank geht an dieser Stelle an Hartwig Hausdorf.

[342] Hierzu: *Glen Rose-Hammer: Nicht von dieser Erde?,* in: *Magazin 2000* Nr. 101 (6/1994), S. 25f.; Buttlar, Johannes von: *Adams Planet,* München 1991, S. 172ff.; Zillmer, S. 14ff.

[343] Phyllis 1997, S. 175ff.

[344] ebenda

[345] ebenda

[346] Vollmer, Dr. Wilhelm: *Lexikon der Mythologie aller Völker,* Stuttgart 1874 (Reprint, Leipzig o.J.), S. 255; Lurker, Manfred: *Lexikon der Götter und Damonen,* Stuttgart 1989, S. 178f.

[347] Phyllis 1997, S. 179

[348] ebenda, S 182f.

[349] ebenda, S. 191f.

[350] Hancock, Graham: *Die Spur der Götter,* Bergisch Gladbach 1995

[351] Phyllis 1997, S. 192

[352] E-Mail von Dr. Johannes Fiebag an Lars A. Fischinger vom 6. Juni 1998

[353] Hierzu sind zu empfehlen: Westphal, Wilfried: *Die Maya,* Bindlach 1991; Schele, Linda und Freidel, David: *Die unbekannte Welt der Maya,* Augsburg 1994

[354] Phyllis 1997, S. 193

[355] ebenda

[35] ebenda, S. 193f.

[357] ebenda, S. 193

[358] ebenda, S. 200

[359] ebenda, S. 201

[360] ebenda, S. 197

[361] ebenda

[362] ebenda

[363] ebenda, S. 198

[364] ebenda

[365] ebenda, S. 199

[366] ebenda, S. 213

[367] ebenda, S. 200

[368] ebenda, S. 205

[369] Zusammenfassend hierzu: Stadelmann, Reiner, *Die ägyptischen Pyramiden,* Mainz 1991, S. 264ff.

[370] Die Autoren sind jedoch auch der Überzeugung, daß die Gizeh-Pyramiden noch allerlei Rätsel bergen. Diese könnte sich auch auf die Proportionen beziehen.

[371] Meier 1996, S. 81ff.

[372] Phyllis 1997, S. 206

[373] ebenda

[374] ebenda, S. 209

[375] ebenda, S. 207

[376] Stadelmann, S. 117

[377] Phyllis 1997, S. 207

[378] ebenda, S. 208

[379] ebenda

[380] ebenda, S. 217

[381] ebenda, S. 233

[382] ebenda, S. 241

[383] ebenda, S. 242

[384] ebenda, S. 244f.

[385] ebenda, S. 246

[386] ebenda, S. 251

[387] ebenda, S. 351

[388] ebenda

[389] *The Only Planet of Choice,* Gateway Books, England 1993

[390] Phyllis 1997, S. 360

[391] Off. 20,1-6

[392] Phyllis 1997, S. 362

[393] Klimo, Jon: *Channelling.* Freiburg im Breisgau 1988

[394] Berry, Vivienne & Byers, Rea & Bézieux, Henry Roux de: *Ein Kurs im Channeln.* Freiburg im Breisgau 1994

[395] Es ist uns nicht gelungen, die Bedeutung der Buchstaben »M.A.A.« in Erfahrung zu bringen.

[396] Hans-Werner Peiniger in: *JUFOF* 2/1996

[397] s. http://www.taunet.net.au/pan/quelle.html

[398] Im entsprechenden Text der Bibel steht *nicht* das Wort Rippe, sondern »zela« bzw. »szelá«, das nicht übersetzt werden kann. Einige Bibelexegeten nehmen an, daß das sumerische Wort »ti«, welches unter anderem Rippe bedeutet, durch seine gleichzeitige Bedeutung als »Leben« die Autoren oder Bearbeiter der Genesis zu dieser Aussage veranlaßte.

[399] http://www.taunet.au/pan/para.htm

[400] ebenda

[401] http://www.taunet.au/pan/para.htm

[402] Peiniger in: *JUFOF* 2/1996

[403] Aus einer Informations-E-Mail, die unserem Kollegen Mario Ringmann von der Redaktion *Unknown Reality* zugesandt wurde.

[404] Peiniger in: *JUFOF* 2/1996

[405] Horn, Roland M.: *Wie die Untertassen fliegen lernten,* Plaidt 1998

[406] Peiniger in: *JUFOF* 2/1996

[407] ebenda

[408] ebenda

[409] ebenda

[410] ebenda

[411] ebenda

[412] ebenda

[413] ebenda

[414] ebenda

[415] Bereits im April des Jahres 1993 wurde Hale-Bopp durch Robert McNaught vom australischen Siding Spring-Observatorium fotografiert, blieb jedoch unentdeckt.

[416] siehe hierzu die interessante Arbeit: Gruber, Elmar R.: *Die PSI-Protokolle,* München 1998

[417] In: *Saucer Smear,* 20. April 1997; s. auch: http://www.farsight.org/farsight/welcome.html

[418] Sitchin, Zecharia: *The 12th planet,* New York, USA, 1976; in Deutsch: *Der zwölfte Planet,* München 1989

[419] Schlottig, Markus: *Nibiru, Planet der Anunnaki – wann kommt er?,* in: *Magazin 2000 plus* Nr. 2/1997, S. 61ff.

[420] *Skyweek* 2/1997

[421] http://www.strieber,com

[422] Stoyan, Roland C.: *Vom saturnähnlichen Objekt bis zum Massenselbstmord: Die Gerüchteküche um den Kometen Hale-Bopp im Internet,* in: *Skeptiker* 2/1998 (Nr. 11), S. 48ff.

[423] Rétyi, Andreas von: *Wir sind nicht allein!,* München 1994, S. 197ff.

[424] nach: *»Heaven's Gate«: Durch Selbstmord zum Kometen – Eine Dokumentation,* in: *Skeptiker* 2/1998 (Nr. 11), S. 58; Originaltexte unter http://www5.zdnet.com/yil/higher/heavensgate/

[425] Achenbach, Joel: Almost Heaven, in: *The Washington Post,* 13. April 1997

[426] Rétyi, Andreas von: *Der Jahrhundert-Komet: Hale-Bopp,* München 1997

[427] http://www.ref.ch/zh/infoksr/HeavensGate.html, bezogen am 14. August 1998

[428] *Sonntags-Blitz,* 30. März 1997

[429] *Saarbrücker Zeitung,* Ostern 1997

[430] *Süddeutsche Zeitung,* 29. März 1997, S. 16

[431] *Bild,* 29. März 1997, S. 10

[432] Der Vatikan hat Fatima als Pilgerstätte offiziell anerkannt. Nach Ansicht des Vatikans ist hier tatsächlich die Jungfrau Maria erschienen.

[433] Siehe hierzu: Hesemann, Michael: *Geheimsache Fatima,* München 1997, S. 126ff.

[434] Rétyi 1997, S. 249f.

[435] *Die neuen, uralten Ängste,* in: *Der Spiegel* Nr. 14/1997, S. 212ff.

[436] ebenda, S. 214

[437] Birdsall, Graham, im Editorial des *UFO Magazine,* Großbritannien, Mai/Juni 1997

[438] *Badische Neuste Nachrichten,* 1. April 1997, S. 7

[439] http://www.heise.de/tp/deutsch/inhalt/glosse/1162/1.html, bezogen am 22. August 1998

[440] *Abendzeitung,* 9. Mai 1997, in: *CENAP-Report* Nr. 242, S. 6

[441] *Süddeutsche Zeitung,* 9. Mai 1997, S. 12

[442] Bis 1974 wurde Homosexualität sogar von der »American Psychiatric Association« als Krankheit angesehen, so daß Applewhites Ansicht verständlicher erscheint.

[443] Alles nach: *Frankfurter Allgemeine Zeitung,* 1. April 1997, S. 12; http://www.ref.ch/zh/infoksr/HeavensGate.html, bezogen am 14. August 1998

[444] *American Gothic,* in: *Fortean Times* Nr. 100 (Mai 1997), S. 35ff.

[445] 21. März 1998

[446] Perkins, Rodney und Jackson, Forrest: *Spirit in the Sky,* in: *Fortean Times,* April 1998 (Nr. 109), S. 24ff.

[447] *CENAP-Report* 250, S. 53–55

[448] *CENAP-Report* 250, S. 55

[449] *Reise-Ziel Sirius,* in: *Der Spiegel* Nr. 3/1998, S. 166f.

[450] E-Mail von Jörg Rehder von der Spiegelredaktion an Lars A. Fischinger vom 14. Oktober 1998

[451] *UFO-Kurier,* Februar 1998

[452] *Bild* vom 9. Januar 1998

[453] *Bild* vom 19. Januar und *RTL-Aktuell* vom 26. Januar 1998

[454] *Bild* vom 12. Januar 1998

[455] *Süddeutsche Zeitung,* 20. Februar 1998

[456] *Der Spiegel* Nr. 3/1998

[457] *Bild* vom 10. Januar 1998

[458] http://www.ref.ch/zh/infoksr7fittkau.html, bezogen am 22. August 1998

[459] *Bild* vom 19. Januar 1998

[460] auch: *Abendzeitung* vom 20. Januar 1998

[461] *Bild* vom 14. Januar 1998

[462] *Heide Fittkau-Garthe: Beweise für geplanten Gruppensuizid,* in: *Der Spiegel* Nr. 5/1998, S. 20ff.

[463] *Bild* vom 26. Januar 1998

[464] Gasper, Müller und Valentin (Hrsg.): *Lexikon der Sekten, Sondergruppen und Weltanschauungen,* Freiburg im Breisgau 1994, S. 289

[465] *Der Heiße Draht* (Publikation von Fiat Lux), Nr. 38 (1995)

[466] Prospekt von Fiat Lux, o. J., S. 1

[467] *Der Tagesspiegel* (Nr. 16.473) vom 30. September 1998

[468] *Süddeutsche Zeitung* (Nr. 117) vom 4. August 1998

[469] von Fiat Lux: Bestellschein für Neu-Offenbarungen von Jesus Christus (in Schriftform und als Tonband)

[470] Behnk, Wolfgang: *Uriella und die Wunderheilungen,* in: *Skeptiker* 1/1997 (Nr. 10), S. 7–11

[471] In der 483. Offenbarung von Jesus Christus an Uriella vom 10. November 1991 im Zentrum Ibach, nach: Behnk, S. 8f.

[472] *Der Heiße Draht* (Publikation von Fiat Lux), Nr. 37 (1995)

[473] *FOCUS-TV,* PRO7, 9. August 1998

[474] siehe: 483. Offenbarung von Jesus Christus an Uriella

[475] Behnk, S. 10

[476] *Der Heiße Draht* (Publikation von Fiat Lux), doppelte Sonderausgabe »Die Wandlungen«, Nr. 76/77 (1998), S. 55ff.

[477] ebenda, S. 7

[478] http://www.ref.ch/zh/infoksr/uriellaßweltuntergang.html, bezogen am 14. August 1998

[479] entnommen: http://www.ref.ch/zh/infoksr/uriellaß8.8.html, bezogen am 14. August 1998

[480] *Der Heiße Draht,* Nr. 76/77 (1998), S. 13f.

[481] Schreiben von Icordo an Lars A. Fischinger vom 3. September 1998

[482] ebenda

[483] ebenda

[484] http://www.ref.ch/zh/infoksr/uriellaßweltuntergang.html, bezogen am 14. August 1998

[485] alles detailliert in: *Der Heiße Draht,* Nr. 76/77 (1998)

[486] ebenda, S. 39

[487] ebenda, S. 35 u. S. 40

[488] ebenda, S. 40

[489] ebenda

[490] *37 Grad: Endzeitfieber,* ZDF, 4. August 1998

[491] *Süddeutsche Zeitung* vom 4. August 1998 (Nr. 117), S. 8

[492] ebenda

[492] ebenda

[494] ebenda

[495] DPA/EU-Meldung vom 5. September 1998; nach: *Germany LIVE – Der Internet-Nachrichten-Dienst* (http://www.pipeline.de)

[496] *Frankfurter Allgemeine Zeitung* vom 6. August 1998; *Kölner Stadtanzeiger* vom 5. September 1998 (Internetbezug)

[497] *Stuttgarter Zeitung* vom 5. September 1998

[498] Nach Icordo ist dies seit dem 7. Februar 1996 bei der Kripo Freiburg sogar aktenkundig

[499] *Süddeutsche Zeitung* (Nr. 206) vom 8. September 1998

[500] *Neue Zürcher Zeitung* (Nr. 219) vom 22. September 1998; *Schwarzwälder Bote* vom 22. September 1998

[501] *Schwarzwälder Bote* vom 30. September 1998 und 23. Dezember 1998; *Neue Zürcher Zeitung* (Nr. 226) vom 30. September 1998; *Südwest Presse* vom 23. Dezember 1998

[502] Luk. 21:6-28; Menge-Übersetzung

[503] Luk. 21:9f; Menge-Übersetzung

[504] Weldon, John und Levitt, Zola: *UFOs und Okkultismus* (gekürzte Ausgabe), Aslar 1980/81, S. 45

[505] Koch, Kurt E: *Du nahtest Dich zu mir,* Pfarrer D. theol, Basel, o. J., S. 67ff

[506] Horn, Roland M.: *In den Händen fremder Mächte,* Frankfurt a. M. 1997, S. 128ff

[507] siehe: Fischinger 1999

[508] uns vorliegend: Frankfurt a. M./Berlin 1990

[509] ebenda, S. 22ff.

[510] Malgo, Wim: *Heilsgeschichtliche Konstellationen* von 1948–1982, Pfäffikon, Schweiz, o.J., S. 22 u. 23

[511] *Berliner Zeitung* vom 9. Januar 1998

[512] *Westdeutsche Allgemeine Zeitung* vom 31. Oktober 1997

[513] Berliner Zeitung vom 9. Januar 1998

[514] *Stern* Nr. 2/1996

[515] *Westfalen-Blatt* vom 27. Dezember 1995

[516] *Skeptiker* Nr. 3/1996, S. 114

[517] *Neue Zürcher Zeitung* vom 5. Oktober 1996, S. 39

[518] *Der Spiegel* Nr. 1/1996

[519] *Stern* Nr. 2/1996

[520] *Skeptiker* Nr. 3/1996, S. 114

[521] *Neue Zürcher Zeitung* vom 7. Oktober 1994

[522] *Fortean Times* Nr. 79 (Febr./März 1995) und *Der Spiegel* Nr. 1/1996

[523] *Westdeutsche Allgemeine Zeitung* vom 31. Oktober 1997

[524] http://www.thur.de/religio/dialog/195/195s25.html, bezogen am 17. Oktober 1998

[525] *Le Soleil,* Quebec, Kanada, vom 7. April 1993

[526] *Skeptiker* Nr. 3/1996, S. 114

[527] *CENAP-Report* Nr. 224, S. 43

[528] von Rétyi 1997, S. 127ff.

[529] *CENAP*-Report Nr. 242, S. 28

[530] *Skeptiker,* Nr. 10/1997, S, 144

[531] *Dresdner Morgenpost,* 14. April 1997, S. 1, 22 u. 23

[532] *Focus* vom 21.April 1997

[533] Magin 1991, S. 78

[534] *Basler Zeitung* vom 7. Mai 1988

[535] *Basler Zeitung* vom 9. Mai 1988

[536] *Basler Zeitung* vom 10. Mai 1988

[537] *Von Aliens entführt? – Der ganz normale UFO-Wahnsinn,* RTL2, 7. Oktober 1998

[538] 23. Juni 1997

[539] Kontaktadresse: Mario Ringmann, Hamburgerstraße 11, D-15234 Frankfurt/Oder

[540] Dopatka, Ulrich: *Lexikon der Präastronautik.* Wien/Düsseldorf 1979; Nachdruck: *Lexikon der außerirdischen Phänomene.* Bindlach 1992

[541] Dopatka, Ulrich: *Die große Erich von Däniken Enzyklopädie.* Düsseldorf/München 1997

[542] Bern/München 1980

[543] München 1991

[544] München 1993

[545] München 1993

[546] München 1995

[547] Roswell in New Mexico, USA. Dort soll im Juli 1947 ein UFO abgestürzt sein.

[548] Gemeint ist der berühmte Santilli-Film von 1995 und 1996, der die Obduktion eines angeblichen Außerirdischen zeigen soll.

[549] Testgelände in der Wüste der USA, auf dem UFOs verborgen sein sollen. Hierzu: Rétyi, Andreas von: *Area 51*, Rottenburg 1998

[550] Bob Lazar, der von sich behauptet, er habe in Area 51 an UFOs gearbeitet.

[551] Abduktionen = UFO-Entführungen

[552] München 1995

[553] München 1996

[554] München 1997

[555] Bezug über: Uli Thieme, Rollhofweg 1, D-74523 Schwäbisch Hall

[556] Robert Charroux, Frankreich, begann kurz vor Erich von Däniken im Sinne der Paläo-SETI-These die Vergangenheit zu betrachten.

[557] München 1992

[558] München 1993

[559] Frankfurt a. M./Berlin 1995

[560] München 1995

[561] Frankfurt a. M./Berlin 1995

[562] München 1997

[563] München 1985

[564] Wien 1998

[565] München 1998

[566] München 1998

[567] Luxemburg 1979; neu: Frankfurt a M.. 1995

[568] Augsburg 1993

[569] München 1995

[570] München 1996

[571] Berlin 1997

[572] Rastatt 1998

[573] beide: Rastatt 1998

[574] beide: Wien 1997

[575] Nr. 1/1997

[576] siehe hierzu: Gerald Mosbleck: *IUEL-Tagung in Dortmund*, in: *Journal für UFO-Forschung*, Nr. 40, 4/85, S. 101ff

[577] München 1986

[578] *Das Buch Mormon*, herausgegeben von der »Kirche Jesu Christi der Heiligen der Letzten Tage«, Frankfurt a. M. 1995

[579] EBI; Heimat 27; D-14165 Berlin, Informationen auch im Internet, bezogen 20. März 1998.

[580] Beckers, Herrmann-Josef und Kohle, Helmut: *Kulte, Sekten, Religionen*, Augsburg 1994, S. 280

Literaturverzeichnis

Adamski, George und Leslie, Desmond: *Fliegende Untertassen sind gelandet.* Wiesbaden 1962

Adamski, George: *Im Inneren der Raumschiffe.* Wiesbaden 1958

Ashtar: *In kommenden Tagen.* Gütersloh 1956

Barker, John: *Das Buch über Adamski.* Wiesbaden 1967

Beckers, Hermann-Josef und Hohle, Helmut: *Kulte, Sekten, Religionen.* Augsburg 1994

Berry, Vivienne, Byers, Rea & Bézieux, Henry Roux de: *Ein Kurs im Channeln.* Freiburg im Breisgau 1994

Blumrich, Josef F.: *Da tat sich der Himmel auf.* Berlin 1994

Bohnke, Ben Alexander: *Stichwort Esoterik.* München 1993

Bord, Janet und Colin: *X-Akte: Außerirdische.* Rastatt 1997

Buttlar, Johannes von: *Das UFO-Phänomen.* Frankfurt a. M. 1990

Buttlar, Johannes von: *Adams Planet.* München 1991

Charroux, Robert: *L'énigme des Andes, Les Pistes de Nazca, La bibliothèque des Atlantis.* Paris 1974

Coudris, René: *Die Botschaft von Roswell.* München 1996

Das Buch Mormon, Frankfurt a. M. 1995

Delgado, Pat & Andrews, Colin: *Kreisrunde Zeichen.* Frankfurt a. M. 1990

Dick Millers Kontakte mit Sternenmenschen. Wiesbaden 1963

Dopatka, Ulrich: *Die große Erich von Däniken Enzyklopädie.* Düsseldorf 1997

Dopatka, Ulrich: *Lexikon der Präastronautik.* Wien/Düsseldorf 1979 / Nachdruck: *Lexikon der außerirdischen Phänomene.* Bindlach 1992

Drake, Frank und Sobel, Dave: *Signale von anderen Welten.* Essen 1994

Evans, Christopher: *Kulte des Irrationalen.* Reinbek bei Hamburg 1976

Faber-Kaiser, Andreas: *Heilige oder Kosmonauten?* Frankfurt a. M./Berlin 1997

Fiebag, Johannes und Sasse, Thorsten: *Mars – Planet des Lebens.* Düsseldorf 1996

Fiebag, Johannes: *Mission Pathfinder.* Düsseldorf 1997

Fischinger, Lars A.: *Göttliche Zeiten.* Münster/Westf. 1996

Fischinger, Lars A.: *Götter der Sterne.* Reifenberg 1997

Fischinger, Lars A.: *Bevor die UFOs kamen...* Suhl 1998

Fischinger, Lars A.: *Manipulationen!* Lübeck 1999

Gasper, Müller & Valentin (Hrsg.): *Lexikon der Sekten, Sondergruppen und Weltanschauungen.* Freiburg im Breisgau 1994

Geigenthaler, Adolf: *UFOs – außerirdische Weltraumschiffe existieren wirklich.* Wiesbaden 1976

Goldner, Colin: *Psycho.* Augsburg 1997

Gottesleben, Jürgen: *Außerirdische Weltraumschiffe sind gelandet.* Gütersloh 1996

Gruber, Elmar R.: *Die PSI-Protokolle*. München 1998
Hancock, Graham: *Die Spur der Götter*. Bergisch Gladbach 1995
Hausdorf, Hartwig: *Die weiße Pyramide*. München 1994
Hausdorf, Hartwig: *Wenn Götter Gott spielen*. München 1997
Hesemann, Michael: *Jenseits von Roswell*. Neuwied 1996
Hesemann, Michael: *Kornkreise*. Neuwied 1993
Hesemann, Michael: *Geheimsache Fatima*. München 1997
Högt, Stefan: *Leben nach dem Tod?* Rastatt 1998
Horn, Roland M.: *Das Erbe von Atlantis*. Suhl 1997
Horn, Roland M.: *In den Händen fremder Mächte*. Frankfurt a. M. 1997
Horn, Roland M.: *Leben im Weltraum*. Rastatt 1997
Horn, Roland M.: *Planeten und Planetenmonde in Frage und Antwort*. Plaidt 1998
Horn, Roland M.: *Wie die Untertassen fliegen lernten*. Plaidt 1998
Horn, Roland M.: *Der große Umbruch*. Wien 1998
Horn, Roland M.: *Erinnerungen an Atlantis,* Lübeck 1999
Horn, Roland M.: *Sie kamen aus der Zukunft*. Lübeck 1999
Jebens, Holger: *Eine Bewältigung der Kolonialerfahrung*. Bonn 1990
King, Francis X.: *Nostradamus*. Stuttgart 1994
Klimo, Jon: *Channelling*. Freiburg im Breisgau 1988
Krönig, Jürgen (Hrsg.): *Spuren im Korn*. Frankfurt a. M. 1992
Köhler, Horst W.: *Der Mars*. Braunschweig 1978
Krassa, Peter: *Als die gelben Götter kamen*. München 1995
Langbein, Walter-Jörg: *Das Sphinx-Syndrom*. München 1995
Langbein, Walter-Jörg: *Geheimnisvolles Wissen*. Rastatt 1998
Langbein, Walter-Jörg: *Götter aus dem Kosmos*. Rastatt 1998
Langbein, Walter-Jörg: *Magische Welten*. Rastatt 1998
Luce, J.V.: *The End of Atlantis*. London, Großbritannien 1969
Ludwiger, Illobrand von: *Der Stand der UFO-Forschung*. Frankfurt a. M. 1992
Lurker, Manfred: *Lexikon der Götter und Dämonen*. Stuttgart 1989
Magin, Ulrich: *Kontakte mit Außerirdischen im deutschen Sprachraum*. Lüdenscheid 1991
Malgo, Wim: *Heilsgeschichtliche Konstellationen von 1948–1982*. Pfäffikon, Schweiz, o. J.
Mann, A.T.: *Prophezeiungen zur Jahrtausendwende*. München 1993
Meier, Billy: *Die Wahrheit über die Plejaden*. Neuwied 1996
Mission Control & Zoev Jho: *E.T. 101 – Die kosmische Bedienungsanleitung zur planetaren Evolution / Vereinfachte Ausgabe Erde*. Frankfurt a. M. 1996
Moosbrugger, Guido: *...und sie fliegen doch!* München 1991
Nolan, Ray: *Die siebte Offenbarung*. München 1998
Omnec Onec: *Ich kam von der Venus*. Düsseldorf 1996
Peiniger, Hans-Werner: *Das Rätsel: Unbekannte Flugobjekte*. Rastatt 1998
Petratu, Cornelia und Roidinger, Bernard: *Die Steine von Ica*. Essen 1994

Prichard, Andrea und Dávid E. / Mack, John E. / Kasey, Pam und Yapp, Claudia (Hrsg.): *Alien Discussion*. Frankfurt a. M. 1996

Reeve, Bryant & Helen: *Flying Saucer Pilgrimage*. Amherst, Wisconsin, USA, 1957

Reeve, Bryant und Helen: *Auf den Spuren außerirdischer Weltraumschiffe*. Wiesbaden 1970

Rétyi, Andreas von: *Der Jahrhundert-Komet: Hale-Bopp*. München 1997

Rétyi, Andreas von: *Wir sind nicht allein!* München 1994

Rétyi, Andreas von: *Geheimbasis Area 51*. Rottenburg 1998

Roth, Roland: *Faktor Mond*. Fuldatal-Simmershausen o.J.

Sagan, Carl: *Der Drache in meiner Garage*. München 1997

Schele, Linda und Freidel, David: *Die unbekannte Welt der Maya*. Augsburg 1994

Schneider, Adolf & Malthaner, Hubert: *Das Geheimnis der unbekannten Flugobjekte*. 2. Auflage, Freiburg im Breisgau 1976

Schulz, Paul: *Woher kommen wir, wohin gehen wir?* Berlin 1997

Sitchin, Zecharia: *Der zwölfte Planet*. München 1989

SOBEPS (Hrsg.): *UFO-Welle über Belgien*. Frankfurt a. M. 1993

Spencer, John und Anne: *50 Jahre UFOs*. München 1998

Stadelmann, Reiner: *Die ägyptischen Pyramiden*. Mainz 1991

Steckling, Glenn & Fred: *Wir entdeckten außerirdische Basen auf dem Mond*. Rottenburg 1996

Tuella: *In Erdenmission*. Gütersloh 1988

Vallée, Jacques: *Enthüllungen*. München 1997

Velikovsky, Immanuel: *Welten im Zusammenstoß*. Berlin 1994

Virtue-Carmel, Phyllis: *Planet der Wandlungen*. Güllesheim 1997

Vollmer, Wilhelm: *Lexikon der Mythologie aller Völker*. Stuttgart 1874

Vorilhon, Claude: *Das Buch, das die Wahrheit sagt*. Weiden 1992

Walter, Werner: *UFOs – Die Wahrheit*. Königswinter 1996

Weldon, John und Levitt, Zola: *UFOs und Okkultismus*. Aslar 1980/1981

Westphal, Wilfried: *Die Maya*. Bindlach 1991

Williamson, George Hunt: *Other Tongues – Other Flesh*. Albuquerque, New Mexiko, USA, 1954/1990

Zillmer, Hans-Joachim: *Darwins Irrtum*. München 1998

Register

Der bekannte Astrologe und Parapsychologe Kurt Allgeier
beschreibt und analysiert, was Wahrsager und Propheten
für das Jahr 2000 und darüber hinaus prophezeien.

Kurt Allgeier
Prophezeiungen für das dritte Jahrtausend
Was die großen Seher vorhersagen

256 Seiten, Hardcover
mit zahlreichen Abbildungen

Walter-Jörg Langbein

GÖTTER
AUS DEM
KOSMOS

MOEWIG

Spannend wie in einem Krimi schildert der bekannte Sachbuchautor und Forscher Walter-Jörg Langbein die aufregenden neuen Entdeckungen der Prä-Astronautik.

Walter-Jörg Langbein
Götter aus dem Kosmos

288 Seiten, Hardcover

Walter-Jörg Langbein

GEHEIMNISVOLLES WISSEN

- Biblische Propheten • Die mysteriöse Bundeslade
- Das unerklärliche Wissen der Antike
- Das Geheimnis der geschmolzenen Steine
- Das Rätsel der Geheimbünde • Unheimliche Rituale

MOEWIG

Dieses Buch versucht Licht in unsere rätselhafte und mysteriöse Vergangenheit zu bringen. Wer baute Flugzeuge im alten Ägypten? Woher kannten biblische Propheten so detailgenau die Zukunft?

Walter-Jörg Langbein
Geheimnisvolles Wissen

368 Seiten, Hardcover

Janet und Colin Bord

X-AKTE: AUSSERIRDISCHE

- Landungen von Wesen aus dem All
- Astronauten in der Vorzeit • Botschaften und Kontakte
- Die neuesten Erkenntnisse der Forschung
- Entführungen durch UFOs

MOEWIG

Landen Außerirdische auf der Erde? Haben sie Kontakt mit ausgewählten Menschen? Welche Botschaften übermitteln sie? Waren die Fremden bereits vor Jahrtausenden hier und haben unsere Geschichte gelenkt?

X-Akte: Außerirdische

368 Seiten, Hardcover
mit zahlreichen Abbildungen